国家出版基金项目
NATIONAL PUBLICATION FOUNDATION

国家社会科学基金教育学一般课题“中国传统核心价值观与当代德育的共鸣融合”（课题批准号：BEA170110）的研究成果

新时代立德树人理论探索书系　　檀传宝 主编

中国德育根性的探询

——先秦道德系统思想及其当代德育转化

刘峻杉　著

浙江教育出版社 · 杭州

图书在版编目（CIP）数据

中国德育根性的探询 ：先秦道德系统思想及其当代德育转化 / 刘峻杉著. -- 杭州 ：浙江教育出版社，2022.6
（新时代立德树人理论探索书系 / 檀传宝主编）
ISBN 978-7-5722-3722-5

Ⅰ. ①中… Ⅱ. ①刘… Ⅲ. ①德育－研究－中国 Ⅳ. ①G41

中国版本图书馆CIP数据核字(2022)第096240号

新时代立德树人理论探索书系

中国德育根性的探询

——先秦道德系统思想及其当代德育转化

ZHONGGUO DEYU GENXING DE TANXUN

——XIANQIN DAODE XITONG SIXIANG JI QI DANGDAI DEYU ZHUANHUA

刘峻杉　著

责任编辑：杨　楠　董　莉
美术编辑：韩　波
责任校对：查奕倩
责任印务：陈　沁
出版发行：浙江教育出版社
（杭州市天目山路40号　电话:0571-85170300-80928）
图文制作：杭州林智广告有限公司
印刷装订：杭州富春印务有限公司
开　　本：710 mm × 1000 mm　1/16
印　　张：24.25
插　　页：4
字　　数：385 000
版　　次：2022年6月第1版
印　　次：2022年6月第1次印刷
标准书号：ISBN 978-7-5722-3722-5
定　　价：65.00元

总 序
FOREWORD

最近几年，我经常思考一个问题：我们常常说的“新时代①”究竟是什么意思?

有一种解读——是从国际关系的角度去看问题，说中国正面临着一个“百年未有之大变局”。的确，自鸦片战争以来，整个世界与中国的关系确实发生了翻天覆地的变化。当我们的GDP总量排名世界第二以后，外部世界对我们不适应，我们自己在心态上也没有准备好——我们整体上还不知道作为一个世界大国的国民应该如何自处、如何看待和处理我们自己与世界的关系。

我个人认为，对于中国人而言，所谓“新时代”，一个很重要的方面是指“物质丰裕”的时代。

是否进入了一个物质丰裕的新时代，我们要看一看客观数据。比如，我国人均GDP已经超过1万美元；恩格尔系数，即居民家庭中食物支出占消费总支出比重也已达到富裕社会的水准。中华人民共和国成立之初，我国城乡居民的恩格尔系数曾高达80%，改革开放初期也超过60%，那时中国是典型

① 中国共产党第十九次全国代表大会报告中指出：“这个新时代，是承前启后、继往开来、在新的历史条件下继续夺取中国特色社会主义伟大胜利的时代，是决胜全面建成小康社会、进而全面建设社会主义现代化强国的时代，是全国各族人民团结奋斗、不断创造美好生活、逐步实现全体人民共同富裕的时代，是全体中华儿女勠力同心、奋力实现中华民族伟大复兴中国梦的时代，是我国日益走近世界舞台中央、不断为人类作出更大贡献的时代。中国特色社会主义进入新时代，我国社会主要矛盾已经转化为人民日益增长的美好生活需要和不平衡不充分的发展之间的矛盾。我国稳定解决了十几亿人的温饱问题，总体上实现小康，不久将全面建成小康社会，人民美好生活需要日益广泛，不仅对物质文化生活提出了更高要求，而且在民主、法治、公平、正义、安全、环境等方面的要求日益增长。”

的贫穷国家。但到2019年，我国城乡居民的平均恩格尔系数已经下降到28.2%（其中城镇为27.6%，农村为30.0%）。按照联合国的标准，恩格尔系数进入20%至30%区间的社会就进入富裕社会了。所以，虽然我们跟发达国家比仍有较大差距，但若以恩格尔系数为参照，我们的确已经进入了一个物质上相对丰裕的新时代了。

如果从物质丰裕这个时代特征去看，中国社会目前所遭遇的就不只是“百年未有之大变局”了——因为中国历史上从来没有一个强盛朝代的恩格尔系数曾经低于30%。就是说，我们已经告别了一个非常漫长的物质匮乏的历史时期，进入了一个绝大部分国人再也不用为温饱问题操心的全新时代。中国教育事业也因为国家经济实力的增长而不断进步。比如，21世纪初中国已全面实现了九年义务教育。中国的人口基数庞大，让如此规模的适龄儿童少年全部接受九年义务教育，在世界人权史上无疑具有里程碑意义。

问题是：德育，应当如何迎接一个物质丰裕的新时代？

在物质丰裕的时代，精神的贫乏可能会空前地凸显出来。仔细看来，目前社会上存在的一些“社会病”或多或少都与我们的价值观有关系，与我们的教育、德育有关。虽然都是负面现象，但从另外一个侧面也反映出整个社会对精神世界前所未有的高度关注。依据心理学家马斯洛的需求层次理论，人虽然有基础需要、高级（精神）需要，但不同情况下这些需要对人的行为的支配力是不同的，特定情形下起主导作用的就是所谓的“优势需要”。比如酒足饭饱了，一个人心中所想的可能就是看本书、听场音乐会之类的——他的优势需要就自然从基础需要转移到高级需要上去了。

优势需要的转移与我们的教育、德育有着最直接的关联。传统应试教育的逻辑，其实就是一种应对人类基础需要的“饥饿逻辑”。孩子接受教育的理由，最具决定性的是对生计的考虑。比如我们20世纪60年代在农村出生的这一代人上学就是为了“跳农门”。城里孩子上学的具体理由虽有差异，但考虑生计的逻辑却是一样的。不过，随着时代的发展，上学的逻辑正在悄悄改变。2020年夏天，网民们曾因一个贫困考生填报北京大学考古专业而争论不休。虽然许多人坚持认为这个家境贫困的学子应该选择未来比较有“钱途”的金融等专业，而不是可能清贫一辈子的考古专业，可是那个孩子最后还是勇敢地填报了自己心仪的考古专业——“追梦逻辑”最终战胜了“饥饿逻辑”！这就说明，虽然应试教育的“饥饿逻辑”还在老百姓的观念惯性里顽强存在，但其影响力已逐渐降低了，因为人们的优势需要正在悄悄转移。“你不好好学习，将来靠什么生活?”这样的话，已经越来越难以说服今天的小朋友了。当代中国教育需要从别的方向发力，比如让孩子感受到学习本身的魅力、激发其内在的学习动机等。

从社会的角度看，物质丰裕的时代意味着中等收入群体在不断壮大。由于满足温饱需要已经不成问题，社会大众对尊严、自由、平等、公正、法治等的精神需求自然就会日渐增加。如果社会、教育不能够主动地、自觉地去应对这些新的社会心理诉求，就必然会出现问题。

社会越富裕，人们对自由、平等、公正、法治的需求就会越强烈，教育只能顺势而为。故若从教育的角度看，在一个物质丰裕的时代，由于个人、社会的需求结构都发生了巨大的改变，社会对教育当然就会相应地提出更高的要求——学校应当提供更加优质的教育，教育应当更注意凸显培养健全人格的本体功能。

但迄今为止我们的教育把太多精力放在考分上面，这只遵循了“饥饿逻辑”。今后“饥饿逻辑”可能还会存在，但其重要性一定会下降，因为时代变了。这并不是说以后成绩不重要、高考不重要，而是与人的健康发展相比，工具性的指标不再像以前那么重要。如果学生分数很高，但是心理不健康，人格不健全，当下、未来不幸福，那这样的教育肯定不是我们所向往的美好生活的一部分。目前社会上不少人对“全面发展”的理解有一个严重的误区，认为全面发展就是样样都要学，把个性自由这一全面发展的灵魂忽视了。其结果是，孩子、家长都很“累”，大家都在比拼分数、比拼成绩。如此种种，就完全走向时代发展需求的反面了。

故物质丰裕的新时代的教育，一定是优质的教育，一定是解放人、尊重人，能真正让人的生活品质提高、促进人生幸福的教育。换言之，时代要求教育、德育一定要转型，以应对新时代的诸多挑战。

很多人都没有意识到，在一个物质丰裕的时代，德育反而会面临更大的挑战。

从个体来讲，物质丰裕的时代对德育最大的挑战，当是如何让年轻一代获得生活的意义，能够优雅、幸福地生活，从而摆脱危险的低级趣味，克服“超越性病态”。

马斯洛的需求层次理论还有一个重要概念叫“超越性需要”。他认为，真善美、自我实现等是人的超越性（高级）需要。如果这一需要长期得不到满足，人就会产生“超越性病态”——认为生活枯燥、寂寞、无意义。生活越安逸、富足，我们精神上的苦恼就越多，形成超越性病态的可能性也就越大。在物质丰裕的时代，许多庸俗的东西既浪费了我们的时间，也败坏了我们的道德和审美趣味，但沉迷于此的成人与儿童却越来越多。如何帮助受教育者真正确立积极健康的世界观、人生观、价值观，以克服“超越性病态”、摆脱低级趣味，实乃当代中国德育面临的最大挑战之一。

从社会的角度讲，要回应前述中等收入群体崛起所带来的政治、文化等社会心理诉求，就要大力促进文明社会建设，特别需要加强生命教育、人权教育、公民教育、劳动价值观教育等，其迫切性、教育的重点都已与过去大不相同。比如加强劳动价值观教育，今天劳动教育的意义跟以前不一样了，具体做法也应有所区别。如何让人拥有劳动者的尊严，社会要努力，教育更要努力。从这个角度讲，劳动教育就是人权教育、公民教育。此外，劳动教育也是道德教育——很多人厌恶劳动，因为他没有真正体认劳动的创造性价值，当然也就无法理解劳动的乐趣。新时代劳动教育要特别努力解决的，正是这类问题。

在新时代，我们迫切需要在德育内容、形式、人际关系等方面实现全面的提升。

在德育内容上，新时代要求我们认真开展公民教育、道德教育、真善美教育和自我实现教育等。

实际上，中国近年来一直在内政上努力建设法治国家、弘扬社会主义核心价值观，在外交上也在积极倡导构建人类命运共同体。这些既是中国特色社会主义的政治实践，也是中国特色社会主义的公民教育——因为建设法治国家所内含的法治教育，社会主义核心价值观里的自由、平等、公正、法治等，本就是世界各国公民教育最重要也最普遍的内容。而人类命运共同体意识，也正是国际上通行的全球公民教育的核心目标。物质丰裕的社会既然对中国教育提出了这方面的要求，如果我们不开展社会主义核心价值观教育，不推进法治教育，不进行人类命运共同体教育，那么我们的德育就是与这个时代脱节的。

还有，真善美、自我实现教育等问题也非常重要。让孩子在关注自我的同时也拥有大我，让孩子更多地关注家庭、社会、国家、世界，让孩子更有精气神、追求真善美，从而拥有更豁达的人生，不仅是我们教育的重要使命，更是德育的核心目标。

在德育形式上，新时代要求我们须特别注意构建德育形式的精致与美好。途径之一就是倡导、践行德育美学观，实现真正的德育享用性功能。

有两种极端错误的德育观念：一种是强制灌输的观念。强制学生接受你的价值观，即便你是对的，也已经侵害学生作为道德学习主体的权利与尊严了。更何况强制虽可以一时改变学生当下的行为，但若学生在情感上不接纳，形成逆反心理，价值观教育就很难有实效。另一种是自由放任的观念。完全放手，任由孩子在价值上自由选择，错在把放任当尊重，其结果是忽略了德育。两种极端的德育效果都不会理想。有没有既尊重孩子的主体性，让孩子不反感，又能达到良好德育效果的“中道”方式呢？我曾在自己的《德育美学观》《让德育成为美丽的风景》等书中呼吁：对德育内容、形式做审美化的改造——当我们所教的恰好是孩子们所渴望、所欣赏的东西时，价值引导和自主建构之间的矛盾就自然消解了。这是一种合乎时代要求的教育哲学，也意味着一系列德育改革的具体方法论建议。合乎“中道”的德育观念与方式，当然不只有德育审美化这一个路径。但是德育形式的精致、美好及其对于这个时代的重要性，却是毋庸置疑的。

此外，新时代德育还需要努力构建一种民主、和谐、辩证的人际关系。

教育其实就是人对人的影响。民主、和谐、辩证，是教育中良好人际关系尤其是师生关系的三个关键词。其中特别需要强调的，是“辩证”二字。一方面，民主、和谐的师生关系是现代教育的重要特征。另一方面，正如教育哲学家格特·比斯塔曾经在他的《教育的美丽风险》《超越学习》等书中所指出的：很多人认为学生是顾客，学校是商店，教师则是销售员——教师只需跟在学生屁股后面，学生要什么，教师就给什么，这是对教育的严重误解。须知，没有专业，就没有教育；没有要求，就没有德育。我们对于学生的尊重，一定要有教育性，一定是建立在对其成长具有有效帮助的基础之上的。高品质的德育既需要实现优质德育内容、形式的供给，也需要注意形成一种民主、和谐、辩证的人际关系。

综上所述，物质丰裕的新时代，意味着整个教育逻辑的转换，意味着中国德育在迎来伟大历史机遇的同时也必须直面诸多艰巨的时代挑战。时代的全新格局正需要中国教育理论和实践工作者通过不懈努力，主动、勇敢地面对。而“新时代立德树人理论探索书系”，正是一群教育理论工作者对于新时代立德树人呼唤所做出的严肃、具体的专业回应。

檀传宝

2021 年6月6日于京师园三乐居

［本序由丛书主编在第三届“长三角地区中小学德育创新论坛”（2020年12月10日至12日，苏州）上所作主题演讲整理、改写而成。序言保留了平易的表达风格，但仍不失为主编对于新时代德育、教育的理论之思，更可视为与丛书作者、读者的一种别致而真诚的思想对话。］

目 录
CONTENTS

第一篇

德育的根性与『教』『化』的渊源

第一章　探寻德育的根性

一、德育需要正视的深层问题

（一）典型困惑亟待澄清

较长一段时期以来，在一线德育实践者之间，产生了一些比较普遍的理念困惑。这既是“德育困境”导致的结果，也是德育实效性受限的重要原因。最常见的关于德育实践理念的困惑可以用最简短的一个问题来表述，即“道德可教吗”，这个问题可以分解为“什么是道德”“什么人教”“如何教”“可不可教”四个方面。

在我国德育实践中，虽然很少有人会认为道德仅仅是由道德规范组成的，但提到道德，人们头脑中往往还是会呈现很多与道德规范有关的印象，可能还会带有一些纠结、抵触的情感。历史上曾经出现的忽视目的和条件的盲目追求“圣人人格”，让人们觉得圣人标准高高在上，难以达到，而且约束太多，缺少自由。“大公无私”“舍己为人”的提倡，如果忽视了道德发展的自然过程和行为本身的目的性和自主性，可能会给人们造成“德福相背”的误解，即要成为有道德的人或者道德高尚的人，就要付出高昂的身心和物质代价。“什么是道德”的困惑是道德教育首先需要正视的问题。

从理论上分析，道德教育当然应该由“掌握了道德教育资源，具备道德教育资质”的人来从事，而现实中德育实践者的选拔要么根据智育原则经由考试成绩确定，要么没有明确的选拔条件，甚至也不排除存在根据智育教学能力进行选拔的情况。这导致社会上形成了道德教育由“什么人教”的普遍困惑。

理论上的直接德育、学科德育、隐性德育应该相结合，现实中德育课与其他学科的分离以及德育工作者与其他学科教师的分离，导致形成了道德教育“如何教”的困惑。

政策与社会对德育效果的期待与实际德育效果之间的反差，德育教学的阶段性与教学效果检验的长期性之间的矛盾，导致了道德教育“可不可教”“值不值得投入”的困惑。

这些来自德育实践的困惑不仅需要德育理论层面的解读，更需要结合我国社会转型期的实际特点来进行分析。这些困惑如不澄清，道德教育就会事倍功半，劳而少功。

（二）德育信心有待加强

在进行道德教育研究与实践时，有个问题并不容易回答，甚至常常使研究者或教师面临尴尬的局面——作为德育工作者，我们是否通过道德教育研究和教学，感受到了自身道德修养的提升及其对我们幸福生活的促进作用？

这个问题涉及德育工作者自身对道德的实践信仰和信心。德育是促进个体道德自主建构的价值引导活动，但这种价值引导的合理性与合法性在哪里？或许最基本的就应该存在于德育工作者自身基于努力而获得提升和超越的道德实践经验，以及由此建立起来的对道德修养和道德教育的信心。因此，当人们把掌握某种知识和技能作为其他学科教师的基本门槛的时候，道德教育同样面临着实施者“是否掌握了道德教育资源，是否具备道德教育资质”的挑战。对于其他学科教育而言，教育条件、教育资质、教育成效等各方面都相对容易接受检验，而对于道德教育而言，这些方面并不那么容易检验。很多时候，德育工作者在反思这些问题时，自身也难免表现出信心不足。[①]

这种信心不足在一定程度上也受到德育终极价值模糊的制约。例

① 一项调查发现，问卷中88%的教师表示自己在日常教育活动中会从道德方面对自己的教育行为进行反思，但同时有超过50%的教师认为教师自身的素质是当前制约师德建设的突出因素。见檀传宝等．中学师德建设调查十大发现[J]．中国德育，2010(4)：5-10.

如，道德教育中，连“道德是什么”“什么是有道德的人”等基本问题，人们都往往难以达成令人信服、足够明确且具有一定指导意义的共识，更不用说对这些问题的评价了。也许我们可以从德育目标的角度，构建一些美德或规范的体系，或引用一些著名哲学家的话语来回答这些问题。但是这些美德或规范的体系，在很大程度上具有差异性和多元性。此外，对德育终极价值问题的思考更多地出现于理论研究中，而不是课程设计和教学实践中，因此，德育终极价值如何对实践产生直接的促进作用，尚需更多的实践来证明。

上述典型困惑的亟待澄清与德育信心的有待加强，其实都是关乎道德教育之“根”的基本问题，但它们时常被人们有意无意地忽略或回避了，而且从某种程度上说，这些问题也导致了德育实践上的低迷。[①]很难想象，连让研究者或教师自身都无法改变的德育理论或教学实践，能给教育对象带来多么深刻的体验和丰富的收获。何况在价值观多元化和环境多样化的今天，即便是自身的道德成长经验，也已经不一定适合作为一种教学资源推介给他人。“德育无根性”一方面是时代问题，正如鲍曼所指出的，“我们的时代是一个强烈地感受到了道德模糊的时代，这个时代给我们提供了以前从未享受过的选择自由，同时也把我们抛入了一种以前从未如此令人烦恼的不确定状态”[②]；另一方面，这个问题对于正在经历深刻转型的中国社会而言，又有着独特的意义。

二、德育寻根的学科思维

（一）关注于学科发展历程的“德育根性”分析

关于“德育根性”问题的推进以及德育研究能力根本性的提升有两种思维方式。第一种是学科思维或学科逻辑，认为“道德是什么”等终极价值问题需要从哲学、伦理学等学科知识中获取，而“什么是

① 檀传宝．信仰教育与道德教育[M]．北京：教育科学出版社，1999：1.

② 齐格蒙特·鲍曼．后现代伦理学[M]．张成岗，译．南京：江苏人民出版社，2003：24.

有道德的人”等评价问题则可能需要从社会学、心理学等学科知识中获取[①]。“德育根性”问题应该用对上游学科的借鉴和引入来解决，从而增强德育实践的理论基础和实践信心，对价值多元做出更积极有效的应对。因此，“德育根性”并不仅仅是德育学科本身的问题。

改革开放以后，中国德育经历了理论研究的复苏、理论基础的建构、学科的分化与整合等阶段，引入并发展西方德育思想，在此基础上逐渐形成了中国当代德育理论[②]，并逐渐呈现出理论研究的丰富性。[③]理论研究逐渐恢复生机，系统化、有深度的本土德育理论正在形成。[④]这使得我们在比较和借鉴国外的德育理论时，还缺乏自身主体性的平台基础，因而吸收和超越都还不够完全。[⑤]这种现象一方面是受研究时间、学术积累等因素制约的必然结果，另一方面也是由我国社会发展的宏观因素导致的。[⑥]

长期以来，我国的学校德育虽然受到其他学科所没有的重视，但也缺乏其他学科的自由与灵活。[⑦]基于政治学和社会学的宏大结论，有时被直接套用在微观层面的德育实践中，但其实，马克思主义哲学对德育研究的宏观指导并不能代替对德育问题的具体研究。[⑧]例如，在一线的道德教育实践过程中，面对多元价值观的激烈冲突以及道德理想与社会现实的尖锐矛盾，人们往往觉得被动和尴尬，一方面非常需要基于现实的深刻分析，来消除自身的困惑和树立坚定的信念，另

① 杨韶刚．什么是有道德的人——当代心理学向科尔伯格提出的挑战[J]．教育理论与实践，2003（4）：48-51.

② 叶飞，檀传宝．改革开放30年德育理论发展脉络探析[J]．教育研究，2009（1）：19-24.

③ 戚万学，唐爱民，韩笑．改革开放40年德育理论研究的主题及进展[J]．教育研究，2018（10）：20-31.

④ 檀传宝．超越论教育哲学及其建构——20世纪90年代鲁洁教授教育思想的特质[J]．教育学报，2010（1）：3-7.

⑤ 胡金木．我国道德教育领域中“比较研究”状况的回顾分析[J]．教育科学研究，2009（9）：28-31.

⑥ 杜时忠，孙银光，程红艳．德育研究70年：回顾与前瞻[J]．教育研究，2019（10）：17-26.

⑦ 薛晓阳．德育研究：学科的独立和开放[J]．教育学报，2009（1）：102-107.

⑧ 胡厚福．德育学原理[M]．北京：北京师范大学出版社，1997：5.

外一方面也非常需要能直接应用于教学的灵活有效的德育方法。在我国德育研究领域，道德教育的时代遭遇及其原因分析①，多元价值观的协商与解决方案等问题②，虽然已经有相关的理论研究成果，但是尚未深刻地延伸到更大范围的实践教学中，成为道德教育的基础性参照；而有关道德问题处理过程中的心理机制研究③，道德教育效果的评价问题研究④，成果在我国德育研究中只占非常小的比例，实践中的应用指导就更为缺乏。以上两个方面可能是导致德育低效甚至反德育的道德灌输不断被批判却始终活跃的重要原因。在这种背景之下，德育回归生活的呼唤逐渐成为德育界的共鸣⑤，人们开始重视在真实的道德冲突中实现人的道德成长⑥，关注个体生命以不断创造可能的生活⑦，从体验活动和体验课程的融合中凸显道德教育的主体性、情境性和生成性⑧。

在我国德育学科的理论研究中，关乎德育根本方向的问题，如“什么道德”“如何检验”等并未得到像对“如何育德”那样的重视，成果那样丰富。在这种情况下，当德育工作者面临德育遭遇的各种时代性挑战以及外界对德育实效性低下的批评，试图突破德育困境的时候，会发现“德育根性”已经成为制约我国德育发展的深刻问题。因为“如何育德”是与“什么是道德”以及“如何检验”紧密耦合在一起的。当“什么是道德”已经不成为一种共识，而我们继续带着既往的道德意识探究“如何育德”的时候，那么德育的困境就是不可避免

① 高德胜．道德教育的时代遭遇[M]．北京：教育科学出版社，2008：115-132.
② 华东师范大学“价值多元化背景下学校道德教育改革与德育环境重建研究”课题组，杨小微，黄向阳．当代我国中小学德育的重建研究及反思[J]．思想理论教育，2008（14）：25-31.
③ 杨韶刚．从道德相对主义到核心价值观——学校道德教育转向的心理学思考[J]．教育研究，2004（1）：32-37.
④ 冯建军．测量时代的德育评价：难为与能为[J]．中国电化教育，2022（1）：1-8.
⑤ 高德胜．生活德育简论[J]．教育研究与实验，2002（3）：1-5.
⑥ 傅维利．真实的道德冲突与学生的道德成长[J]．教育研究，2005（3）：13-16.
⑦ 冯建军．主体道德教育与生活[J]．教育研究，2002（5）：36-40.
⑧ 刘惊铎．体验：道德教育的本体[J]．教育研究，2003（2）：53-59.

的。这方面的基本理论研究如果不能取得突破，其他德育理论和实践发展都会受到影响。

（二）提升德育解释力与实践能力的寻根思路

近年来，有关德育的学科建构和德育专业化的呼声逐渐增强①，说明我国德育研究与实践向纵深发展，必然需要形成自身的话语权和专业实践能力。当代社会学科的交叉性日益显著，一个学科的建立和真正发挥影响力，最重要的是对其研究对象有独特而深刻的研究视角和方法论，对实际问题的解释和解决有着其他学科所无法替代的作用。

20世纪70年代，以科尔伯格为代表的道德认知发展学派认为，道德哲学和道德心理学是道德教育的两个基本领域，道德心理学研究“道德发展是什么”的问题，道德哲学则考虑“道德发展应该是什么”的问题，因此，要为道德教育提供一个合理的基础，就必须把心理学上的“是”和哲学上的“应该”这两种探讨结合起来。②而学者们的这种努力，也极大地推进了人们对道德教育中认知因素所起作用的了解，从而使道德认知发展学成为20世纪70—80年代的研究主流，至今仍在发挥着不可忽视的作用。最新的道德心理学已经整合了认知发展心理学、进化学、神经科学、社会心理学中以道德情感和直觉为核心的初步研究成果，并且将社会学、政治学、宗教学的观点列入下一步需要整合、涵盖的重要方向。③④这为道德教育的整合研究提供了很好的范例。在我国，近年来也有加强心理教育与道德教育融合的趋势，认为借助心理教育，能够更好地发挥道德教育的整体性功能；融

① 檀传宝．再论“教师德育专业化”[J]．教育研究，2012（10）：39-46.

② 唐汉卫，戚万学．现代学校道德教育的问题与思索[M]．济南：山东教育出版社，2008：2-23.

③ Haidt. Morality [J]. Perspectives on Psychological Science, 2008(1): 65-72.

④ Ellemers N, Van Der Toorn J, Paunov Y, et al. The Psychology of Morality: A Review and Analysis of Empirical Studies Published from 1940 through 2017[J]. Personality and Social Psychology Review, 2019(4): 332-366.

入了德育因素，心理教育将具有道德导向。①

按照学科思维探寻德育的根性，有两个方面需要慎重审视。首先，哲学、伦理学、社会学、心理学等学科体系主要是来自西方，而且至今仍然是西方文化和思想在其中起着主导作用。因此，德育从这些领域里去寻求思想渊源和理论依据，有可能导致对中国传统文化的漠视。如果按照这种学科逻辑，中国的传统文化要想被充分吸收和利用，除非也按照现有的学科体系进行分解和分类。但是，中国文化的核心特点之一就是整体性和系统性思维，经过分解的中国文化能否保持其原有的特质？有学者在论述儒学在现代中国的存在状况时说：“在学术层面上，现代的儒学研究乃退居学院化一端，被纳入现代西方的学术规范和思想框架。这样，作为中国文化学术之整合基础和人伦教化之超越性本原的传统儒学，乃转而成为现代学术分科中之一科，成为一种无关乎社会生活的理论和析出于历史连续性之外的知识……”②

其次，德育区别于伦理学、心理学等的最重要方面是其实践性。实践性不仅包括通过教学促进学生的道德成长，更重要的基本要求是教师自身在德育研究和教学实践中，不断超越自我，体验道德成长。这种鲜明的实践性要求，可以取自上游学科的知识滋养，但又不局限于知识视野的打开。③因此，可以说，学科思维下的德育寻根是德育教师形成自身实践能力的必要条件。

三、德育寻根的文化传统思维

（一）关注于文化传统的“德育根性”分析

关于“德育根性”问题的解决，另一种是文化思维，认为德育的根性是关乎价值观和信仰的道德文化的灵魂。这种文化根性既具备

① 班华．做“有大爱大德大情怀”的人——全球视野下的心理—道德教育[J]．人民教育，2018（24）：50-51.

② 李景林．儒学之“魂”的附“体”与新生[J]．天津社会科学，2007（6）：38-41.

③ 易连云．传统道德中的生命意义解读——论“生命·实践”道德体系的构建[J]．教育学报，2005（5）：63-67.

“野火烧不尽，春风吹又生”的强大生命力，也具备“执今之道，以御今之有”[①]的现实指引性。

我国当前的社会发展正处在全面而深刻的转型期，经历着从道德信仰不足到新道德规范形成和信仰重建的重大转折。伴随着改革开放所带来的物质生活的改善，市场经济中“理性人假设”的分析性原则被混淆为价值原则，而僭越到生活的方方面面，混杂为这个时代的精神特点和伦理特征的一部分。人们既享受着时代的优越性，又承受着时代的局限性。中国社会的这种转型深入且全面，与人们的实际利益产生了各种紧密的联系，甚至可能表现为“德福相背”的表象——坚守良心、践行道德却可能付出高昂的代价。这会严重扭曲人们的道德信仰，削弱人们对道德修养和道德共识的信心，使道德教育的理论基础和解释力都遭遇重大的挑战。在复杂的现实面前，很多人会觉得道德的“理”不好讲了。这说明了制度德性和制度德育的必要性和迫切性[②]，同时，包括制度德性缺失的很多深层原因都指向了道德信仰的集体性失落。[③]在这种背景下，道德教育也可能患上边缘化、外在化和知识化的现代综合症。[④]这种综合症其实已经不仅仅是一个学科能力的问题，更重要的是反映了社会文化变迁中德育的困境。因此，如果不能从更为广阔的文化视角来分析德育的这种遭遇，确立超越时代局限性的文化根性，那么德育的现代综合症恐怕就难以根除。

鲁洁教授指出：“文化变迁是一种永恒的文化、社会现象，文化只能在不断变迁中获得发展和进步，这是一个不以人的意志为转移的客观过程。”[⑤]但同时，道德文化又是有连续性的，蕴含在道德文化

---

① 帛书《老子》第58章，世传本为“执古之道，以御今之有”，高明考证认为帛书本更能反映道家因时因物而灵活取舍的态度。

② 杜时忠，张添翼. 三论制度何以育德[J]. 教育学报，2020（4）：20-29.

③ 樊浩. 当前中国伦理道德状况及其精神哲学分析[J]. 中国社会科学，2009（4）：27-42.

④ 鲁洁. 边缘化，外在化，知识化——道德教育的现代综合症[J]. 教育研究，2005（12）：11-14.

⑤ 鲁洁. 文化变迁与教育[J]. 教育研究，1990（8）：37-41.

之中的民族精神也是如此。正如尼采和麦金太尔指出的，任何道德都以谱系的方式存在和发展着，没有一种无谱系生成的一般道德。当今时代，各种道德文化传统只有在达成对自身连贯性发展的具体确认之后，才有可能通过相互间的解读、对话和“翻译”，寻求某些道德共识。①

翻开中华民族的历史，我们会发现，当今时代固然有其与以往漫长的封建社会十分不同的进步特色，但是从文化和信仰的视角来看，从人对生命和道德的观念来看，我们仍能发现某些似曾相识或者周而复始的东西。今天人们对道德以及终极价值的各种百花齐放的观点和立场，站在历史的角度，也可以视作各种带有创新和进步色彩的“重演”。②万俊人提出，希尔斯对于传统的研究成果和韦伯对“新教伦理”与资本主义兴起的内在关联的揭示，说明了“若要取代或消除一种传统，尤其是作为社会内在精神的道德伦理传统，不仅需要创造一种足以替代旧传统的新传统，而且无论如何，这种替代都不可能是完全意义上的。换句话说，任何新传统的创造本身也只能在旧传统的基础上借助其资源转化而成，绝无另起炉灶而能获成功之可能”③。

（二）挖掘道德信仰资源的寻根思路

任何时代都需要探讨“我们为什么要道德”的理由，这理由普遍存在于人们心中，作为一种道德信仰，成为道德修养的内在动力。历史上，中华民族的天道信仰和内在良心信仰都曾作为一种精神支柱，维系着中国社会的道德发展。近代中国革命引入了马克思主义，构建了唯物主义的道德信仰。中国本土的天道观和良心观的道德信仰，与马克思主义的道德信仰在解放人性、服务大众、自我超越等大方向上具有较多的一致性，两者应该得到更有机的融合，从而更有效地释放

① 万俊人．道德谱系与知识镜像[J]．读书，2004（4）：97-106.

② 熊春锦．道德复兴论修身[M]．北京：团结出版社，2008：38-46.

③ 万俊人．寻求普世伦理[M]．北京：北京大学出版社，2009：120.

出各自的潜力，共同构建中华民族在当代社会的道德信仰根基。[①]

改革开放以来，教育理论界诸多学者展开了对古代德育思想的研究。德育理论工作者也自发地开始了文化传统的寻根，先秦儒学与宋明理学由于强大的文化惯性，其文化范式与近代教育学范式相对接近，而且研究材料较丰富，因此最先受到教育理论界的重视。这些研究工作对于重新评估传统文化的德育价值具有重要意义，同时对于更加系统深入地德育文化寻根起到了先导性作用。

然而，传统文化的德育资源开发也暴露出一定的问题。我们的研究视角大多仍然集中在以先秦儒家、宋明理学等为主的教育思想内，而对先秦道家学说以及后来传入的佛教文化的关注依然非常有限，这使得对中华民族的根源文化的研究和在教育界内的思想接续显得有些不完整，研究结果的实效性还难以满足社会的需求。[②]儒家学说虽然在汉代便成为显学，但并不足以完全涵盖中华道德文化的主体，其自身的现代转型以及与现代文化完成对接的过程中存在一些困难。

而之前被国人忽视的道家思想，在国外一些研究者的敏锐关注下，显示出强大的源泉式力量，成为他们用来提升和完善自身学说体系的宝库。这种现象已经在海德格尔、雅思贝尔斯、荣格、马斯洛等人身上表现得淋漓尽致。甚至在蓬勃发展的科学领域，也表现出“正在兴起的新科学观向道家思想复归的某些特征”[③]，以李约瑟、汤川秀树、卡普拉等为代表的科学家指出，蕴含在古代东方道家思想中的哲学基础，可以随着现代科学的发展重新被揭示出来，道家思想对于东西方文化融合以建造一个科学和人文平衡的新的世界文化模式具有重要意义。随着我国考古研究的发现，大批道家著作重新面世[④]，为

① 熊春锦．中华国学道德根[M]．北京：中央编译出版社，2006：5-16.

② 付小莉．围绕“道家主干说”争论的述与评[J]．宁波大学学报（人文科学版），2000（1）：60-65.

③ 董光璧．当代新道家[M]．北京：华夏出版社，1991：2.

④ 其中最引人注目的包括1973年出土的马王堆汉墓帛书的《黄帝四经》和《老子》，为汉初黄老之治的思想资源提供了重要的参考依据。

深入发掘道家思想提供了客观的可能性。文化界对道家思想的认识深度也达到前所未有的水平，形成了一些新的学术观点。[①]这些最新进展应该被教育研究者及时吸收利用，将新时期的儒道互补格局，转化为教育实践能力。

四、德育寻根的现实性

（一）两种思维的融合

在中国当代社会环境下探寻中国道德教育的根性，这种目标资源如果能够包含以下三个条件最为理想：①有深度，包含中国人道德特质的内容，能抵达中国人道德信仰的深度；②有哲学性，能与世界范围内的道德哲学思想进行深度交流；③有科学性，能解释道德成长的机制，并生发出用于指导教学的理论体系。单纯的学科思维，强化了通用性却可能忽视了民族独特性，而单纯的文化传统思维，重视了历史性却可能削弱了科学性和现实性。学科思维与文化传统思维的融合，更有利于上述目标的达成。

学科思维的德育寻根，已经为很多中国学者所重视。理论化、系统化、科学化地推进现实德育问题的解决，可以说是现代德育理论研究的长处。例如，以道德认知发展理论、关怀教育理论、美国品格教育为代表的当代德育主流理论，分别从认知、情感、品格与行动等角度揭示了道德教育的依据与对策。道德认知发展理论是为数不多的直接论述道德发展阶段或道德境界的理论。[②]诺丁斯的关怀理论强调对生命的尊重、对体验和感受的重视、教师的榜样作用和道德教育的实践性特征。[③]关怀理论从德育过程层面，揭示了关心是以需要和反应

---

① 樊浩．“‘德’—‘道’”理型与形而上学的中国形态[J]．北京大学学报（哲学社会科学版），2010（2）：26-33.

② 科尔伯格．道德教育的哲学[M]．魏贤超，译．杭州：浙江教育出版社，2000：1-4.

③ 侯晶晶，朱小蔓．诺丁斯以关怀为核心的道德教育理论及其启示[J]．教育研究，2004（3）：36-43.

为基础的，关心者的心理状态以专注和动机移位为特征，专注是指关心者对被关心者的那种开放的、不加选择的接受，动机移位是指一种动机能量流向他人的过程。因此，需要引导学生在道德关系建构过程中生成德性。[①]品格教育运动的代表里克纳认为，即使在价值多元的社会中，仍然存在被普遍认同的价值，除非我们承认正义、诚实、文明、民主、追求真理等价值观，否则价值多元是不成立的；问题的关键不应当是“要不要教价值观”，而应当是“教哪些价值观”和“怎样教这些价值观”。[②]世界范围内优秀的德育资源还有很多，对我国的德育理论本土化建构具有很高的参考价值——既帮助我们在参考和比较中进一步明确“要找什么”，同时也能帮助我们检验“是否找到了”；既使得我们对传统道德教育理论的研究不至于因缺乏比较和借鉴而变成孤独的“自说自话”，同时也使中国传统德育思想不至于蜕化为西方道德教育理论的陪衬或是附庸。[③]

文化传统思维下的德育寻根，由于受到中国近百年社会和文化历程的影响，相对于学科视角，显得更为艰难，受到的重视也相对不足。首先，中国先秦道德文化，具有强调生命实践的“内求法”的鲜明特点。既重视先天德性的善根，也关注成长过程中反映先天德性不足的“禀性”释放与后天耳濡目染获得的“习性”交织在一起所形成的复杂的道德成长轨迹。[④]因此，中国传统道德文化承认人的道德成长是不断突破小我、超越功利和一般社会性认知的过程。但是与科尔伯格理论不同的是，中国传统的道德文化并不认为人的道德成长由简单上升的几个阶段组成。其次，中国传统的道德文化，以明心见性的

① 内尔·诺丁斯．学会关心——教育的另一种模式（第二版）[M]．于天龙，译．北京：教育科学出版社，2011：31-36.

② Thomas Lickona. Education for Character: How Our School Can Teach Respect and Responsibility [M]. New York: Bantam Books, 1991: 20-22.

③ 易连云．传统道德教育研究的范式转换[J]．教育研究，2010（4）：30-33.

④ 熊春锦．国学道德经典导读[M]．北京：中央编译出版社，2006：186-187.

道德直觉作为根本，[1]通过道德信息传递与交流促进道德内在主体性成长，因此高度重视心灵体验和心灵交流，这与关怀理论是非常一致的。无论是道家、儒家，还是佛家思想，其中都蕴含着丰富的通过自我觉察，达到澄清意识的理论和方法，而且道家“能辅万物之自然，而弗敢为”的思想，显然也包含了关怀伦理提倡的“以需要和反应为基础”，而非强制和僵化，只是这一思想自汉朝“罢黜百家，独尊儒术”之后，被皇权专制下的儒学思想遮蔽了。再者，在道德与美德的认识方面，先秦道德文化其实是一种个体特性与公共伦理结合的人格—伦理体系，例如，仁、义、礼、智、信五德就是这种思想体系的代表，可惜的是五德被僵化为“五常”，并且与“三纲”相提并论之后，其内在的深厚的道德意蕴受到了严重的制约，在当代已经不为人们所珍视和共鸣。总体而言，中国道德文化是以“修之身，其德乃真”为基本要求，继而随着实践的深化和承载力的增强来“修之家，修之乡，修之邦，修之天下”的[2]，高度重视道德的实践性和求真性，以及基于道德能力的道德责任。这一路径与西方中世纪之后，更倾向于在宗教文化的背景之下思辨和发展公共伦理有所差别。重视这种差别，从中挖掘和深化民族特色的宝贵资源，还需要付出大量的努力并接受实践的检验。

（二）理性看待德育寻根本身

道德的价值终极性，决定了德育根性这个话题，本身只能作为一种研究和实践的方向，而不能作为一种确定的目标。就像人生不断地自我超越一样，我们可以选择超越或者维持，但是无法确定究竟超越到什么状态会是一种圆满和终点。因此，我们更应该在试图超越的过程本身找到一种适应的状态，在科学化和人性化的整合中，从生活世

① 谭维智．道德教育的非知识化路径——道家的知识观及其道德教育方法研究[J]．教育研究，2011（6）：85-89.

② 帛书《老子》第17章：“修之身，其德乃真；修之家，其德有余；修之乡，其德乃长；修之邦，其德乃丰；修之天下，其德乃博。”

界中寻找道德教育的根基。[①]历史上如此，当代仍如此，人们没有办法完全搞明白“道德是什么”并达成一致时，无时无刻不在经历着道德的体验、面对着道德的抉择。所以，对于有限的人生与无限的道德教育而言，每个人只能选择边学边干，来探索更优化的道德理解和道德对策。然而，德育寻根的关键，乃是呼唤对有关德育研究与实践根本问题的正视。也许这样的问题随着时代的发展而变得越来越复杂和棘手，研究这样的问题在残酷的社会竞争中往往会显得艰难，但是如果德育的根本使命不变，那么这种返本归真的努力就不应放弃。

无论是学科思维下的德育寻根，还是文化传统思维下的德育寻根，都涉及当代教育体系下的跨学科研究。对于个人有限的时间、精力与学识而言，显然挑战是巨大的，甚至是可以作为持续一生的努力方向。一种理想的研究模式是发挥研究团队的集体力量，在跨学科研究平台上，汇集各种视角和学科知识的精华，从而加速研究的进程。西方以海特等为代表的道德心理学研究和以彼得森、塞利格曼等人为代表的积极心理学研究，都在研究整合方面做出了重要的尝试。其研究结果证明，在当今时代，跨学科、跨团队式的研究往往能获得个人研究无法企及的效果。这种发展方向，在我国的德育研究中也应受到重视。

当“弘扬中华文化，建设中华民族共有精神家园”得到越来越多国人积极响应的时候，我国德育寻根已经具备了更为有利的宏观条件。因此，深化对上游学科的挖掘和跟踪研究，从而加强自身的解释力和实践能力；同时从更为广阔的文化传统中吸取营养，重视儒道传统的互补格局，[②]使之成为马克思主义本土创新和构建社会主义核心价值的重要思想资源，将成为当代德育理论研究者的光荣使命。

---

① 王啸，鲁洁．德育理论：走向科学化和人性化的整合[J]．中国教育学刊，1999（3）：16-20.

② 丁为祥．论“儒道互补”的结构性特征[J]．哲学研究，2018（9）：49-57.

第二章 德育理论研究的两种功能视角

20世纪90年代中后期，我国德育研究领域有过一场关于德育功能的大讨论，学者们围绕着这个话题展开了丰富的建构和论辩。[①]20多年后的今天，社会的发展对德育产生了更多的需求和挑战。新时代的德育研究应该进一步提升专业化水平，深刻反思理论研究的范式和功能，优化方法论，从而满足社会的需求并实现自身的意义。[②]从“德育”有什么功能到“德育理论研究”有什么功能，两者既有区别也有内在的联系，这有点像哲学从本体论到认识论的转换。本章从德育理论研究的“知识生产”视角开始，分析其价值和局限，进而提出一种新的视角，即“文化诠释”视角，希望通过两者的比较与功能分析，引起研究者对德育理论研究的根本功能及其路径这一问题的关注和反思。

一、“知识生产”视角的价值和局限

当人们感慨当代学术研究“乱花渐欲迷人眼”而在很多问题上依然“知识匮乏”的时候[③]，“知识生产”这个概念的出现和使用让人耳目一新。之所以如此，可能与“知识生产”自带的本质追问有关。从广义上来说，所有的学术研究都算是一种“知识生产”，就是要填

① 戚万学，唐爱民，韩笑．改革开放40年德育理论研究的主题及进展[J]．教育研究，2018（10）：20-31.

② 檀传宝，陈国清．改革开放40年我国德育学科建设的探索与进步[J]．中国教育学刊，2018（10）：28-34.

③ 郑永年．中国知识体系的缺失与建设问题[J]．学术界，2012（1）：236-241.

充知识的空白，优化原有的知识结构，带来新的启迪和可能性。而且“生产”这个词会天然地与质量和功能联系在一起，并激起研究者们的反思：“我们发现或生产了什么？是相对哪个知识体系而言的？其质量怎么样，有什么启发或有什么用……”从这个意义上来说，“知识生产”是一个很有价值的概念，能够让我们停下来思考一下自己和所在领域的研究意义和研究方式，从而有可能从研究的“数量涌动”中抽出身来，探索“化茧成蝶”般的飞跃。

（一）“知识生产”视角的“利”

“知识生产”概念包含了知识的连续性、体系性、创新性、价值性等前提，同时又与知识的生产方式、“谁的知识”等社会学问题相关。[①]“知识生产”强调了知识的积累，而积累需要建立在回顾、反思、比较、审辨的基础之上。“知识生产”质疑“自说自话”式的研究，因为后者很难激发研究者之间的对话，难以起到真实的“知识生产”的作用，正如商品如果没有交换就很难充分实现其价值。因此，“知识生产”既包括创新取向的单点突破式研究，也包括了以达成共识为取向的协商整理式研究。[②]“新”只是“知识生产”视角下研究价值的体现方式之一，而实质上能带来什么样的理论贡献和基础性支撑，也是研究价值的重要体现，尤其是在人文社会科学领域，很多创新突破和价值的真正实现，都需要构建在共识牢固、知识基础扎实的前提之上。

对于德育理论研究来说，“知识生产”同样具有自我审视功能。就德育理论建构而言，我国德育研究无论是通过本土创生还是引入消化，究竟建构了什么样的知识体系，其中的关键概念、核心命题、理论线条、知识谱系如何，可以支撑起德育实践中的哪些根基，哪些得

① 刘峻杉．知识生产视角下的德育专业化——内涵要素与路径选择[J]．教育学术月刊，2017（9）：15-24.

② 刘峻杉，平和光．知识生产视角下我国德育研究的特征与展望[J]．全球教育展望，2017（9）：61-72.

到了实践检验而哪些还只是理论构想，知识分布是否合理，还有哪些欠缺，当下或未来需要探索的重点，以及研究者是如何构建德育知识的，还存在哪些不足……如此等等，都可以在“知识生产”的视角下展开反思和讨论。这样的回顾和探讨，将有助于德育理论研究去芜存精，夯实基础，形成研究合力，达成共识，减少重复性研究，促进方法论自觉。

（二）“知识生产”视角的“弊”

“知识生产”概念似乎如此简洁有力而直指核心，那么它足以概括德育理论研究的本质吗？也就是说，以“知识生产”的方式追求新知、传播新知，足以充分地、实质性地完成德育理论研究的使命吗？

答案是不一定。一方面，作为理论研究，如果不能带来新知，尤其是关乎“如何育德”这一根本性问题的有价值的新知识，而只是重复搬运或装饰式更新人们已有的常识，从“知识生产”的意义上看算不上是真正的德育研究，毕竟研究往往意味着问题、方法、过程、结论等。另一方面，道德教育是关乎人心、人性的，而现代意义上的研究论文和研究著作多是关乎“认知”的，往往强调理性、普遍、客观、循证等，其发挥功能的路径大概可归纳为“以智启德”，而艺术类、文学类作品才是直指人心的，能给人以直接的心灵力量。所以矛盾就出现了，似乎德育理论研究要么囿于“知性”和学术论文的规范性而难免与道德人性产生隔阂，失去了“有温度的”道德感染力和灵动性；要么囿于“德性”和“个体性”阐发而与公共理性产生距离，从而被认为是不符合现代学术研究的规范的。

或许我们可以来调和一下这个矛盾，即德育理论研究应该以“知识生产”的方式展开，而具体的德育实践则应该有情有义、有情有趣并展现人性的光辉。但是这种调和无法圆满，德育实践中的“光”和“热”从哪里来呢？德育理论研究不应该成为德育过程中承载与传递人性光芒和能量的一个关键环节，并成为德育实践的精神能量的重要来源之一吗？

由此可见，虽然“知识生产”这个概念及其隐含的研究范式能给德育理论研究带来很多启迪，但是也留下了疑惑和遗憾，而这种疑惑可能暗暗地与德育研究本质中的某些部分紧密相连，值得我们追寻下去。

二、“文化诠释”视角的提出

（一）如何描述那潜隐的“另一半”

如果说“知识生产”或者现代学术发表制度，总是或明或隐地在追求差异性和原创性，因此容易把德育理论研究带上“知性”道路和碎片化境地，那么有没有其他的可作补充的视角或功能描述，使我们可以得到一个更为完整的理解图景？

我国先秦时代的教育思想带给我们重要启迪。先秦教育思想的核心可以用“教化”或“文化”来概括。无论是商周延续下来的礼乐传统，还是儒家仁、义、礼的教化，抑或是道家的“尊道贵德”，先秦时期主流的文化，都有一个共同点，那就是强调以内在精神世界为首要着眼点，在广阔的天人相合，也就是人自身及其向内、向外的无限宽广的大系统和参考系中，定位人的价值尺度，完成内在生命的充盈和超越。在这个过程中，人不是孤零零地参悟或以利益为中心的群体协商，而是需要借助过去所创造和传递下来的火炬般的文明，照亮自己和他人的生命空间，完成自我与共在的升华与和谐。这个过程与对语言的理解和运用、对文化传统的认同、对审美和理性反思能力的培养紧密联系在一起。①

中国早期文化的这些本质追求，已经深刻地烙印在中国人的文化基因之中，在当代中国德育理论建构中被传承和发扬，其中最典型的代表就是鲁洁教授等人的德育思想。鲁洁教授的著作中处处体现着马克思主义实践观，追求对人的全面理解、获得人的完全解放、从教育

① 吴国盛. 科学与人文[J]. 中国社会科学，2001（4）：4-15.

的异化中摆脱出来、以创造生活的意义来超越现实世界等理念，这些都已成为我国当代德育理论的重要基石。鲁洁教授也是较早反思传统文化，并从中吸取思想营养的学者。早在1991年她就提出我国现代化的过程中对传统文化的深刻反思是一种文化选择的过程。[①]她认为，全球化是以某种价值为指向的社会历史进程，在此背景下，教育的一项重要任务是提升人们的文化自觉[②]，包括教育学在内的人文科学和社会科学的本土化是关系到我国学术发展的重大课题。[③]鲁洁教授在论述生活论意义上的“成人之道”时，就曾直接关联中国传统道德文化：“中国古代道家经典中的‘道’意味着一种本然的存在方式。在《道德经》中‘道’就是天地万物的本体，它是有所积聚而形成的，是积万物之理而成就的，‘德’则是道的功能的体现……古人在‘道德’一词中所指的是一种人的本体性的存在方式，它关系到做人的根本目的和方向。为此，孔子教学生要‘志于道，据于德’。”[④]鲁洁教授还提出了德育的“个体享用性功能”，即德育有能够让个体从中体验到满足、幸福，获得精神享受的功能。[⑤]这与先秦道家、儒家的道德审美体验或“乐感”文化有着异曲同工之妙。不仅如此，鲁洁教授研究中常见的主题词或基本观点，如“返本归真”“德育之根基”[⑥]“回归”“意义世界”[⑦]“道德之知本是实践之知”[⑧]“道德教

① 鲁洁．试论文化选择与教育[J]．华东师范大学学报（教育科学版），1991（1）：9–13.

② 鲁洁．应对全球化：提升文化自觉[J]．北京大学教育评论，2003（1）：27–30.

③ 鲁洁．试论中国教育学的本土化[J]．高等教育研究，1993（1）：33–35.

④ 鲁洁．做成一个人——道德教育的根本指向[J]．教育研究，2007（11）：11–15.

⑤ 鲁洁．试论德育之个体享用性功能[J]．教育研究，1994（6）：46–47.

⑥ 鲁洁．教育的返本归真——德育之根基所在[J]．华东师范大学学报（教育科学版），2001（4）：1–6.

⑦ 鲁洁．行走在意义世界中——小学德育课堂巡视[J]．课程·教材·教法，2006（10）：20–24.

⑧ 鲁洁．边缘化、外在化、知识化——道德教育的现代综合症[J]．教育研究，2005（12）：11–14.

育的根本指向”[①]“道德教育的根本作为”[②]等，无论是概念，还是其中体现的“内在追求”“修身明德”的思想，都与中国优秀传统文化有着内在的高度一致，同时这些概念或命题又经过她的哲思创新而饱含着时代特色。除了鲁洁教授之外，班华教授提出的道德教育的“心育”和师德理论等也有类似的观点。[③]

这些思想和研究产出，如果贴上“知识生产”的标签，总会令人觉得有些不贴切，可能因为这些研究本身既没有表现出对原创性的追求，也没有明显的知识模块被生产出来。我们可以称之为教育哲学研究，但其又不是人们印象中深奥难懂的哲学思辨，其突出特点是紧扣教育整体或道德教育的根本命题，承接或自觉运用了本土文化思想，并闪耀出时代的“文化灵光”。

以上述研究为例，我们是否可以认为除了“知识生产”这种功能或视角之外，还可以存在另外的功能或选择？那么我们应该如何对之加以概括和描述，从而使其既能反映与本质意义上的“文化”密切相关，又能避免“生产”这个词背后所裹挟着的现代工业化意象？这恐怕还得从对“知识”和“文化”语义的分析开始。

（二）“知识”与“文化”的区别

“知识生产”或其他视角究竟在多大程度上适用于德育理论研究，必然与我们对“知识”“文化”以及“研究”等概念的理解密切相关。“知识”和“文化”，既是人文社科研究的基础，又有着长久历史流变和复杂内涵。

“知识”一词的早期用法，并非如今天那样固化。就汉字语境而言，以《老子》为例，其中的“知”，有一类是涉及对己、人、物、事、史、天道等的“自知”“知不知”“知足”“知止”“知和”“知

---

① 鲁洁．做成一个人——道德教育的根本指向[J]．教育研究，2007（11）：11-15.

② 鲁洁．道德教育的根本作为：引导生活的建构[J]．教育研究，2010（6）：3-8.

③ 班华．心理—道德教育服务人生幸福[J]．南京师范大学学报（社会科学版），2014（1）：89-94.

常”“知其雄”“知其白”“知祸福之极”等，这类“知”如果概括为“真知”或“深知”，其实等同于动词性质的“知道”，从这种意义上来理解“知识”，那么其不仅极有价值而且涵盖极为广泛，接近于西方认识论语境中的“knowing”。但是老子思想中也有否定性意味的“知”，例如“绝圣弃知”之“知”，“前识者，道之华也而愚之首也”的“前识者”，“故以知知邦，邦之贼也”的“知”，“知快出，案有大伪”的“知”①，这类“知”倒更接近于我们今天很多语境中的“knowledge”，即某种名词化和固定化了的、有相对稳定结构的、可组装迁移的“知识”。②

当代学术语境下的“知识”，则主要包含强调明确性和逻辑化的“显性知识”、强调普遍性或涉及公共福祉的“公共知识”、强调居于认知功能的关键位置且具有高度共识性的“核心知识”等意涵。近半个多世纪以来，强调个体性、领悟性和缄默性的“隐性知识”，强调本土性、情境性和文化性的“地方知识”，以及代表新问题、新观点、新理论但又不确定和未被普遍认可的“前沿知识”，也逐渐以“新知识类型”被纳入“知识”语境中。③

“文化”的意涵方面，在中国典籍中，“文化”的正式出现目前最早可以追溯到西汉刘向的《说苑・指武》：“圣人之治天下也，先文德而后武力。凡武之兴为不服也。文化不改，然后加诛。”这段话中，“文化”的意涵主要是指“以文德加以教化”，与“武力加诛”相对，其主体是“圣人”，实质所指应是“有圣人之德的王者”。“文化”即“以文化人”，如果深入考察先秦“文”的意涵，那么可以发

① 本书中引用的《老子》文本以帛书本为主，主要参考了帛书甲乙本文物图片、裘锡圭主编的《长沙马王堆汉墓简帛集成（四）》、北京大学出土文献研究所编的《北京大学藏西汉竹书（二）》、徐志钧的《老子帛书校注（增订版）》和熊春锦的《老子・德道经》等著作。为了与通行本章节有所对照并方便查找，本书中的帛书《老子》分章以熊春锦的《老子・德道经》中的分章为依据。

② 刘峻杉．老子的智德观及其德育价值[J]．大学教育科学，2014（2）：89-97.

③ 舒钰，成良斌．论新知识类型与传统知识类型的关系[J]．哲学动态，2013（1）：94-101.

现，“文—武”之“文”的“顺天涵养而生发”，“文—明”之“文”的“洞察隐显以创造”，“文—德”之“文”的“修身明德并承传”，构成了中华“文—化”之“文”的早期基本内涵。因此，“以文化人”的内涵可以在这些层面加以还原和展开。

自汉代之后，“文化”一词其实使用得并不多。当代汉语中的“文化”意涵，在20世纪初期完成了一个逐渐被西方观念改造而渐趋名词化的过程。日本明治时期，日本学者率先用汉语中的“文化”对应英语的“culture”，开始了英语“文化”观念对现代汉语“文化”意涵的影响进程。20世纪初，留日的中国学者将带有西方意义的“文化”引入中国。20世纪20年代前后，随着中西观念交流碰撞加剧，带有西方语用色彩的名词化的“文化”被使用的频率大大提升，并成为当时一些重要学者进行“古今”“中外”的比较反思和辩论的中心词，甚至成为新文化运动这一时代思潮的核心。[①]对中国而言，古今“文化”一词的最大区别在于从“以文化之”或“文而化之”的动词属性变成了与西方“culture”接近的名词属性。

“文化”的现代学术意涵则主要体现在文化人类学、文化哲学、社会学、心理学、文化研究等领域中，这些领域对“文化”的理解和诠释往往比较鲜明和有代表性，主要可以归纳为指涉宏观层面的“人类创造的复合体”[②]“对行为产生主导作用的精神和价值理念”[③]，中观层面的“特定的生活方式及其中蕴含的意义和价值”[④]“诠释性的意义对象和环境”[⑤]，微观层面的“启蒙、教养、追求完美”[⑥]“值得

① 刘象愚. 文化观念的演化[J]. 学术界，2006（3）：7-24.

② 爱德华·泰勒. 原始文化：神话，哲学，宗教，语言，艺术和习俗发展之研究[M]. 连树声，译. 桂林：广西师范大学出版社，2005：1.

③ Kroeber A L, Kluckhohn C. Culture: A Critical Review of Concepts and Definitions[M]. Cambridge: Harvard University Printing Office, 1952: 181.

④ 雷蒙德·威廉斯. 漫长的革命[M]. 倪伟，译. 上海：上海人民出版社，2013：50-52.

⑤ 克利福德·格尔茨. 文化的解释[M]. 韩莉，译. 南京：译林出版社，2014：5.

⑥ Arnold M. Culture and Anarchy[M]. New York: Oxford University Press, 2006: 5-9.

长久传承的本真性和超越性的思想性作品和想象性作品”[①]等意涵。

对于教育学来说，除了广泛使用“文化”的上述层面的意义之外，可能最值得关注的是著名教育学和心理学家布鲁纳的“文化”观。布鲁纳强调人类理解世界的互不兼容的两种方法。一种是通过逻辑和经验测验得出有关因果关系的陈述，其成果更适宜采用逻辑—数学的科学框架，这就是具有“说明性”特征的“知识”路径；而另一种是通过对相关事件的诠释性重建来获得意义，其目标是要构建一个有意义的叙述或故事，这就是具有“诠释性”特征的“文化”路径。[②]布鲁纳提出，人类的心灵与生活方式的发展紧密相连，心灵要是不通过文化，就根本不可能生存下来。“现实”经由一种由文化社群的成员共同分享、保留、琢磨并传递给下一代的符号构成（symbolism）而再现。文化是超有机体的，通过赋予意义，将事态置入文化的合宜脉络里，于是人得以理解“那是怎么回事”，文化以此塑造个体的心灵。意义的根源和重要性来自文化，因为它是在文化里被创造出来的。教育系统必须使文化中的成长者在该文化中寻得认同，以避免其在追寻意义的途中迷失，人类只能在叙事的模式中建构认同，并在文化中找到它的位置。[③]

根据当代的心灵理论，信念表征的是心灵对世界的适应指向的状态，信念可分为真信念和假信念，信念的价值依赖于其与真理的潜在关系。知识是一种得到证实的真信念，假信念不构成知识。如果把知识定义为信念以及为产生知识而不得不被增加到信念中的东西，那么知识与信念其实是一种相互依存的关系。内在主义者认为，知识是一种复杂混合物，既取决于内在的心智觉知，也取决于外部世界的事实。怀疑论者认为，一个人的信念在常识情境中不构成知识，尽管它

① 黄卓越．定义“文化”：前英国文化研究时期的表述[J]．文化与诗学，2009（1）：91–123.

② 方明生，李筱雨．百年回望：布鲁纳对皮亚杰与维果茨基的评价——《赞颂分歧：皮亚杰与维果茨基》解读[J]．全球教育展望，2014（10）：11–20.

③ 杰罗姆·布鲁纳．布鲁纳教育文化观[M]．宋文里，黄小鹏，译．北京：首都师范大学出版社，2011：101.

们为真；只有在可疑或非常的情境中也为真，才构成知识，假信念或假知识在非常情境中会遭遇失败。[①]这意味着心灵的信念之真，既有一部分来自于理性的知识形态，也有一部分来自直觉体认的文化形态。

简而言之，“知识”这个概念现在主要承载和导向的是明确、逻辑、认知的意涵，“文化”则往往导向的是隐含、模糊、意义、心灵等意涵，这代表了人类认识世界的两种不同状态和路径。由此，笔者这里将区别于“知识生产”视角而采用“文化”传递路径的视角，并将其描述为“文化诠释”视角。所强调的东西，就传统而言有两种，一种是根植于人类文明基础的宏大视野和境界本根之论，一种是直指人心、精微灵动之“文光”。就现代而言，也应该是这两类，总之强调的都是某种德性光明的释放和传播。这两种宝贵的资源，可以用《中庸》之中的“致广大而尽精微”来形容。事实上，重视德育中的文化定位、文化选择、文化取向乃至文化重建问题[②]，指出文化创生是德育课程实施的本质品性[③]，强调德育研究中除了学科视角之外还应该重视传统文化视角[④]，诸如此类突出德育中文化要素或文化传统视角的观点前已有之，但本文所提出的“文化诠释”视角重在表达作为德育理论研究中与“知识生产”视角相对存在的另一种基本视角、功能及相关路径。

三、两种视角下德育理论研究的意涵与功能

“知识生产”与“文化诠释”两种视角相映成趣。通过对其来源、目标、相关隐喻、功能、评价标准等的对照，我们可以将这两种视角

---

① 蒂摩西·威廉姆森．知识及其限度[M]．刘占峰，陈丽，译．北京：人民出版社，2013：3-8.

② 戚万学．当前中国道德教育的文化困惑与文化选择[J]．教育研究，2009（10）：23-29.

③ 蒋红斌．“不同而和”：多元文化背景下新德育课程实施的文化诉求[J]．教育科学研究，2008（11）：42-45.

④ 刘峻杉．探寻道德教育的根性——学科视角与文化传统视角的融合[J]．教育科学研究，2013（9）：20-25.

的特点和价值阐释得更加清楚（表2-1）。

表2-1　两种视角的意涵与区别

	“知识生产”视角	“文化诠释”视角
话语来源	知识转型后的当今知识社会	中国传统文化、诠释学、文化研究
基本途径	说明可对象化的现象、规律、本质	帮助理解意义之网、洞察意义世界
哲学观	具有进步主义的某些特征	具有永恒主义的某些特征
核心追求	求“新”，开拓新的可能性	守“中”，在新的诠释中回到意义之源
价值取向	以原创性为重点，在创新中延续	以承传性为重点，在延续中追求圆满
指向的隐喻	头脑与知性	心灵与德性
成果的隐喻	知识是一种“器”	文化是一种“光”
主要依靠	理性的力量，逻辑、推理、实证	意义之网，领悟、体验证明、直觉启迪
如何产生	强调研究方法、知识结构、知识确证	强调意义生成、文化脉络、自觉—觉他
主要适用于	公共理性，伦理共识，方法手段	个体德性与自我创造
怎么用	模块化传递，分门别类	闻者有益，韵味绵长，引人入胜
什么是“好”	适用性，明确性，稳定性，承载力	超越性，激活性，灵韵性，感召力
主要功能	解释，指导，预测，填充	唤醒，启迪，照亮，承传

（一）“知识生产”视角：熔铸“知识公器”

如前所述，“知识生产”的视角主要适合分析现代学术研究和发表制度下的理论研究，更强调学有分科、原创取向、研究方法、知识结构与谱系、知识确证等。“知识生产”的基本途径是说明可对象化的现象、规律、本质，因此需要不断以原创性为重点，在创新中延续，开拓新的可能性，其在哲学观上具有进步主义的某些特征。

“知识生产”指向“头脑”与“知性”，其成果可被隐喻为一种“知识之器”，这意味着其主要依靠理性的力量，如逻辑、推理、实证等，从而获得生成，强调研究方法、知识结构、知识确证等，主要适用于公共理性、伦理共识、方法手段等方面的研究，适用于结构化、模块化传递和分门别类地推进。在评价标准方面，“知识生产”视角下某一理论的“好”，主要需要考察其理论的适用性和表达的明确性，经由时间考验的稳定性，以及对其他相关知识或理论的承载力与兼容性；“不好”往往意味着理论的无解释启发或指导实践之“用”，无思想启迪或功能拓展之“新”，无社会关怀或道义所向之“公”，无法有效完成理论的解释、指导、预测、填充等功能。

德育理论研究的“知识生产”视角可以概括为：运用理性态度和适切的研究方法，观照现实伦理和价值教育问题，将这种思辨或实证所得加以理性表达，以概念化、命题化、结构化的形式呈现出来，以期促进公共理性的发展、伦理共识的产生以及德育方法效果等知识的积累与实证。

（二）“文化诠释”视角：闪耀“文化灵光”

相对而言，“文化诠释”的视角主要适合分析超越现代学术研究和发表制度下的理论研究，更强调本土的、超越的、激活潜隐文化基因等方面的意涵，话语来源主要是中国传统文化、中国思想的诠释传统、当代诠释学理论以及文化研究等。“文化诠释”视角的基本途径是促进理解自身所在文化的意义之网和洞察意义世界。这种视角认为“幸福”“存在”或“道”“德”等只有通过内在的方式才能得到体认，只有通过诠释的方式才有可能被传达，因此，可从“本体论意义上之诠释学”的角度加以理解。其核心追求和关注点是人类存在和发展的根本之“道”，而且这种根本既具有形而上的永恒性，也具有形而下的变化性，因此，最重要的是在变化中守住永恒，即守“中”，在每个新的时代和情境中，通过适应此时此境的新诠释而回到意义之源，去往超越之境。区别于“知识生产”的以“原创性”为核心，“文化诠释”的重点是“再一次回到”或“再一次领悟或证得”，“新”不是重点，“高度”和“精深”才是重点和难点，所以是在延续中追求圆满。

“文化诠释”指向心灵和德性，对其成果而言，文化如同一道“光”，即与生命相关的，带有能量性的，活泼灵动的，指向心灵并通过意义之网来传递，需要的是领悟、体证、直觉启迪，因此仅靠逻辑、推理等是不够的。“文化诠释”视角强调意义生成，认为意义的生成需要在文化背景中加以解释，并经由文化的脉络得以传递和生长，传承的过程是“自觉—觉他”，即首先需要个体自身的领悟和觉醒，然后才有可能给他者带来启迪。“文化诠释”的视角特别适用于个体德性成长与自我创造，它不严格依赖于精细分科，反而依赖多种途径和类型知识的圆融交汇，由于其不属于“专门性”的产出，而是关乎每个人和人类整体的根本，因此往往带来“闻者有益”的效果，这种“有益”未必是即刻见效，而重在韵味绵长、引人入胜的“涟漪效应”。“文化诠释”视角下某一理论的“好”，主要是指其具有超越现实的深刻洞察，具有激活他者对内在意义世界的敏感性的能力，具有唤起精神活泼灵动之觉知的灵韵，以及具有对纯真道德和正义的感召力等；“不好”则往往意味着该理论或言说缺乏源流依据和意义之根，没有经过研究者本人的深刻体验证明从而无法获得“修之身，其德乃真”的厚实感和可信感，缺乏“文化”天然应该具有的本真灵韵，因此无法完成唤醒、启迪、照亮、传承的文化功能。

德育理论研究的“文化诠释”视角可以概括为：感悟和承接“文化灵光”，用之照亮自己的意义世界，不断激活和深化内在道德觉醒，并将这种感悟和意境加以理论化表达和适应当代生活情境的诠释，以期促进个体道德的内在觉悟。

四、两种视角的关联与圆融

在“知识生产”视角下，现代社会中的德育理论研究就应该视相关知识为一种促进社会进步和人类和谐的“公器”，是一种应该从少数人知道和认可的“个体知识”或“专业知识”扩展为社会伦理共识的“公共知识”，代表了明确化、共识化和稳定化的伦理取向、价值秩序和意义追求。那么这种“知识公器”的源头或灵感来自于哪里呢？以“文化诠释”的视角来看，就应该是来自人的本真体验和对意义之源的探索，来自真挚的道德信仰和道德追求。“文化诠释”所阐发的观点或理论，虽然相比“知识”，往往更具个性化或人文性，不那么“硬”，但正是这种本真的灵光，在不断发挥着照亮和唤醒的功能，成为知识之“魂”。

也可以说，这两种视角反映了德育理论研究的两种功能。一方面，如果缺失了“文化诠释”的视角和追求，德育理论研究有可能遨游在知识的“海洋”中而失去方向，行进于概念和方法的“丛林”中而找不到回家的路。另一方面，如果缺失了“知识生产”的视角和追求，德育理论研究也可能只有“灵光一现”，而无法有效参与当下生活的建构，只能呼吁和感召，而缺乏达成知识共识的必要手段和路径。如果两种功能和视角能相互配合，“文化诠释”的根本气质经由“知识生产”而得以显化并稳定下来，“知识之器”能够以闪耀着“文化之光”的品质牢固地承载起促进社会进步和成就幸福人生的使命，那么德育理论研究的意义和成效就一定会更加明显。

如果我们同时以这两种既有区别又互相联系的视角来回顾反思新中国的德育理论研究，可能就会引发很有趣的思考。“知识生产”的视角会启示德育理论研究还有大量工作需要去做，从基本概念的内涵厘清，到重要命题的提炼论证，甚至各种理论和模式的实证检验，直至发展出比较充分完备而且能持续开放和更新的理论体系，其任务之多、范围之广，真让人有“吾生也有涯而知也无涯”的感慨。而“文化诠释”的视角则启示着一条古老又崭新的道路，即回归到自身所在的文化根源处吸收营养，以“内在超越，返朴归真”为关键突破，在诠释中实践，在诠释中启迪，从而以点带面、以深带全地发展。这种视角也会不断发出追问：德育的本质在哪里？德育之“真”如何证得？我们是否曾离开过德育的“本真”？德育的“本真”现在又在哪里？“文化诠释”追求跳出形式的樊笼，重返逍遥和自然，不过真正清晰透彻、灵动活泼并能够激活心灵的“文化诠释”岂能信手拈来？“文化诠释”难道不也是以“公”字和“德”字为鹄的？当然，这两种视角适用的场域和问题各有侧重，不能彼此替代，也不能排除其他的可能视角。但是，当我们以这两种视角来形成某种“视域交融”的时候，其对当代德育理论研究的启发可能更趋于完整和富有开放性。

《老子》云：“为学者日益，闻道者日损。”《中庸》云：“自诚明谓之性，自明诚谓之教。诚则明矣，明则诚矣。唯天下至诚，为能尽其性；能尽其性，则能尽人之性；能尽人之性，则能尽物之性；能尽物之性，则可以赞天地之化育；可以赞天地之化育，则可以与天地参矣。”自古以来，中国文化中就存在着守护本性而明理的进道之路，以及“穷理尽性以至于命”的进道之路。无论哪条道路，只要守住了本质，就能殊途同归，相会于对道德和真理的不尽追求之途。

就本文的话题来说，未来的研究中，有几个值得关注的深化点：一是从更为深刻的理论根基处检视与完善本文所提出的两种功能观，例如李泽厚关于实用理性与情本体的研究可能会带来重要启发；二是从西方诠释学以及中国古代的经典诠释传统中，进一步挖掘“文化诠释”路径的基本特点和技术要求，从而使其可以在不断发展中，进一步彰显自身特色，从而成为一种为公众更加认可同时又能充分实现自身功能的路径选择。

第三章 “敬畏”与“文明”：德育中的永恒主题

一、“敬畏”与“文明”的关联

随着社会的发展，尤其是科学技术的不断进步，人类对于掌握自身命运愈发充满信心，那些让古代先民们时刻畏惧的自然灾害，今天已经可以通过越来越多的技术手段实现有效预防和应对。我们相信科技，相信由现代社会组织起来的人类整体力量可以克服绝大多数困难。但事实果真如此吗？如果我们摘下“眼镜”来审视真实的世界，那么大大小小的危机何曾离开过？这种说法并非要渲染一种危险的气氛，而是表明我们需要面对一个真实的世界，我们需要接受安逸与危机共存的局面，并且不断迎接挑战，与时俱进。

“敬畏”与“文明”似乎分属于不同的人类历史阶段。“敬畏”往往透露出一种古老的气息，让人联想到信仰、宗教等与超自然力量相关的东西，而近现代意义上的“文明”，则展示出人类以理性冲破蒙昧、以科技创造摆脱自然束缚的巨大成就，以及由此带来的自豪感。“文明”时代是人类自给自足的时代，人类对环境的依赖大大减少，社会力量被推崇和膜拜。“文明”的时代似乎不需要“敬畏”，认为它会显得保守、落后甚至有一点不开化。人们可以在法律的框架之内，去做几乎任何自己想做的事情，而既不知道也不关心这样可能带来的一系列复杂而隐秘的后果。

但是，“敬畏”与“文明”真的是一种此消彼长的排斥关系吗？或者说人类越“文明”就越不再需要“敬畏”吗？事情可能并非如此简单，尤其是每逢人类遇到灾害或危机时，这种反思之音就会再一次在耳边回响。

二、现代社会中“敬”“畏”的断裂

身处现代社会的人们也不是没有“敬畏”，只不过常常把“敬”和“畏”分开了。现代人向往“真理”“正义”“法”“权利”“义务”“自由”等，这些概念构成了现代社会的思想基石。现代人厌恶的方面也往往是人类社会的产物，例如“不正义”“不自由”等等，但是真正让人“畏”的可能主要还是与个人相关的近在眼前的危险与困境。危险能触发人的恐惧本能，所以“畏”是不需要学习的。但是令人恐惧的结果往往并不是一下子就呈现在人们面前的，而是伴随着从无到有、从微到显、从弱到强的顺序与过程，在最后的结果展现出来之前，人们往往会对那些微小的迹象与警示抱以轻慢态度或侥幸心理，直至情况恶化甚至展现出巨大破坏性的时候，人们才被动地给予重视，乃至恐慌性地应对。现代社会的网状结构，已经使得整体上的危机常常“牵一发而动全身”，严重的局部危机可能会扩散到全局，使更多的人被动地卷入。现代社会在为人们生活提供巨大便利的同时，也使得某些方面相较于过去显得更为脆弱。这便导致“各人自扫门前雪”的个体对策已经不足以确保集体网络中的公共安全，人们必须对安全与危险形成更多的思想共识，储备更多的群体力量。

从某种意义上说，现代社会中的“敬”与“畏”之间存在断裂。畏惧结果的态度和趋利避害的本能，显示不出人类高于动物的智慧，而人的独特之处在于，能将“畏”与“敬”这两种心态联系在一起。人类能观察和理解因果的链条，探寻其中的规律，尽管这种链条并非总是显现且可触及。人类可以观察“起因”，跟踪其“发展”，见证其“结果”，所以人类“敬”的是这种规律和力量，追求的是打破恶性因果链条而寻觅新出路的可能性。从这个意义上来说，“敬”与“畏”是一体的，就如同“因”与“果”不可分割。而“起因”与

“结果”之间的联系有时并不明显，也并非完全可以被理性所揭示，于是很多因果链条必然是不充分显现的。

现代社会中“敬”与“畏”断裂的根源，一部分原因在于人类社会中不断扩张的理性思维逐渐消解了神秘所引发的心灵敬畏感和无限可能性，却又不足以完全把握和解释现实世界。人类可以通过“理性”以更客观的态度审视现实，但是理性无限扩张的后果却往往容易被人们忽视，而意义、灵魂这样的隐性空间一旦被理性所强调的确定性和秩序感所侵占，那么很多“非理性”反倒更容易失去制约，于是，被压抑和潜藏于心灵的深层暴力就会伺机爆发。①

三、先秦思想中的“敬畏”

传统社会由于还未形成“理性的膨胀与独霸”，尚可给心灵甚至“灵魂”留出更多空间，于是，其文化便在各种纷杂的事物中形成很多无形或微妙的关联。当然，这其中有很多并不值得推崇的迷信元素，是需要被过滤或剔除的，但是其中所蕴含的某些形而上的哲学观念仍然值得我们回味与珍视。

《老子》中说：“道生之而德畜之，物形之而器成之，是以万物尊道而贵德。”这里提出了“尊道贵德”的中国文化终极信仰，其中“道”代表了一种对整体、本源、终极等因素的思考和指代，“德”架起了从“道”到“人”和万物之间的一道桥梁，对万物起着孕育滋养功能，甚至可以代表万物的本质。这句话最重要的意义不仅在于提供了关于人类与本原和终极之间关系的一种理论或思考，更在于启迪人类要从纷杂的事物中跳脱出来，以自由的心灵仰望星空，重新思考人生的意义。这种状态和思考的取向已经是现代社会极为欠缺的了。

在这种先秦“天道观”的基础之上，《老子》中还说：“天网恢恢，疏而不失。”这句话流传至今，已经成为我们今天对法律神圣性

① 姜宇辉．这个时代何以再度唤醒“灵魂”——重思迷魅、祛魅与再魅的理论谱系[J]．哲学动态，2019（12）：67-76.

和善恶有报的民间信仰的理念原型。“民之不畏畏，则大畏将至矣。”说的是，如果人们不畏惧那些值得畏惧的事物，那么真正让人畏惧的事情恐怕就要来了。这其中反映了中国文化中传统的忧患意识。《中庸》中也提到：“道也者，不可须臾离也；可离，非道也。是故君子戒慎乎其所不睹，恐惧乎其所不闻。”这其中描绘的是一种意识和思维状态，就是时时将自己的视野留一线注意力在与“道”的关联上，即能够即时观照自身与心中神圣意义之源的关联，不要让其变得黯淡，不要浑浑噩噩、自欺欺人。

将“敬”和“畏”连接在一起的其实是“信”，“信”的本质就是某种一贯性和连续性。在理性和知识占据主导的现代社会，人们更喜欢通过实证的途径来建立“信”，但是这无法解决所有问题。人的直觉中也存在对本质、本原、形而上的意义世界的把握途径，虽然这条路径不容易被言说清楚、被实证检验，但是如果我们因此就放弃这种感性的、直觉的探查路径，不能使其与理性相辅相成，共同构成我们观念系统的稳定结构，那么我们的“信”可能是残缺不全的。在这种情况下，前面所说的“敬”与“畏”的断裂就容易发生。《易经》中说：“一阴一阳之谓道。”《老子》中说：“出生，入死。”“敬”和“畏”是相辅相成的，有所“敬”才能有所“畏”，无“畏”也必然无“敬”。

虽然我们今天不像古代以“道”“天”等概念表述终极信仰，也就是说这些概念可能并不是唯一的，但这些概念及其思想影响下的保持敏锐的开放观察、将内在意义世界与外在宏观世界紧密关联的心境状态与思维方式，在今天依然有其重要价值。

四、先秦思想中的“文明”

西方话语体系中的“文明”主要指人类所创造的物质财富和社会制度，是一个指向外部构造的词汇。而中国传统文化中的“文”“明”则带有一些更微妙的、指向个体深层状态的观念和思想含义。

在我们当前这样一个社会生产力发达，但个体生命意义需要更加彰显、生命自觉需要进一步唤醒的时代，探究和激活中国文化中“文明”的意涵，使人免于被机器替代、被技术裹挟、被欲望淹没，是非常重要的。

《周易·贲》里说：“刚柔交错，天文也；文明以止，人文也。”这里的“文明”往往被视作中国古代“文明”的重要出处，但是其意涵却众说纷纭，需要与《周易·明夷》中的：“内文明而外柔顺，以蒙大难，文王以之”联系起来理解。这里肯定的是“文—明”是一种人的内在状态，其中“文”是一种融会贯通、带有指示作用的信息，例如“观乎天文，以察时变；观乎人文，以化成天下”。所以这一句可以理解为，如果内在生命达到敏锐洞察、光明敞亮的状态，那么应对外在的挑战时也将从容不迫，周文王就是以这种境界和状态度过劫难的。

《黄帝四经·四度》中有：“动静参于天地谓之文，诛禁时当谓之武。静则安，正则治，文则明，武则强。”这其中出现了一个我们今天不太熟悉的“文”的义项，那就是如果一个人的思想和行为能够做到以更大的天地系统的规律为依据，把握其方向和时机，这就是“文”。同时，这里还提到了“文”这种状态能带来明白畅达，所谓“文则明”。《黄帝四经·道法》中说：“公者明，至明者有功。至正者静，至静者圣。无私者智，至智者为天下稽。”这里没有论证“文”与“明”之间的关系，但是却论及了“公”与“明”之间的关系，强调了拥有公正的心、为人民服务的心，才能达到内在生命境界的敞亮与光明，才能是有智慧的，能够建功立业，成为值得效法的榜样。

《中庸》里说：“诚者，天之道也。诚之者，人之道也。诚者，不勉而中，不思而得，从容中道，圣人也。诚之者，择善而固执之者也。”“自诚明，谓之性；自明诚，谓之教。诚则明矣，明则诚矣。”这里把人的这种能够感通终极的道德直觉称为“诚”，其与人的本性相关，或者说是本性的反映，可以帮助人把握天道、洞察安危。这里说的“明”则接近于我们现在所说的理性之知，可以通过格物致知来达到对道德的诚信和自我本性的觉醒，也就是教育的目的和功能。《大学》里说：“大学之道，在明明德。”这里的“明明”有很多种解释，一种重要的解释就是既有理智之明也有德性气质的光明朗照之象，而且这里的“明明”与“德”是紧密相关的。

以上几例简述，展现了中国文化中“文—明”的一些原初意涵和取向。首先，这是形容个体德性和生命状态的，是指向生命内部的，这一点是明显区别于现代意义上使用的指向人类创造的广义概念。其次，区别于我们今天所使用的“文明礼貌”的意涵，先秦“文明”的原初意涵具有本性觉醒这样的深度指向，而不是当代这种指向具体行为的细枝末节。站在原初“文明”意涵的视角上审视现在普遍使用的“文明礼貌”的用法，颇感大词小用，有失神韵。

五、重视永恒主题的有效教学

社会在发展，教育中的主题和内容也在不断更新，往往那些与时代特征结合得更紧密的主题更容易受到人们的重视，例如现在的互联网＋、人工智能等，而像“敬畏”“文明”这样与人类发展始终相关的永恒主题却“因为熟悉而陌生”。在快节奏的现代生活中，人们能够停留片刻去反观自我和人性是不容易的，这其中可能也暗含着在时代滚滚向前的潮流中，个体对于安顿心灵与灵魂的无能为力感。

有人认为，现代性所造成的理性扩张和对深层人性的主宰已不可逆转，人类无法走出自己亲手建构的“精神牢笼”。也有人认为，人类可以也必将重新寻觅到通往心灵的道路，凭借着对闪烁着细微光芒的、虽不显现但又无处不在的“道”的追寻和感悟，从而走向和谐的发展新图景。正如《老子》所说：“反也者，道之动也；弱也者，道之用也。”

今天的“敬畏”教育，当然不可能是蒙昧的和迷信的，而需要我们重树心中的信仰，需要以教育哲学的视角仔细审视。李泽厚曾说，古代道德与现代道德之间存着一个转型，他把古代的道德观称为“宗教性道德”，根植于个体的内心信仰、修养和情感；他把现代的道德观称为“社会性道德”，根植于契约、制度、权利、自由等社会观念和制度要素之上。[①]他认为当代社会需要重视这两种道德观的互相支持，即传统的“宗教性道德”为现代的“社会性道德”提供灵魂的滋养和引导，而“社会性道德”为“宗教性道德”提供框架性的支撑与展示，两者并非水火不容，对于现代生活来说，两者甚至缺一不可。

“敬畏”与“文明”是教育的永恒主题，可并不意味着我们已经做得很好。“敬畏”与“文明”不能像知识教授那样去传递，而只能通过文化传授那样去启迪与唤醒。实际上，“文化”的教学，比知识教学更加困难。首先，它并非只是把相关内容注入到教材中，提炼出一些主题、完成一些训练和测试就可以了。课程与教材中相关主题的设置固然非常重要，但这对相关文本的编排和整体设计思想的要求很高，需要其能承载启迪心灵之“思”的力量。其次，这种主题需要教师心灵深处的唤醒，唯有“以心传心”“以灵启灵”才可能达成主题的有效教学。这意味着教师本身要有平静的、阳光的、敞亮的状态，被“滋养”得很好，继而去滋养学生的心灵，而这种教学在教师疲惫应付的状态下很难实现。所以，从这个方面来说，这种永恒人文主题的有效教学，还需要教育系统内部提供具有强大支持性的人文环境，以有效的文化支持系统来为教师提供足够的能量。这种能够滋养心灵的能量只能来自于真情实感和人文关怀。

“知之非艰，行之惟艰。”当社会普遍面临着功利化的诱惑与裹挟时，那种慢悠悠的、从容不迫的、滋润心田的教育节奏和教学气氛往往会显得格格不入。这是整个现代社会发展过程中的集体症候在教育中的投射，每个民族和国家都需要在自己的发展道路上直面和解决这个问题。对于中国教育来说，从中华民族深厚的传统文化中汲取营

---

① 李泽厚．人类学历史本体论[M]．天津：天津社会科学院出版社，2008：26.

养，对其加以创造性转化和创新性发展，引发对当下教育的深刻反思，激发其滋养人性的能力，以保障人类社会高速发展的同时不损害自身，是需要我们高度重视并持之以恒共同努力的。

第四章 “教”字的形义演变与中国教育的文化寻根

一、对“教”字本义的疑问及新观点

（一）对“督促之教”的疑问

语言文字是文化的基因，尽可能准确地诠释关键文字的本义，对民族文化的溯源和文化自觉非常重要。教育学类的基础教科书，包括教育学基础、教育学原理、中国教育史等，大多会涉及中国教育的起源和教育的定义，也往往会讲到“教”“育”“学”等的起源和本义。这些解释虽已经通行多年，但可能还存在着可阐释的空间。

例如对“教”字本义的解释，在此选取一些发行量和影响力比较大的代表性著作为例。“‘教’的甲骨文的常见写法是，金文的写法是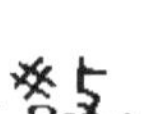。它左下方的表示一个孩子，是教的对象；左上方的“爻”，表示占卜的活动，是教的内容；右下方的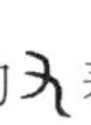表示手，右上方的丨表示鞭子或棍子，是教的过程与手段。整个字合起来表示成人手拿着器械督促孩子的学习行为。”①与此类似的还有，“整个‘教’字形象地表示：儿童必须学习被认为是经典的内容，不能违背经典的要求。如若违背，成人则手持棍棒对儿童加以惩罚。”②“‘教’字……

---

① 全国十二所重点师范大学．教育学基础（第二版）[M]．北京：教育科学出版社，2008：3.

② 冯建军．现代教育学基础（第2版）[M]．南京：南京师范大学出版社，2006：84.

像有人在旁执鞭演卜、监督强迫小孩学习的意义。”①“甲骨文‘教’字意指儿童在成人执鞭监督下习文之事。”②“教育的内容和方法从‘教’字就可形象表现出来，当时是在棍棒体罚的威胁下，教下一代尽‘孝’。”③

上述解释大致相近，都体现或强调了“教”字右边的棍棒器械及其强迫体罚之意（下文简称“督促之教”）。如此相近之解遍布有深厚影响力的教育学主流教材中，可见这种解释深入人心，几乎是教育学界的共识。

“教”的本义对理解中华民族教育的原初形态和文化本源具有重要意义。那么，“督促之教”真的是中国文化之“教”的本义吗？笔者看来，还是有其他解释途径的。

首先，从中西文化比较的视角来看，当提到西方教育传统中education这个词的时候，相关教科书一般会介绍这个词是从拉丁文转变而来的，本义是“引出”，意思是“采用一定的手段，把某种本来就潜藏于人身上的东西引导出来，从潜质转变为现实”④。相比之下，拥有五千年文明的中国文化里的“教”的本义，却被解释为“拿着棍子督促孩子学习”。世界各地的文化在早期都有一定的相似性，为何中西“教育”词义所表达的文化意味和境界竟相差如此之大？

其次，从中国教育传统的视角来看，一般认为，中国古代教育春秋时期才开始走向民间，之前都是贵族教育，是有阶层限制的，教育是一种稀缺资源，一般百姓主要得到的是一种间接教育，即所谓的教化，而很难得到直接教育。在这种情况下，有必要用棍子来逼迫孩子学习吗？这描述的是早期贵族教育中存在的强制现象吗？而且，就先秦时期有关教育的经典而言，无论是《周易》（匪我求童蒙，童蒙求

---

① 柳海民．教育原理（第三版）[M]．长春：东北师范大学，2006：97.

② 叶澜．新编教育学教程[M]．上海：华东师范大学出版社，1991：26.

③ 孙培青．中国教育史（第三版）[M]．上海：华东师范大学出版社，2009：15.

④ 全国十二所重点师范大学．教育学基础（第二版）[M]．北京：教育科学出版社，2008：2.

我），《老子》（不言之教），《论语》（子以四教：文、行、忠、信），《中庸》（修道之谓教），《孟子》（教者必以正，以正不行，继之以怒），《荀子》（以善先人者谓之教），还是《学记》（建国君民，教学为先……教也者，长善而救其失者也），里面所蕴含的教育思想都与“督促之教”的解释在意境上大相径庭。《学记》里虽然提到了“夏楚二物”作为警戒督促，但惩戒并不是教育的主要手段。

许慎《说文解字》（以下简称《说文》）中对“教”的解释是：“，上所施下所效也。从攴从。凡教之属皆从教。，古文教。，亦古文教。”[①]《说文》还提到：“，放也。从子，爻声。”段玉裁《说文解字注》进一步解释：“放，仿古通用。训放者，谓随之依之也。今人专用仿矣。”[②]这个解释很大程度上奠定了当代人们对“教”的字义的理解基础，即“教”是左右结构，左边的和右边的，共同组成了“教”。当代教育学教材中的“督促之教”的解释似乎是想基于小篆字形继续探求“教”字的本义，但是得到的结论却与许慎在《说文》中想要表达的“教，上所施下所效也”这一核心含义有明显的差别。

（二）近二十年的争议和新观点

类似疑问早在二十多年前就有研究者提出，只是一直没有受到教育学界的重视。例如1995年王静就曾在《教育研究》上撰文，提出“教育”二字不能仅从产生于东汉时期的《说文》中的小篆体开始考证，其本义应该追溯到甲骨文时代，根据“于形得义”的原则，他认为《说文》中的“从孝从支”之解比“上所施下所效也”更接近“教”字本义。[③]何启贤在同年的《教育研究》中提出，后来人们广泛采用的“督促之教”的解释很大程度上是受1990年出版的《高等

① 许慎，撰，段玉裁，注．说文解字注[M]．上海：上海古籍出版社，1981：127.
② 许慎，撰，段玉裁，注．说文解字注[M]．上海：上海古籍出版社，1981：743
③ 王静．试论《说文解字》中的“教育”二字[J]．教育研究，1995（3）：48-52.

师范院校教育实习理论与实践》一书序言内容的影响，该序言中最早出现“‘教’字的意思就是手执棍子迫使青少年在经典的约束下行动”的说法。何启贤还认为“教”字右边“攴”下面的“又”是“手”，但上面的“卜”不是“一根棍子”，而是占卜。他提出了“教”字左边是𡥈而不是“孝”，这个观点被后来学者更多地接受和深入论证了。[①]例如，有学者提出，虽然商代可能有伦理道德方面的教育，但对“教”字的“用棍棒迫使儿子尽孝”这种理解是令人怀疑的。“爻”字，代表教育内容，左下部为“子”，代表受教育对象，未必专指儿子，“攴”代表教育形式或者某种仪式，而不是专指棍棒等教育手段。[②]宋金兰详细考证了“教”字与𡥈字在形音义三方面的密切联系，认为“教”字是在𡥈字的基础上构造出来的，并不是在“孝”的基础上产生的，𡥈理应是“教”的语源，𡥈意义为仿效。[③]杜成宪提出，“教”字的本意绝不是责人尽孝，“教”字是被楷化错了，丢失了文字旧有信息，而传递了错误信息。[④]高华平提出，新出楚简中的“教”字多写作“”或“”，很少有今天的从“”从“攴”的写法。“教”字的写法是否从“攴”，是与使用者的教育思想观念密切联系的。[⑤]

也有学者重视“教”字左上角之“爻”部的重要意义，例如，于述胜提出从中国文字诠释学角度来看，“学—教”无论在构型还是意

① 何启贤．也说“教”“育”二字[J]．教育研究，1995（12）：64-68.

② 俞启定，施克灿．中国教育制度通史（第一卷）[M]．济南：山东教育出版社，2000：51.

③ 宋金兰．从“教”字看古代传统教育的源起及其基本特征[J]．首都师范大学学报（社会科学版），2003（3）：101-105.

④ 杜成宪．以“学”为核心的教育话语体系——从语言文字的视角谈中国传统教育思想的重“学”现象[J]．华东师范大学学报（教育科学版），2010（3）：75-80.

⑤ 高华平．先秦教育思想观念的演变史——论楚简中“教”字的几种写法[J]．中国文化研究，2010（3）：47-57.

义上，都与易学有直接而紧密的联系。古人造字以“学—教”为“爻”，乃取六爻交错之象，而寓人与天地精神交感互通之意。[①]燕燕和冯建民认为“教”之原义为以爻画为介质让天之命意示现并以此“效一行”，并将“上所施下所效”解读为“人以身体之，循天之法度而效行”。[②]

还有学者提出了新的整体性解释，例如熊春锦分析了甲骨文“教”字（）的结构，提出“教”的象意，是一位长者在左侧站立，弓身下视，右侧是一个孩子张开双臂，在孩子的头顶上则是一个“爻”字。他提出“爻之教”和“孝之教”的变迁与移形换位，反映了中国历史上重要的文化范式改变，即人类的智能文明教育模式替代了之前的慧性文明教育模式。[③]

上述研究已经给出了众多宝贵的线索，但仍有必要作进一步细致考证，得出更加明确综合的结论。

二、“支”之教的由来：字形字源的考证

由于“教”字在甲骨文中就已出现，且教育的概念在先秦就已成为一个重要话题，所以从甲骨文到小篆，各时期的古文字材料中均有“教”字，且字形较多，我们主要根据《甲骨文字典》[④]《甲骨文字诂林》[⑤]《新编甲骨文字典》[⑥]《古文字诂林》[⑦]《说文解字诂林》[⑧]等大型工具书，将“教”的字形根据相近程度进行归类，得到表4-1所

① 于述胜．“学—教”之道以感应（通）为根本机制——儒家教育观的义理阐释[J]．教育学报，2014（5）：3-11.

② 燕燕，冯建民．教与学：训诂原意考释[J]．大学教育科学，2017（2）：57-61.

③ 熊春锦．龙文化的文明与教育[M]．北京：团结出版社，2010：70-72.

④ 徐中舒．甲骨文字典[M]．成都：四川辞书出版社，1989：347.

⑤ 于省吾．甲骨文字诂林[M]．北京：中华书局，1996：3263.

⑥ 刘兴隆．新编甲骨文字典[M]．北京：国际文化出版公司，1993：188.

⑦ 李圃．古文字诂林（第3册）[M]．上海：上海教育出版社，2001：714.

⑧ 丁福保．说文解字诂林[M]．北京：中华书局，1988：3724-3727.

示的谱系关系。

表4–1 甲骨文、金文、战国文字、小篆中的“教”的字形演变谱系

甲骨文	 								
金文									
战国文字									
小篆									
右侧偏旁或主要构件	心	言	音	玄（?）	子	攴			文

（一）甲骨文、金文“教”字辨析

甲骨文中的“教”字四种字形可以归为三类，和是一种左右对称关系，可视为一类，其他两者各为一类。这四种字形，有两个共同的特点，一是都有“爻”的部分，只不过字可视为用简化的“乂”代替了“爻”，然而意思不变；二是都有“”的部分，而且往往被认为是“攴”字。但“攴”字只是许慎编订《说文》时，作为部首而单独设定的字，类似的情况在《说文》中比较常见，是它的一种体例。实际上，从甲骨文时期一直到《说文》成书的东汉，“攴”从未作为一个单独的字使用过。在意义方面，《说文》说：“攴，小击也。从又卜声。凡攴之属皆从攴。”①即右手（又的本义为

① 许慎，撰，段玉裁，注．说文解字注[M]．上海：上海古籍出版社，1981：122.

右手）拿着“丨”（棍子）轻轻敲打。这种说法由于《说文》的经典地位而成为最常见的解释。

然而，随着甲骨文的发现及古文字学研究的深入，将一些从攴的字追溯到早期的甲骨文（假如这个字有甲骨文形态的话），如牧、更、政、效、叙，我们会发现攴的形体并不一致，所以攴手中所持为何物，其实目前并无定论，而其意义是否为“小击”，也就无从说起了。[①]

并且“攴”的甲骨文字形，与另外一些字形也不易严格区分，比如与甲骨文“父”字字形就很接近。在甲骨文中，“父”字字形如等。《说文》曰：“父，矩也。家长率教者。从又举杖。”[②]即父是家族中掌管教育的长者，字形似右手（又）拿着杖（棍子的一种）。[③]此外于省吾的《甲骨文字诂林》将“教”归入“×”部，而徐中舒的《甲骨文字典》将“教”归入“攴”部，说明甲骨文学界对此的认识是有分歧的。因此，欲要明确“教”字是否真的从“攴”，仍然需要充足的依据。

把甲骨文字形“教”的右边部分识别为“父”并非空穴来风，这一点还可以从先秦“父”与“巫”“师”的相近功能性上得到佐证。《国语》中记录了春秋时期对“巫”的认识：“古者民神不杂。民之精爽不携贰者，而又能齐肃衷正，其智能上下比义，其圣能光远宣朗，其明能光照之，其聪能月彻之，如是则明神降之，在男曰觋，在女曰巫。”可见，先秦时期的“巫”能沟通天人，而且既有德性又有智慧的非常正面的形象，这与当代人们对“巫”的理解是有本质区别的。“事实上，巫是中国知识分子的原型，是上古精神文化的主要创造者，对中国文化的推进具有不可忽视的作用。举凡天文、地理、历法、术算、军事、历史、乐舞、医药、技艺，无不与巫的活动和创造

① 于省吾．甲骨文字诂林[M]．北京：中华书局，1996：936.

② 许慎，撰，段玉裁，注．说文解字注[M]．上海：上海古籍出版社，1981：115.

③ 甲骨文学界目前通常认为“父”是手持斧之形，但亦绝非定论，并与《说文》解说有差异。

有关……巫术活动实际上起着一种社会教育的作用。”[①]而且，早期巫和史官的角色也是融合在一起的，后来巫史分离，巫的地位有所下降，史官的角色得到了提升，并催生了中国哲学的话语和思维方式。[②]

有学者提出，巫的职业训练是夏代教育的一项重要内容。商代教育具有官师合一的特征，从卜辞中可看到商代已有事教的老师，父师即“师氏之属”，也即《礼记·文王世子》之“父师司成”，主持大学教学事宜。[③]商代卜辞中有“学多□父师于教”，证明商朝确有子弟入学求师受教的事实。[④]西周之父师与卜辞中殷商父师名称职责相同。《周礼·春官·大司乐》云：“凡有道者、有德者，使教焉。”也证明当时能从事教育的人是道德修养得到了公认的。

简言之，自上古时期开始，中国社会就有巫史的角色，这是知识分子的原型，巫史的部分活动可视为中国教育的起源。夏商周时期，巫、父、师三者之间有着紧密的联系，而“父”字与“师”字经常联用，《说文》中明确指出“父”是“家长率教者”。所以，甲骨文“”字的右边是否可以辨为“父”字，其实是值得深入考察的。

金文的是比较明确地从演变而来的，比较明显是从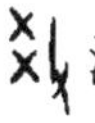演变而来，两字右边部分都延续了甲骨文的整体结构，在右侧上方都开始出现一个短横。

（二）篆文“教”字辨析

战国文字中，只有两个比较难以看出与之前的甲骨文、金文“教”的紧密联系，就是和。这两个字比较容易辨认的是左下

① 俞启定，施克灿．中国教育制度通史（第一卷）[M]．济南：山东教育出版社，2000：39.

② 邓联合．从史官话语到哲学话语——《老子》文本两种常见句法的思想释义[J]．江海学刊，2012（6）：42-49.

③ 郭齐家，乔卫平．中国远古暨三代教育史[M]．北京：人民出版社，1994：51.

④ 王炳照，等．简明中国教育史[M]．北京：北京师范大学出版社，1994：6.

角的“子”字，左边中部的“日”字和右下方的“文”字。其他的篆文“教”字，至少在左半部分，保留了甲骨文中“教”字的左边结构，变化在右边部分，分别以“心”（）、“言”（）、“音”（）、“玄（?）”（）、“子”（）、“攴”（）为右边偏旁，构成了新的篆体“教”字。而以“言”（）和“攴”（）为偏旁的字，成为《说文》中收录的小篆体“教”，其中的字，更是流传至今，成为主流的古体“教”字。

“文、心、言、音、玄”等字作为“教”字的偏旁，内涵虽有差异，但是都能给人们以文化意义上的联想，可以说其意义指向都是一致的，与先秦儒道经典中的“教育”意义关联性也很强，其中没有任何“惩戒”“棍棒鞭打”之意。这一点可以成为不支持“攴”作为“教”字本意构成的一个重要依据。

战国文字中以“子”为偏旁的三个字，对于进一步辨识和证明甲骨文右边部分可能是“父”，具有重要参考意义。三个篆字体非常形象地表达了古代教育的三要素，教育者、受教育者和教育内容。这三个字的右边部分，虽然在金文和战国文字中被辨为“子”，但是其代表的具体意义，在这几个“教”字里是很明确的，就是担任教师角色的人。

战国文字中的和，同样具有重要意义。首先，这三个字表明了“爻”是“教”字中最重要的部分，往往不可以省略。其次，这三个字是形成“攴”的重要过程，到此阶段，右半部分已经变成了上下结构的两部分，下面变为“又”，上面则分别可辨为“卜”和“人”。这种变化不仅体现在“教”字上，有学者考证，商及西周

时期，又、支、戈三部是不相通的，到了春秋战国时期，“又”开始变成“攴”。[①]

综上所述，小篆体及之前的“教”字有不同的流传演变脉络，但是主要以左侧的“爻”“子”等作为重要部件，同时也有“子、文、心、言、音、玄、支”等字作为右侧偏旁的“教”。字形上的（疑为）“父”之教到“攴”之教的流变发生在文字诞生之初到小篆体定型阶段，其中还经历了一个由（疑为）“父”到“又”的演变，西周之后“又”演变为“攴”。以“攴”所代表的“小击”意义为主导的“教”，可能是汉代产生的。

三、从“爻”之教到“孝”之教：教育史的考察

既然最初的“教”字中，“爻”是重要的组成，那么需要重点探究一下“爻”的意义及其对“教”字内涵的影响。

（一）“爻”之教:包罗万象的变化规律和信息交流

1.《周易·系辞》对“爻”的阐释

《说文》中说：“爻，交也。象易六爻，头交也。凡爻之属皆从爻。”[②]在今天看来，这一句解释虽然没有说明白“爻”是什么，但是却清晰地表明，“爻”是与周易密切相关的。目前考古发现的有关《易》卦的材料，最早的是殷周时的筮数。筮数是一连串的数字，可以按奇数为阳、偶数为阴的原则，转译为《易》卦。殷周也都有卜法，即用甲骨烧灼占卜的习俗。[③]

《周易·系辞》里有很多关于“爻”的描述，系辞的出现时间一般认为是在战国时期，比《说文》要早几百年，系辞里对“爻”的解释也比《说文》中的解释更为细致和可靠。

例如，“圣人设卦观象，系辞焉，而明吉凶，刚柔相推而生变化。

① 方稚松．谈谈甲骨金文中的“肈”字[J]．中原文物，2012（6）：52-59.

② 许慎，撰，段玉裁，注．说文解字注[M]．上海：上海古籍出版社，1981：128.

③ 李学勤．走出疑古时代[M]．沈阳：辽宁大学出版社，1994：73-74.

是故吉凶者，失得之象也；悔吝者，忧虞之象也；变化者，进退之象也；刚柔者，昼夜之象也。六爻之动，三极之道也。是故君子所居而安者，《易》之序也；所乐而玩者，爻之辞也。是故君子居则观其象而玩其辞，动则观其变而玩其占，是以自天佑之，吉无不利。”这段话描述了圣人设卦观象的目的和效果，明吉凶、观变化、鉴得失、决进退。六爻之变，可以使君子居安，也可以使君子乐玩，从而达到顺天应人、吉无不利的状态。这是对“爻”之作用的多好的阐释啊！古人很早就发现而且高度重视“变化”，发明了“爻”的方式，根据爻画和爻位来感受和捕捉“变化”的信息。①作为一种沟通、交流信息的工具，“爻”具有独特的功能，它区别于一般教育方式的经验归纳和逻辑推理，而更具有直觉性②，认为对易的学习需要达到清静无为的心理状态，进而激发自身的感应能力，捕捉和妙悟内外的变化，达到感而遂通的状态。③

“易有圣人之道四焉：以言者尚其辞，以动者尚其变，以制器者尚其象，以卜筮者尚其占。”对易的应用有义理、象数之别，有制器、卜筮之用，都是符合圣人之道的。这一点对当代的理解非常重要。

2.“爻”之教的传承和潜隐

陈鼓应提出，从《左传》和《国语》等的记载来看，从春秋时候起，出现了对《周易》向哲理化方面解释的倾向。这种倾向又可分为两种：一种是注重发挥卦爻辞的人道意义，而不相信筮法，孔子发展了这个方向，儒家解易的基本特点是既不相信卜筮，也不把《周易》看成一部讲天道的著作。另一种是结合卦象、卦名等，以《周易》为讲天道变化之书，并把天道和人事密切结合。这种倾向的代表主要是

① 《周易·系辞》：“爻者，言乎变者也。”“爻也者，效天下之动者也。”“道有变动，故曰爻。”“参伍以变，错综其数，通其变，遂成天地之文。极其数，遂定天下之象，非天下之至变，其孰能与于此。”

② 《周易·系辞》：“爻象动乎内，吉凶见乎外，功业见乎变，圣人之情见乎辞。”

③ 《周易·系辞》：“易无思也，无为也，寂然不动，感而遂通天下之故。”

史官，因为他们在当时既负责占筮，同时也负责观察天道，这一传统主要被道家及阴阳家所发展。[①]

《周易·系辞》中描述的“爻”的意义功能及其展现的学习和教育过程，在老庄思想中获得了很好的反映和印证。虽然老庄提到了阴阳却很少提到爻，但是老庄学派强调直觉和慧悟的学习方式却与《周易》所表达的方式如出一辙。[②]《庄子》中也包含了很多“立不教，坐不议，虚而往，实而归”的寓言。这些内容所反映的教育哲学和传统其实代表了中国古代教育传统的重要一支。

从本源而言，以《周易》《老子》等为代表的经典传承自上古时代巫史传统下的知识体系，起初掌握于巫史之手，后由各王官执掌，并且成为贵族子弟必学的内容，也是先秦诸子学的共同源头。老子本人也是史官，其思想具有浓厚的史官特色。[③]顾荩臣认为:“道家的学术，兼括诸家。且其来源，较诸家为最早者，并不是专指老子之时而说的。盖诸子之学都起于春秋战国之时，道家之学，则远在春秋战国以前，而发源于有史之初。”[④]以道家思想为代表的中国教育传统的这一支在先秦时期长期占据主导地位，只是到了秦汉之后才逐渐潜隐成为次要传统。[⑤]

从西周到两汉，正是中国知识系统的转型期，表现为由西周的“学在官府”到春秋战国的“学在四野”，从秦朝的“吏师法教”到

① 陈鼓应．也谈帛书《系辞》的学派性质[J]．哲学研究，1993（9）：58-60.

② 例如，《老子》中关于“教”与“学”的最重要几处描述是：“不言之教，无为之益，天下希能及之矣。”“是以圣人居无为之事，行不言之教。”“为学者日益，闻道者日损。损之又损，以至于无为。无为而无不为。”“见素抱朴，少私而寡欲，绝学无忧。”“不出于户，以知天下；不规于牖，以知天道。其出也弥远，其知也弥少。是以圣人，不行而知，不见而名，弗为而成。”本章的引用依据马王堆帛书本《老子》。

③ 王博．老子思维方式的史官特色[C]//陈鼓应．道家文化研究（第四辑）．上海：上海古籍出版社，1994：46.

④ 顾荩臣．经史子集概要（子部）[M]．北京：中国书店，1990：50-51.

⑤ 杨启亮．儒、墨、道教学传统比较及其对现代教学的启示[J]．南京师范大学学报：社会科学版，2002（4）：87-94.

汉代的“独尊儒术”。汉代之后，经学实际上成为了历代王朝的官学，被统治阶级操控为国家意识形态，经学诠释的目的常常在于为统治者论证封建王朝的合理性与必然性，教育完全为此服务。[①]这种转型也反映在了“教”字左边从“爻”之教到“孝”之教的变化过程中。

（二）“孝”之教：伦理本位的封建教育

1.“孝”的字形字义演变

“孝”也是一个出现很早的字，甲骨文中缺失，但是金文中就有等字形，战国文字里有等字形，《说文》里的小篆体为，解释为“善事父母者。从老省，从子。子承老也”。[②]

“孝”的金文字形，上部像戴发佝偻老人，整体像“子”用头承老人的手行走。殷人应该就已经有了“孝”的观念，金文中的“孝”大多是以求子为目的的一种祖先祭祀，即祈求祖先的在天之灵保佑多子多孙。《诗经》中的“孝”反映了周人的“孝”观念，主要有生儿育女、继承祖业，祈求子孙繁衍的祖先祭祀等含义。[③]尽管西周时期人们言“孝”多与祭享相联系，未与宗教分离开来，但“孝”同时具有宗教与宗法伦理的双重特点，是周人敬德以保天命的重要内容。[④]

可以说，从字的起源和字形发展来看，“孝”与“”在早期是有着截然不同的发展脉络和意义系统的。

2.“孝”与“教”的政治化和伦理化

商周的“孝”观念，经由孔子、孟子、荀子等大家的论述和发展，形成了孝道理论，产生了《孝经》。《孝经》以“孝”为最高范

① 米靖．经、经学与中国传统教育[J]．教育研究，2008（8）：89-93.

② 许慎，撰，段玉裁，注．说文解字注[M]．上海：上海古籍出版社，1981：398.

③ 宋金兰．“孝”的文化内涵及其嬗变——“孝”字的文化阐释[J]．青海社会科学，1994（3）：70-76.

④ 黄开国．先秦儒家孝论的发展与《孝经》的形成[J]．东岳论丛，2005（3）：84-89.

畴和教化民众之本，孝通于天地四海。[1]在这个过程中，“孝”的概念不仅被拔高了，而且被神秘化了，“孝”与“⿱爻子”的内涵开始出现了一定的交叉和重叠。

伴随着“孝”概念的拔高，教育的内容也受其影响，发生了强烈的政治化和伦理化转变。《孝经》所云：“君子之教以孝也，非室至而日见也。教以孝，所以敬天下之为人父者也。”两汉时代，《孝经》经过文本阐释和政治化传播，“孝”成为家庭伦理和社会道德规范的核心，深刻地影响了两汉人的思想行为。[2]

东汉光武帝以后，《孝经》与五经再加上《论语》被称为“七经”。东汉的经学家把《孝经》与《春秋》相提并论，《孝经》已成为教育的主要内容，自皇帝以下皆诵读《孝经》。统治者重《孝经》也反映到了选官制度上，当时以“孝”取士，把“孝”作为选官的主要标准，所谓“举孝廉”就是突出表现。[3]

总之，到了两汉时期，“爻”之教从教育内容和制度上彻底变成了“孝”之教。伴随着这种实质性的演变，字形上的“孝”最终替代了“⿱爻子”。何启贤提出，宋代《广韵》中，“⿱爻子”和“教”的读音还是相同的，而“孝”的读音不同，因此楷书“教”字左边的“⿱爻子”换作“孝”应该是宋代《广韵》成书以后的事。[4]

四、对“教”字的解释与中国教育的文化寻根

（一）教育史观和文化学的检视

为什么对“教”字新的解释的相关资料已经出现不少，甚至许多

---

① 《孝经》：“夫孝，德之本也，教之所由生也。”“夫孝，天之经也，地之义也，民之行也。”“先王见教之可以化民也。”“孝悌之至，通于神明光于四海，无所不通。”

② 秦进才．两汉《孝经》传播与孝行管窥[J]．社会科学战线，2005（1）：134-139.

③ 晋文．论《春秋》《诗》《孝经》《礼》在汉代政治地位的转移[J]．山东师范大学学报（社会科学版），1992（3）：35-39.

④ 何启贤．也说“教”“育”二字[J]．教育研究，1995（12）：64-68.

研究者提出了质疑或者指出了方向之后，我国主流教育学教科书上依然保持着“督促之教”的解释和传播？

一方面，这可能体现了文化认知的惯性，知识更新的时滞效应，知识在跨学科传播时可能出现的误读和浅化效应等，即人们对于“教”字解释的新观点由于思维惯性而不敏感。

但更重要的一方面是，“督促之教”的解释大概符合和满足了我们头脑或潜意识中对于古代社会充满奴役与压迫场景的想象。“督促之教”很大程度上反映了人们对于教育史的一种刻板印象，因此人们更倾向于接受和默认这种解读。由此，对“教”字的解释问题，可能引发我们对教育史观的一种反思和检视。

检视教育史观需要注意进步主义与文化保守主义对“传统”态度的深刻不同。“在崇拜过去的地方，传统会被看作是一种合法性和价值的根源；而在革命的形势下，过去会被轻视，会被看作是一种前进的阻碍。”①余英时认为，从五四运动到新中国成立之前，自由主义和社会主义作为中国现代思想史上最有影响力的两个流派，大体上都对传统持否定的立场，文化保守主义则始终没有影响力。②保守主义重视文化传统，反对人为地、激进地切断传统，但一种文化也完全可能在进步主义的前提下保留自身的传统。因此，传统文化和进步主义并不绝对地构成矛盾，而是需要达成某种平衡，才能真正完成文化的整合和文化的转型。③

哲学领域的文化研究认为文化是一种活的生命性的存在，需要深入到文化现象和事实背后去探讨文化的本质，而文化的形态化、制度化、模式化意味着文化生命的死亡。④“教”的字形演变浓缩了从甲

---

① 阿雷恩·鲍尔德温，等. 文化研究导论[M]. 陶东风，等，译. 北京：高等教育出版社，2004：12.

② 余英时. 中国近代思想史上的激进与保守[C]//李世涛. 知识分子立场：激进与保守之间的动荡. 长春：时代文艺出版社，2002：21.

③ 赵海峰. 关于文化保守主义和文化进步主义的思考[J]. 哲学研究，2011（9）：103-108.

④ 张应强. 中国教育研究的范式和范式转换——兼论教育研究的文化学范式[J]. 教育研究，2010（10）：3-10.

骨文时期到汉代的中国教育传统的历史，表明了中国教育传统是存在多个阶段和多种范式的，对不同时期、不同字体的“教”的意义如何诠释、解读，也反映了我们对中国教育历史和哲学的认知，古今二元的思维难以解释清楚传统教育的精华与弊端。对于中华文明持续了五千年以上的存在，我们在思考教育史分期的时候，除了考虑以教育实践为主要依据，兼顾历史年代和社会形态[①]，可能需要更多关注承载教育的文化样态与知识形态的变化，并更直观地将其体现在教育史分期中。

（二）文字和经典对于文化寻根的独特作用

进入21世纪之后，学者们普遍发现我国的教育学研究中存在着诸多“无根”性问题。尽管迫切需要释放本土教学思想的生命力[②]，但学者们对我国古代及近代的教学理论研究似乎缺乏热情[③]。其中的重要制约可能在于，不同的时代对于核心文本的界定和选择不同，解读和分析方法不同，对文本核心精神的领会也不同。[④]

例如，受文化断代的影响，当代人提起周易，大多不可避免地将其与卜筮算命等神秘主义联系在一起，认为是腐朽落后的产物，而忽视了周易“爻”之变里蕴含的重要的文化基因和思维方式，从而使人们在情感上否定了“易”和“爻”。当人们带着这种既定的刻板心理和主观情感来解读“爻”之教的时候，我们所总结出的中国教育的起源，往往是落后的，这样的结果只能减少我们走向中华根文化的可能性。

值得欣喜的是，随着文化研究的逐渐深入以及文化复兴理念在国

---

① 杜成宪．20世纪关于中国教育史分期问题的探索[J]．华东师范大学学报（教育科学版），2000（3）：85-90.

② 杨启亮．释放本土教学思想的生命力[J]．课程·教材·教法，2011（2）：29-35.

③ 杨丽，温恒福．近30年来我国教学理论研究的主要特点分析[J]．教育研究，2011（3）：77-82.

④ 渠敬东．教育史研究中的总体史观与辩证法——涂尔干《教育思想的演进》的方法论意涵[J]．北京大学教育评论，2015（4）：23-50.

家和社会层面的同步兴起，对周易更加客观中肯的评价也不断地涌现出来，也反映在教育学和教育史学研究中。例如，丁钢提出，“我们需要考虑今天的教育历史研究的文化依据，以及教育知识的文化特征及其背后的思维方式特征，并由此建构、展开自身的教育历史研究……即使是思辨性较强的《易经》，也是以直观的思维文化作为基础……为理解中国历史叙事的范式提供了一个民族思维方式的基础。”①与之类似，20世纪80年代前我国教育学界基本上是不认可老子有正面意义的教育思想的，20世纪90年代之后老子教育思想才开始被教育学研究所发掘。②

作为中国本土文化的寻根之旅，我们可以借助流传下来的经典文本走得更远，继续深入探究完整的文化基因，而不再单纯依赖文物考古的路径。例如，《易·贲卦》说：“观乎天文，以察时变；观乎人文，以化成天下。”中国文化和教育，一开始就与文明、文字这些内容紧密相连。当前，众多学者已经意识到了中国教育传统的重要性，呼吁应该从“自弃”走向“自信”和“自尊”③，但挑战在于如何跨越学术断层，深入到教育传统中去真正地与之对话。在古今对话中重塑具有中国文化气质的教育思想和理论，是中国教育学术的责无旁贷的选择和使命。④当我们能够突破旧教育史观的束缚⑤，在活泼生动的文化学视角中探求教育的文化之根时，再谈教育传统对现代教育的影响以及现代教育中诸多弊端的历史根源，都会更加深刻和中肯。

① 丁钢．叙事范式与历史感知：教育史研究的一种方法维度[J]．教育研究，2009（5）：37-41.

② 刘峻杉．老子教育思想研究的中西比较及其方法论启示[J]．教育研究，2012（8）：127-135.

③ 吴民祥．教育学术现代性语境中的中国传统文化——基于《人民教育》《教育研究》文本的研究[J]．教育科学，2010（5）：6-12.

④ 娄岙菲，包丹丹，于述胜．近年来中国教育史研究学术进展评述[J]．教育研究，2015（9）：119-128.

⑤ 张斌贤．教育史观：批判与重构[J]．教育学报，2012（6）：3-14.

第五章　先秦“化”的思想及其当代教育价值

在当代教育学的理论与实践中，“文化”一词的使用遍布于方方面面。近年来，“文化”在教育学中的价值得到了越来越多的重视。例如，学者们提出，我们需要在文化自觉和语言自觉中来进行“中国教育学”的知识生产和理论创新①，我们也可以尝试建立教育学的文化学范式，运用文化哲学和文化学的方法分析“文化—教育—人”三者之间的关系②，等等。

前已述及，我国古代思想语境下的“文—化”与当代汉语中使用的“文化”既有联系也有差别。当代汉语中的“文化”是名词，与英语的“culture”建立了强连接，二者几乎达到了可以互换的程度。但是中国古代思想语境下的“文—化”与当代汉语中使用的“文化”有着较大的差别。在中国典籍中，“文化”的正式出现目前最早可以追溯到西汉刘向的《说苑·指武》：“圣人之治天下也，先文德而后武力。凡武之兴，为不服也。文化不改，然后加诛。夫下愚不移，纯德之所不能化，而后武力加焉。”这段话中，“文化”可视为带有动作意涵的词组，意为“以文化之”或“文而化之”等，与“武力加诛”相对。

虽然汉语中的“文化”一词出现很早，但是其在中国典籍和语言

① 李政涛．文化自觉、语言自觉与“中国教育学”的发展[J]．华东师范大学学报（教育科学版），2010（2）：9-16.

② 张应强．中国教育研究的范式和范式转换——兼论教育研究的文化学范式[J]．教育研究，2010（10）：3-10.

历史中，其实并不多见。这种状态一直延续到清末，然后随着英语“culture”的涌入而发生了重要的变化。英语“culture”作为重要概念，是在18世纪的近代启蒙运动中登场的。当时人们开始思考人与世界的关系时，用“culture”来表达理性觉醒后的教养、人类所追求的共同理想等。19世纪后，“culture”转而成为增强与历史传统联系的纽带，成为宣传地区与民族个性基础的内容。[①]随着西方文化人类学、文化哲学和文化研究等学科或学派的快速发展及其在全世界范围内的广泛传播，“culture”的名词性用法逐步席卷全球。20世纪初，留日的中国学者将对应于“culture”的、带有西方观念背景的“文化”用法引入中国。[②]自此之后，“文化”成为当代中国话语中最常用的重要词汇之一，而早期中国的“以文化之”或“文而化之”的动词性“文化”意涵和用法，则几乎被人们所遗忘了。这种状况，直到现在依然没有显著变化。

明了汉语“文化”的意涵演变之后，有必要探寻一下“文化”的早期意涵及其观念背景。追溯先秦时期“化”的思想，有助于唤醒记忆式地激活其本源力量并启发当代本土“文化”的教育意涵，并由此深化和优化本土教育学对“文化”的使用。

一、先秦时期“化”的观念背景

“化”的甲骨文为等，金文为等。[③]“化”字在先秦典籍中的出现频率呈逐渐增加的趋势。春秋时期“化”字的使用较少，例如《易经》《诗经》《论语》和《仪礼》中没有出现“化”字，《尚书》中出现2次，《左传》中出现2次，《老子》中出现1次[④]。至

① 镜味治也. 文化关键词[M]. 张泓明，译. 北京：商务印书馆，2015：7-8.

② 刘象愚. 文化观念的演化[J]. 学术界，2006（3）：7-24.

③ 董莲池. 新金文编（中）[M]. 北京：作家出版社，2011：1118.

④ 通行本《老子》中有：“侯王若能守之，万物将自化。化而欲作，吾将镇之以无名之朴。”其中的“化”字在郭店竹简《老子》和马王堆帛书《老子》甲本中为“”字，自书写于大约汉文帝时期的帛书《老子》乙本开始改为“化”字。除此之外，则只出现过1次。

战国时期，“化”字的使用大幅增加，例如《易传》中出现了27次，《礼记》中出现了22次，《管子》中出现了75次，《庄子》中出现了91次，《荀子》中出现了74次，《吕氏春秋》中出现了66次。

《说文》曰：“化，教行也。从匕从人，匕亦聲。”其中的篆体字为。朱芳圃认为“化，象人一正一倒之形”。①先秦典籍中对“化”的使用主要可以归纳为天道化生万物以及万事万物之间的转化这两个义项，这也是《说文》所谓教行之“化”的形而上学观念背景，而且在出现的时间上也相对较早。②

（一）天道“化生”万物

“化”的第一种用法是与大道、天地的化生万物等宇宙生成论有关，常常以“化生”“化育”“造化”等形式出现。这种意涵用法，在先秦各家思想中都是普遍存在的，反映了那个时期的公共观念或知识。具体而言，这种“化生”万物又分为道或德层面的、天地层面的以及五行层面的等不同层级。

第一种，道、德化生万物。例如，《管子·心术上》中有“虚无无形谓之道，化育万物谓之德”。这里就明确地把“化育万物”的职能归结于“德”。而《荀子·哀公》里说：“大道者，所以变化遂成万物也。”认为大道是变化形成万物的终极根源。

第二种，天地化生万物。例如，《周易·咸卦·彖》里有“天地感而万物化生”。《中庸》里有“能尽物之性，则可以赞天地之化育”，意思是说，如果人的修为达到能充分发挥万物本性的状态，就是在辅助天地发挥化育万物的功能。《礼记·乐记》中有“天高地下，万物散殊，而礼制行矣。流而不息，合同而化，而乐兴焉”，意思是，天地生万物而各不相同，礼的制定就是要体现和顺应差别，天地二气又总处在流动变化的状态中，融合而化生万物，因此以天下兴

① 李圃．古文字诂林（第7册）[M]．上海：上海教育出版社，2002：446-450.

② 王中江．道家学说的观念史研究[M]．北京：中华书局，2015：187-197.

盛为乐。此外，《周礼·春官宗伯》里有“以礼乐合天地之化、百物之产……以谐万民，以致百物”，《庄子·大宗师》中有“以天地为大炉，以造化为大冶”，《列子·天瑞》里有“一者，形变之始也。清轻者上为天，浊重者下为地，冲和气者为人；故天地含精，万物化生”。

第三种，五行化生万物。例如，《孔子家语·五帝》里有“昔丘也闻诸老聃曰：天有五行，木、火、金、水、土，分时化育，以成万物，其神谓之五帝”。

“化”的这种用法反映了古人宇宙生成论的思想，将人类社会及其他万物都置于天地之间甚至更大的形而上背景之中去考量，认为万物的本源来自于天地或天道，因此必然也应效法天地而行，如同《老子》中所说“道生一，一生二，二生三，三生万物”，而万物又都需“尊道贵德”而“归根复命”。这构成了先秦“化”的思想的宏观大背景，是早期中国形而上学思想的写照。①

（二）万事万物之间的“转化”

“化”字的第二种用法是事物之间的相互转化。值得注意的是，先秦“物”的概念比较广泛，往往是指相对于“道”“天”而言的万物，因此，“人”也被包含在其中。

“化”用于表示万事万物之间的变化，以《易传》最为典型。《周易·系辞上》中说：“系辞焉而明吉凶，刚柔相推而生变化……知变化之道者，其知神之所为乎。”《周易·系辞下》中有“穷神知化，德之盛也”。

“化”还用于表示万物之间的转化，这类说法很常见。例如，《左传》里说：“昔尧殛鲧于羽山，其神化为黄熊。”《庄子》则更为典型，例如《逍遥游》中的“（鲲）化而为鸟，其名为鹏”，《知北游》中的“臭腐复化为神奇，神奇复化为臭腐”，《天道》中的“其生也

---

①郑开．道家形而上学研究（增订本）[M]．北京：中国人民大学出版社，2018：83.

天行，其死也物化”。此外，《孔子家语・执辔》中有“故立冬则燕雀入海化为蛤”，《礼记・月令》中有“鹰化为鸠”等。

这种变化与转化是可以善恶两向的。例如，《孔子家语・六本》中说：“与善人居，如入芝兰之室，久而不闻其香，即与之化矣；与不善人居，如入鲍鱼之肆，久而不闻其臭，亦与之化矣。”《礼记・乐记》里有一个“化”字的很重要的用法，即“人化物”，人被物所化，类似于今天所谓“人的异化”。“人生而静，天之性也；感于物而动，性之欲也。物至知知，然后好恶形焉。好恶无节于内，知诱于外，不能反躬，天理灭矣。夫物之感人无穷，而人之好恶无节，则是物至而人化物也。人化物也者，灭天理而穷人欲者也。于是有悖逆诈伪之心，有淫泆作乱之事。是故强者胁弱，众者暴寡，知者诈愚，勇者苦怯，疾病不养，老幼孤独不得其所，此大乱之道也。”这里面说人的天性是静的，受外物影响产生欲望而动，而且有了好恶的分别之心。如果好恶之心在内没有节制，同时又被对外物的好奇引诱于外，不能反躬于内，那么人就被外物所化，这样的结果是天性泯灭而人欲泛滥，于是就会有各种奸诈不义不仁之举，这是大乱的根源。

在天道化生万物、万物之间又转化不止的思想背景下，人对人的影响及导致的变化，就成了现实社会中的重要问题。

二、先秦时期教行之“化”的意涵和思想

教行之“化”，即人对人的良性影响，多以“化成”“教化”或“自化”的形式出现，这种用法在春秋时期所见不多，战国以后开始广泛使用。

（一）顺天应人之“化成”

在追溯“文化”一词来源的时候，除了《说苑》之外，来自《周易・贲卦・彖》的这一句也非常重要：“（刚柔交错，）天文也；文明以止，人文也。观乎天文，以察时变；观乎人文，以化成天下。”人们甚至常常把其中的“观乎人文，以化成天下”视为“文化”意涵

的真正起源。

历史上对于此句中的“文”有各种诠释。例如，唐代大儒孔颖达在《周易正义》中解释此句时说：“圣人观察人文，则《诗》《书》《礼》《乐》之谓，当法此教而化成天下也。”这是以儒家经学传统以及用“文”的历史典籍之义来解释“人文”，但这种解释对于本句中“观”字所内蕴的“动态性”和“原发性”体现得不足，因此似有不妥。近来，有一些新观点非常具有启发意义。例如，吴宁在重新考察《周易》之“文”后提出，万事万物都有其“文”，“文”是万事万物得以出现和呈现的样态或理则。[①]熊春锦提出“文”是万物表达自身本体现象和动态的结构性信息标记。[②]由此，“观乎人文，以化成天下”可以被解释为：深刻观察与人直接相关的且具有重要动态信息指示作用的“人之文”，发明和创造出适宜人类生存和发展的制度和器物。

需要承认的是，此句中的“观”具有先秦时代通往形而上的神秘主义色彩，例如《周易・观卦・彖》中说：“观天之神道，而四时不忒，圣人以神道设教，而天下服矣。”强调的是这种创造的主体，即圣人，需要能够洞察广阔深远的自然规律，即“天之神道”，然后顺天应人地创造制度和器物，才能得到天下信服和拥戴。

《周易・系辞下》中有“包牺氏没，神农氏作，斫木为耜，揉木为耒，耒耨之利，以教天下，盖取诸《益》。日中为市，致天下之民，聚天下之货，交易而退，各得其所，盖取诸《噬嗑》。神农氏没，黄帝、尧、舜氏作，通其变，使民不倦，神而化之，使民宜之。”这一段及其下文中列举了远古时期的大量发明创造，印证了《易传》相关语境之中“化成”所具有的“创造”的意涵。

此外，《黄帝内经・素问・气交变大论》中也有“善言天者，必应于人；善言古者，必验于今；善言气者，必彰于物；善言应者，同

① 吴宁.《周易》之“文”——以《贲》卦为中心[J]. 中国哲学史，2019（2）：31-37.

② 熊春锦. 龙文化的文明与教育[M]. 北京：团结出版社，2010：50.

天地之化；善言化言变者，通神明之理。”这都证明了先秦时期人们相信存在能够顺天应人、知古验今、通晓变化之道的圣人，相信他们在社会发展中所起到的重要作用。

（二）仁、义、礼、乐之“教化”

《论语》中没有出现“化”字，但是《孟子》《荀子》《礼记》《孔子家语》等先秦儒家经典中却有大量的相关思想。整体而言，先秦儒家经典中的“化”主要反映了效法圣人而运用仁、义、礼、乐等来对人施以“教化”之义。

《孟子》中有几处出现了“化”字，都与仁义“感化”有关，这类感化往往是基于行动的，强调的是圣王躬行仁义及其超凡的人格魅力所带来的强大道德感召力。例如，《孟子·离娄上》中说，“舜尽事亲之道而瞽瞍厎豫，瞽瞍厎豫而天下化，瞽瞍厎豫而天下之为父子者定，此之谓大孝。”舜尽心侍奉父亲而使其父瞽瞍逐渐愉快起来，这个过程使天下人受到感化，天下父子间的良好关系也就确定了。《孟子·尽心上》中有：“夫君子所过者化，所存者神，上下与天地同流，岂曰小补之哉？”君子所过之处百姓都受到感化，所居之处都有神奇的变化，教化之功与天地协同，难道说只是小小的补益吗？此外，孟子认为，君子教育的方法有五种：有像及时雨滋润化育的，有培养品德的，有发展才能的，有解答疑问的，有使间接受到感化教诲的，这就是君子施行教育的五种方法。孟子说，内在充实又散发光辉的就被称为“大”（充实而有光辉之谓大），这种光辉释放出来照耀感化世人就被称为“圣”（大而化之之谓圣）。孟子的这些思想突出了王道君子的强大感召力，甚至描述了神奇的效应，同时也强调这种感召力与顺应天地之道是一致的。

《荀子·不苟》中有：“诚心守仁则形，形则神，神则能化矣。诚心行义则理，理则明，明则能变矣。变化代兴，谓之天德……天地为大矣，不诚则不能化万物；圣人为知矣，不诚则不能化万民。”这段话中，荀子将“诚”“仁”“义”与“形”“理”和“化”“变”联系在一起展开论述，说诚心守仁则行为有感染力，能“化”人，诚心行义则让道理明白，能“变”人，两者交互发生作用，就是天德。“诚”是前提，没有“诚”，那么天地不能“化”万物，圣人也不能“化”百姓。这里，“化”与“变”有微妙的差异，“化”似更强调内隐而无形的影响。

而且，《荀子》可能是现存典籍中最早将“教”“化”联用的，与论“礼乐”、施“礼义”有关。例如，《荀子·王制》里有：“顺州里，定廛宅，养六畜，闲树艺，劝教化，趋孝弟，以时顺修，使百姓顺命，安乐处乡，乡师之事也……论礼乐，正身行，广教化，美风俗，兼覆而调一之，辟公之事也。”由此可以看出先秦社会中各个阶层都有负责教化职责的角色，如“乡师”和“辟公”。荀子的“化”与其“化性起伪”之说有关，“化性起伪”指圣王为了化民之性而创制礼义法度。其中，“性”指人的本来性情，“伪”指“文理隆盛”带来的后天的人为修养。荀子认为由于人的本性不能自动趋于完善，所以必须加以教化，而教化是建立在本性基础之上的，“性”与“伪”需要结合才能带来“变化”和天下的治理。

《礼记·经解》篇中直接出现了“教化”一词，“故礼之教化也微，其止邪也于未形，使人日徙善远罪而不自知也。”强调了礼的教化是微妙的，可化止邪恶于萌芽状态，使人每天在不知不觉中趋向于善而远离罪恶。

《礼记·乐记》中的“化”也有“教化”的用法，而且将其与“乐教”结合在一起，说“乐”是“德”的外显，“诗”“歌”“舞”三者都从心而发，“乐”的气息会带来情感的深层反应和文采彰明，气质得以强盛而产生的教化、感化作用也会神奇精妙，“情深而文明，气盛而化神”。因此，“乐教”可以使民心向善，感化人的程度很深，达到移风易俗的效果。[①]《吕氏春秋·音初》中，也有类似的

① 《礼记·乐记》：“乐也者，圣人之所乐也，而可以善民心，其感人深，其移风易俗，故先王著其教焉。”

“乐教”之论，“凡音者，产乎人心者也。感于心则荡乎音，音成于外而化乎内，是故闻其声而知其风，察其风而知其志，观其志而知其德……故君子反道以修德，正德以出乐，和乐以成顺，乐和而民乡方矣。”

《礼记·学记》是中国早期最重要的论教育的专门篇章，其中的“君子如欲化民成俗，其必由学乎”就强调了设学施教对“化民”的重要性。先秦集中性的高级办学场所“大学”里培养的人才，需要经历九年以上的严格培养，达到“大成”，即能够触类旁通，知识畅达，遇事不惑，不违背大学之道，这样才可能在将来使“近者说服，而远者怀之”。此外，“教学”之中的“化”是有前提条件的，《吕氏春秋·劝学》中有“往教者不化，召师者不化”之说，强调的是求学的关键前提是“尊师”，教师被尊重，其言才会被信服，其道才会被称述。

《礼记·经解》中有一段非常重要，其中虽然没有出现“化”字，但是却阐明了孔子认为六经能带来的教化作用。

> 孔子曰：入其国，其教可知也。其为人也：温柔敦厚，《诗》教也；疏通知远，《书》教也；广博易良，《乐》教也；洁静精微，《易》教也；恭俭庄敬，《礼》教也；属辞比事，《春秋》教也。故《诗》之失，愚；《书》之失，诬；《乐》之失，奢；《易》之失，贼；《礼》之失，烦；《春秋》之失，乱。其为人也：温柔敦厚而不愚，则深于《诗》者也；疏通知远而不诬，则深于《书》者也；广博易良而不奢，则深于《乐》者也；洁静精微而不贼，则深于《易》者也；恭俭庄敬而不烦，则深于《礼》者也；属辞比事而不乱，则深于《春秋》者也。

其意思是说，《诗》的教化可以使百姓温柔敦厚，但教化如果不当，就会造成愚钝；《书》的教化可以使百姓通理达政而了解历史，但教化如果不当，就会造成认知失实；《乐》的教化可以使百姓广博平易而良善，但教化如果不当，就会使人奢侈；《易》的教化可以使百姓洁静而洞察微妙，但教化如果不当，就会造成迷信；《礼》的教化可以使百姓恭俭庄敬，但教化如果不当，就会造成繁琐；《春秋》的教化可以使百姓善于文辞比喻，但教化如果不当，就会造成逆乱。所以，只有中正稳妥而且深入施行这六经之教，才能得到理想的教化效果。事实上，先秦时期对六经的功用的认识，在《国语・楚语上》《庄子・天下》《荀子・儒效》等文献中，以及近些年新出土的郭店楚简等文物中，都能发现大致相似的论述。①这说明当时的人们，对于不同的教学材料对人的气质和行为特征等层面所产生的不同影响，是很有洞见的。

上文挖掘和概括的仁、义、礼、乐之“化”，代表了先秦儒家思想中的圣人感化、教化之道，其中仁、义代表了伦理之维，礼、乐代表了周礼传统，“礼”以体现差别将社会分层赋权，“乐”则强调合同以维系社会稳定和谐。就历史进程而言，西周以来的礼乐传统，在春秋时期发生了从礼仪、礼乐到礼义、礼政的变化，“礼”逐渐政治化和伦理化，而伴随着外在的社会权力结构复杂化②，以及内在的“离道失德”的人性变迁，这套自周礼而来的教化系统逐渐失去了有效的主导力。

（三）道德无为之“自化”

与先秦儒家重视效法圣人而运用仁、义、礼、乐之“教化”不同，在先秦道家经典中，反映人之“化”的思想多与道德无为之“自化”有关。

《老子》的思想核心是以“德”阐“道”来论述“圣人之治”，文中很少使用“化”字，而较多用“治”字。反映早期文本原貌的帛书《老子》中唯一一处使用“化”字为：“是以圣人之言曰：我无为也，而民自化；我好静，而民自正；我无事，民自富；我欲不欲，而民自

① 郭丹．从郭店楚简看先秦时期对儒家六经功用的认识[J]．福建师范大学学报（哲学社会科学版），2012（6）：82-86.

② 陈来．春秋礼乐文化的解体和转型[J]．中国文化研究，2002（3）：15-37.

朴。”（对应于通行本第57章）这里的“民自化”之“化”反映了圣人对百姓的影响，只不过《老子》强调的是圣人无为自然，法地法天，尊道贵德，施玄德之功，发挥作用于无形之间，则百姓自然可以趋向于“化”“正”“富”“朴”。从《老子》来看，这种治理的过程最为自然和谐，其实现的前提是圣人本身达到相应的“无为”“好静”“无事”“欲不欲”等状态。这种无为之化与“不言之教，无为之益”等，都是《老子》中一贯鲜明的思想主张。

《庄子》中有几段神奇的故事，描述了道家式教学中“无为”之化的状态。例如，《德充符》中的圣人王骀，他带弟子的方式很奇特，“立不教，坐不议；虚而往，实而归”，即没见他用当面教授或议论的方式来教学，可是却能让空虚而往的学生们都满腹而归。王骀能够做到“不言之教，无形而心成”，是因为他能够“审乎无假而不与物迁，命物之化而守其宗也……游心乎德之和”，即明察“道”的真谛而不随物变迁，顺应事物变化而坚守“变化”的宗根，让心灵处在天德和谐的状态。“人莫鉴于流水而鉴于止水，唯止能止众止”，所以他的静定状态就发挥出“止水”的作用，像镜子一样帮学生反观到自心和自性，进而使他们经由内求的路径而产生觉悟和成长。

在《德充符》的另一个故事中，申徒嘉是个受刑被砍掉了一只脚的人，跟郑国的执政大臣子产同学于伯昏无人门下。当申徒嘉受到子产的歧视嫌弃时，他说：“人以其全足笑吾不全足者众矣，我怫然而怒，而适先生之所，则废然而反……吾与夫子游十九年，而未尝知吾兀者也。”以往笑话申屠嘉缺一只脚的人很多，总是让他生气恼怒，可是到了伯昏无人的寓所，他就能怒气顿失而恢复到平和状态，他跟着伯昏无人修习了十九年，忘记了自己是一个被砍掉了一只脚的人。通过申屠嘉的自述“游于形骸之内”，我们可以推测伯昏无人的教学应该也是某种以精神内化和感通道德为主的“内修”，这种内修带来的效果则通过申屠嘉自我超越和修复因肢体残缺所带来的内心伤害的情节而显现出来。

在《庄子·天运》中，通过孔子与老子的对话，提出了道家式“化人”的前提，即“不与化为人，安能化人”。这个故事中，孔子对老子抱怨说自己精通六经，能够阐明先王之道，可是却没有君主愿意采纳，人真是太难教化了。老子跟孔子讲，六经只是先王的遗迹而不是本原（“夫六经，先王之陈迹也，岂其所以迹哉”），自然万物各有其性命之道，这才是关键。孔子回去闭门参悟了三个月，又见老子，说自己已经悟得了，已经太久没有亲近感受自然之“化”了，不去感受和顺应自然之“化”，又怎么可能“化”人呢？

由此可见，老庄思想中的“化”出现在道家“圣人之治”背景之下，主张“我无为也，而民自化”，特别强调顺应天地大道之自然运化，“天地与我并生，而万物与我为一”（《庄子·齐物论》），从而达到精神的孕育涵养和逍遥超脱的状态。

此外，战国时期黄老道家将“化”作为一种帝王治理之术而进行了概括性的论述，这也成为西汉《说苑》中“文化”的重要思想来源之一。

三、对当代“文化”教育意涵的拓展和启发

当代意义上的“culture”或“文化”，经由两百多年以来的人类学、哲学、社会学、文学、心理学等学科的发展和运用，其语义空间已经相当广阔。和当代“文化”的复杂意涵相比，我国先秦时期的“文—化”与当代“文化”既有很大的关联，也有明显的差异，先秦时期动词性的“化”的意涵就是造成其差异的主要原因之一。先秦时期的“化”尤其是人之“化”的思想，其实是建立在当时“天人合一”“政教合一”的观念和思想背景上的，这些背景在今天多已转型或已消失。所以，当我们对先秦的经典文本及其思想世界进行挖掘并有所得之后，再把目光收回至当下的教育环境，对“化”的思想及其教育价值阐发，还是需要进行一些转化和发展的。基于前文对先秦时期“化”的观念背景以及教行之“化”的思想梳理，我们可以将其联

系到对当今时代“文化”意义的拓展诠释以及对教育学中“文化”意涵的体悟之中。

（一）“化”的创造性动态所拓展的“文化”意义空间

我们可以简要概括一下当代常用的“文化”意涵：从宏观角度来看，主要是指人类创造的、经传承并占主导的①、精神性或价值理念性质的东西②；从中观角度来看，主要强调与特定生活方式有关的③，以象征性和诠释性进行传播的④，与意义和心灵有关的东西或环境⑤⑥；从微观角度来看，主要强调追求完美的⑦、本真超越的⑧、持续长久的东西或个体能力与状态⑨。

今天，当我们提起传统文化及其传承的时候，常常不自觉地就将其与历史遗产联系在一起，似乎“文化”就是过去的遗留，就是一个接力棒。可是，当我们读到《庄子·天运》中借老子之口说出“夫六经，先王之陈迹也，岂其所以迹哉”的时候，是否会如同故事中的孔子一般，感到怅然若失却又忍不住地想去深入寻觅？

当我们追溯并发掘早期《易传》中“文—化”相关的起源，会在“观乎人文，以化成天下”中发现“文—化”本身所带有的创造的动感，而且这种创造是在深刻地探究和洞察人类生存显隐大环境的前提

① 爱德华·泰勒．原始文化：神话．哲学，宗教，语言，艺术和习俗发展之研究[M]．连树声，译．桂林：广西师范大学出版社，2005：1.

② Kroeber Alfred Louis, Clyde Kluckhohn. Culture: A Critical Review of Concepts and Definitions[M]. Cambridge, Harvard University Printing Office, 1952:181.

③ 艾略特．基督教与文化[M]．杨民生，陈常锦，译．成都：四川人民出版社，1989：92–95.

④ 克利福德·格尔茨．文化的解释[M]．韩莉，译．南京：译林出版社，2014：5.

⑤ 雷蒙德·威廉斯．漫长的革命[M]．倪伟，译．上海：上海人民出版社，2013：50–52.

⑥ Valsiner, J. Culture in Psychology: A Renewed Encounter of Inquisitive Minds. In The Oxford Handbook of Culture and Psychology. New York:Oxford University Press, 2012:3–4.

⑦ Arnold M. Culture and Anarchy[M]. New York:Oxford University Press, 2006:5–9.

⑧ 汉娜·阿伦特．启迪：本雅明文选[M]．张旭东，王斑，译．北京：生活·读书·新知三联书店，2008：237–239.

⑨ 镜味治也．文化关键词[M]．张泓明，译．北京：商务印书馆，2015：19–22.

下进行的，目的在于解决人与天地万物和谐发展的问题，而这类问题并没有随着人类社会的进步而消失，甚至在某些方面还显得更为紧迫。当然，这种创造的原初语境是带有神圣性的，这种创造的主体是能够顺天应人、观乎天文人文的圣人。这与我们当今时代强调人人都有创造的潜力、应该鼓励每个个体的创造力的展现和发挥，存在着观念背景的差异。但作为“创造”的精神意蕴和原初印迹，是可以跨越时代话语的隔阂，而发挥出“基因”般的深层动力作用的，那就是——中华民族在本根意义上是不缺乏“创造”与创新精神的，这种精神就书写并转录在我们现在的日常用语“文化”之中，只是需要我们能够将其重新解译和释放出来。

《庄子·天道》中有一则著名的“轮扁斫轮”的故事，通过一位做车轮的匠人轮扁之口，讲出了“得之于手而应于心，口不能言，有数存焉于其间……古之人与其不可传也，死矣”的观点。这个故事的重点其实并不是“书该不该读，是不是糟粕”的问题，而是《庄子》文本中这个故事之前一段中的“意之所随者，不可言传”。中国哲学中很早就提出了语言、形色等具体之物都不能完全传达“意”的深层根源，“道”或者说根本价值的精髓，是需要借助载体但又超越载体而“感而遂通”的。帛书《老子》中也有“执今之道，以御今之有”的说法，说的是要“通过把握当今的‘道’的状态来驾驭和治理当今的现实境遇和问题”，遗憾的是，在通行的河上公本和王弼本《老子》中，这一句都被改成了“执古之道，以御今之有”，一字之差，意义则大相径庭。

在“观乎人文，以化成天下”的语境中，“化”的本质就是“创造”本身，而不是创造的产物，因此其意义也就必然不单单指向过去，而更指向当下和未来。这是“化”的创造性意涵所“唤醒”或拓展出来的“文化”意义空间，对于我们今天理解和使用“文化”一词时能够连接其早期“意义场”具有重要意义。

（二）“化”的深刻性效果所内蕴的深度教学旨趣

在梳理先秦儒家、道家经典中的“化”的思想的时候，无论是仁、义、礼、乐之“教化”，还是道德无为之“自化”，有一个特点都会给我们留下深刻的印象。那就是在早期“教化”或“自化”语境下，“化”是内隐地、不显痕迹地使人发生深刻的良性转变，往往体现在精神层面和观念层面，而且这种人对人所产生的教育影响的程度之深，是我们现代人难以置信的。

这种“人对人的深刻影响和良性转化”的意涵在当代“文化”的语义中不甚明显，因为当代“文化”或“culture”已经被名词化了，丧失了其早期的动词性意涵和功能。尤其是在大众文化逐渐盛行的近半个多世纪以来，“文化”已经变成了一个中性名词，这即便与以阿诺德和利维斯为代表的英国“文化—文明”传统中“文化”那个著名的、带有精英主义色彩的“完美与追求完美，有教养的沉静”的意涵相比，差异也是巨大的。我们今天几乎可以在任意一个名词后面冠以“文化”的字眼，例如“娱乐文化”“消费文化”等，这使得“文化”的内涵越来越宽泛和包容，同时也不可避免地失去了一些向上和质朴的精神内涵，可谓有得有失。当我们回顾和挖掘先秦“化”的思想之后，也许会在我们思悟、感受本土“文化”一词的时候，获得一份来自观念本源的叩击和回响，而不至于彻底迷失在花样的“文化”海洋之中。

当然，先秦之“化”这种深刻的良性影响，是建立在效法圣人和天道自然的前提之下的，并不是出于一己之私而对人的操纵和控制，即教行之“化”一定是在天道“化生”万物的前提和背景下的顺应和辅助之举。这种观念背景与当代的教育思想之间还是存在着不小的隔阂的。但是，当我们注意到“化”的意涵中这种教学的“深刻性”本身就内蕴着中国教育传统中对于“深度教学”的一种旨趣[①]，那么是

① 郭华. 如何理解“深度学习”[J]. 四川师范大学学报（社会科学版），2020（1）：89-95.

否可以说，即便我们无法相信或实现先秦中那些神奇的“教化”故事，至少其可以拓展我们对于“深度教学”的想象空间？而且，这种拓展还不是机械或勉强的，它也许会与我们思想观念中潜藏已久的对于教学境界的想象或领悟产生某种程度上的共鸣。而这种共鸣，虽然很难直接转化为操作的技术或流程，但是它会在观念深层或个体的教育哲学层面，帮助我们有勇气和兴趣去突破各种技术主宰所导致的教学浅表化和学习者的异化，向着无限的可能性更进一步。

事实上，尽管我们在翻译和借鉴外来教育思想的时候，尤其是德国教育学理论，也会使用“教化”这个词来与德文中的特定概念（Bildung）对译，甚至会因为“教化”被伽达默尔认为是人文主义的主导概念之一以及是18世纪“最伟大的观念”而重视它[①]，但是在我们一般的本土教育学理论和实践话语中，“教化”这个词已经很少被提及了。其中的重要原因之一可能是，我们凭借着本能的语感，察觉到“化”字所代表的宏大和深刻程度，使得我们不愿意给自己立下一个难以企及的目标，把自己逼上一个难以到达的高度，所以我们更愿意使用“教学”“教育”“培养”这样听起来不太给人压力的词汇。另一个可能的原因是，“教化”容易给人一种纯人文领域的感觉，似乎只适用于西学引入之前的中国，而非当代教育制度下以“知识”为第一本位的教育环境。[②]这些直觉都有来自现实的依据或合理性。但是，我们不能否认，就中国的古典思想而言，无论是“学”“教”，还是“化”，都不是一个技术层面的单向传递，都需要教师和学生精神的敞开，尤其是教师本人首先要能够进入并创建一种富有精神启发性的、包含韵律乐感的、意义饱满的“境”或“场”，进而引导和带领学生也能“入境”[③]，并徜徉其中获得滋养和生长，从而达到“虚

① 郭晓明．知识与教化：课程知识观的重建[J]．华东师范大学学报（教育科学版），2003（2）：11–18.

② 袁晓晶．从人文教化到知识研究——儒家教育在清末新学制中的转型[J]．思想与文化，2016（2）：191–204.

③ 于述胜．切近中国历史文化语境的教育史研究——以孔子之“学”的阐释为例[J]．教育学报，2012（5）：98–106.

而往，实而归”的教学效果。所以，即便我们今天已不愿再奢谈或空谈圣贤的“化行若神”①，可是作为当代教师或教育研究者，我们依然可以尝试不断提升自己，以完整的生命意义和德性智慧投入到教学之中，并在这个层面与学生共鸣从而引领他们实现真正的成长。这种自我修炼式的“教学相长”还是值得肯定并加以探讨研究的。

此外，在当代中国教育目标系统的表述中，无论是之前的“三维目标”还是当下更为流行的“核心素养”或“关键能力”等，都走上了追求精准和理性的条目表述的路径，这符合现代人的思维方式和现实操作需求。但与此同时，人们也常常会发现，我们在迎接或拥抱各种精细化的目标设计或价值取向的同时，似乎也需要对其保持一定的距离，以免由于各种“过密化”的卷入而对教育的根本之道有所偏离。②这个时候，也许《庄子》中的那句“不与化为人，安能化人”，在穿越了两千年后来到我们的眼前或耳畔之际，依然有可能让我们暂停一下脚步，以久被淡忘但又并不陌生的“天人合一”的视角来反思一下教育的根本方向。

本章通过对先秦时期“化”的观念背景以及顺天应人之“化成”，仁、义、礼、乐之“教化”，道德无为之“自化”等教行之“化”的思想的梳理，将早期“化”所蕴含的“创造性”动态以及“深刻性”效果挖掘出来，探讨其对当代“文化”之教育意涵能够有怎样的拓展和启发。这是教育思想史研究对于当代教育理论和实践能有所助益的重要途径。

事实上，不仅是“文化”这个词的古今之义发生了巨大的变化，很多其他重要词汇，如“道德”“智慧”“精神”“知识”“理性”“性命”“自然”等中华文化的基本话语，在近百年来的西学东渐过程中，也都经历了与“文化”差不多的命运。这项追溯和探究也能作为

---

① 《孔子家语 · 五仪解》中有：“所谓圣者，德合于天地，变通无方，穷万事之终始，协庶品之自然，敷其大道，而遂成情性；明竝日月，化行若神，下民不知其德，覩者不识其邻，此谓圣人也。”

② 孙杰远．知识过密化与基础教育改革：困境与突破[J]．当代教育与文化，2020（4）：1-6.

反思中国话语概念演变过程中得失的案例之一。

对于当代学者而言，生发话语自觉的意识①，主动识别重要概念的本土原义与后来西学引进的意义，逐步去除西方话语对中国本土话语的语义遮蔽，且不把西学话语的意义天然地作为中国话语的固定解释，有助于还原中国文化的本来面目并激活其原有的本根性的教育功能。这并非是狭隘的民族主义，而是“美人之美”同时的“自美其美”，是中国人对自身文化走向自知和自信的必要前提。对于中国教育学来说，这种探索更是责无旁贷的，因为这将决定我们培养的究竟是何种文化意义上的“中国人”。②

① 于述胜．探寻中国教育研究的民族话语[J]．当代教育科学，2004（23）：6-10.

② 刘铁芳．培育中国人：当代中国的教育自觉[J]．湖南师范大学教育科学学报，2018(2)：1-11.

第二篇

挖掘古典思想教育价值的方法论问题

第六章　对传统文化展开教育学研究的方法论省思

在过去的二十多年里，中华优秀传统文化的价值得到了越来越深刻的认同，探索如何对其进行创造性转化和创新性发展，正成为这个时代具有代表性意义的文化现象和文化使命。这种文化现象能给社会带来多大程度上的影响和改变，能持续多久，现在还无法准确评估。但是这种文化现象涉及中国社会的程度之深，声势之大，已经成为这个时代不容忽视的文化背景之一。①从涉及的对象来看，既有政府的积极倡导，也有民间学者和传统文化爱好者的热切践行，也有专业学术研究者的砥砺前行。于是，在这股中华优秀传统文化传承与发展的大潮中，政治话语、大众话语和学术话语共同融合成了一曲以中华民族伟大复兴为主旋律的恢弘乐章。其中，学术研究如何发挥自身应有的作用，学术话语如何与其他两种话语产生正向积极的互动，包括吸收有益的资源和营养，反馈以严谨、中和的文化诠释、知识生产、政策建议等，是学术研究应该关注的问题。②

在中华优秀传统文化传承与发展中，有两个层面与教育学研究密切相关：一是对传统文化精髓的深入研究阐发，例如对中华文化的历史渊源、发展脉络、基本走向、重要特质、时代需求等的宏观把握与精细阐释；二是传统文化的教育普及，例如中华优秀传统文化的课程融入、教材融入，以及开展相关的教师培训，等等。这两个层面中，

① 赵林．“国学热”的文化反思[J]．中国社会科学，2009（3）：61-68.

② 刘小枫，苏国勋．中国学术的文化自主性[J]．开放时代，2006（1）：4-53.

有的内容对于教育学来说是老课题，需要深化和拓展，有的内容则是新课题，需要加速展开研究和探索。无论是哪一种，都需要教育学研究者对一些相关的基础性问题有所重视并凝聚共识，以便形成更好的研究合力。

当前对传统文化教育进行论述分析的文章著作多来自民间机构或自由学者，专业教育研究者的文章和成果还相对较少，这与传承与发展中华优秀传统文化的社会大潮形成了一定的反差。这一方面反映了教育学界的理性和严谨，另一方面也说明了中国教育学研究介入传统文化的路径还不是很畅通。随着教育部《完善中华优秀传统文化教育指导纲要》和中共中央办公厅、国务院办公厅《关于实施中华优秀传统文化传承发展工程的意见》的先后发布，传统文化的教育普及和研究也受到了全社会的热切期待，教育学研究介入的脚步也必然会有所加快。

一、对中华优秀传统文化展开教育研究的意义

对传统文化展开教育研究，反映了文化复兴的社会形势与中国教育研究的成熟崛起的双向需求，这两者之间也构成了某种“鸡生蛋”和“蛋生鸡”的循环互生关系。

（一）传承与发展优秀传统文化的社会形势需要教育研究保障基础

1. 对中华优秀传统文化的教育阐发需要理论基础

传统文化的教育阐发，既包括作为教育目标的中华民族历史上的核心思想理念、传统美德、人文精神的诠释分析和评介，也包括对中国传统教育思想和制度的渊源与流变①、与社会背景的互动过程和机制、所得与所失等问题的哲学与历史分析，还包括对中国传统教育方法和教育手段的原理与传承条件的探究与揭示。这些内容都是当代传统文化教育实践的前提，教育研究对这些内容探索的深刻度和精准

① 李弘祺. 中国传统教育的特色与反省[J]. 北京大学教育评论，2012（2）：120-139.

度，决定了当今时代的传统文化教育究竟能从传统的宝库中寻求到什么，其结果是“新瓶装旧酒”，还是“老树开新花”。

对传统文化的教育阐发有两项核心任务，因此大致包括两个步骤。一项核心任务是“本真诠释”，即尽量原汁原味、贴近本色地诠释传统经典或思想[①]，在这个过程中需要尽量避免研究者头脑中已有知识概念或前置理论的影响，最大程度上接近和探求传统经典或思想的本义。[②]另一项核心任务是“话语连接”，即将来自传统经典思想的概念或理论诠释与当代的学术思想和生活经验建立广泛的连接，在比较中展示其差异和特色，为其实际融入当今时代的教育实践做好充分的引介工作。[③]

传统文化的教育阐发有点像生物多样性研究中的物种和基因探寻，自身往往是古老的，新发现的物种中反而蕴含着价值巨大的基因样态，有助于丰富物种资源库和基因资源库，为修复不良的基因突变提供可能性。但是，这个过程是超越常识的，需要具备深厚的专业知识和文化学养才能展开。传统文化的教育阐发也需要深刻的洞察、切身的体验以及缜密的理论构建，才能避免“找不到什么有用的”或“误食毒蘑菇”的误区与危险。

2. 对中华优秀传统文化的教育实践需要实证研究

当前社会已经涌现了大量的民间办学形式的传统文化教育实践，同时学校教育也在迅速吸纳传统文化教育的元素和方法，展开了丰富多彩的探索实验。这种局面的可喜之处在于，展现了来自教育一线的文化热情和自主性教育探索的生机与活力，有可能取得曲径通幽的意外收获；令人担忧之处在于，很多实践往往是在缺乏缜密论证的情况下，依靠某种文化信念和文化直觉展开。一些样态的教育模式没有经过有效而充分的实证检验，就以一种单一肯定的形式推广开来，缺乏

① 刘铁芳，刘向辉．重启教育研究的古典传统[J]．国家教育行政学院学报，2016（5）：3-8．

② 陈超群，张瑞璠．中国教育哲学史（第1卷）[M]．济南：山东教育出版社，2000：205．

③ 谭维智．道德教育的非知识化路径——道家的知识观及其道德教育方法研究[J]．教育研究，2011（6）：85-89．

必要的批判反思机制，也缺乏有效的动态监测机制，一旦教育过程中有所偏差[①]，弊端累积反映到学生成长的结果上，则可能影响深远，这有悖于传统文化教育的初衷。[②]因此，在这种情况下，需要非常扎实严谨的实证研究。

此外，传统文化教育自身所带的文化属性和观念特征，使得其理论表达和行动路线容易出现分歧，无论是“因为信仰而坚定”“因为热爱而执着”，还是“因为身份而固守”“因为立场而笃定”，这些因素都容易被不自觉地掺杂进理论对话之中，使得论争纷呈、聚讼不已。[③]在这种情况下，适度搁置一些争论，在理性的范围内，以开放的心态引入实践检验和严谨的教育实证研究，应是推进共识的重要途径。

当前的传统文化教育迫切需要开展多种类型的实证研究：观察和评估各种传统文化教育模式过程中的儿童体验[④]，揭示不同的传统文化教育模式下学生关键能力的动态变化[⑤]，检测从事传统文化教学的教师的教育理念、知识结构、专业素养，等等。实证研究的充分介入，有助于及时检验和肯定传统文化教育的优良成果，促进其理论反思和理论凝练，也有助于及时发现有悖于现代儿童权利观念、教学伦理、公民德性或损伤学生关键能力发展的实践偏差，敦促其回到健康发展的轨道上来。

（二）中国本土教育理论建构有待于从传统文化中寻找灵感源泉

1. 中国教育学受西方范式影响的双重效应

中国教育学的产生源自于一百多年前的西学引进，是在事关民族

---

① 胡定荣．警惕国学经典教育五种误区[J]．中国教育学刊，2011（11）：16–19.

② 潘涌．祛蔽当前“读经热”：表达为本——由“读经热”引发的对古今母语教育的建设性反思[J]．教育研究，2015（1）：136–142.

③ 洪明．读经论争的百年回眸[J]．教育学报，2012（1）：3–12.

④ 刘甜淇，刘峻杉．小学生经典诵读的兴趣发展——《老子》教学的行动研究[J]．教育科学研究，2018（6）：74–80.

⑤ 杜祖贻，关定辉，霍泰辉．脑神经科学与教育结合新成果——中英语文教学效率研究报告[J]．上海教育科研，2008（7）：4–8.

存亡、社会危机深重、知识与制度发生深刻转型的背景中产生的，以“革命”的形式与旧的教育文化和传统决裂，这使得中国教育学的根基和范式都深受西方影响。①西方教育学不仅当时曾对中国教育学发挥过重要而积极的作用，帮助中国教育完成从传统到现代的转型，甚至直到今天，依然起着示范、参考、启发的重要作用。但是随着中国社会的发展，知识和文化建构日渐成熟，上述局面的一些问题和弊端也逐渐显现出来。例如在长期的引进和模仿过程中，人们逐渐形成了话语和理论体系的依赖，甚至于在文化心理上也产生了价值偏向，对教育学的经典、权威、主流、前沿、研究典范等观念认知都或多或少地与西方联系了起来。②与此同时，人们对中国文化传统中那些精髓的内容却相对淡漠，中国本土的教育智慧和经验长期处于被压抑和忽视的状态，这种“文化失语”可能导致中国教育研究在生成自身的研究问题、有效解释和指导中国教育实践过程中受限于深层次的“文化制约”。③因此，中国教育学需要检视自身的观念根源，从而分析或比较不同的文化传统或传统文化对教育的影响，同时在这个过程中需要寻找新的发展动力源，以促成自身的挺立与走向世界。④当然，这里说的中国传统文化或文化传统，不能等同于百年前引入西方教育学时所超越和抛弃的那些难以跟上时代步伐的旧文化和旧制度。21世纪的中国教育，要完成教育现代化和适合自身的教育探索，必然要求对一些基本概念的文化特殊性和全球普适性做出准确的双重把握。⑤这意味着当今时代希望从传统文化中寻找的，应该是中国文化精神本源性的东西，是中国文化中可以生生不息、绵绵不绝、推陈出新、亘古久远的“好”东西和“真”东西。

---

① 侯怀银，张小丽．论“教育学”概念在中国的早期形成[J]．教育研究，2013（1）：11-21.

② 吴康宁．“有意义的”教育思想从何而来——由教育学界“尊奉”西方话语的现象引发的思考[J]．教育研究，2004（5）：19-23.

③ 于述胜．探寻中国教育研究的民族话语[J]．当代教育科学，2004（23）：6-10.

④ 李政涛．走向世界的中国教育学：目标、挑战与展望[J]．教育研究，2018（9）：45-51.

⑤ 檀传宝，等．公民教育引论[M]．北京：人民出版社，2011：212.

2. 从文化自觉走向学术自立

近十多年来，中国的人文社会学科不约而同地展开了有关文化自觉与学术自主性的讨论，哲学①、社会学②、文学③等领域内都展开了西方现代性学术范式对中国学术的影响及中国学术的回应与自主等问题的热烈讨论，与此同时，教育学研究者的文化自觉意识也日渐明显④，越来越多的研究者呼吁中国教育研究应该从本土语境和实践中树立自己的问题意识，用中国本土的思想资源和话语体系来解释和解决中国的教育问题，走出中国教育学的自立自信之路。⑤这并不意味着封闭保守和简单复古，而是中国教育研究走向成熟和走向世界的必经阶段。⑥这种探寻和努力，有助于找到解决当代中国教育问题的思想源泉，接续中国本土教育理论的文化命脉。⑦在这个过程中，教育学需要被看作是在特定社会文化背景下进行的特殊活动方式，必须在相关文化背景下对其加以整体分析的观点⑧，得到了越来越多的认同。

需要冷静认识的是，从少部分人的文化自觉到教育学者群体的文化自觉，从产生自觉意识到学术话语体系的实质性构成，这并非只是观念的转向，它还是一个实质性的自知、自强和学术自立的过程。事实上，自引入西方教育学的早期开始，中国教育学者就产生了教育学中国化的意识并付诸各种努力。⑨如果说，从引入西方教育学到基本

① 张立文．中国哲学的“自己讲”“讲自己”——论走出中国哲学的危机和超越合法性问题[J]．中国人民大学学报，2003（2）：2-9.

② 郑杭生．学术话语权与中国社会学发展[J]．中国社会科学，2011（2）：27-34.

③ 叶舒宪．本土文化自觉与“文学”“文学史”观反思——西方知识范式对中国本土的创新与误导[J]．文学评论，2008（6）：5-12.

④ 鲁洁．应对全球化：提升文化自觉[J]．北京大学教育评论，2003（1）：27-30.

⑤ 于伟，秦玉友．本土问题意识与教育理论本土化[J]．教育研究，2009（6）：27-31.

⑥ 李政涛．文化自觉、语言自觉与“中国教育学”的发展[J]．华东师范大学学报（教育科学版），2010（2）：9-16.

⑦ 叶澜．中国哲学传统中的教育精神与智慧[J]．教育研究，2018（6）：4-7.

⑧ 石中英．教育学的文化性格[M]．太原：山西教育出版社，2001：87-88.

⑨ 侯怀银，王喜旺．教育学中国化——一个世纪以来中国学者的探索和梦想[J]．教育科学，2008（6）：6-10.

吸收完成，中国教育学大概用了一百年的时间，那么，当中国教育学从建基于西方知识系统回转到建基于自身的历史与文化，考虑到当今社会整体形势的稳定和社会文明程度的进步，这个过程也许会比百年前开始的转型快一些，但我们也不能低估这其中的艰难程度。

百年前西方教育学的引入，正是当时的人们普遍认为从中国传统思想和制度中已经发掘不出什么胜过西方教育学的东西了。可是当我们花费百年来学习和追赶西方的时候，一些西方学者如雅思贝尔斯、海德格尔、荣格、马斯洛等却从中国古代的思想家那里获得了灵感，创造出了属于他们的杰出理论。[①]如今的传统文化教育研究，不应成为一种对历史的猎奇，而应该以探宝之势再一次潜入中国文化的汪洋大海以寻求教育改革创新的灵感之源。至于能否有超越前人的鉴赏眼光和探宝发现，这很大程度上取决于当代研究者自身对中国文化的理解能力和底蕴储备。[②]

尽管真正意义上的中国教育学术理论体系的成熟尚需时日，但当下的文化复兴的社会大背景，已为中国教育学完成自身的蜕变提供了比以往任何时候都要好的文化条件，这使得当下这一轮的文化自觉与研究升级很有可能取得前所未有的深度和令人瞩目的实质性进展。

二、难点与突破：对两个领域的分析

尽管越来越多的教育学者认可从中国优秀传统文化中吸取营养有助于中国教育学的发展，但目前的实质性研究进展方面，除了中国教育史、传统教育哲学、教育学原理、文史学科教学等几个原本就涉及传统文化的领域之外，其他教育学分支学科内的相关成果还比较少见，尽管我们很难想象有哪一个教育学分支学科的研究与传统文化思想之间完全没有联系。因此，非常有必要分析传统文化教育研究的复杂性与挑战性，找出其难点所在，从而逐步有针对性地解决。这些难

---

① 刘峻杉．老子教育思想研究的中西比较及其方法论启示[J]．教育研究，2012（8）：127-135.

② 于建福．清末中小学堂“读经讲经”课程设置与启示[J]．教育学报，2012（6）：26-32.

点可以从传统文化领域内的问题和教育学领域内的问题两个角度来分别展开分析。

（一）传统文化领域内的问题

1. 传统文化作为思想资源，深邃而模糊

传统文化作为思想资源，体现了中华文明五千年的文化积淀，毫无疑问是博大而精深的，但是也使得对它进行准确把握进而吸收利用并不容易。虽然说“取其精华，去其糟粕”是人人皆知的对待传统文化的价值立场，但是具体而言，对于什么是精华、什么是糟粕则存在不少分歧，尤其是在大量细节性问题上，共识程度还有待提升。

就学问分类而言，传统的经史子集范畴与当今的学术体系难以直接对接①，“知识转型”使得教育研究在涉及传统文化资源时，在检索使用和脉络梳理方面，远不如西方学术体系那样方便，造成了“源远流长”反倒“远水解不了近渴”的难以利用资源的问题。

更难的问题在于中国传统文化的复杂性。一些核心概念被不同学派、不同时期、不同人物反复使用且具有不同意涵，例如“道”“德”“性”“知”“天人合一”等；②一些词汇的语义在历史长河中发生了深刻的流变，与我们今天受外来用语的影响而对其产生的理解大相径庭，例如“自然”“心”“性命”“精神”“智慧”“技艺”“术”等；③中华文明早期的思维方式与现代人的思维方式存在明显的不同，早期的思想理念是高度浓缩的且具有广阔的理解空间。④此外，随着近几十年考古工作的进展，一大批新的出土文献带来了理解和解读中华文明早期样态的新线索和新启发，很多由于前人受史料限制而莫衷一是的问题，都因为有了新线索而正逐渐被澄清，而这些最新的

① 吴根友．传统学问（知识）分类体系的演变与当代“国学”一级学科建设问题初探[J]．学海，2012（4）：173-185.

② 张岱年．中国古典哲学概念范畴要论[M]．北京：中国社会科学出版社，1989：1-3.

③ 王中江．道家学说的观念史研究[M]．北京：中华书局，2015：143.

④ 熊春锦．中华国学道德根[M]．北京：中央编译出版社，2006：66-69.

研究进展也需要被及时吸纳到当下的思想和知识系统之中。[①]这种古今时域所造成的文化变迁的差异之大，恐怕不逊于中外地域所造成的文化类型之间的差异，这使得准确诠释中国传统文化的精髓具有很大的挑战性。尽管我们总是自豪于中国是唯一没有中断文明传承的四大文明古国这一事实，但是也往往会低估跨越历史长河去“与古人居，与古人谋”[②]的难度。

作为思想资源的传统文化，要想充分发挥效用，必然需要高品质的概念澄清和理论梳理，经由诠释转换之后，才可能“飞入寻常百姓家”，成为“活化”的文化精髓。而在诠释、转换过程中，如何避免历史上曾出现过的“《大全》出而经说亡”[③]，即由于对经典的垄断性解释而导致的文化异化而不自知，以维护优秀传统文化的姿态偏离优秀传统文化的精神而不自知，这又是一个经典诠释或思想转化过程中必须加以防范的问题，需要通过健康理性的学术氛围的营造和去伪存真的学术机制的建设来提供制度性保障。

2. 传统文化作为课程内容，广泛而混杂

中华优秀传统文化作为具体内容进入课程和教材，无疑会极大地拓展和丰富课程素材的选择范围，促进文化的积淀和师生文化素养的提升，但是这种拓展也会带来相应的问题。

首先，中华优秀传统文化进课程和教材，需要处理好育人模式以及与现有课程目标之间关系的问题，而这需要基于对当代传统文化教育的整体理解和基本共识。[④]例如，对于不同办学机构或群体而言，其对中华优秀传统文化教育的功能和培养方向的定位会有所不同，可以简单分为面向未来公民的“通识普及型”、旨在培养文化学者的

---

① 刘笑敢．出土简帛对文献考据方法的启示（之二）——文献析读、证据比较及文本演变[J]．中国哲学史，2010（2）：38-50.

② 出自《孔子集语·劝学》：“孔子云：诵诗读书，与古人居；读书诵诗，与古人谋。”描述了与古人进行深刻思想对话的意境。

③ 出自明朝顾炎武《日知录》卷十八：“自八股行而古学弃，《大全》出而经说亡。”

④ 王立刚．论传统文化教育的内容体系[J]．当代教育与文化，2017（1）：10-16.

“学有所长型”、旨在传承代表某类技艺或学派的“文化传人型”等几种类型，每一种类型都有相应的适用条件、选拔方式和传承方式，这一点不应该被忽视或错位应用。对于现代教育中占主体的公共学校教育形式，“通识普及型”应该成为传统文化教育的主要模式，而其他办学形式，可以根据自身的定位，在教育法律、法规允许的范围内选择与之相应的模式。那么，在公共教育领域，传统文化教育的内容选择就应该超越单一视角的一家一派、一法一技或一书一师的模式，而寻求某种更为全面的整体理解。这并不意味着相关课程内容只能浮于表面或形成简单的“文化拼盘”，而是指更应该重视凝练传统文化的核心知识以促进学生文化素养的发展和国家意识的形成。①

其次，中华优秀传统文化所包含的内容，从文本性的经典或思想，到技艺性的方法，到器物性的历史文物，如此浩瀚广泛、混杂繁多②，与学校课程的有限时间和有限容量构成了潜在的矛盾。传统文化的本末表里、主辅佐使如何识别，应该选择什么，以何种搭配和什么顺序编排进课程，融入已有课程还是单独成课，理由是什么？③这些问题都需要范畴澄清、价值分析和历史分析。信息化和全球化时代的中国学生，需要了解和涵养怎样的传统文化？哪些内容可以或已经被其他内容所替代而不必学习？④这些问题又需要作精准的分析。就当下而言，这些前提性分析都还未充分展开，因此大规模的教育研究还缺乏扎实的基础。

此外，传统的“文化”与“知识”二者之间的区别与联系如何？在教学过程中的适用方法是什么？如何处理文化的象征性、隐喻性、缄默性与各种考试命题的明确性、标准化之间的冲突？这些问题目前

① 彭莉莉．通过核心知识造就美国意识：赫什新保守主义教育改革的透视[J]．全球教育展望，2013（11）：71-78.

② 黄济．在中小学如何开展国学教育[J]．课程・教材・教法，2015（2）：3-16.

③ 杜钢．国学教育的基本问题论新[J]．教育学术月刊，2012（01）：11-14.

④ 张礼永．读经与国民教育之辨析：一种似是而非的视角及结论[J]．上海教育科研，2010（10）：19-20.

还少见深刻严谨的论证与辨析，而且很容易出现由于理念的分歧而陷入无周密理论和理性标准的辩论，从而徒劳无功。因此，这些问题的有效解决，需要理性沟通的研究态度与多元融合的开放格局，才有可能逐渐摸索以取得一些可信、可靠、可行的方案模式。只有当传统文化的知识或理论表达由少数人的“个体知识”逐步积累和转变为有共识、可传播、可检验的“公共知识”，传统文化教育中的一些问题才可能得以有效避免和消除。[①]

（二）教育学领域内的问题

1. 路径依赖的限制

中国教育学用了百年时间，而且主要是在改革开放之后的四十年，引入了西方思想并吸纳其精髓，革新为现有的教育学研究版图、思想脉络、话语体系和学术传统，支撑起现代中国教育的宏大事业，这本身是几代教育学者的辛勤努力，是了不起的成就。但是从另一方面来看，当代中国学术研究的范式深受西方影响，甚至可以说在某种程度上形成了“路径依赖”[②]，这种情况对中国教育学来说也是客观普遍存在的。这一现象是全球化背景下中国学术当代境遇的普遍问题，有其特定时期存在的合理性，也绝非教育学自身的问题，而是反映了百年来世界学术话语权的西方垄断局面。

在这种情况下，以往对传统文化开展的教育研究，常常是作为宏观教育学分支体系中的某一小分支的内容，而非中国教育学整体研究的普遍文化背景和基底。因此，对大部分教育学分支学科来说，对传统文化展开研究都是非主流、非前沿的问题和方向，需要新思维和新方法。和紧跟国际潮流的研究主题和范式相比，对中国本土的传统文化开展教育研究，既缺乏研究所必要的前期积淀，也缺乏可供参考的成功范例，甚至可能缺乏明确的研究对象、可对话和比较的理论目

① 刘峻杉．复兴传统文化对教师教育的需求及其应对[J]．教育科学研究，2017（3）：81-85.

② 李小云．中国社会科学的学术自主与文化自觉[J]．文化纵横，2018（5）：42-44.

标，这构成了当前研究的最大挑战。

事实上，区别于一般的学科专业知识以大学、研究院所、高新技术企业等为知识生产的前沿场地的情况，中国优秀传统文化的知识高峰或底蕴可能并不在这些现代知识机构之中。中华文化大树之根是深扎于民间的，学术界现在保存和研究的可能是其中比较容易学科化或知识化以及容易与西方学术研究接轨的部分，而更多深刻体现本土特色的、还未被西方学术体系关注的内容，还需要被进一步重视并从民间和历史文化资源库中发掘出来。这其中就需要严谨的价值判断、有智慧的理论辨析和扎实的学术建构。

当今时代的中华优秀传统文化教育的复兴，恐怕不是学院之内的文、史、哲、艺加上教育学就能完全解决的，我们需要某种跨越学科、更具有中国文化特质的方式，直接连接中国传统精神本源进而提纲挈领地进行整体把握的新途径。这将是一条与过去几十年间教育学获取理论灵感和知识来源都不同的道路，是摆脱路径依赖的道路，也是需要艰辛探索的道路。

2. 动力机制的不足

从学术研究的一般规律来看，人们对新领域的研究在早期的时间、精力投入成本都是比较大的。受时代因素和社会变迁的影响，对于当代大部分中国学者而言，想进行传统文化的深入研究，不仅意味着需要投入宝贵的时间去浩瀚的文化海洋寻宝，而且这种搜寻对于个体而言是否会有超出原有研究路径的收益，往往很难有明确的保证。因此，相比其他已有的成熟研究主题，传统文化的教育研究如果想在短期内成为更多研究者的选择，就需要解决研究动力不足的问题。

教育主管部门可以通过资源分配中的优先供应和另辟适切的评价机制来鼓励传统文化类研究，如设立研究专项、加大此类研究的立项比例、创立专门的学术期刊平台或栏目、创新此类研究成果的鉴定方式等。这些举措是必要和重要的，有助于减少“路径依赖”对这类研究的负面影响，其重点和难点在于如何有效识别和筛选优秀的研究思路和研究成果，以及如何将研究成果由学术生产的个体性成果转化为学术界充分讨论、琢磨提升而形成的公共知识，进而为教育政策和教育实践起到建议和支持的作用。

从另一方面来看，早期的研究者出于志趣而自发探索，会成为动力机制中的重要能量源。这些研究者们彼此呼应，并建立有效的学术交流平台，在切磋中互相促进，从而建立最初的学术“生态群落”，形成基于学术同行评议的专业评价和认可，将是更具实质性的动力汇聚与能量提升的学术机制。而且这种早期的学术“生态群落”会为后续更加深入的研究探讨打下必要的基础，从而逐渐实现向更高研究水平的“学术群落”的正向“演替”。

3. 缺乏适切的研究方法

每种学问都以特定的方式来回答自身提出的问题，对研究方法的选择很大程度上会决定研究的结果。经过了改革开放的四十多年，我国教育学研究的方法逐渐发展起来，各种研究方法和手段逐渐与国际接轨，改变了以往单纯由思辨性研究主导的局面。但是总体而言，我国教育学研究的方法运用和创新发展，与国际先进水平相比，还有提升空间。①

在这种情况下，无论是对传统文化的教学实践展开教育研究，还是发掘传统文化资源建立教育学理论，都需要强调方法论自觉。②中国教育学研究的方法论反思视角需要在向其他学科打开、向世界前沿水平打开的同时，也向自身的历史和文化根源打开，向自身的创造力源泉打开。这意味着，一方面我们需要借鉴和选择国际上成熟的研究方法和研究标准，来推进传统文化相关的教育研究、自我评价和检验研究的水准，另一方面，我们又不能被已有方法或话语概念所限制，

① 袁振国．实证研究是教育学走向科学的必要途径[J]．华东师范大学学报（教育科学版），2017（3）：4-17.

② 劳凯声．人文社会科学研究的问题意识、学理意识和方法意识[J]．北京师范大学学报（社会科学版），2009（1）：5-15.

不能“张冠李戴”，生硬地用一些西方文化语境下产生的概念来套解中国文化概念或用西方主流理论来盲目解释中国文化的特征或现象。①

有学者提出，中国文化需要在根植生命体验与宇宙宏观的基础上，兼取真理与方法、知识与价值，要把科学、文化、现代与传统熔于理解的烘炉而冶炼出人类走向更高境界的新眼光和新智慧，必须有新的诠释学探索。②有学者认为，一百多年来中国哲学史研究及其中的儒家哲学研究往往都是通过西方传统哲学的观念化格局来看待儒家，压抑和掩盖了儒家哲学里面重要的、生机勃发的东西，而西方哲学中的生存—结构现象学，因为突破了西方观念对象化的思维方式，不以现成框架切割之、以形而上概念塑造之、以科学逻辑硬化之，所以能让思想透入生存脉络和时机化视域，回到深刻意义上的原文中穷本究源，在诗与思的某种交织中开出哲理新境，因此适合用以与中国传统思想的对话和诠释。③上述观点启发我们，在思想成熟和技术过硬的前提下，我们需要果断寻找和创新适合传统文化教育研究的新话语和新方法，尤其是人文研究领域内的更适切的诠释与表达方法，这是深化探索的必要保证。

同时，随着当今时代科学技术的迅猛发展，信息科学、神经科学等新科学日新月异地发展起来，这使得过去的科学与哲学、技术与人性之间的壁垒有可能会被新的研究方式消弥，很多聚讼不已的哲学问题、伦理问题都可能出现新的推进方式。④这意味着对于中国传统文化中很多过去被划入神秘主义的内容有可能被以新的、更有效的方式加以检验和筛查。在传统文化的教育研究中，从长远来看，这些新的发展点和研究方法都应该被纳入考虑范围之内。

---

① 刘笑敢．反向格义与中国哲学方法论反思[J]．哲学研究，2006（4）：34-39.

② 成中英．本体与诠释[M]．北京：生活·读书·新知三联书店，2000：4-5.

③ 张祥龙．孔子的现象学阐释九讲：礼乐人生与哲理[M]．上海：华东师范大学出版社，2009：3.

④ 彭凯平，喻丰，柏阳．实验伦理学：研究、贡献与挑战[J]．中国社会科学，2011（6）：15-25.

三、方法与次第：当前阶段研究的展开路径

（一）明确问题域

作为新生事物或新情况，如果不明确应该如何提炼研究问题，应该归入哪个学科或由哪些人群来研究，那么这新事物和新情况就很难被自觉地纳入研究者视域。因此，更加全面地展开传统文化的教育研究，首先需要解决的就是明确问题域，即什么问题，在何种背景或语境中被提出，如何凝练和表述，与其他问题之间的逻辑关系是什么，适合由什么研究方向的研究人员来解决等等。这涉及精细化的现代分科体系与粗放性的古代混沌体系（以今天的视角来看）之间的关联对接。有学者提出，传统儒、释、道或经学、子学或义理之学的“为学”与“为道”两种倾向或追求，在今天的中国哲学领域形成了“现代学科”“民族文化”“生命导师”三种功能或角色，而如果学术界不能充分意识到这三者的不同并将其有效区分，那么不仅中国哲学很难发展为成熟的可比肩西方的学术形态，而且这三种功能也会互相牵绊而难以充分发展。①同样，对于中国教育学来说，也存在上述问题，作为现代学科的中国教育学，面对传统文化的广大领域，该研究什么和能研究什么，需要更加明晰的探查和界定。

（二）研究体系对接的三条道路

有了问题意识和明确了问题域之后，接下来就是研究体系对接的问题。就传统文化的教育研究体系对接而言，这其中有两种基本对接方式。第一种是以现有学科视角对接传统文化相关思想与资源。例如，教育哲学可以研究中国传统的教育目标和根据，以及对“成人”与“为学”“闻道”等理念的根本理解及其可能性等问题；教育社会学可以研究传统文化的知识社会属性，以及传统文化内容在各种模式选择下进入课程，可能对不同文化和社会背景的学生造成什么样的差

① 刘笑敢．诠释与定向：中国哲学研究方法之探究[M]．北京：商务印书馆，2009：2-9.

异性后果等问题；德育原理方向可以研究传统的德育思想对当代立德树人总目标的资源支持，以及教师修身明德的深刻内涵与原理等问题；课程与教学论可以研究传统文化的内容选择与相应的教学模式等问题；教育心理学可以研究传统的文化心理与微妙的学习体验论述等问题；教育管理学可以研究传统的各家治理思想、伦理政治等问题；学前教育学可以研究传统的童蒙教育思想与儿童观的变迁等问题；学科教学也可以分门别类地按照自身定位从传统文化的资源库中寻找素材和对话的理论，如此等等。这种对接方式依托现有学术分科体系，各取所需，相对简洁，作为阶段性的研究策略，非常适合在传统文化教育研究的初期使用。

第二种是以传统文化特定资源或主题对接现有多个学科。例如，某些学派或某个时代的思想被系统梳理展开之后，往往需要从现有的文字学、文献学、诠释学、历史学、伦理学、管理学、认知科学、教育学等多个学科视角展开联合研究，互相支持以解决知识的有限边界问题。这种对接方式以传统文化固有形态和内容为主体，以现有学术分科体系为配合，有利于传统文化思想资源的深度展开和立体释放。但是，这种对接方式需要相关的传统文化主题已经有比较充分的原始挖掘和初级阐释，自身已经成为某种相对明确的理论素材或初级“产品”，能满足这种对接方式的前提条件。又例如，传统文化教育当下最常见的模式是经典诵读，那么对于究竟要不要读经典、读什么经典、怎么读、如何评价等问题[①]，理想的研究方式是，汇聚教育哲学、古代文学、教育伦理学、德育、儿童心理学、课程与教学论、教育测量与评价等相关领域的专家，一起与主张或反对经典诵读的人物思想或理论著述进行“对话”并进行实证检验，构建起古今中外的“视域交融”，这样得出的结论可能会更有立体性和启发性。当然，这需要有效的协同组织，并建立知识与视角的优化选择机制、积极参与的动

① 张平仁．正确处理儿童国学教育中记诵与理解的关系[J]．课程・教材・教法，2017（3）：72–78.

力机制，以及沟通障碍的排除机制等。

值得注意的是，无论上述哪种对接方式，都可能产生不容忽视的副作用，那就是低估中西会通的难度，导致以西方学术的概念和理论框架来研究中国传统的文化思想的局面，结果既没有准确反映西方学术的精华，也曲解或误读了中国文化思想。[①]因此，在传统文化复兴的早期，研究者需要特别注意学术的严谨性，在开放包容的对话环境中，小心谨慎地使用各种文化语境下的概念和理论，以求取得实质性的思想会通进展。

为了避免中西学术简单对接尤其是借助西方框架来套解中国文化，导致中华古学的“浑沌之死”[②]，其实还可以尝试走第三条道路，就是对中国传统文化中一些不太容易与现有学科内容对接而又自成系统的内容，可以另辟领域单独研究。[③]学术研究的最高价值体现并不是“为了对话而对话”，而是到底产生了多少名副其实的原创性和独特性意义，何种程度上体现了文明的本真魅力。所以，这种看似不追求“共性”与“话语互释”的研究途径，是以“短期的不对接”，为未来的深度对话打下更坚实的基础。这条道路可能更适合对传统文化有独特领悟能力或已经度过了中西文化对比碰撞期、对优秀学术研究方法有足够积淀和感悟的研究者群体。

问题域逐渐清晰和初步的研究体系对接完成之后，就有可能产生一些有趣的研究突破，产生新的学术研究“生态位”和资源空间，从

① 张汝伦．邯郸学步，失其故步——也谈中国哲学研究中的“反向格义”问题[J]．南京大学学报（哲学·人文科学·社会科学版），2007（4）：60-76.

② 出自《庄子·应帝王》：南海之帝为倏，北海之帝为忽，中央之帝为浑沌。倏与忽时相与遇于浑沌之地，浑沌待之甚善。倏与忽谋报浑沌之德，曰：“人皆有七窍，以视、听、食、息，此独无有，尝试凿之。”日凿一窍，七日而浑沌死。

③ 例如，有学者提出，在百年前中国引入西方的教育和学术体制之后，人们在很长时间之内都认为哲学是儒学不可避免的唯一归宿，但是近十多年来的中国哲学史学科合法性问题的讨论，却解放了儒学的当代发展空间，让人们意识到，除了哲学之外，儒学还可以经学、礼学等研究形式存在。请参见：彭永捷．关于中国哲学史学科合法性危机问题的再思考[J]．学术月刊，2018（2）：29-35.

而吸引更多研究者自发进入，继而产生研究成果的“滚雪球效应”。

（三）对教学实践展开多样化的探索

传统文化的教育在中断了百年之后重新兴起，意味着这其中需要有大量的理论研究和实践检验填充，以确保其行进在正确的方向上。在当前阶段，对于传统文化的教学实践虽然呈遍地开花之势，但是严谨的、经由学术检验的有效积累还不多，理论论述尚不足以达成共识，因此，难以采取“一刀切”和“齐步走”的方式来推广和普及，而更适合也更需要对其展开多样化的探索，既保持传统文化的根气，又与现代教育观念的精华进行优化连接。[①]

例如，对于中小学传统文化教育较多采用的诵读《弟子规》和《三字经》等模式，其实也有一些反对的观点，认为其中有些内容与当前时代精神和育人目标相违背，因此，是否应该诵读和选编等方面都存在争议。[②]但如果我们跳出这个争论的小圈子，把眼光投向全球性的现代化教育，以中西合璧的视角来重新思考这个问题，可能就会有更多样化而令人期待的创意实践。[③]如果我们尝试在蒙学教育中引入审辨性思维（critical thinking），把这些蒙学文本作为伦理分析的素材，甚至进一步引进社会认知领域理论，带着学生以道德、习俗、个人领域三者区别的视角来细读文本[④]，分析古今对待这些问题的差异，那么学生在学习这些内容的时候，他们会对蒙学经典本身有哪些新认识？对当今时代传统文化的价值会不会有更深刻的思考？对东西方文化思维的差别和特色会不会有更全面的体认？这种尝试会不会不同于百年以前的蒙学教育，而体现了21世纪全球化时代中国传统文化复兴的某些新特征？同时，这样的教学探索，也会促使我们反思当

---

① 杜霞．国学经典教育的尺度与分寸[J]．教育学报，2012（1）：13-18.

② 胡晓明．读经：启蒙还是蒙昧？来自民间的声音[M]．上海：华东师范大学出版社，2006：41.

③ 夏正江．平衡取向的传统文化教育论略[J]．全球教育展望，2017（5）：91-103.

④ 拉里・努奇．“好”远远不够：促进儿童的道德发展[M]．冯婉祯，等，译．北京：机械工业出版社，2015：12-18.

代我国德育理论的建构方式和发展方向。

又例如，除了儒学经典已经受到广泛重视之外，《老子》《庄子》等道家经典往往被认为哲学性和抽象性太强，而应该较晚地与学生“见面”，一般被安排在同序列的晚期。但是如果我们注意到道家思想本身特别强调儿童的天真性与德朴状态，认为人类的一些素质或能力随着年龄的增长反而会消退，而道家式教学又特别强调直观、朴素、悬置和减损前见①，那么按照一般由简到难顺序安排的先蒙学、次儒学经典、后道家经典的顺序是否真的适合儿童呢？面对这个问题，如果我们注意到近几十年儿童哲学在西方教育学界的发展，也认同他们关于“儿童天生就是哲学家”的观点，那么是否可以以儿童哲学的视角和方法来探索，尝试中国本土文化语境和素材下的儿童哲学课程，看看不同年龄段的儿童对《庄子》里的众多寓言是如何感知体悟的。同时我们也可以看一看这种以中国文化作为素材的儿童哲学课程，与李普曼和马修斯等西方开拓者的模式相比，体现了哪些中国本土特征和意义，是否有助于把儿童哲学从“工具主义”倾向的课程与探究方法中解放出来。②

又例如，中国传统儒释道都很重视以静心冥思的方式寻求对“生活的艺术”的领悟③，我们基于文化的熏陶，一般都认可其中可能包含着某些深刻的原理和教育价值，但是如何在安全的方向上开发其价值，将其作为当代教育可研究和可实践的创新教学方式，我们以往考虑和实践得并不是很多。可是西方心理学领域在过去几十年间，对于来自东方的冥想和正念进行了日益深入的研究，去除了宗教背景和神秘面纱，揭示了很多基本原理并进行了大量的实证研究。④近二十年

---

① 杨启亮．中国教学论本土化研究的几个问题——先秦道家“益损”说的启示[J]．教育研究与实验，2010（3）：40–44.

② 白倩，于伟．马修斯儿童哲学的要旨与用境——对儿童哲学“工具主义”的反思[J]．全球教育展望，2017（12）：3–11.

③ 倪培民．从功夫论到功夫哲学[J]．哲学动态，2018（7）：49–54.

④ 任俊，黄璐，张振新．基于心理学视域的冥想研究[J]．心理科学进展，2010（5）：857–864.

来，冥想和正念在西方也被用于儿童和青少年，从临床治疗走向了一般的学校教育[①]，形成了冥想教育学（contemplative education），通过引导学生静心冥想或采用其他冥思训练，用觉知、洞察和对自己与他者的同情的体验来学习，锻炼心灵以一种新的方式去处理信息，发现他们的内在自我，以帮他们找到属于自己的连接心与脑的内在方法。[②]有研究者综合分析了15项经由同行评议的学校冥想项目研究，收集了关于实验学生的幸福感、社交能力、学业成就等研究结果，发现其中有61%的研究效应在统计学上是显著的，并因此总结提出冥想通过提高认知功能和增强情绪调节这两种机制促进了学生的发展。[③]冥想、正念的这些研究，为我们开展基于传统文化而又面向当代教育和生活环境的儿童静心冥思研究，提供了重要的借鉴价值，我们也有必要尝试相关的研究性探索。[④]

类似于冥想、正念这种原本是中国传统文化中的精华内容却“墙里开花墙外香”的现象，可能在传统文化教育研究中还会发现更多的案例。这启示我们对传统文化教育的研究，要有深刻的眼光、扎实的功底、稳健的研究方法、大胆的尝试探索，才能真正从古老而深远的文化基因宝库中找到好东西，并对其“创造性转化和创新性发展”。

四、研究展望：“传导”以及多阶段的逐步深化

（一）研究的“传导效应”

在对传统文化进行更加全面深入的教育研究方面，最容易快速切

① 陈鹏，庞学光．激荡中的沉淀：沉思教育学的原理与应用[J]．全球教育展望，2012（6）：66-72.

② Roeser R W, Peck S C. An Education in Awareness: Self, Motivation, and Self-regulated Learning in Contemplative Perspective. Educational Psychologist, 2009(2): 119-136.

③ Waters L, Barsky A, Ridd A, et al. Contemplative Education: A Systematic, Evidence-Based Review of the Effect of Meditation Interventions in Schools[J]. Educational Psychology Review, 2015(1): 103-134.

④ 张梦蕾，刘峻杉．道家经典诵读与冥想结合的小学国学课程研究[J]．课程·教材·教法，2018（4）：52-58.

入和取得成效的可能是实证研究，因为实证研究的长处在于方法工具的通用性和较高的公信度，有助于抛开各种争议，直接从过程观察和结果评估方面入手，对当下传统文化教育的开展形式和效果给予专业化的反馈。但是实证研究往往需要有所根据的、适度清晰的、有价值的原初假设，而这些原初假设的凝练则需要理论研究作为先导。而涉及价值判断、经典诠释、理论建构、话语连接等其他方面的教育研究进程，则可能需要更长的周期才能取得显著成果，这是由这类研究自身的条件和特征决定的。

在当代学术研究的知识分工背景下，涉及对传统文化的思想认识和理论提炼方面，可能会存在知识生产的链条传导效应，例如，由哲学探究、历史考察、文学鉴赏的人文学科取得某些突破性认识，然后这些新认识传递到社会学、教育学、管理学、心理学等应用领域，从而得以拓展和实践。而在教育学界内部，教育哲学、教育史、语文教学论等分支学科也可能需要走在理论探索的前沿，为相关的其他学科提供必要的知识基础和理论前提。传统文化教育研究的水准取决于教育学界研究者整体上对传统文化的“观念的水位”。对于中华文化的历史渊源、发展脉络、基本走向、重要特质、时代需求等关键问题，只有取得了实质性研究进展和群体性共识之后，教育研究的大规模自发展开才能水到渠成。

（二）研究的前景与阶段性使命

对于百年来处于国际学术边缘的中国文化和学术理论研究，要想重新崛起，是需要付出艰辛努力和走过漫长奋斗历程的，不可能一蹴而就。传统文化的教育研究之路，会是一个逐渐深化的过程。因此，对传统文化的教育研究以及中国教育理论的本土化建构，都需要有一个长期的视角，然后“图难于其易，为大于其细”[①]地思考和谋划阶段性任务，从而逐渐走出扎实的路径来。

① 帛书《老子》第26章：“图难于其易也，为大于其细也。天下之难作于易，天下之大作于细。”

我们不妨大胆设想一下传统文化教育研究的前景，其中可能包含着多阶段和多轮次的逐渐深化，而每个阶段之中都会是研究阐发与教育普及并进的态势。

第一阶段，随着“中华优秀传统文化传承发展工程”的实施，传统文化教育研究的政策环境会更好；在教育哲学、教育基本理论研究、教育史、语文教学论等领域，一批超越以往研究水平的经典诠释和思想阐释类作品问世；各个教育分支学科的研究者逐渐找到与中国传统文化接轨的研究主题，并探索如何展开研究，相关的研究成果开始涌现；传统文化教育的理论逐渐清晰，使得实践教学也变得有章可循；全国大、中、小学的传统文化教育相关课程越来越多且内容逐渐深入，儿童在经典的熏陶中，切身享受中国优秀传统文化的滋养；传统文化教育的师资得到快速储备，具备了基础性的教学能力保证。

第二阶段，有了之前的研究积累和文化体验，研究者们可以更加精细、深入地取得原创性研究成果；经典诠释和思想阐释类作品的深刻性和表现力得到进一步提升；作为教育普及的传统文化教育课程和教材，也因为研究的充分和深入，而有了更好的质量保证和超越历史模式的创新方法，传统文化教育的效果得到了更大程度的提升和确认。

第三阶段，成长在传统文化复兴环境下、从小就接受了传统文化涵养的新一代学者成长起来，以更深刻的体悟和更宽广的视野，进一步诠释传统经典和思想，并创造性地发挥传统文化的精髓，将传统文化的教育研究与中国教育学的本土文化建构紧密结合在一起，从而真正实现中国教育学的自身崛起和走向世界。

当然，历史的真实走向是无法预判的，对前景展望的意义还是要回到当下，凝聚共识，厘清脚下之路，毕竟“走的人多了，也就成了路”。伴随着传统文化教育领域所有的努力与探索都在中华民族伟大复兴的道路上留下印迹，中国教育学在21世纪的发展和崛起也必将从梦想变为现实。

第七章　中国传统教育哲学的研究方法论探讨

如果说哲学是探求根本之学，是观念和思维之学，那么中国传统教育哲学可以被理解为以中国传统哲学的思想资源和思维方式来探求教育根本目的和根本方向的学问。自黄济的《教育哲学初稿》（1982年）、于述胜和于建福的《中国传统教育哲学》（1996年）、何光荣的《中国古代教育哲学》（1997年）、张瑞璠等编写的《中国教育哲学史》（2000年）以来，这个领域的研究者们或"由论而入于史"，或"由史而进于论"，展开了众多研究[①]，做出了开拓性的贡献。

但是从更大范围的中国教育学整体理论形态、思想观念和思维方式以及这些对实践的引领和助力效果来看，中国传统教育哲学研究的价值和意义尚未得到充分彰显，恐怕也是一个至今存在的事实。[②]这并非由于中国传统教育哲学本身失去了指引力和解释力，而在于时代变迁之下的哲学系统兼容问题。"皮之不存，毛将焉附"，当人们的思维方式、底层观念、知识体系、话语习惯等都与千百年前的传统方式截然不同的时候，来自传统思想的诠释与启迪常常难以避免陷入"不知从何说起""如何才能论证彻底、说得明白"的系统困境。于是，跨越观念与知识系统的传统哲学的当代诠释，往往会显得与当下

① 于述胜．近30年中国传统教育哲学研究的不同理路[J]．北京师范大学学报（社会科学版），2010（6）：15-20.

② 迟艳杰，陆有铨．改革开放以来中国教育哲学与时代的互动[J]．教育研究，2011（5）：3-10.

关联不足且深奥难懂，尤其是和来自西方的很多思想相比，似乎缺乏一些活力和吸引力，因此难免陷入乏人问津的境地。

除了那些超越研究者个体和共同体所能控制的宏观背景之外，中国传统教育哲学的研究是否还存在着自身方法论层面亟待优化和解决的问题？[①]我们应该如何通过研究方法的反思与研究状态的调整，来寻求突破和加速发展，还原生机勃勃而又意义饱满的古典思想世界？这方面的反思与讨论，有助于让中国传统教育哲学中内蕴的意义得以更为有效的显现，让其功能得以更加充分的发挥。

一、基本定位与根本追求

从现代学科的视角来看，中国传统教育哲学的研究在学理上是介于“中国哲学”与“教育学”之间的；从现实场域的视角来看，中国传统教育哲学又需要处理好自身与西方教育哲学的关系。[②]对中国传统教育哲学来说，明确自身的基本定位与根本追求，是首先需要面对的一项工作。

（一）联结中国哲学与教育学

中国传统教育哲学的研究，既可以从对教育学的本土实践境遇和教育学的理论进展中获取问题意识、研究动力以及联系当下现实问题的话语资源，又可以从中国哲学的研究进展及其全球对话境遇中借鉴研究方法和思想资源，从而“通于一气”，更好地实现“视域交融”并促进双向交流，充分发挥自身的价值。

---

① 对于一个学科或方向的“方法论”，人们会有不同的理解，本文所采用的理解为“方法论”的双层内涵模式，即“方法论”一个层面是对研究方法（例如取向、进路、具体模式等）是否可行和有效的检视和反思，另一层面则是对“什么是……学科（或方向）研究”的判断标准的讨论。这其中第一个层面相对具体一些，也必然会牵扯到对第二个层面的讨论。这种理解受李巍论文的启发，具体请参见：李巍．中国哲学：从方法论的观点看[J]．深圳大学学报（人文社会科学版），2018（5）：18-30.

② 于建福．耕耘在教育哲学的田野上——黄济先生的教育哲学研究足迹[J]．教育研究，2010（6）：44-48.

西方哲学的整体特征是其思辨形态，自笛卡尔带来的“认识论转向”以后，理论必经对认识能力的反思而后方可提出。从思辨取向来看，哲学是“观念”之学，这意味着其追求是：①“看清”并“说明”观念中的自我，继而为自我完善提供可能；②“看清”并“说明”我们观念中的世界，继而为适应和改善提供可能。

中国哲学的整体特征是其实践形态以及“内求以外达”的根本路径。[①]自先秦诸子所达到的“早期高峰”之后，对于后世学者的钻研修证而言，大多都是先有对早期圣贤境界的向往和对其理据的了解，再经过实践和修养工夫，进而完成语言化。[②]因此，从中国哲学的实践取向来看，哲学是“修身”之学，这意味着其追求是“修之身，其德乃真”，继而“以身观身，以家观家，以乡观乡，以邦观邦，以天下观天下”（《老子》），即哲学不仅是“看清”和“说明”，还包括通过实践以奔赴理想的境界和达成人性的圆满。

当下的中国哲学在面向世界哲学时，依然需要迎接一个艰难的挑战，那就是证明自身是“哲学”或者说是建立自身的“合法性”。这意味着当以西方为主导的“哲学”标准来看中国哲学的时候，中国哲学应该符合现代学术的一些最基本的特征，实现一些必要的“哲学”功能，能够在一定程度上区别于民族信仰和文化传统等其他形式的智慧。当然，我们大多相信，中西哲学并非全无交集，因此关键是做好“求同存异”的辨析而避免“削足适履”。

中国哲学基本范畴中，与教育学关系最密切的当属修养论，即个体成人、穷理尽性的学问，但是修养论无法孤立存在，其不可避免地与本根论（或形而上学）、心性论、认识论、境界论等紧密相联。因此，中国传统教育哲学不可能只关注教与学的目标、技巧与方法，而应该扎根于中国哲学广阔的思想宝库并追溯其隐藏的观念基底，从而钩沉索隐，再现和激活曾经具有无限生命力和创造力的思想根源。同

① 熊春锦．中华国学道德根[M]．北京：中央编译出版社，2006：167-168.

② 杜保瑞．实践哲学的检证者理论[J]．湖南大学学报（社会科学版），2017（2）：13-16.

时，研究中国传统教育哲学要深刻地了解其“修身为本”的实践哲学特质，构建起严谨的学思作风以及自我实践检验的闭环结构。

（二）激活本土的思维和话语方式

从历史现实来看，自20世纪20年代经由移植途径兴起之后[①]，近百年来，我国的教育哲学学科主要是借助西方思想而建立和迅速发展起来的。一方面，这使得当代中国教育哲学取得了重大的成就，支撑起了自身所需要承担的任务；另一方面，这种发展方式也使得中国教育哲学受到来自中国古代文化传统的影响逐渐减小，而与中国教育的“文化基因”之间始终存在着隔膜。从教育基本概念的意涵、话语的言说方式、命题与论证的依据、研究典范的树立、理想图景的描摹等各方面来看，当今中国教育哲学思想层面的本土特征确实是不明显的。

中国历史上那么多富有思考与创造潜能的观念，难道在我们自己的手中就不能对现代教育问题的思考和解决发挥出更多作用，而只能等待未来或者期待来自异域文明的慧眼识珠？中国教育在受惠于他者经验和智慧的同时，其自身尤其是中国教育哲学可以为世界贡献哪些“中国智慧”？从这个意义来说，如果能接续文化传统，从中国古典思想中提炼和创造出当下的中国教育哲学，然后再与世界教育哲学进行深度交流，将是一条意义重大的研究通路。[②]

在中国哲学领域，近二十多年来，很多学者就中西哲学应如何建立健康的关系做出了很多反思。刘笑敢就曾提出中国哲学研究中的“反向格义”问题，认为“反向格义”很容易因为机械地、错误地套用西方哲学概念而导致对中国哲学的误解，因此，当代中国哲学研究需要对此在方法论层面加以警惕。[③]张汝伦进一步提出，以西方哲学

---

① 石中英．20世纪中国教育哲学的回顾与展望[J]．教育研究与实验，2000（5）：1-7.

② 高伟．自我的寻求：中国教育哲学的自我认同[J]．教育研究，2020（5）：27-38.

③ 刘笑敢．反向格义与中国哲学方法论反思[J]．哲学研究，2006（4）：34-39.

的本体论、认识论、伦理学等门类划分来重构或重述中国哲学，比一般概念层面的“反向格义”后果更为严重，因为正是在这种门类或范式层面的规则制度之上，概念层面的“反向格义”才得以发生或产生影响。所以，在中西会通的过程中，需要深刻把握西方哲学发展的积极成果，避免“反向格义”可能产生的“中西皆失”的局面。[①]张祥龙也指出，尽管“以中国解释中国”很具吸引力，但是今天的主流学术界不可能排除所有的西方元素，重点是要有反省、选择和调整研究范式的能力，避免用生硬的西学范式框架来分解和套装中国哲学，而应以有反省视野和对话机制的柔性研究范式，建立中西哲学相互引发的良性关系。[②]成中英提出：“接受西方哲学的批评及分析并不是依持西方哲学来否定中国哲学，也不是利用西方哲学来肢解中国哲学，而是假借西方哲学来锤炼及强化中国哲学，使之在现代世界中持续生长、茁壮及开花结果，并使之具备能力接受西方哲学已来及未来的挑战。”[③]

在中国教育哲学领域，对这些问题的反思几乎与中国哲学领域的进展同步。[④⑤⑥⑦]当前，越来越多的研究者呼吁中国教育研究应该在本土语境和实践中树立问题意识，用本土的思想资源和话语体系来解决中国的教育问题[⑧]，将中国传统的和西方的教育哲学资源共同融入当代教育哲学的架构之中[⑨]，文化自觉、语言自觉与中国教育学的发展

① 张汝伦．邯郸学步，失其故步——也谈中国哲学研究中的“反向格义”问题[J]．南京大学学报（哲学·人文科学·社会科学版），2007（4）：60-76.

② 张祥龙．中国研究范式探义[J]．北京大学学报（哲学社会科学版），2015（1）：16-24.

③ 成中英．从中西互释中挺立：中国哲学与中国文化的新定位[M]．北京：中国人民大学出版社，2005：33.

④ 石中英．教育学的文化性格[M]．太原：山西教育出版社，2001：87-88.

⑤ 鲁洁．应对全球化：提升文化自觉[J]．北京大学教育评论，2003（1）：27-30.

⑥ 黄济．构建中国特色、中国风格、中国气派的教育哲学[J]．教育研究，2004（9）：94.

⑦ 于述胜．探寻中国教育研究的民族话语[J]．当代教育科学，2004（23）：6-10.

⑧ 于伟，秦玉友．本土问题意识与教育理论本土化[J]．教育研究，2009（6）：27-31.

⑨ 冯建军．新时期我国教育哲学发展的三个基本问题[J]．教育研究，2015（1）：10-15.

应紧密地联系起来。[①]这种努力在中国教育哲学、教育基本理论等方向的研究群体中得到了深刻的认同，而且延伸至形成“培育文化—生命意义上的中国人”的教育实践根本目标层面上。[②]

用中国本土的思想资源和话语体系，来思考和指导中国的教育问题，可能需要三个阶段或层面的实现：第一，尽量精准、深刻地诠释中国传统教育思想的精髓，对其不足和发展过程中的异化也要进行仔细的梳理和深刻的反思；第二，参考和对照现有的通行话语和主流学术理论，做好中国传统教育哲学与人们熟知的话语和理论的有效连接和比较研究，这有助于唤起相关研究者的理论兴趣和关注；第三，联系现有教育问题，在哲学层面充分释放思想和理论能量，进而转化为政策和实践的动力。这其中的第一个阶段，中西研究相对独立，第二、三阶段，则最好兼顾中西理论的视野，只有这样才能取得更好的效果。

二、主要研究定向

中国传统教育哲学的研究离不开对传统哲学资源的挖掘与对当下教育问题的哲学观照，可称之为“入古返今”。而这其中又可以分为以继承经典诠释传统而“返本开新”为主的研究定向和以围绕当代教育问题而展开古今“思想比较”和“话语关联”的研究定向。

（一）继承经典诠释传统而“返本开新”

中外哲学研究无不重视从哲学史中吸取营养、转化创生，但是与西方哲学以围绕关键问题而不断另立新说、推出己见为主的特征不同，中国哲学主要是在经典诠释中绵延发展，特别重视对于“思想之根”的回顾与观照。中国经典诠释的传统，发源自先秦的古老文献以

① 李政涛．文化自觉、语言自觉与“中国教育学”的发展[J]．华东师范大学学报（教育科学版），2010（2）：9-16.

② 刘铁芳．培育中国人：当代中国的教育自觉[J]．湖南师范大学教育科学学报，2018（2）：1-11.

及诸子的经传等，他们已经提出了中国哲学中几乎所有重要问题的“母题”或“原型”。经典诠释至汉代之后则发展成为学理之外兼有政治权力色彩的“经学”，而且不同时代的经典诠释也呈现出不同的特色与取向。在汉代，早期的今文经学注重阐发经文的“微言大义”，主张通经致用，而后起的古文经学主要依托先秦古文经典而凸显文字训诂在疏通义理方面的优势。[①]宋代理学不拘泥于文句，更重视对经义的体认和义理的贯通，强调体系性的建构，追求默会圣人之意而通达天地之道。清代的朴学，有重汉学而超绝宋学的旨趣，常见从字词和名物出发的解经方式，从而实现自文学到思想史乃至哲学的贯通。[②]在清末以前的思想史和哲学史的研究中，无论是“我注六经”的历史的、文本的定向，还是“六经注我”的当下的、现实的定向，都是在回顾、注解、阐发、引申原典的基础上，在学派之内以及学派交流融会之间发展和创造。[③]中国传统教育哲学的研究也应该重视历史上的经典文本，以及汉代之后的各种传、注、疏、解等体例的诠释著作，以文本诠释作为桥梁，进入古代经典所内蕴的思想世界和意义空间，完成古今的交流与对话。

在重视以往经典诠释的成果和范例的同时，当代中国传统教育哲学的研究也需要小心觉察历史上各种注释、层累、叠加所产生的诸多误区，并加以深刻的分析与审慎的纠正。当代研究者是有可能超越历史上的诠释者而做出更好的诠释解读的，原因有二：首先，当代社会是中西思想融合、思想创造更为自由的时代，而不必局限于历史上的门派、学统以故步自封，我们不仅可以将视野拓展到儒家以外其他学派的经典之中，还可以借鉴西方哲学的精华来反观和审视自身。第二，近四十多年来众多考古发掘发现的出土文献，带给我们前所未有

① 黄开国．论汉代的古文经学[J]．社会科学战线，2018（2）：15-23.

② 程乐松．古义、真义与大义：以诠释范式为中心看中国古代思想文本的意义生成[J]．复旦学报（社会科学版），2020（1）：126-133.

③ 刘笑敢．诠释与定向：中国哲学研究方法之探究[M]．北京：商务印书馆，2009：78-79.

的深入理解先秦思想世界的机遇。这些新材料包含了很多历史上的诠释者都没有见过的早期思想原貌，有助于我们走出一些聚讼纷纭的诠释公案，觅得一些新的思考与诠释的路径。这些出土文献中也蕴含了中国早期教育哲学思想的宝贵线索，亟待从教育哲学的角度来进行深刻挖掘和诠释。

（二）围绕当下展开“思想比较”和“话语关联”

如前所述，中国传统教育哲学如果不甘于只以中国教育哲学史的形式存在，而希望观照现实并对教育实践产生应有的贡献，那么就需要在理论回顾与发掘的基础之上，进一步做好理论对话的工作，包括与现有的主流学术理论和通行话语之间的“思想比较”和“话语关联”，这样才能更有效地使经由诠释、继承而创造的理论思想和话语资源真正契入更广阔的“思想市场”。例如，“经验”与“自然”是当代教育语境中的基本概念或思想，杜威对这方面的论述很有现代意义上的代表性，影响也很深远，以至于我们或多或少都会受其影响。而“经验”与“自然”这个话题，道家思想中也有很多深刻的讨论，“自然”甚至是老子和庄子思想中的核心议题，所以人们常常会尝试从中挖掘、吸收关于“自然”与“经验”的教育哲学思想。但是如果这样的挖掘，不能与事实上支配人们思想的杜威理论进行一定的比较和关联，那么其意义的释放和功能的发挥就不算彻底。

在进行“思想比较”和“话语关联”的时候，可能需要多种哲学研究方法的综合使用。例如，在张祥龙看来，以现象学的柔性视域来看待中国古代哲理，往往会因保持了其生命的活化、完整而读出深意；可是如果以充分对象化、形式化、某种数学化和个体理性化等为特征的方法来对话中国古代哲理，则往往难以揭示其意义和存在的发生结构及其动态维持自身的方式，因此需要格外谨慎。①

也有学者认为，当代哲学研究中的分析哲学的方法也应该受到重

① 张祥龙．中国研究范式探义[J]．北京大学学报（哲学社会科学版），2015（1）：16-24.

视，我们还需要哪怕是局部的或一定程度上的概念分析和逻辑分析的方法。[①]首先，越是复杂的研究对象，越需要良好的基础框架来进行整体把握；其次，关联式思维固然与逻辑推演不同，常常显示出跳跃性或涌现性，但这不意味着其中没有道理可循、没有规律可依；再次，如果我们相信中国哲学及其教育哲学的精髓是实践出真知，那么除了内在的自我修证之外，对其语言和理论的概念和逻辑分析将与对其行为处事的伦理价值分析等共同构成必要的检证过程。

三、关键的研究难点

深入经典文本之中挖掘早期的教育思想资源，除了文献梳理、语句疏通等基本技术问题之外，最大的障碍就是古今思维方式的差异以及话语工具的变迁。因此，如何跨越思维方式的差异，进而实现“意义场”的联通，可以说是中国传统教育哲学研究中最关键的难点与挑战了。

（一）跨越古今思维方式的差异

19世纪的社会学家孔德提出人类理智发展有三个阶段，即从“神学阶段”到“形而上学阶段”再到“科学阶段”的知识真理性标准的转型。尽管我们恐怕并不能完全赞同孔德这一基于实证主义立场而提出的带有进化论特征的观点，以及他认为前两个阶段分别诉诸主观的臆测和形而上学的抽象，只有第三阶段才诉诸观察和实证的结论，但我们不能否认他提出的要注意不同阶段的差异性的观点很有参考价值。[②]而西方哲学的主流，也确实经历了从古希腊的形而上学或本体论主导，到笛卡尔之后的认识论转向，再到近半个多世纪以来的语言学转向。

人类思维的发展是具有共性的，中国哲学的发展历程其实与西方

① 冯耀明．分析方法在中国哲学中的应用与限制[J]．哲学与文化，2015（3）：19-53.

② 石中英．知识转型与教育改革[M]．北京：教育科学出版社，2001：41-42.

也有类似之处，只不过是以不同时代诠释特征或经学特色来显示的，而并未呈现出西方那样泾渭分明的以研究的核心问题为关键区分的阶段性差异。先秦经典的创作，与后世乃至当今时代最大的区别在于，其主要是在记录创作者所感悟或直觉体认的本根之论和境界之言，其高远程度在后世学者看来，往往只能视之为“理想”。

这就使得我们当今时代研究古代经典及其哲学的时候，不得不有一种“知识转型”或“思维方式变迁”背景下的意识自觉，区分好前人的所“观”所“证”与我们自身的所“信”所“知”。具体而言就是，一方面，要尊重文本思想及其自身的意涵环境，不要以当今时代的思维取向和价值标准盲目否定历史上不同时期和阶段的有着时代共性的理论和体验表现，及以今天的思维和观念硬要贯通古今意涵环境差异导致的隔阂，这样造成的结果是我们不会获得超出今天所有的、对当下有启发的、真正有价值的思想资源。另一方面，也不要沉醉于典籍中的神奇境界和故事，而放松了无论是哲学意义上的“认识论”批判还是传统修身意义上的“实证检验”这必备一环。①

读中国早期文献的时候，有几个方面需要注意：①作者（或该文本）在思考什么问题？导致我们与古代经典产生隔阂的因素有很多，其中最主要的可能是没有共同的问题意识，我们所感兴趣或关心的并不是他们所在乎的，反之亦然，这使得文本对话在第一个层次就出现了障碍。②作者在论述该问题的时候，除了文本显示之外，还可能存在着哪些未被明说的“预设”或基底观念？这些“预设”可能反映了不为我们所熟知的当时的某种普遍观念或知识背景，如果能看到这一层，那么经典文本的内在思路可能会彰显得更为充分。③作者的思考方式，以及论述过程和结果是什么，有什么启发和价值，等等。当然这三个方面的问题可能会循环交替出现，是阅读时需要萦绕在心头的。带着这些问题去阅读，有助于我们走进经典，在对经典的阅读中真正有所感悟贯通。

① 杜保瑞．实践哲学的检证者理论[J]．湖南大学学报（社会科学版），2017（2）：13-16.

我们需要与文本保持适当的距离和健康的关系，“思之深”则不忘己之所得仅是一家之言或一种可能的诠释，“悟之浅”则不忘保留一份留待来日的可能性与敬畏感。既不可因“文”而蔽“己”，也不可因“己”而蔽“文”。就过程而言，进入文本思想的时候需要适度悬置前见，而面向当代社会提纲“写作”的时候又要充分复现思维过程以及思想依据。

（二）实现“意义场”的联通性

在中国传统儒释道的诠释经验中，深刻理解往往意味着超越感官意识之知，以“气”为中介，以心性为中枢的“感应”活动，这种“感应”建立在“同声相应，同气相求”的德性、气质频率一致性的基础之上。[①]《庄子·秋水》中的“濠梁之辩”可能是最为经典的关于理解的可能性和彻底性的一段对话。惠子是名家代表人物，其思辨的逻辑特征与现代人的思维方式更为接近也更容易得到当代人的认同，而庄子所体察和追求的“天地与我并生，而万物与我为一”“无听之以耳而听之以心，无听之以心而听之以气”的“心斋”“坐忘”“齐物”的思想和体验则是现代人所陌生而难以体认的。在中国经典诠释史达到高峰的宋明时期，其诠释特点表现为追求默会圣人之意而通达天地之道，这大概算是文本诠释之终极梦想的一种版本。

身处现代社会的研究者们，几乎没有人相信可以百分之百地再现诠释对象的整体意义。对于有志于“我注六经”的历史的、文本的诠释取向的研究者来说，能尽量以“损之又损”的悬置前见的态度和思维状态，进入到诠释文本之中来获取一点真正新鲜的、带有启发性的东西，就是一个很值得肯定和努力的方向了。

但即便这样，诠释过程中的“越俎代庖”现象也常常难以避免。有研究者提出，中国哲学研究曾经以简单直接的模式来表述古代哲

① 沈顺福．理解即感应——论传统儒家诠释原理[J]．北京大学学报（哲学社会科学版），2020（4）：5-14.

学，即把古代人物的思想，经提取和分类放进自然观、认识论、伦理学、历史观等“抽屉”之中，将其表述为古人的“思想体系”。[①]类似的思维和做法，在中国传统教育思想诠释中也有使用，都属于时代的产物。归根结底，这是由于研究者无法跨越时代观念和思维方式，而深入走进历史中的那些思想世界与观念系统，因此只能拿自身知识体系中既有的条条框框来借代所诠释的对象。虽然说在诠释过程中，人只能借助自己已有的语言、经验和认知来逼近所诠释的对象，但是这种作为中介物存在的语言和思维框架一旦被固执地使用而不被放下，那么其很容易就演变为“中介物的僭越”，其功能也不再是研究者与其诠释对象之间的“桥梁”，而变成了横亘在两者之间的“大山”，而且让研究者误以为这就是“彼岸”。因此，过往的这种诠释风格在跟踪模仿西学几十年之后，在不断呼吁与渴求本土创新和话语自觉的新阶段，当寻求突破且有所改变。

古典文本能为我们扩展思想和提供意义源泉，人们也常用“思想世界”和“意义空间”这样的词汇来描述其功能，这些词汇更容易让人感受的是穿越时间之维或意义之维的独特所在。相较于“思想世界”“意义空间”，“场”或“意义场”这样的词汇，可能更突出表达了古人思想观念在每个时代截面上的纵横交织、彼此关联的完整意象[②]，而且，“场”这个词，还可以联系到当代话语中“气场”等与人格特征、群体氛围等相关的感觉属性。这些特点，对于现代人来说会更有共鸣。对经典的文本诠释或基于文本诠释所做的理论建构，某种意义上来说可视为古今“意义场”的联通。这其中既包含了对古典文本所寓之“场”的内在关联整体的感知和把握，也包含了对其与当下生活世界及其话语、意义之“场”的关联。

---

① 刘笑敢．老子哲学的思想体系：一种模拟性重构[J]．南京大学学报（哲学·人文科学·社会科学），2018（2）：79-99.

② 张汝伦．中国哲学研究中的“范畴错误”[J]．哲学研究，2010（7）：42-48.

四、当前阶段的重要课题

对中国传统教育哲学来说，当前阶段需要继续探索能够被现代人所知同时又能够精准反映古典思想世界整体特征的结构性框架，并形成一定的知识性基础，使其可以支撑和承载可累积和发展的个案研究。

（一）优化基本范畴和理论框架以作为公共知识背景和基本前提

西方哲学的基本范畴为形而上学、认识论、伦理学等，非常清晰明确，而中国哲学向来不重视形式上的条理系统，因此人们对其基本范畴虽然有一定的共识，但是尚没有固定的说法。例如张岱年在其早年的《中国哲学大纲》里曾提出宇宙论、人生论、致知论的三大主干的划分方法。[①]后来他又曾以“天道范畴”“人道范畴”“知言范畴”来统摄中国古代哲学中的48对重要概念。[②]汤一介提出“天（道）”和“人（道）”的关系问题是中国哲学的中心，他还以“世界的存在”“存在的形式”“人的存在和认识”三大类二十对基本概念来表达对中国传统哲学“范畴体系”的构想。[③]成中英认为可以从“本体诠释学”“知识诠释学”“语言诠释学”三个部分来对中国哲学进行理性把握。[④]杜保瑞提出，中国哲学的基本范畴可以视为由宇宙论（论说世界观的知识系统）、本体论（论断价值的系统）、工夫论（身心两路的修行系统）、境界论（理想人格的理论系统）组成的四方架构。[⑤]

基本范畴也可以被视为基本问题，因此在运用基本范畴的时候，也可以与劳思光提出的“基源问题研究法”联系起来，即研究者常常

---

① 张岱年. 中国哲学大纲[M]. 北京：商务印书馆，2015：23-24.

② 张岱年. 中国古典哲学概念范畴要论[M]. 北京：中华书局，2017：14-15.

③ 汤一介. 论中国传统哲学范畴体系的诸问题[J]. 中国社会科学，1981（5）：159-172.

④ 成中英. 从中西互释中挺立：中国哲学与中国文化的新定位[M]. 北京：中国人民大学出版社，2010：31.

⑤ 杜保瑞. 中国哲学的基本哲学问题与概念范畴[J]. 文史哲，2009（4）：49-58.

需要去发现此一学说的基源问题是什么，从许多论证中逐步反溯其根本意向所在，进而探明基源问题应如何表述。如果能找到相应的问题，即可掌握这一部分理论的总脉络。①

在中国传统教育哲学方面，虽然教育哲学往往会以教学目标与方法、理想人格等作为研究重点，但是这些方面如果想论述清楚，则不可避免地需要与所论述或分析之作者的宇宙论、本体论、知识观和修养观等密切相关。因此，中国传统教育哲学的研究，需要重视在基本范畴和理论框架方面的探索和优化，使之形成能够承载各分支细节深入性研究的公共知识背景和基本理论前提。

例如，任何时代的本体论问题都是讨论真理所在和价值取向的根源，而认识论又是这些讨论得以有效的前提，由此二者才能构成有效的教育目的、功能、内容、路径之种种讨论。②虽然中国哲学中的认识论问题并不发达，但绝不意味着缺失。揭示中国哲学中的认识论需要突破西方哲学中真理认知的狭隘框架，形成一个包括技能之知、默会之知、熟识之知、程序之知等知识种类的“功夫之知”，功夫认知远比真理认知丰富得多。③中国哲学中的认识论问题是解决古今思维体系差异的重要枢纽，而中国古代的认识论并不像西方认识论那样在学理上相对孤立而结论适用于普遍个体，其往往与中国哲学中的境界论前提下的心性论甚至是“气”的思想等密不可分。如果离开了这些基本前提，而只介绍或分析古代的教学方法或育人目标，今人往往觉得不可思议。这也就是说，如果不能从整体上对相关前提性内容进行阐明，那么单点式的突破即便反映了真知灼见，那么也可能面临以逻辑推演的形式来看依然不周延的尴尬局面，其学术意义自然也大为受限。

理论框架的纵向与横向关联是一个需要平衡和取舍的技术问题。

① 劳思光．新编中国哲学史（一）[M]．北京：生活·读书·新知三联书店，2014：11.

② 何光荣．中国古代教育哲学[M]．北京：北京师范大学出版社，1997：221.

③ 倪培民，钱爽．知“道”——中国哲学中的功夫认识论[J]．文史哲，2019（4）：94-113.

以范畴或关键概念为主线，容易实现跨越历史时代和各家各派的纵向贯通，但是可能割裂同一人物思想或时代观念在不同范畴之间的关联效应，因此需要加以横向的某些补充和强化。以历史时代和关键人物思想为主线的研究，则恰好相反，容易比较完整地揭示某时某人思想各要素和范畴之间的关联，但是在呈现早前的“母题”再现与“原型”衍生的问题时，则需要额外加以注意和补充。

除了最高层面的基本范畴和基源问题之外，涉及古典文本诠释的理论框架还包括单一文本整体的义理思想、跨文本的学派思想、跨学派的时代思想、跨时代的整体特征等不同维度。伴随着基本范畴的优化探索，这些方面的研究也会形成更好的对话和交流的基础。

（二）深刻诠释关键观念或概念作为基本话语工具

在对基本理论框架和整体“义理”有所把握的前提下，研究的深度往往由对某些关键观念或概念的诠释来决定，因为这些是进入思想世界的基本话语工具，往往也是制约古今对话的关键节点。概念是理性思维的形式，通常是认识论和逻辑学研究的对象，而观念往往包含更多的感性内容，用法也宽泛得多，它涉及心的“视域”，指一个人在特定时刻的全部视觉印象或直接知觉。①中国传统教育哲学如果想独立“说自己的话”，那么相关概念和“语言工具”需要先独立起来，因此诠释好相关基础概念，形成基本的概念和话语工具，就是一项很基础而重要的工作，否则难免因辞不达意而面临“语言工具不够用”的尴尬局面。

诠释关键观念或概念需要特别注意其在历史语境和脉络中的发展，注意以观念史或概念史的方式观照其变化历程，以及在不同文本语境中的微妙差异，而不能视其为一成不变。虽然就中国哲学思想来说，主要范畴和概念在先秦时期就已经形成，以其古朴的形式奠定了最重要的命题或问题及其路径，后世确实也围绕着这些而衍生出了更

① 高瑞泉．观念史何为？[J]．华东师范大学学报（哲学社会科学版），2011（2）：1-10.

细致的思想，形成了更丰富的话语形式和概念工具，其中既有发展得更好的，也有似是而非的，以丰富的话语遮蔽了思想的本真，形成异化或倒退。这些都需要在概念或观念诠释中特别留意，即一方面需要了解和借鉴历史上的诠释历程和话语工具，另一方面又需要检视这个过程，避免重新陷入已经出现过的诠释误区。

除了溯源而上探寻概念话语的意义变迁之外，理想的概念或观念研究最好与现有相关的主流概念和话语进行关联比较，这将大大有益于将其直接引入现代语境，并有效唤醒其作为语言和思想工具的实用功能。《荀子·正名》中即有“有循于旧名，有作于新名”的论述，概念和话语的演变和替代是不可避免的，最重要的不是固守某些话语，而是让其语义功能得以延续和再生，不被浅化、窄化或被覆盖式遮蔽而丧失其宝贵的思想生机。

在中国传统教育哲学方面，于述胜和于建福的《中国传统教育哲学》中就重视了重要概念的点睛性作用以及对研究方法论的反思。中国传统教育哲学在这方面的研究，除了需要注意以往一些与“天人之际”密切相关的名词性概念或观念，如“道”“德”“天”“性”“心”“善”“情”“理”“气”“知”“习”“才”“时”“几”“精”“神”等，还需要关注中国哲学的实践取向所决定的一些表达动作或方法类的术语或概念，例如“损”“益”“法”“思”“省”“观”“闻”“养”“忘”“感”“守”“修”等，以及一些表达状态的术语，例如“正”“和”“诚”“静”“安”“明”“乐”“通”等。这些概念，现代人已经不太容易深切体验或阐明了，但是其中蕴含着中国传统教育哲学中有关“教学”“修养”“境界”的重要而独特的思想，是今天在西方教育哲学之外需要重点从中国传统教育哲学中挖掘的内容，因此需要特别加以重视。

（三）在故事情境中彰显“精神”以焕发生机和活力

哲学离不开文化语境，教育哲学亦是如此。中国哲学很早就有对

“有生于无”以及语言有限性的深刻认识。超过了一定的界限，语言所能承载的功能就无法达成，因此就只能诉诸“无言”或“以境寓道”。在传统中国“文以载道”“法天则地”的语境中，主体间的共识是一种言说的本体论前提。生活世界中的“道”与“理”不仅是理性概念，更是一种融入灵性与体验的生活实践。因此，通过经典诠释指向对圣人之道的理解和实践，也是融入“超越言语”的天地之道的尝试。[①]

近年来，有些研究者已经注意到单纯以概念、命题为中心的哲学研究不应该成为中国哲学研究的全部。张祥龙提出，广义的哲学需要诉诸理性，但是这种理性不一定限于逻辑理性、科学理性或者概念思辨理性。例如，象思维与概念化思维一样，都是理性的思维方式，象思维的独特之处体现为过程参与式的原发、非对象地生成意义、补对而生成“完形”、纯势态而无定形、潜在全息、时机化和原初地语言化等特点。[②]陈少明也提出，特别像《论语》《庄子》之类叙事性很强的文本，以往人们重视的“仁”“礼”“心”“道”等概念是镶嵌在叙事片段中的，并非精心界定的范畴，许多意味深长的故事很可能由于没有关键词的出现而被忽视。因此，他提倡尝试对经典做不以范畴研究为中心的哲学性探究，直接面对经典文本中的生活经验，把观念置于具体的背景中去理解，并且从古典生活经验中发掘未经明言而隐含其中的思想观念，从而进行有深度的哲学反思。[③]

如果中国传统教育哲学研究里只有“理”而没有“人”，只有“境界”之论而无呈现境界之“事”，只有“教化之道”的言谈而无可供回味琢磨的“教的过程”，那么这样的研究很可能会缺少趣味和生气。中国古代教育哲学之根本在于教化，“意义”与“感通”是构

---

① 程乐松．“子不语”与“道可道”——中国古代思想的言说之道与理性的边界[J]．哲学动态，2019（9）：50-57.

② 张祥龙．概念化思维与象思维[J]．杭州师范大学学报（社会科学版），2008（5）：3-8.

③ 陈少明．做中国哲学：一些方法论的思考[M]．北京：生活・读书・新知三联书店，2015：112.

成教化哲学的两个基本方面，“感通”的独特在于它是以“气”为根基的一体联动。[①]事实上，以包含了人、事、场景等故事来承载哲学之意，是中国古代很多典籍中都蕴含着的宝贵资源。教育学是以师生互动为中心的，因而中国传统教育哲学的研究需要借助与其理论相配的人物形象和场景。

与《学记》中的教学规律总结不同，古典文本的很多寓言故事包含了生动的师生相处场景，如果我们以教育哲学的视角去体味，是可以感悟其中的“教化之道”的。例如，在对孔子之“学”的阐释上，超越“规律—原则—方法”的技术化路径，在同情与体贴中切近之，则可能体会孔子之谓“学”，并非服务于任何外在目的、对象化、工具性的知识活动，而是不断自我超越的生命历程，其间充满了精神张力和乐感韵律；“教”，不过是通过在境中言而引人入境，让学者进入其间，引发乐在其中的状态。[②]孔子的“因材施教”“学而时习之”等中国人耳熟能详的思想，只有在对《论语》《孔子家语》等文本进行细读而进入其兴发意境之中时，才会被充分而意味深长地揭示出来，而且具体的文本情境有可能还原一个更为真实可感的孔子，他并非刻板严肃令人敬而远之，相反，却是感情丰富且率真随性，幽默风趣而明察秋毫。这些基于情境而得到的感性认识，反过来对于理解孔子的教育哲学也会有很大帮助。

同样，当我们注目于道家经典的时候，《庄子》中那些脍炙人口的寓言故事，如庖丁解牛、梓庆为鐻、轮扁斫轮、圃者拒机、佝偻承蜩等，通过故事的情节，将道家思想中的技艺观、心性论、境界论和天道观等都融会在人物的言谈举止之中，于是这些深刻的思想因为人物而生动可感起来，与我们当下的距离也被拉近了。而道家的“不言

① 于述胜，向辉．“意义—感通”的教化哲学——儒家教育思想要义新释[J]．教育学报，2016（6）：104-110.

② 于述胜．切近中国历史文化语境的教育史研究——以孔子之“学”的阐释为例[J]．教育学报，2012（5）：98-106.

之教”“闻道者日损”等理念，在《庄子》中的黄帝问道广成子、壶子示相、颜回坐忘、王骀不言而教、申徒嘉忘形、女偊教卜梁倚等故事中，隽永意味才更容易被发掘和品味出来。

故事情境的价值不仅在于可以见“人”和增强趣味，更重要的是，其提示了将哲学与现实生活紧密联系起来的原初状态和根本路径。而中国传统教育哲学的研究，也会在这种适合自身文化特色的诠释路径中，开显“精神”与“气象”，并焕发出生机和活力。

近年来，中国传统教育哲学方面的研究虽然数量不多，但呈现出一片生机，在方法的严谨性和思想的深度性方面都取得了一些重要突破。这是一片尚有很大空间的研究领域，也是研究者需要持续积累和探索的领域。

对于个体研究者而言，在初期建立了一定的宏观整体脉络感之后，进入具体研究时，则可“以深带广”和“以中间带两头”，即先有一些对单一文本的整体框架和义理的诠释尝试，然后迈向更宏观的跨文本、跨学派、跨时代诠释和更微观的聚焦于关键观念或概念的细节诠释，从而在两头拓展和相互促进中奔向“致广大而尽精微”的理想状态，同时也不要放弃通过“思想比较”与“话语关联”而与当代思想展开深度对话的努力。伴随着这样的研究越来越多，中国传统教育哲学的意义和功能定会得到更好的实现。

第八章 老子教育思想研究的中西比较及其方法论启示

一、近百年来我国老子教育思想的研究历程

（一）老子教育思想的潜隐

20世纪初，正值中国社会和文化发生巨变时，老子研究中出现了使用新方法和新思路的范例。1905年，严复的《老子道德经评点》用中西比较的方法，揭示老子学说与西方哲学思想的相通性，开以近代西方思想诠释老子的风气之先。[①]之后胡适、冯友兰等人用西方哲学的概念、方法来研究《老子》。胡适的努力方向是借助现代西方哲学去研究中国久被忽略的非儒学派，从而在新旧文化内在调和的基础上建立中国自己的科学和哲学。冯友兰主要利用罗素的逻辑分析哲学和新实证主义来建构自己的哲学体系，试图突破老子"道"概念所受的政治和伦理等方面的局限，将其上升为哲学范畴。[②]胡适和冯友兰等这种"以西解道"的尝试，尽管也有学者提出批判性意见，但是的确对老子研究影响巨大，甚至从根本上改变了老子研究的面貌。

胡适1919年出版的《中国哲学史大纲》，沿用先秦及秦汉文献的旧说，将老子作为中国哲学史上的第一位哲学家列在孔子之前，在旧说中注入了反对一家独尊文化专制主义的新内容。梁启超提出异议，

① 熊铁基，刘韶军，刘筱红，吴琦，刘固盛．二十世纪中国老学[M]．福州：福建人民出版社，2002：38-61.

② 熊铁基，刘韶军，刘筱红，吴琦，刘固盛．二十世纪中国老学[M]．福州：福建人民出版社，2002：147-153.

由此拉开了关于老子生活年代、身份、《老子》作者的大辩论帷幕。[①]众多知名学者的参与，使得这个问题成为当时研究老子思想难以逾越的一个门槛[②]，老子其人其书的问题成了一滩浑水。[③]但是由于没有新的具有决定性意义的考古发现，所以辩论无法持续深入下去，成为无法取得共识的“悬案”。

20世纪30—40年代，一些思想史相继问世，其中对老子的评介影响深远。例如1937年吕振羽的《中国政治思想史》出版，这是第一部用唯物史观和阶级分析方法著成的中国哲学史的开创性著作。书中对老子思想，冠之以“没落封建主义集团的政治学说——老聃的复古主义”之名，并且认为“一个代表初期没落封建贵族，其自身并附丽在不劳而食的封建统治者队伍中的老聃，是不能发明辩证唯物主义的”。这种以阶级属性、唯物或唯心的分野来贯通研究思路，对后来学者以及该领域近半个世纪的研究范式产生了深刻的影响。[④]

20世纪50—60年代，中国学术界也有一场讨论老子哲学思想的热潮。这次大讨论的焦点，除了之前老子和《老子》的关系，还有《老子》代表哪个阶级的利益，老子哲学是唯物主义还是唯心主义等。这次大讨论中，一批已经形成自己学术体系的知名学者，都放弃或批判了自己原先的学术思想，纷纷转而接受马克思主义的思想理论

---

① 熊铁基，刘韶军，刘筱红，吴琦，刘固盛．二十世纪中国老学[M]．福州：福建人民出版社，2002：79-93.

② 对于当时的辩论情况，如罗根泽所说，关于考据老子年代的文章，仅《古史辨》第四册和第六册所收，“就有三十五六万言，就是有点小题大做。不要说旁观者望而却走，当事者也思而生畏”，可见当时这场大辩论的盛况。

③ 当时主要有三派不同意见。第一派认为老聃确在孔子之前，《老子》一书是老聃遗说的发挥。胡适、马叙伦、张煦、唐兰、郭沫若等人主张此说。第二派认为老子是战国时代的人，梁启超、冯友兰、钱穆、罗根泽等人持此观点。第三派主要代表是顾颉刚，认为《老子》成书在秦汉之际。

④ 这个时期中，1942年范文澜的《中国通史简编》指出老子是“极大智慧的古代哲学家”，同时书中也认为，老子无为的思想应用在阶级矛盾上，便是对统治阶级主张无为，对被统治阶级主张愚民，道家比儒家更为保守。1942年侯外庐的《中国古代思想学说史》中，老子以“孔墨显学的批判者”身份出现。

体系。

在这种时代背景下，近代老子教育思想研究基本处于潜隐状态。例如陈青之1926年编写的《中国教育史》，认为“老、墨二人的言论关于政治方面较多，关于教育方面较少”。书中总结老子的教育思想主要有：无为主义，禁欲主义，绝学主义，并认为老子反对人为，因此反对教育。[①]在这种视角下，老子的教育家资格和身份是不存在的，其教育思想也就无从谈起。例如1944年罗廷光的《中国的大教育家》一书中，孔子、孟子、荀子被收录入15位教育家之中，老子便未被提及。之后很多相近题材书籍也采取类似的处理方式，或忽略或简单列举老子的一些思想，而且不免以负面评价为主。[②]这种情况实际加剧了老子思想的边缘化，直接或间接导致了老子思想在20世纪大部分时间内并没有真正出现在我国教育界的研究视野中。

（二）老子教育思想的出现和兴起

1973年马王堆汉墓出土了大批珍贵帛书，包括《老子》甲乙本和《黄帝四经》，1993湖北郭店楚墓中又出土了竹简本《老子》。这些考古新发现为老子思想的深入研究提供了前所未有的客观条件，也极大地推进了近百年来关于老子生活年代及其著作版本等问题的解决。在思想解放与“文化热”的大背景之下，道家文化研究也日益引起了学术界的重视。

在上世纪90年代曾有过一场“如何看待道家在传统文化和中国哲学中的位置”的学术争鸣。周玉燕和吴德勤提出，道家思想建构了中国传统文化的整个框架，道家重直觉的认识方法也构成了中国传统

---

① 陈青之. 中国教育史[M]. 北京：中国社会科学出版社，2009：42-46.

② 例如，1960年出版的《中国古代教育家》，1982年的《中国古今教育家》，1983年的《中国教育家传略》，1985年的《中国古代教育家教育及教学思想评介》，1987年的《中国古代教育家传》，以及1988年的《中国教育家评传》，先秦时期的孔墨孟荀四位都收入其中，而没有收录老子和庄子。1993年的《中国古代十大教育家》其中有孔子和荀子，没有老子。此外，1988年的《中国古代教育史》，2000年的《中国教育史》也基本没有涉及老子。

思维不同于西方思维的特色，因此道家思想在中国传统文化中居于主干地位。[①]陈鼓应提出，从中国哲学史自身的发展来看，老子是中国历史上第一位哲学家，建立了相对完整的形而上学体系，其学说对先秦诸子有广泛影响。[②]李存山认为，探讨中国传统哲学或文化的主干地位，不是探讨哪家首先建立了一个较为完整的哲学框架，而是探讨哪家主要影响或决定了这一框架的发展和特殊性质。[③]赵吉惠提出，中国传统文化应以“儒道互补”为主体结构。战国中后期至西汉前期道家一度成为社会主要思潮，西汉武帝时期就已形成“儒道互补”的文化格局。[④]这场讨论对于重新看待中国传统文化的组成以及老子和道家思想的地位，具有划时代的意义，尤其对教育学领域重新审视老子思想有着重要价值。虽然“中学为体，西学为用”早在西学东渐时就已经被提出，但是由于中学之“体”的狭隘化与模糊化，实际上造成了这种方法论在过去一百五十多年的历史检验中不被重视。因此，研究老子与道家思想，对中国传统文化的要素组成及其主干地位的辨析和讨论，以及中国“轴心时代”思想的再次复兴，具有奠基性作用。

在这些背景之下，自上世纪90年代开始，老子的教育家身份逐渐被一些学者认可。1991年出版的《中国古代教育家语录今译》、1995年出版的《中国古代教育家》等，都收录和介绍了老子和庄子思想。与此同时，以老子思想为代表的先秦道家文化也越来越被视作中华教育传统中不可或缺的部分而进入教育研究者的视野。李国钧、王炳照主编的《中国教育制度通史》认为，从严格意义上说私学的首

① 周玉燕，吴德勤．试论道家思想在中国传统文化中的主干地位[J]．哲学研究，1986（9）：19-22.

② 陈鼓应．论道家在中国哲学史上的主干地位——兼论道、儒、墨、法多元互补[J]．哲学研究，1990（1）：100-107.

③ 李存山．道家“主干地位”说献疑[J]．哲学研究，1990（4）：54-60.

④ 赵吉惠．论儒道互补的中国文化主体结构与格局[J]．陕西师范大学学报（哲学社会科学版），1994（4）：42-47.

创者应是包括孔子在内的孔子时代的一批教育家，而孔子则是最早创办私学的群体中的杰出代表。[①]陈学恂、张瑞璠在1991年出版的《中国教育史研究》中指出，以孔、孟、荀为代表的儒家教育思想和以老、庄为代表的道家教育思想，是我国古代教育思想的两大渊源。儒家与道家学习论的核心内容分别是“礼”和“道”，从而演绎出两种互相区别的学习理论。道家并不简单地全盘否定教育的作用，而是反对礼教的虚伪。道家认为学习的目的在于回复自然本性，所以他们要求摆脱经验知识的约束，注重“自知”“独见”，在学习过程中发挥学习主体的主观能动性，把握自然的能力。[②]孙培青和李国钧在1995年主编的《中国教育思想史》提出：“老聃并不是不要教育，他同样认为教育是治国取天下的工具，他认为教育的作用是损于人为而达于无为，这就与儒墨教育在内涵上相异，在过程上相逆。”[③]于述胜和于建福1996年在《中国传统教育哲学》中指出：“道家教育哲学是站在超道德、超功利、超认知的立场上，对现实文化教育的内在矛盾进行无情揭露、深入批判的产物……从思想方法上来看，老子的教育哲学所运用的思想武器是朴素的辩证法。他看到了矛盾双方的相互依存和相互转化，并突出了为人们所忽视的矛盾由消极方面向积极方面的转化。”[④]他进而指出道家教育思想中“教人为善中含有教人为恶”“以不救救人”“为学日益，为道日损”等观念或命题，都是发人深思的。[⑤]杨启亮1996年在《道家教育的现代诠释》中指出：“道家德育是潜隐的中国传统德育，而道家德育传统，则是中国德育传统中被疏误了的另一半……中国先秦乃至后世百代，称得上是道德专论的文

① 李国钧，王炳照．中国教育制度通史[M]．济南：山东教育出版社，2000：111.

② 张瑞璠．中国教育史研究（先秦分卷）[M]．上海：华东师范大学出版社，1991：293-321.

③ 孙培青，李国钧．中国教育思想史（第一卷）[M]．上海：华东师范大学出版社，1995：133-136.

④ 于述胜，于建福．中国传统教育哲学[M]．南京：江苏教育出版社，1996：7-8.

⑤ 于述胜．道家教育智慧的现代启示[J]．陕西师范大学学报（哲学社会科学版），2004（1）：122-125.

献当首推道家的《老子》，但说道德主要讲儒家而不论老子，阐释传统德育精华几无道家，至今也仍然还是个不变的文化现象，这不能不说是个发人深省的问题了。”他将道家德育方法归纳为“谦退守柔而不争，见素抱朴而自化，主啬尚俭而少私，尚慈爱生而感化”。他认为道家德育传统协调了儒家政治化德育规范体系的利弊，为德育方法的现代继承提供了新思路。[①]许建良1996年在《先秦道家的道德世界》中，从“孔德之容，惟道是从”的道德根据论，“常德乃足，复归于朴”的德论，“常善救人，而无弃人”的道德教化论，“重积德则无不克”的道德修养论，“居无为之事”的理想人格等方面论述了老子的道德思想。[②]陈谷嘉、朱汉民在1998年主编的《中国德育思想研究》中指出：“道家的自然人性论充分肯定了主体价值活动的多元化倾向，以这一观点指导人的生存和发展，无疑有助于充分满足主体的能动意识和创造精神……道家的理想人格是以身心健康为基础的，是建立在对于现世的生命珍惜和热爱的基础上的。道家既认识到心理状态与身心健康的密切关系，更认识到身心健康与体道、得道的密切关系。求得心灵的安宁，肉体的健全，精神的自由，才能体道、得道……道德修养实质上是一种个体的内在的自我道德教育。”[③]王炳照在1999年出版的《中国传统教育》中批判了许多学者因为“绝圣弃智、绝学无忧”而认为老子反教育和反知识的观点，提出老子所主张的“为学”，不是儒墨倡导的“为学”，并非是指追求现实知识的学习，而是指进行减损私欲、邪念、妄见，返朴归真，复归于自然的学习。[④]王炳照等把儒家和道家的思想差异总结为：儒重理性，道尚直觉；儒主致用，道崇思辨；儒讲启发，道讲辩证；儒讲现实人生，道讲回归自然。[⑤]施克灿在2008年主编的《中国教育思想史》中将老

---

① 杨启亮．道家教育的现代诠释[M]．武汉：湖北教育出版社，1996：227-242.

② 许建良．先秦道家的道德世界[M]．北京：中国社会科学出版社，2006：30-92.

③ 陈谷嘉，朱汉民．中国德育思想研究[M]．杭州：浙江教育出版社，1998：70-91.

④ 王炳照．中国传统教育[M]．长沙：中南工业大学出版社，1999：137-147.

⑤ 王炳照，等．简明中国教育史[M]．北京：北京师范大学出版社，1994：73.

子教育思想总结为：教以为道和以复归于朴、复归于婴儿的理想人格为指向的教育目的论，“行不言之教”的自然质朴的教育观，贵师善教的师道观。[①]此外，崔华前在2008年出版的《先秦诸子德育方法思想研究》和陈德安在2008年主编的《中国道家道教教育思想史》中也对老子的教育思想进行了归纳和总结。

（三）新时期老子教育思想研究动态

国内近年来有关老子思想研究的专著明显增多，一些成果成为老子思想研究的重要创新和突破。陈鼓应陆续出版了《老子注译及评介》《老子评传》《老子今注今译》《庄子今注今译》《黄帝四经今注今译》等著作，为道家思想的研究与普及做出了巨大贡献。他在《老庄新论》中，将其过去数十年的研究结论进行了汇总。书中提出：第一，老、庄所创始的道家是中国哲学的主干。从形上学、认识论、方法论等哲学的主要方面来看，道家思想在中国哲学史上所占的比重都远远超过儒家，这些方面普遍为学界所忽视。第二，中国传统哲学的主要概念和范畴，如“无、有”“道、器”“变、常”等，都始创于老庄。第三，老子与孔子的师友关系，先秦典籍多有记载，从史实来看，老子是中国哲学之父。第四，老子思想在先秦思想史上起着主导作用。第五，从中国政治史或伦理学史来看，“儒道互补”和“以道补儒”是成立的，但从哲学史看，“以道补儒”的观点是不准确的。[②]刘笑敢的《老子古今》不仅对五种版本的《老子》进行了对勘与析评，揭示了版本歧变和文本趋同、古本原貌与理想文本的辩证关系，同时也深入阐发了天道、人道、辅万物之自然、无为而无不为等概念和命题的历史含义与现代形式，并对老子思想与马斯洛、霍布斯等人学说的关系做了新的探索，被誉为“多年来未见的杰作”。熊春锦提出老子思想构筑的哲学体系，是“大唯物主义和唯德主义辩证法”。老子的道德理论是社会发展学说，分为道治、德治、仁治、义

① 施克灿．中国教育思想史[M]．北京：高等教育出版社，2008：72-76.

② 陈鼓应．老庄新论（修订版）[M]．北京：商务印书馆，2008：8-11.

治、礼治、愚智之治六个阶段。[①]老子思想同时也是个体道德发展学说，老子剖析生命双重结构内“德”的变化，将“德”作为精神食粮而展开，揭示了生命规律和生命复德归道的路径。老子的“德”是从道“〇”诞生的初始能量物质，是“一炁含三”[②]的生化、长养万物的无相物质，具备“无相”与“有相”、能量与品格的双重物质结构特征。[③]樊浩提出从《道德经》到《德道经》的文本结构的改变，至关重要的是对“道—德”关系把握方式的重大调整。老子思想对中国道德哲学的最大贡献，不是“道”或“德”概念本身，而是二者合一的“德—道”理型，这才是中国形而上学的基本概念。[④]赵汀阳在《论可能生活》中，将老子的道德的自成目的性、创造性、“有之以为利，无之以为用”等思想融入其理论建构之中，揭示道德与伦理的区别，论证“生活是一种自身具有目的性的存在方式……对幸福的追问就可以转换成对获得幸福的方式的追问……幸福不是由利而是由道而德（得）”，等等，[⑤]堪称当代中国学者对老子思想创新应用的典范之一。

在这些背景之下，新时期的老子教育思想研究也逐渐走向深入，开始在我国教育学理论的本土建构方面展现出潜力。例如，在课程与教学论方面，杨启亮指出，道家教育以自然养生的体育为根本，把完满性人格目标中的真善美一以贯之地融入自然生命之体的“生”的流程，创造着真正身心统一的教育。[⑥]老子的“益损”学说，为解决中国教学论本土化问题提供了启示：仅拥有广博的学习积累是不够的，

---

① 熊春锦．中国国学道德根[M]．北京：中央编译出版社，2006：62-66.

② 这里所说的“炁”是一种最初和级别最高的有质无形的“炁”，并非中医理论中“精气神”，三元中的“炁”或“气”。

③ 熊春锦．国学道德经典导读[M]．北京：中央编译出版社，2006：83-92.

④ 樊浩．“‘德’—‘道’”理型与形而上学的中国形态[J]．北京大学学报（哲学社会科学版），2010（2）：26-33.

⑤ 赵汀阳．论可能生活[M]．北京：生活·读书·新知三联书店，1994：14-17.

⑥ 杨启亮．论先秦道家的自然主义教育观[J]．南京师范大学学报（社会科学版），2001（6）：50-57.

要不断地悬置和减损具体学问，寻求自然无为的“道”，然后才可能有“无为而无不为”的创新境界。[①]在老子思想的道德教育价值方面，谭维智提出老庄持有与儒家截然不同的观点，知识并不能作为道德存在的根据。[②]自然科学知识的学习是一种逐渐积累、不断增加的路径，它遵循的是“学”的规律；道德修养则是一种逐渐减损的路径，它遵循的是“不学”的规律。道德修养要通过非知识化的路径进行。[③]老庄提出了道德教育的减法原理，符合自然的道德教育，应该沿着相反的方向进行，清除文明对于人的心灵的污染，复现人的素朴本性。[④]鲁洁提出：“道德教育的根本使命就是要引导人走上‘成人之道’。中国古代道家经典中的‘道’意味着一种本然性的存在方式。在《道德经》中‘道’就是天地万物的本体，它是有所积聚而形成的，是积万物之理而成就的。‘德’则是‘道’所体现的人之内在本性。”冯文全和冯碧瑛提出，孔子德育思想的诸多主张借鉴了老子的道德教育思想。他们在求真务实，立定中道，仁慈谦卑，重视道德主体的自我教育等方面多有共通之处。[⑤]

二、西方学者对老子思想的研究和利用

（一）雅斯贝尔斯和海德格尔对老子哲学的共鸣

在《历史的起源与目标》一书中，雅斯贝尔斯说：“在中国老子和孔子生活的数百年里，所有开化民族都经历了一场奇异的精神运动。”[⑥]“自公元前9世纪至6世纪，世界上同时形成了三个文化区

① 杨启亮．中国教学论本土化研究的几个问题——先秦道家“益损”说的启示[J]．教育研究与实验，2010（3）：40-44.

② 谭维智．论庄子对知识在道德教育中的价值的认识[J]．教育学报，2010（4）：111-118.

③ 谭维智．道德教育的非知识化路径——道家的知识观及其道德教育方法研究[J]．教育研究，2011（6）：85-89.

④ 谭维智．试论老庄道德教育的“减法”原理[J]．教育学报，2008（2）：16-20.

⑤ 冯文全，冯碧瑛．论孔子对老子德育思想的借鉴——基于《论语》与《道德经》的解读[J]．教育研究，2010（12）：94-97.

⑥ 卡尔·雅斯贝尔斯．历史的起源与目标[M]．魏楚雄，俞新天，译．北京：华夏出版社，1989：16.

域——近亚的希腊、印度和中国。它们显然相互独立，并以显著的同时性开始宗教和哲学的追求、探询以及走向普遍原则的决心。从琐罗亚斯德、犹太先知、希腊哲学家、佛陀和老子那个世界同步时代的起点起，他们逐渐形成了那些对世界的宗教和哲学的解释及思想态度。”①在《大哲学家们》一书中，雅斯贝尔斯对老子哲学的阐释为：“道乃世界及万物，同样也是思想家的滥觞与终极。这一哲学的内涵是：第一，道是什么；第二，宇宙万物是如何从道中产生、又如何归于道的；第三，作为个体的人以及在国家统治状态下生活的人，是如何在道中生活的，又是怎样失去道，复又重新赢得它的。”②

在《什么是教育》中，雅斯贝尔斯说：“人在自我的生成上有几种需要尽其全部人性去冲破的阻力……第三重阻力则是人的原初自我存在。与这三重阻力相对应，存在着三种不同的教育方法……在第三种方法（存在交往）中，人将自己与他人的命运相连，处于一种身心敞放、相互完全平等的关系中……而人与人的交往是双方（我与你）的对话和敞亮，这种我与你的关系是人类历史文化的核心。可以说，任何中断这种我和你的对话关系，均使人类萎缩。如果存在的交往成为现实的话，人就能通过教育既理解他人和历史，也理解自己和现实，就不会成为别人意志的工具。”③雅斯贝尔斯的“存在”与上文中的“原初自我存在”，似乎与道家所说的本性自我具有相通之处。④雅斯贝尔斯说：“教育的原则，是通过现存世界的全部文化导向人的灵魂觉醒之本源和根基，而不是导向由原初派生出来的东西和平庸的知识……教育活动关注的是，人的潜力如何最大限度地调动起

---

① 卡尔·雅斯贝尔斯．历史的起源与目标[M]．魏楚雄，俞新天，译．北京：华夏出版社，1989：322-323.

② 卡尔·雅斯贝尔斯．大哲学家[M]．李雪涛，主译．北京：社会科学文献出版社，2005：816.

③ 卡尔·雅斯贝尔斯．什么是教育[M]．邹进，译．北京：生活·读书·新知三联书店，1991：2.

④ 但是在翻译和阅读其著作的过程中，如果不重视雅斯贝尔斯的“存在”的特定内涵，则可能把三种类型变成“训练与教育”的两种类型，而使最重要的“存在的交往”所揭示的重要意义淹没在“教育”中，而只以“交往”这一泛意词呈现。值得注意的是雅斯贝尔斯的用词，“对话和敞亮”“萎缩”与老子所说“知人者智也，自知者明也”之间的相通。

来并加以实现，以及人的内部灵性与可能性如何充分生成。教育是人的灵魂的教育，而非理智知识和认识的堆集……在学习中，只有被灵魂所接受的东西才会成为精神瑰宝，而其他含混晦暗的东西则根本不能进入灵魂中而被理解……知识必须靠自我认识，自我认识只能被唤醒，而不像转让货物。一个人一旦有了自我认识，就会重新记忆起仿佛很久以前曾经知道的东西……所谓顿悟，是与人的理智相关的一个概念。它并不呈现为别人的给予或目所能及之类的感官层次。相反，是灵魂的眼睛抽身返回自身之内，内在地透视自己的灵肉，知识也必须随着整个灵魂围绕着存在领域转动。"[①]这些思想，如果我们联系老子所说的"不出于户，以知天下；不规于牖，以知天道……为学者日益，闻道者日损，损之又损，以至于无为……知不知，尚矣，不知不知，病矣……浊而静之徐清"等思想，也许就有会心一笑的共鸣。

海德格尔也是西方哲学家中受老子思想影响非常深远的一位。海德格尔曾于1946年与萧师毅一起翻译《老子》中论道的八章。海德格尔认为老子所提出的道（Tao）和希腊的先苏时期哲学一样，都是一种存有思想，一种回到思想根源的新思想之路，足以克服西方形而上学所造成的存有遗忘的危机。[②]与萧师毅一起翻译《老子》时，海德格尔的认真态度是很与众不同的，"海德格尔对《老子》的若干字句之深藏奥义的颠倒反复总是毫不放松毫不含糊地深钻细酌，直到寻得适当方位能以西方文字表达出中文的深层义理才罢。有时萧亦担心海德格尔的笔下或有超越译理之处，但海德格尔始终是亲自而未让萧执笔，成文亦从未示萧"[③]。与《老子》的对话是海德格尔思想本身的内在需要，道家与荷尔德林（包括晚年荷尔德林）起码自20世纪

① 卡尔·雅斯贝尔斯．什么是教育[M]．邹进，译．北京：生活·读书·新知三联书店，1991：3-14.

② 赖贤宗．海德格论道：一个文献学之考察[J]．思与言，2004，42（2）：229-266.

③ 熊伟．道家与海德格尔[C]//陈鼓应．道家文化研究（第二辑）．上海：上海古籍出版社，1992：132.

30年代开始就是海德格尔哲理灵感的最深来源。[①]海德格尔之切近于道家，是对道家思想可能“重演”的根本性推动。他自己也看到了一种未来重演的可能性，因此说：“这无疑是罕见的，古代中国世界的思想已经以自己的方式对这种冲突先行做出了思考。因为老子在第十五章这样说：有谁能够，让旋搅之水通过寂静的照料而得以澄清？有谁能够，让平静通过持续运动的照料而得以生产？……我们中有谁胆敢去决定，不是某天在俄罗斯或者中国有一种‘思想’的古老传统苏醒过来，它帮助人们，使得一种通向技术世界的自由关系得以成为可能。”[②]

（二）荣格、马斯洛、罗杰斯对老子思想的心理学挖掘

分析心理学的创立者荣格1928年接触中国文化，当时荣格关于集体潜意识的研究正陷于困境，而一本来自中国的道教丹书却帮助他从困境中走出，找到了“在诺斯蒂教中长时间寻找，而劳而无获的东西”。由此，荣格的视野也扩展到老庄等更多的典籍。老子对立统一思想启示荣格从治疗方法上突破了西方非此即彼的思维模式。他说：“我们有个错误的观念，认为一旦从阴暗面去解释的话，那么明亮的一面已不复存在……其实，阴暗是光明的一部分，正与邪、恶与善之间关系的道理是一样的，而且其逆亦真。因此，我愿不顾众人的惊愕，毫不迟疑地暴露我们西方思想的错幻和渺小……这便是一项东方人的真理。”荣格称这一真理“具有无比贡献……非常欣慰而且欢迎它的出现……根本没预料到它会对我们产生这么深远的影响力”。在这一哲学智慧的影响下，荣格提出了著名的阴影理论，指出了人类压制阴影所带来的严重后果，以及如何正确面对阴影的思路。[③]荣格生前对道家理论予以高度的尊崇和不懈的追求，他曾经说过：“道家形

① 张祥龙．海德格尔论老子与荷尔德林的思想独特性——对一份新发表文献的分析[J]．中国社会科学，2005（2）：69-83.

② R. 艾尔伯菲特．德国哲学对老子的接受——通往“重演”的知识[J]．朱锦良，译．世界哲学，2010（6）：7-28.

③ 吕锡琛．从荣格心理学看老子宽容思想的救世价值[J]．哲学动态，2010（9）：54-60.

成了具有普遍性的心理学原则……最大而又不可逾越的困难，在于用什么样的方式与途径，引导人们去获得那不可缺少的心理体验，能够正视与面对潜在的真理。这种真理是统一的，并且具有一致性。我只能这样说，道家是我所知道的对这一真理最完美的表达。”[①]荣格在其自传的结尾处写道：“见多识广的这位老者的原型是永恒地正确的。”

人本主义心理学创立者马斯洛在著作中说：“存在认知与平常认知相比要被动得多，接受性更多，自然，它永远不可能完全被动、完全接受，我发现，这种‘被动认知’最好的描述出自东方的哲学家，特别是来自老子和道教哲学家……道教‘听其自然’的概念也说的是我力图去说的东西，即知觉可能是无所求的，而不是有所求的；是沉思的，而不是强求的。它在体验面前可能是恭顺的、不干预的、接受的，而不是强取的，它能让知觉成为其自身。”[②]马斯洛说：“数千年来，人本主义者总是企图建立一个自然主义的、心理的价值体系，试图从人自己的本性中派生出价值体系，而不必求助于人自身之外的权威。”[③]马斯洛的“似本能”“内在价值论”与老子的自然人性论，需求层次论与道家的“节欲”“无欲”思想，“自我实现者”与道家的“圣人”，“超个人心理学”与“天人合一”等价值取向上有很高的一致性。[④]

另一位人本主义学者罗杰斯的思想和行为甚至被评价为“连接东西方思想的桥梁”。罗杰斯在自己的著作 *A Way of Being* 中引用《道德经》第57章的一段话，表示这段话集中表达了自己的信念。[⑤]罗杰斯

---

① 王凤香，修巧燕．老子的“无为”思想与荣格的释梦心理学[J]．山东理工大学学报（社会科学版），2002（5）：37-40.

② 马斯洛．存在心理学探索[M]．李文湉，译．昆明：云南人民出版社，1987：78.

③ 马斯洛．存在心理学探索[M]．李文湉，译．昆明：云南人民出版社，1987：133-134.

④ 何群群，丁道群．马斯洛人本主义心理学与中国道家思想[J]．心理学探新，2007（1）：8-11.

⑤ 罗杰斯将“我无为而民自化，我好静而民自正，我无事而民自富，我无欲而民自朴”翻译为：“如果我不干涉人们，人们就会自主地照顾自己；如果我不命令人们，人们就会自主地行动；如果我不劝告人们，人们就会自主地发展；如果我不强迫人们，人们就会自主地成为自己想要成为的人。”

与老子对人性的观点有很多相似之处，主要表现在他们对人的实现倾向性和复归倾向性这两个基本动机的理解上。[①]罗杰斯强调，促使来访者抛弃那用来应付生活的伪装、面具，让他们“变成自己”，乃是“以人为中心疗法”的目标。罗杰斯还说，《老子》中“我无为而民自化”等话语是他最喜爱的，并总结了很多更深刻的关于信念的箴言。他还引用《老子》“致虚极，守静笃”等话以阐释他的心理治疗方法“非指导性”特征，还认为只有保持内心安静，不试图去强求什么，才能认识事物的真相。马斯洛、罗杰斯还将顺应自然等原则推广到教育领域，提出“学习者中心”的教育论，主张教师应以“道家的辅导者或老师”为楷模，从而推动了美国的教育改革。[②]

（三）李约瑟对道家思想的独特看法

李约瑟主编的七卷本《中国科学技术史》第一次以令人信服的史料和证据，全面而又系统地阐明了四千年来中国科学技术的发展历史，展示了中国在古代科技方面的成就及其对世界文明的贡献。他在书中写道：“道家思想体系，直到今天还在中国人的思想背景中占有至少和儒家同样重要的地位。它是一种哲学与宗教的出色而极其有趣的结合，同时包含着‘原始的’科学和方技。它对于了解全部中国科学技术是极其重要的。按照一种众所周知的看法（我记得在成都听冯友兰博士本人说过），道家思想是‘世界上唯一并不极度反科学的神秘主义体系’。”“必须指出的是，由于这样或那样的原因，道家思想曾几乎完全被大多数欧洲翻译者和作家误解了。道教被人们所忽视，道家方术被视为迷信而被一笔勾销；道家哲学被说成是纯粹的宗教神秘主义和宗教诗歌。道家思想中属于科学和‘原始’科学的一面，在很大程度上被忽略了，而道家的政治地位则更加是这样。谁也不想否认，古代道家思想中具有强烈的宗教神秘主义的成分，而道家的最重

① 柳圣爱. 罗杰斯与老子的人性观比较研究[J]. 心理学探新，2008（4）：14-17.

② 吕锡琛. 试论道家哲学对人本心理学的影响——兼论中国哲学的普适价值及东西方文化的融会互补[J]. 哲学研究，2003（4）：71-76.

要的思想家都处在历史上最出色的作家和诗人之列。”[①]“道家思想乃是中国的科学和技术的根本，但由于道家对‘知识’的自相矛盾的态度，以致这一点往往不能为人所理解，这种态度导致神秘因素居于主导地位并一直存在至今。因此，为了说明道家所赞成的是哪种知识，就必须说明他们反对的是哪种知识，而不阐明他们的政治立场，就做不到这一点。”[②]李约瑟还以一个外国人的视角提出：“中国人的特性中，很多最吸引人的地方，都来自道家的传统。中国如果没有道家，就像大树没有根一样。”[③]关于道家思想与科学技术的关系，李约瑟花了将近五倍于儒家思想的篇幅进行了详尽的讨论。

近百年来，老子教育思想研究的中西对比，让人感慨于老子教育思想研究在其故土的曲折历程之余，也让人感叹于西方学者对老子思想深刻的洞察和灵活的创新，尤其这一切是发生在跨文化和语言文字不通的情况下。这其中的差异，固然有社会人文环境变迁、学术传统积淀、个人天赋与研究水平等相对客观的因素所起的作用，而如果我们探究一下这些差异所能带来的启示，也会对今后的老子教育思想研究助益不浅。

三、中西比较及方法论启示

（一）中西研究的比较

1. 既往研究结果的障碍与贯通

中国历代老子思想研究成果浩如烟海，这不仅为后人的研究提供了必不可少的参照和支持，不可忽视的是，也遗留了一些研究范式和思维定式。这使得后人更习惯于也更有条件在前人的基础上前行，却难以突破前人的高度。中国几次老子研究热潮中的一些话题，牵引了

① 李约瑟．中国科学技术史（第二卷：科学思想史）[M]．何兆武，等，译．北京：科学出版社，上海：上海古籍出版社，1990：35-36.

② 李约瑟．中国科学技术史（第二卷：科学思想史）[M]．何兆武，等，译．北京：科学出版社，上海：上海古籍出版社，1990：145.

③ 李约瑟．中国古代科学思想史[M]．陈立夫，等，译．南昌：江西人民出版社，1990：186.

研究者们的大部分注意力，让研究呈现出一定的“群体性”。这固然使学术讨论与争鸣得以实现，然而，这种“群体性”的研究如果过热，可能无形之中会掩盖和压制其他丰富多彩的研究视角。例如，20世纪前四分之三的时间里，对于老子教育思想的外围问题，学者们付出了不少精力来考证和辩论。尽管每一次辩论都有当时的历史背景且具有时代价值性，但不容忽视的是，老子教育思想研究确实在这种背景之下处于潜隐和失语状态。虽然最近20年我国教育学界对老子教育思想的研究已经萌发了新的希望，但是目前还不足以对中国教育思想的本土建构产生实质性的影响。老子的教育思想，更多的时候只是停留在教科书中，作为一种历史的回顾。

而西方对老子思想的研究，无论是哲学、心理学、教育学领域的钻研，还是近半个世纪涌现的当代新道家的观点，都充满了灵活、灵动的气息。当雅斯贝尔斯、海德格尔等对着有限的老子文句而潜心思悟并力图深刻对话的时候，我们却可能迷失在各种先入为主的材料和知识中，被它们牵引着目光与思路，甚至知难而退。当荣格、马斯洛等如遇知音般地从老子思想中探求“宝贝”的时候，我们也许还挣扎在老子思想里哪些是精华、哪些是糟粕的纠纷与取舍之中。也许这本身即是老子所谓的“少则得，多则惑”的一个注脚。对于老子教育思想研究来说，只有真正地珍视才能真正地继承，也才能使得老子教育思想真正参与中国教育思想的本土创新，继而在实践中经受检验并发挥作用。

有学者认为，现代中国哲学研究存在的一个主要问题，就是哲学的思想生产与学术研究的分离。流行的各种理论学说多属从外面直接引入，而未能承接民族文化之智慧；传统的思想学术文化则仅被理解为过去时态意义上的知识和资料，不能参与当代思想的创造进程……只有接续中国传统、重建经典及其意义系统的思想生产，使经典和哲学思想史的学术研究真正参与当下的思想创造，在此基础上展开与其他文明传统的思想对话，当代中国本土的哲学系统和思想世界才能逐步得以形成。[①]这种论断对老子教育思想研究以及中国教育思想的本土创新也有着重要价值。

2. 研究中情感因素的疏离与贴近

为什么我们曾经对老子思想中的歧义或有争议的内容给予了更多的关注，而基于老子思想整体的深刻挖掘只是在20世纪前二十年和后二十年才相对明显？是什么在阻碍着我们对老子思想的深入研究，让它只能“墙里开花墙外香”？至少从语言和文字来看，老子与我们的距离，不会超过老子与西方学者的距离。情感上的疏离，信念上的摇摆，倒有可能是制约我们潜心挖掘与继承老子思想的重要因素。当人们对历史和文化传统缺乏必要的敬畏和尊重的时候，往往会用冷漠的理性或者俯视的视角来对待研究对象。这使得研究在尚未开始的时候，就已经在情感和态度上与研究对象发生了根本性的疏离。在这种情况下，挖掘“精华”还是“糟粕”在很大程度上已经不是研究对象的问题，而是由研究者自身的态度和眼界决定的。西方学者在挖掘老子思想的时候，他们无需面对那么多“争议”与“热点”，往往采用“直入式”来接近老子思想的内核与灵魂，“有之以为利”地直接寻找最有价值、对他们最有启发的内容来加以创造和应用。他们毫不掩饰对老子思想的敬佩，并不认为赞叹老子会让自己难为情或让自己的理论失色。无论是雅斯贝尔斯对“轴心时代”的赞叹，还是海德格尔翻译老子时的一丝不苟和极大虔诚，或者荣格等对老子思想的痴迷，仿佛都表现出他们不仅跨越了文化与语言的鸿沟，更重要的是他们与老子提倡的“赤子之心”的状态更为接近。于是，在这种诚敬又不失理性的态度之下，他们寻觅到了想从老子思想中找寻的内容，完善了自己的理论。

---

① 李景林，冯前林．中国哲学的研究方式应有所改变[J]．人文杂志，2011（4）：30-38.

（二）方法论方面的启示

1. 坚守学术独立与思想自由

中西近百年来对老子教育思想的研究历程，启示着我们在今后的研究中，需要注重学术独立的精神，坚守思想自由的风格，既不能迷失于外来文化的冲击，也不应盲从于其他学科视角的研究范式与结论。

人本心理学家超越自身文化传统的限制，完成对老子道家思想的理解和吸纳，是以深切地了解自身文化和心理学发展的历史和现状为前提。他们的经验启示我们，能否有效地吸取异质文化的精华，取决于对自身文化传统和现状的认识和把握，深刻地知己方能更清醒地知彼，有针对性地取长补短。[①]我们不应忘记麦金太尔的忠告，一种特殊的文化传统想要进入与文化他者或多元文化的对话交流，首先得把自己的传统脉络叙述清楚。否则它就会陷入既不能对文化他者“说出”什么、又不可能听懂文化他者所说的茫然之境。[②]

老子教育思想研究需要建立教育立场上的独立解读，参照但不盲从于哲学、历史等其他学科的观点。解读老子思想无疑是会受到研究者自身学术立场和实践取向影响的，因此，保持解读老子思想的教育学独立性，挖掘老子思想的独特教育价值，而不再像历史上那样丧失自身的辨别力和话语权是非常必要的。任继愈先生在20世纪80年代反思过去二十多年老子思想研究时，认为研究方法论上主要存在两大问题：第一是“一刀切”的毛病，主要是唯物唯心之争，没有真正体现出马克思主义哲学史的精神实质；第二是讲得太“透”，拔高老子思想为今人论证。[③]这种批判的观点，在今天仍然值得我们深思。

---

① 吕锡琛．试论道家哲学对人本心理学的影响——兼论中国哲学的普适价值及东西方文化的融会互补[J]．哲学研究，2003（4）：71-76.

② 万俊人．寻求普世伦理[M]．北京：北京大学出版社，2009：161.

③ 熊铁基，刘韶军，刘筱红，吴琦，刘固盛．二十世纪中国老学[M]．福州：福建人民出版社，2002：339.

教育学立场上的老子思想研究，有着其他视角无法取代的价值和意义。因为，今天我们与老子的交流障碍需要追溯到昨天，而明天对老子思想的开放与融合又始于今天。只要看看汉朝统治者为了集中皇权、加强封建统治而对儒家思想的利用和对汉初黄老思想的排斥与打压，以及之后两千多年内老子思想的遭遇，就可以发现严复所说，“夫黄老之道，民主之国之所用也，故能长而不宰，无为而无不为……君主之利器，其惟儒术乎！而申韩有救败之用”[①]有着深刻意义。老子思想的潜隐与我们对它的疏离，并非过去一个世纪的历史所能完全解释清楚的。因此，只有从教育的最初阶段开始对中华文化进行亲身体验和浸润熏陶，才可能造就明天更有水平的老子研究，为中国学术思想创新和社会进步做出重要的贡献。这方面，教育学领域内的老子思想研究与实践，有着至关重要的意义。

2. 以老子提倡的思维方法研究老子思想

陈超群提出：“老子的理论是深奥难懂的。其所以难懂的重要原因之一，便是我们的常态思维习惯一时难于适应老子与众不同的独特思维方式……两种不同的思维方式往往就像操不同语言的人们一样，难于交流感情、沟通思想。为此，当我们研究老子思想的时候，有必要首先明确老子的理论基调，同时适当地调节我们的思维习惯，然后设身处地地置身于老子所处的时代及他个人特殊的人生经历和处境，循着老子的思路，去追踪和考察他的理论体系。这样，或许能使我们的思想节奏与老子的思想旋律和谐地共鸣，使我们更准确、更深刻地理解与把握老子的理论特点和思想体系。”[②]

研究老子教育思想需要重视老子提倡的思维和方法。“直入式”理解老子思想的内涵和意境，用老子所重视和强调的直觉思维来捕捉和把握老子思想本身，用“为学日益”来积淀新知，更重要的是用“为道日损”来引发我们的情感共鸣、消除知识障碍，突破自己的成

① 王栻. 严复集（第四册）[M]. 北京：中华书局，1986：1079.

② 陈超群，张瑞璠. 中国教育哲学史（第1卷）[M]. 济南：山东教育出版社，2000：205.

见和学界已有观点的束缚，始终坚守“修之身，其德乃真”的实践原则，进入深刻的心灵宁静状态与老子思想对话，才会取得“以今之道，以御今之有”的创新。有一点是确定的，老子思想研究，不可能通过与老子思想相逆的方式来获得关键突破，而这一点往往被我们所忽视。

3. 拓展思想与视野的开放性

李景林在论述儒家思想的当代复兴时认为需要重视民间儒学的作用。他提出现代儒学研究退居学院化一端，被纳入现代西方的学术规范和思想框架中，成为一种无关乎社会生活的“理论”和析出于历史连续性之外的“知识”。而长期以来理论诠释原则与历史传统的隔阂，又造成了儒学研究思想积累的缺失和思想原创力的不足。民间儒学的兴起，体现着一种自由的精神，其意义并不限于一般民众生活，也推动着学院派的转变。近年来学院儒学在悄然发生着一种学术上的转向而与民间儒学的渐趋活跃相呼应，这将给儒学的复兴带来希望。①

在老子教育思想的研究与实践中，研究者也有必要突破学院自身的限制，达到思想与视野的更大开放。这种开放性除了目前已经实现的向西方思想敞开之外，更应该重视的是“向历史敞开”以及“向民间敞开”。与儒学相比，道家思想与当代人们的文化和生活疏离程度更深。这大概也能解释为什么这几十年中，无论是学术界的传统文化研究还是民间兴起的国学热，仍然是以儒学为主。老子思想除了学院型学术研究之外，还存在着道家修身和道教等民间理论和形式，不可否认的是这些体系内容中也蕴含着解读老子思想的精髓，是历史承载的一部分，而且往往更为纯朴地体现着老子思想的本土特色，因此不应被忽视或隔绝。教育学具有吸纳外来思想和学术资源的学科特色，同时又具备实践检验的优势，可以通过教学过程和反馈来对各种思想资源加以最直接的验证。因此，一些原生态的老子思想有可能通过民

① 李景林．儒学之“魂”的附“体”与新生[J]．天津社会科学，2007（6）：38-41.

间途径为教育学研究所吸收和借鉴。这些都为从教育学视角来挖掘老子思想提供了与众不同和不可或缺的客观条件。因此老子教育思想研究要突破学院传统的藩篱，以理性和谨慎的态度，怀着荣格那样勇于探索的勇气，走进原生态的道家思想，会对老子教育思想的深入解读具有重要意义。此外，21 世纪老子思想对于人文与科学精神融合的潜力，无论是从教育学视角来展开理论研究，还是在教育全过程中展开实践，都是非常有必要和值得期待的。

第九章　《老子》的概念框架诠释方法

诠释中国文化经典和接续传统教育思想是中国教育本土创新的重要根基。用中国本土的思想资源和话语体系，来解释和解决中国的教育问题，需要做到三个方面：第一，尽量精准、完整地接续和诠释中国传统教育思想精髓；第二，参考和对照已有学术理论，做好话语和理论的有效连接和比较研究；第三，联系现有教育问题，充分释放思想和理论能量。其中的第一个方面，接续和诠释是重要的先决条件，因为文化的自信和自尊源于深切的自知。诠释效果的实质性产生，需要以深刻而有效的诠释作为前提。反思和创新诠释方法，使诠释的对象能够实质性发挥应有作用，是中国传统教育思想研究的重要任务。

作为中国哲学重要根基的《老子》，在二十多年前就有教育学者提出需要重视和挖掘其所蕴含的教育资源[①]，但至今为止，还很难说《老子》思想对中国教育理论和实践发挥了哪些实质性的作用。[②]这其中的原因，除了《老子》思想本身的深邃所造成的隔阂之外，也与有效诠释的积累和创新不足有关。探索更加优化的教育学视角的经典诠释方法，有助于澄清以往对中国传统教育思想的误读，增进教育研究者与经典文本之间沟通的顺畅性，让经典中蕴含的教育资源得到更大程度的释放。

① 杨启亮．道家教育的现代诠释[M]．武汉：湖北教育出版社，1996：3-6.

② 刘峻杉．老子教育思想研究的中西比较及其方法论启示[J]．教育研究，2012（8）：127-135.

一、概念框架诠释的功能定位和方法

（一）概念框架诠释的功能定位

刘笑敢提出，经典诠释的过程存在着两种定向：一种是历史的、文本取向的，以本义探求为目标的文本性定向，即“我注六经”；另一种是当下的、现实取向的，以自我表达和思想创造为目标的表现性定向，即“六经注我”。每一部诠释作品都是两种定向不同比例的交叉混合，尽管诠释者本人往往未必有着自觉区分的意识。[①]其中第一种定向，探求经典思想概念的古义和本义，虽然几乎是不可能完成的任务，但是依然可以“依据文本和历史背景，尽可能逼近之，并充分论证之”，“没有这一方向的努力，就没有学术研究的基石，一切理论发挥或诠释、解释都会成为自由飘浮的断线风筝”。[②]

除了两种定向之外，理解和诠释《老子》思想，至少可以在三个层面上展开。第一个层面，是概念、逻辑和意义。第二个层面，是其特色的词语所反映的意象。第三个层面，是基于意境的原初体验。如果按照刘笑敢的两种定向来看，其中第一层的意义诠释，文本性定向的色彩要强一些，第二层的意象诠释和第三层的意境诠释，则表现性定向的色彩会强一些。

三个层面的诠释方法和功能各不相同。第一个层面的意义诠释，主要借助哲学、历史学、语言文字学等学科知识，是理性理解《老子》思想的基础，在以往的研究中是最广泛的途径。第二个层面的意象诠释，更适合于以“见小曰明”式的理解来寻求“点状突破”，可采用文化心理学和现象学的方法，从《老子》种种特色的用词造句中，捕捉其所展示的思维特征以及对某些概念的意象呈现。因此，意象诠释层面更容易得到具有文化特色的心理学和现象学的解读。[③]第

① 刘笑敢．诠释与定向：中国哲学研究方法之探究[M]．北京：商务印书馆，2009：60-62.

② 刘笑敢．关于老子之自然的体系义[C]//金泽，赵广明．宗教与哲学（第六辑）．北京：社会科学文献出版社，2017：97-108.

③ 郑开．道家著作中的“视觉语词”例释[J]．思想与文化，2016（1）：1-31.

三个层面的原初体验诠释，更重视境遇敏感性和“存在”的意义感，而摒弃概念建构和既有知识的束缚，从而追求更为深刻的、直觉体认的知识之根。[①]这个层面往往可由心理学、现象学、宗教学等研究视角，形成个体化的、神秘体验式的诠释结果。

在第一个层面的意义诠释中，概念框架诠释最为基础。概念框架的诠释，主要依赖对文本全篇哲学意义的整体把握，通过文本关键概念之间的关联性和系统性，来展示《老子》思想的大脉络和大方向。相对于一般语义诠释或其他两个层面的诠释，概念框架诠释更有形成稳定共识的可能性。这方面的研究，池田知久[②]和刘笑敢[③]都已经做出了很好的示范。

（二）《老子》概念框架的诠释方法

虽然后世学者对《老子》文本不断进行了各种各样的整理和加工，但《老子》文本自身还是存在着大体一致的核心思想的。[④]因此，对《老子》概念框架诠释的关键一环，就是高度重视《老子》文本之内反复出现的、代表《老子》核心思想的各种概念，以其逻辑为主要依据进行思想挖掘和诠释，而以各种跨文本诠释为辅助依据，注意谨慎地引入外部文本或后世解读。这样做的不足可能在于有些诠释未能细致确凿，但是好处也是显而易见的，即可以免除很多“见仁见智”的分歧，而获得更稳定和普遍的诠释框架。这种“以自身诠释自身”的探索，对于《老子》这部思想和概念具有很高内在一致性的著作来说，应该是可行和适用的。

本章尝试用“纵向”上的六条主线，以及“横向”上的以“道”

---

① 张祥龙．从现象学到孔夫子（增订版）[M]．北京：商务印书馆，2011：272-273.

② 池田知久．《老子》思想的基本构造[C]//陈致．简帛·经典·古史．上海：上海古籍出版社，2013：17-37.

③ 刘笑敢．老子哲学的思想体系：一种模拟性重构[J]．南京大学学报（哲学·人文科学·社会科学），2018（2）：79-99.

④ 刘笑敢．简帛本《老子》的思想与学术价值——以北大汉简为契机的新考察[J]．国学学刊，2014（2）：34-45.

“德”“自然”“无为”“圣人”作为核心概念的五个概念族，来对《老子》的概念框架进行概括和表达。“纵向”是指“形而上”与“形而下”所构成的“上下”关系。所谓主线，是指联结《老子》思想顶点概念“道”与具体实践起点概念，并有着鲜明层次感或次第性的语义链条，这也是《老子》语言的重要特色之一。将“概念族”的分析方法引入《老子》研究，比较早的是刘笑敢对“无为”的分析①，以及池田知久②、王中江③对“自然”的诠释。他们都发现，“无为”与“自然”作为《老子》思想的核心概念，并不是清晰而单独存在的，而是以“无○”和“自○”形式存在的集合式“概念族”。“概念族”中的概念语义相关或相近，可以互相诠释和辅助。因此，“概念族”可以理解为核心概念与其各自的同位词或意义相近词、相关词共同构成的词汇群组。对“概念族”的关注，有助于拓展对核心概念的理解。

二、《老子》思想的自上而下方向主线

《老子》思想在纵向上的主线分为两个方向，自上而下方向的主线有两条，以“失”和“生”为核心概念，分别代表了“离道失德论”和“道生德养论”。

（一）离道失德论

如果按照帛书本和北大汉简《老子》来看，《老子》的开头篇章，即德篇第一章，就建构了一个包含“道、德、仁、义、礼、信、愚（智）”的系统论：

> 上德不德，是以有德；下德不失德，是以无德。上德无为，而无以为也。上仁为之，而无以为也。上义为之，而有以为也。

---

① 刘笑敢．老子古今：五种对勘与析评引论（修订版）[M]．北京：中国社会科学出版社，2006：634-637.

② 池田知久，曹峰．《老子》的形而上学与“自然”思想——以北大简为中心[J]．文史哲，2014（3）：94-103.

③ 王中江．道与事物的自然：老子“道法自然”实义考论[J]．哲学研究，2010（8）：37-47.

上礼为之，而莫之应也，则攘臂而乃之。故失道而后德，失德而后仁，失仁而后义，失义而后礼。夫礼者，忠信之泊（薄）也，而乱之首也。前识者，道之华也，而愚之首也。是以大丈夫居其厚，而不居其泊（薄）；居其实，而不居其华。故去皮（彼）取此。（1，38）[①]

上德不（显现为）德，所以有（实质完整的）德；下德不失去德，所以没有（圆满的）德。上德没有行迹，也没有目的。上仁付诸行为，但没有目的。上义付诸行为，是有目的和依据的。上礼付诸行为，如果没有回应，则振臂疾呼。所以离开了道（的境界）就到了德（的境界），离开了德（的境界）就到了仁（主导的境界），离开了仁（主导的境界），就到了义（主导的境界），离开了义（主导的境界），就到了礼（主导的境界）。礼（主导的境界状态），忠信已经稀薄（而丧失殆尽），是祸乱的开端。（感官和浅表意识所能获得的知识，只能算）前识，是大道的浮华，也是愚昧的开始。所以大丈夫，居于（忠信之）厚的境地，而不是稀薄的境地，居于（认知大道的）朴实境地，而不是浮华的境地。所以不选择肤浅的表象而选择这些（厚、实）。

这一章在通行本中也是德篇的第一章，只不过通行本是道篇在前、德篇在后，所以这一篇就成为全文的第38章。这使得以往基于通行本的研究，往往低估了这一章在《老子》思想中的重要地位。[②]

---

①本文引用的《老子》文本以帛书本为主，主要参考了帛书甲乙本文物图片、裘锡圭主编的《长沙马王堆汉墓简帛集成（肆）》、北京大学出土文献研究所编的《北京大学藏西汉竹书（贰）》、徐志钧的《老子帛书校注（增订版）》和熊春锦的《老子·德道经》等著作。在引用《老子》原文之后的括号中，分别标明了帛书本和通行本的对应章节序号，由于帛书文物原文不分章，为了标示方便，采用了熊春锦校注的帛书《老子》与通行本的分章对应关联。此外，为了增加可读性，本文引用的文本采用简体字和利于理解的通假字，在一些原文之后做了直译，主要参考了熊春锦和陈鼓应的注本。《老子》帛书本和通行本在字词方面会有一些差别，重大分歧部分本文加以说明，对于理解不产生重大影响的其他部分，限于篇幅，只能暂时忽略。

② 樊浩．“‘德’—‘道’”理型与形而上学的中国形态[J]．北京大学学报（哲学社会科学版），2010（2）：26-34.

这一章主要包含了三节意义。第一节意义是，“上德”与“下德”不同，“上德”自成圆满（上德不德，是以有德），既无行迹（无为），也无动机（无以为）。“下德”依行迹和动机的差别，分为“上仁”“上义”“上礼”等不同境界和状态。第二节意义是，在离道失德的堕落过程中，这几种状态分别呈现为不同阶段的主导因素，其中还夹杂着“忠信”的隐性变化，堕落的最后阶段是“前识”为用，以愚为智。第三节意义是，这种堕落是存在着转机和解脱可能性的，关键在于居“忠信”之厚，以及超越“前识”而居于认知大道之实。

因此，这一章完成了两大命题。一个是具有鲜明境界层次特征的道德系统论的建构，其中的“道、德、仁、义、礼、信、愚（智）”等主要元素在后文中多次出现。另一个是在道德系统论建构的同时，提出了“堕落的趋势及出路”这一问题，而这一问题可以说是《老子》全文要解决的核心问题之一。

（二）道生德养论

在帛书本第5章，《老子》提出了著名的“道生”论：

> 道生一，一生二，二生三，三生万物。万物负阴而抱阳，中气以为和。（5，42）①

尽管人们对其中的“一、二、三”有多样化的解读，但是大多赞同这段话描述了“道”创生或化生万物的过程。②

这种“道生”论在帛书本第14章继续出现，并且通过引入了“德畜”，而将“道”与“德”再一次紧密地联系在一起：

> 道生之，而德畜之，物刑（形）之，而器成之。是以万物尊道而贵德。（14，51）

道化生，德畜养，（于是）万物具形，器能成用。所以万物（的本性是）尊道而贵德。

---

① 本段末句，帛书甲本和北大汉简本作“中气以为和”，通行本作“冲气以为和”。

② 林光华.《老子》第四十二章之解读及方法论初探[J]. 中国哲学史，2012（1）：38-47.

以“生”为纽带，又可以联系到另一对重要的概念，“有”和“无”：

天下之物生于有，有生于无。（4，40）

无，名万物之始也。有，名万物之母也。[①]（45，1）

在这两段话中的“无”的地位与作用比较好确定，作为万物生成的起源和初始，具有与“道”同样的功能，可视为“道”的代名词。而这两段中的“有”，却不是一般意义上的“有”，而是众多“有”中最初始的那种状态，地位与“德”几乎等同。“无”与“有”，分别对应了“万物之始”和“万物之母”。

以“始”和“母”为纽带，《老子》提出了反映其基于“道生德养”观念的方法论：

天下有始，以为天下母。既得其母，以知其子，复守其母，没身不殆。（15，52）

天下有（某个）初始，其（首先）化生了天下之母。能把握这个“母”，就能知晓天下万物。守住这个“母”，即便死亡离世，也没有什么危险可言。

《老子》这里所说的“母”，与“有，名万物之母”“道生之，而德畜之”联系在一起的话，可以被认为与“德”同等地位。

简言之，通过“生”“无”“有”“始”“母”“子”“天下”“万物”等词的串联，《老子》描述了“道生德养”而化生万物的过程。值得注意的是，除了对“道”作为创生初始的强调之外，《老子》对此过程中“德”的“畜养”功能也格外重视，甚至可以认为《老子》把“德”视为“道”的继承者和代言人，“德”成为了沟通“道”与万物的桥梁。这一点是《老子》相对其他道家经典著作最为突出的特点之一。

“道生德养”而化生万物的过程，与“离道失德”的过程，两者有相似之处，都是由“道”为开端，经过发展演化而产生更多的过

① 也有很多注释者断句为：“无名，万物之始也。有名，万物之母也。”

程。但是两者的差异也是明显的，“道生德养”而化生万物是一种自然的过程，“离道失德”则具有一种堕落和异化的性质。

值得注意的是，《老子》所说之“德”的内涵与今天我们伦理意义或生活意义上理解的“德”既有联系，又有明显的不同。在这里，“德”是“道”化生万物中的重要一环，因此具有了发生学的、形而上的神圣性，体现了李泽厚所说的“宗教性道德”的特征①。这种关于“道”与“德”对万物（人也是万物之一）的决定性作用的观念，有别于西方宗教观念，对中国人的道德形而上的思考或道德信仰，具有原型作用。

三、《老子》思想的自下而上方向主线

（一）修身积德

在《大学》中有“身修而后家齐，家齐而后国治，国治而后天下平”的著名段落，被作为“八条目”中的四条而广为传颂，但是人们往往忽视了《老子》中也有意义和表达极为相似的段落：

> 修之身，其德乃真；修之家，其德有余；修之乡，其德乃长；修之邦，其德乃丰；修之天下，其德乃博。（17，54）

以德修身，其德需达到“真”（的状态和境界）；以德治家，其德就会富足有余（福荫后代）；以德治乡，其德就会恩泽久远；以德治国，其德就会丰厚广大；以德治天下，其德就会博大普惠。

在这一段里，《老子》也提出了一条从个体修身开始，不断扩大修养治理范围，经由修之家、修之乡、修之邦，最终达到德济天下的大成状态。与《大学》的“四条目”不同的是，《老子》本段以“修”和“德”字贯穿，在不同范围的“修”的过程中，“德”的品质和辐射范围作为衡量标准和决定因素，通过“德”的积累和升华，完成向“上德不德”和“无为而无不为”方向的递归。这一点，再次突出了《老子》重“德”的特色。

---

① 李泽厚．哲学纲要[M]．北京：北京大学出版社，2011：28-31.

（二）归根复命

《老子》描绘的宇宙图景中，不仅有道生德养而化生万物，最终万物也会以或主动或被动的形式复归于其“根”之中：

天物云云，各复归于其根曰静，静是谓复命。复命常也，知常明也。不知常，帝帝作凶。知常容，容乃公，公乃王，王乃天，天乃道，道乃久，沕身不殆。（60，16）

天道所化生的万物丰富多彩，（终究）各自复归于其根蒂，称之为“静”，静就是复命。复命是（道之）“常”，知“常”是一种“明”。不知道此“常”，就如同以巾盖头，造下凶险。知“常”进而“（包）容”，“容”进而“公（而忘私）”，“公”进而“王（治）”，“王”进而顺应天意，“天”效法大道，道是长久不衰的，（遵循这些法则的人）即使生命终结也不会有危险。

这里所描述的“归根复命”是通过知常—容—公—王—天—道的次第，随着包容力和同化力的提升，最终主动与道相合。

（三）法地、法天、法道

《老子》中另一处十分著名的段落，也是以层级序列形式出现的：

人法地，地法天，天法道，道法自然。（69，25）

人效法地，地效法天，天效法道，道的存在方式是自燃（明亮）[①]。

由于《老子》在此处乃至全文中都没有更加详细地阐明这四个“法”的具体内涵，因此可以有广阔的理解空间。[②]但是在此章之前的帛书第49章到51章里，连续三章的内容都与天地的特性有关，因此本章的法地、法天的内容需要与这三章联系起来理解。

天地不仁，以万物为刍狗。圣人不仁，以百姓为刍狗。（49，5）

天地（用德）不用仁，对待万物像对待祭祀用的草扎之狗一样

---

① 《说文解字》：然，烧也。

② 赖贤宗．道家诠释学[M]．北京：北京大学出版社，2010：74-76.

（只用其虚炁之态，而不用其实器之状）。圣人（用德）不用仁，对待百姓也像对待祭祀用的草扎之狗一样（重视其精神、灵魂之教化，而不局限于其躯体和凡俗之用）。

浴神不死，是谓玄牝。玄牝之门，是谓天地之根。绵绵呵若存，用之不堇。（50，6）

（上德）虚空之神不会枯竭死亡，这就是玄妙之母，造化之机。造化之机的门户，就是化生天地的本根。（化生和滋养）绵绵不绝，存而不见，用之不尽。

天长地久，天地之所以能长且久者，以其不自生也，故能长生。是以圣人芮其身而身先，外其身而身存。不以其无私舆？故能成其私。（51，7）

天长地久，天地能长久的原因在于其不自生，所以能长生。所以圣人复返身心（于先天状态）而身能居前（得到百姓敬爱），外献身心（于道和万物）而身能保存（免于灾祸）。不就是因为无私吗？所以能成就其（世人眼中的）私。

相对明确的是，《老子》表达了修身之人通过法地，进而可以法天，最终可以法道，从而达到“道法自然”的状态和境界。换句话说，人想达到“道法自然”，则必然经历“法地”和“法天”两个中间环节。所以，法地、法天、法道成为了修德归道的三重境界。这段话再次鲜明地体现了《老子》思想的境界论特征。

（四）复归婴儿、朴、无极

《老子》中，关于“修德归道”的次第和层级，还有一处论述得很完整：

知其雄，守其雌，为天下溪；为天下溪，恒德不离；恒德不离，复归婴儿。知其白，守其辱，为天下浴；为天下浴，恒德乃足；德乃足，复归于朴。知其白，守其黑，为天下式；为天下式，恒德不贰（贰）；德不贰（贰），复归于无极。（72，28）

虽知其雄强而甘守雌弱之位，像天下的溪流（柔弱处下）；像天下的溪流，总是德不离身；德不离身，复归于婴儿（柔弱无私的）状态。虽知其尊贵而甘守屈辱之位，像天下的浴神（滋养万物而不被觉察）；像天下的浴神，持久积累，德性就会具足；德性具足，复归于朴素的合一状态。虽知白（而可见之）境却甘守黑（而不可见之）境，成为天下的楷模；成为天下的楷模，恒用德"一"而不分化为"二"；德一不二，最终复归于无极的境界。

这一章的内容，各版本之间有重大的差异。帛书甲乙本和北大汉简都是按照复归婴儿、朴、无极的顺序，而王弼本、河上公本、傅奕本则是按照复归婴儿、无极、朴的顺序，将第二节与第三节对调。例如王弼本作：

> 知其雄，守其雌，为天下谿。为天下谿，常德不离，复归于婴儿。知其白，守其黑，为天下式。为天下式，常德不忒，复归于无极。知其荣，守其辱，为天下谷。为天下谷，常德乃足，复归于朴。朴散则为器，圣人用之则为官长。故大制不割。（王弼本第28章）

刘笑敢认为王弼本、河上公本、傅奕本的这种处理可能是出于"改善"原本的意图，使"复归于朴"与"朴散则为器"之间构成顶真结构，但并非必要。[①]熊春锦认为，"朴"作为"未经加工的木头"，比喻的是"一"的状态和境界，帛书本"恒德不貣"中的"貣"与"贰"通假，"不贰"即为"一"也，上德合于道，即一。而"无极"代表"道〇"的境界和状态，比"一"更高一级别。[②]这种解释与《老子》前文"道生一，一生二，二生三，三生万物"暗合，证明此处帛书本的结构优于通行本的结构。

以"修、复、法、归"为代表的四条主线，都是从有志于圣人之治的修身者当下的状态开始说起，经由多个层级的递归和升华，完成

---

① 刘笑敢．老子古今：五种对勘与析评引论（修订版）[M]．北京：中国社会科学出版社，2006：342.

② 熊春锦．老子·德道经[M]．北京：中央编译出版社，2006：198-199.

“德”的积修圆满，最终复归于“道”的大成之境。这四条主线，代表了《老子》思想中“反也者，道之动也”的方向，与“道生德养”化生万物、万物的发展越来越复杂而且往往有“离道失德”的趋势相反，是对“修德归道”过程的四种集中描述。“修、复、法、归”代表了《老子》全篇的核心思想，人可以通过“修德”而“明道”，“道”是可以达到的，但是需要通过不同于常规的路径来实现，即“道可道也，非恒道也”。

《周易·系辞》中有“形而上者谓之道，形而下者谓之器”，这不仅形成了中国哲学中的形而上与形而下的区分，也形成了中国哲学中很有特色的“道物论”或“道器论”。在《老子》的概念体系中，也存着形而上与形而下概念的区别，而且这条界限还相对明确。[①]

在“上德无为而无以为”与“上仁为之而无以为”之间，在“道生德养论”中的“天下之物”“万物”“物”“天下”之上，在“归根复命”和“法地”“法天”中“天”之下，在“复归于朴”的“朴”之下。而且按照帛书本的顺序，“复归于朴”之后，需要“知其白，守其黑”，这里的“白”与“黑”也可以被解读为形而下的可见世界与形而上的不可见世界。

这种形而上与形而下的区别还体现在：

无有入于无间。（6，43）

没有形迹的东西可以进入没有间隙的东西。

道者，万物之注也。（25，62）

道，（化生万物）灌注在万物之中。

有之以为利，无之以为用。（55，11）

“有”用来产生利益，“无”则是功用的根本。

在《老子》思想中，形而上的“道”“德”生化、畜养和主宰了形而下的“万物”，他们又灌注和体现在万物之中，因此，道德与万

① 池田知久，曹峰.《老子》的形而上学与“自然”思想——以北大简为中心[J]. 文史哲，2014（3）：94-103.

物并不是像西方形而上学那样截然二分，而是贯通一体的。①

明确了《老子》思想的这六条主线及其所代表的“离道失德”“修德归道”核心话题（图1），再来理解和诠释“绝圣弃智”“绝仁弃义”“绝学无忧”，就会以境界论和超越论的眼光来圆融贯通，而不会得出《老子》否定和排斥“仁义”的狭隘观点。对“为道者非以明民也，将以愚之也。民之难治也，以其知也”的解读，也会自觉将本源之“知”与“前识”之“知”区分开来，而不至于得出《老子》否定教育的极端观点。

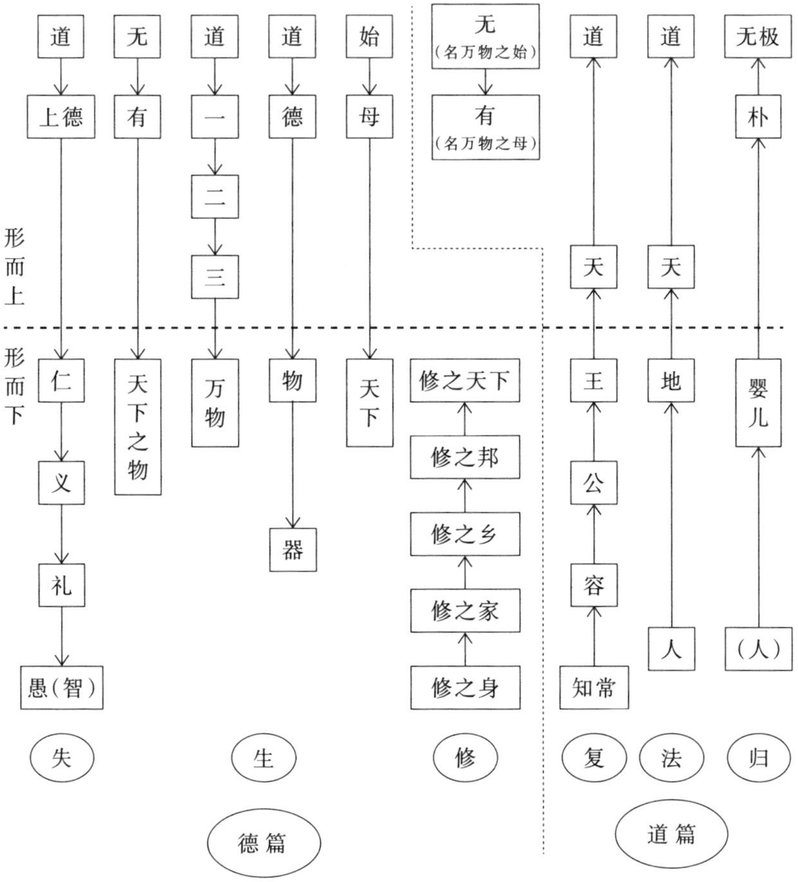

图1　《老子》概念的纵向六条主线

① 林光华. 道在物中：再论《老子》的道物关系[J]. 杭州师范大学学报（社会科学版），2015（3）：28-35.

四、《老子》的五个核心概念族

如果说，以“失、生”为代表的“离道失德”“道生德养”两条主线，与以“修、复、法、归”为代表的“修德明道”四条主线，勾勒出对《老子》概念的纵向理解，那么以“道”“德”“自然”“无为”“圣人”这五大核心概念及其同位词组成的“概念族”则可以构成对《老子》概念的横向理解。

（一）道

按照上文关于《老子》概念的六条纵向主线的梳理，可以很明确地看到“道”是《老子》思想系统的顶点，而处于同等地位的还有“有生于无”之“无”，“天下有始”之“始”，“复归于无极”之“无极”，“吾未知其名，字之曰道，吾强为之名曰大”之“大”。甚至于帛书本第60章中“至虚，极也”“天物云云，各复归于其根”的“虚”与“根”也可以视为“道”的代称。

综合《老子》中有关“道”“无”“始”“无极”“大”“虚”“根”等处意义，可以对《老子》之“道”做出简要概括。

1. 道为始根

“道”是宇宙世界的初始、根源，它创生了万物，也是万物最终的归宿。

> 有物昆成[①]，先天地生。绣呵缪呵，独立而不亥，可以为天地母。吾未知其名，字之曰道，吾强为之名曰大。（69，25）

有物相伴而成，先于天地而生。像刺绣啊，似缠绕啊，独立而不会消亡，可以成为天地的母亲。我不知其名，为其起了个字叫“道”，我又勉强为之起了个名叫“大”。

> 至虚，极也；守情（静），表也。万物旁作，吾以观其复也。天物云云，各复归于其根曰静，静是谓复命。（60，16）

---

① 通行本作“有物混成”，可解释为“混沌而成”。帛书甲乙本都作“昆成”，《说文解字》：昆，同也。因此，如按“混”来理解，此句可释为“道混沌而成”，如按“昆”来理解，此句可释为“有物相伴而成”（指道及其所化生的一）。

进入虚无，达到极致；守住真静，（有物）显现出来。万物各自演化，我因此观察万物的复归（德道）。天道所化生万物丰富多彩，（终究）各自复归于其根蒂，称之为“静”。静就是“复命”。

2. 道以德显

“道”通过“德”而灌注在万物之中，与万物相连，是最高主宰和总根据。

夫唯道，善始且善成。（3，41）

只有道，才既善于开始，又善于成就（万物）。

道生之、畜之；长之、遂之，亭之、毒之，养之、覆之。生而弗有也，为而弗寺也，长而弗宰也。此之谓玄德。（14，51）

道化生、（德）畜养（万物），（使万物）生长或死亡，停歇休养或中毒受损，滋养壮大或倾覆灭亡。（道）化生万物却不占为己有，行使化生职能却不专权管治，长养万物却不（随意）主宰。这就是玄德。

毋道身殃，是谓袭常。（16，53）

离道失德的生命（必然）存在祸患，（人们往往）就是这样沿袭惯常的。

道者，万物之注也。（25，62）

道，（化生万物而）灌注在万物之中。

同于德者，道亦德之；同于失者，道亦失之。（68，23）

同化于“德”者，道会助之以德；同行于“失”者，道也会弃之而去。

3. 道存虚用

“道”存在和发挥作用的方式是“自然”，虚空、微弱、玄妙，无形无名，与常规思维相反。

反也者，道之动也；弱也者，道之用也。（4，40）

反（常道）方向发展，就是进道的开始；柔弱微细，是道发挥作用的方式。

大道甚夷，民甚好解。（16，53）

大道简而易行，人们却很喜欢妄解强猜。

道冲而用之，有弗盈也。（48，4）

道，虚空而用，使“有”不超过必要的限度而达到“盈满”状态。

道恒无名……俾道之在天下也，犹小浴之与江海也。（76，32）

道总是无法名状……处下不争的大道对于天下，就像小河终将汇入的江海一样。

故道之出言也，曰：谈呵，其无味也。视之不足见也，听之不足闻也，用之不可既也。（79，35）

所以与道相关的话，为：说出来呢，没有什么味道。看又似乎不值得看，听也似乎不值得听，然而其用却没有穷尽。

为学者日益，闻道者日损。损之又损，以至于无为。（11，48）

（有为意识状态的）学习，是逐日增多（某些东西）的过程。闻道（而修德），是不断减损（某些东西）的过程。减损和净化逐渐深化，达到无为的状态。

此外，《老子》中有很多“大”“若”“不”等词，构成的表意显示了“道”的规律与常规思维是相反的：

大成若缺，其用不幣（敝）；大盈若冲，其用不穷；大直如诎（屈），大巧如拙，大赢如绌。（8，45）

大成者好像有缺失（而不盈满），其功用不会凋敝；大盈者好像有虚空（而不闭塞），其功用不会穷尽；大直看起来是弯曲的，大巧看起来是笨拙的，大的获利看起来是短缺的。

4. 道可道也

“道”是可以通过学习而主动返归追寻的。

道，可闻，可行：

上士闻道，堇能行之。（3，41）

上士听闻大道，忠信勤行。

道，可明，可进：

明道如费，进道如退。（3，41）

明达至道需要舍弃（一些东西），向大道前进需要退回（到某种状态）。

道，可知：

不规（窥）于牖，以知天道。（10，47）

（圣人）不用透过窗户窥视，就能知晓天道。

道，可为：

为道者非以明民也，将以愚之也。（28，65）

行道之人不是要让百姓“明”（私欲逐利，巧而昧德，蔽其质朴），而是要让百姓“愚”（少私寡欲，大智若愚，修身明德）。

古之善为道者，微眇（妙）玄达，深不可志。（59，15）

古代那些善于行道之人，通玄达妙，深不可测。

道，可归：

复归于无物。（58，14）

复归于无极。（72，8）

道，可道：

道，可道也，非恒道也。（45，1）

道，（对人来说是）可以（通过修身而）成道（的），（但是要通过）并非寻常之道（的方式）。①

简言之，《老子》思想中的“道”是万物的初始和归宿；“道”通过“德”而灌注在万物之中，是万物发展的最高法则；“道”发挥作用的方式是虚空、微弱、玄妙，无形无名，与人们的常规感知和思维相反；“道”的境界是可以通过学习而主动返归追寻的。

① 本句在通行本中为“道可道，非常道”，常见的解读为“道，（如果）能被说出，就不是恒常之道了”。这种解释侧重于“道”的非语言化，但是这种“道不可言”的解释对于《老子》本身的存在却是一种逻辑悖论。近些年来，尤其是帛书《老子》出土后，将本句从“条件＋判断”的句式理解转变为“判断＋判断”的句式理解，得到了人们的重视。相关研究进展请详见：邹晓东.《老子》诠释：“道不可言”能走多远[J]. 周易研究，2017（1）：69-81.

（二）德

“德”作为《老子》思想中第二高位的概念，处于同等地位的还有“一”“朴”“母”“有”等词。有关《老子》中“一”的所指，有不同的见解，一种观点认为“一”就是“道”，这种观点除了在“道生一”“一者，其上不攸，其下不忽。寻寻呵！不可名也，复归于无物”等处会难以解释之外，更大的问题是会影响对《老子》全文思想结构的理解，扩大了“道”而压缩了“德”的概念空间。[①]因此，本文采信的是将“一”视为“德”的说法。

对《老子》之“德”的理解，十分关键的一点就是德篇开头即提出的“上德”“下德”之分，这种分别是联系“形而上”“形而下”世界的重要环节。虽然说，“道”灌注和体现在万物之中，但仔细分辨，《老子》中“道”的一部分功能是由“德”来承担的，“德”是《老子》思想中与“道”关系最密切的概念，这一点在“失道而后德”“道生之，而德畜之……万物尊道而贵德”“同于德者，道亦德之，同于失者，道亦失之”“德不贰，复归于无极”几处体现最为明显。我们甚至可以说，《老子》固然建构了“道”的概念，但是相比其他早期有道家渊源的思想著作，例如《易经》《黄帝四经》等，《老子》对“德”的阐述以及通过“德”来诠释“道”才是其最大的特点。

1. 上德

在“离道失德论”中，“上德”是距离“道”最近的无为圆满状态：

> 上德不德，是以有德；下德不失德，是以无德。上德无为而无以为也……失道而后德……（1，38）

“上德”完整为“一”，“一”可被万物所得，而且是万物健康发展的必备。

---

① 刘峻杉．连接“道”与“人”的桥梁——老子“天德观”思想及其德育价值[J]．教育学报，2012（1）：97-105.

> 天得一以清，地得一以宁，神得一以灵，浴得一以盈，侯王得一以为天下正。（2，39）

天得到一从而清，地得到一从而宁，神得到一从而灵，虚空之溪谷得到一从而充盈，侯王得到一使得天下归正。

在"道生德养论"中，"上德"以"玄德"方式发挥"道"的畜养成物功能，而成为万物之"母"。

> 道生之，而德畜之，物形之，而器成之。是以万物尊道而贵德。道之尊，德之贵也，夫莫之爵而恒自祭也。道生之、畜之；长之、遂之，亭之、毒之，养之、覆之。生而弗有也，为而弗寺也，长而弗宰也。此之谓玄德。（14，51）

> 天下有始，以为天下母。既得其母，以知其子，复守其母，没身不殆。（15，52）

> 玄德深矣、远矣，与物反矣，乃至大顺。（28，65）

玄德深奥、远大，而且（看起来）与事物之常理相反，但是最终却带来大顺。

2. 下德

"下德"在帛书《老子》中只出现了一次，"上德不德，是以有德；下德不失德，是以无德。"王弼本、河上公本在"上德无为而无以为"之后，多出"下德为之而有以为"一句。北大汉简《老子》作"上德无为而无以为，下德□之而无以为"。高明认为："今本衍'下德'一句，不仅词义重叠，造成内容混乱，而且各本衍文不一，众议纷纭……'下德'一句在此纯属多余，绝非《老子》原文所有，当为后人妄增。"[①]刘笑敢认为："传世本加入'下德'一句，以与'上德'对偶，却使结构变得不合理。显然是传世本模仿上段'上德''下德'之对仗而加入'下德'一句，造成文义混乱。"[②]

---

① 高明．帛书老子校注[M]．北京：中华书局，1996：3.

② 刘笑敢．老子古今：五种对勘与析评引论（修订版）[M]．北京：中国社会科学出版社，2006：423.

即便只出现一次，“下德”概念在《老子》思想体系中依然十分重要。王弼注就曾经提出“凡不能无为而为之者，皆下德也，仁义礼节是也”①。考虑到上文所提到的“上德”“一”“朴”等具有同等地位，那么“朴散则为器”这一句就十分重要，“上德”完整为“一”、为“朴”，但“下德”则是完整之“一”的朴散分解状态。因此“道”和“（上）德”虽然灌注在万物之中，为万物所“含”，但是此种状态的“德”都不是“上德”，都是不足的，都需要“不失德”而积修，以获得复归至“上德”。

> 修之身，其德乃真；修之家，其德有余；修之乡，其德乃长；修之邦，其德乃丰；修之天下，其德乃博。（17，54）
>
> 重积德则无不克。（22，59）

而且，《老子》所说之“德”绝不能单单按我们今天的伦理思维来理解。其描述的状态更像是一种“气”的感觉：

> 含德之厚者，比于赤子……精之至也，终日号而不忧，和之至也。（18，55）

德性修养丰厚的人，就像刚出生的婴儿一样（无私无欲）……精气充足旺盛，即便（处在逆境）终日号哭也不会真的忧虑烦恼，达到“和”的状态。

所以，仁、义、礼等所代表的“下德”状态虽然不是《老子》思想中的理想状态和阶段，但是并不能因此而简单排斥，按照《老子》“反也者，道之动也”“重积德”的思想，对于“离道失德”之人的修养来说，扎扎实实从“失”的地方“反”回来，才有回归“上德不德”的可能性。

简言之，《老子》中的“德”有“上德”“下德”之分。在“离道失德论”中，“上德”可视为“德”的本来面目，是距离“道”最近的无为圆满状态。“下德”则是完整之“德”的朴散分解状态，需要“不失德”而积修，以获得复归至“上德”。在“道生德养论”中，

① 楼宇烈．老子道德经注校释[M]．北京：中华书局，2008：94.

“德”以“玄德”方式发挥“道”的畜养成物功能，而成为万物之“母”。①

（三）自然

《老子》中，有关“自然”思想，最有代表性的是：

人法地，地法天，天法道，道法自然。（69，25）

这其中的“道法自然”，体现的是“道”的自发性，可以认为是《老子》思想中的最高价值和理想状态。

“自然”不仅用于形容“道”，万物也都有“自然”的潜力或本性：

是以圣人欲不欲，而不贵难得之货；学不学，而复众人之所过。能辅万物之自然，而弗敢为。（27，64）

所以圣人想要的是（众人所）不想要的，也不会把难得的财货看得很贵重。圣人学习的是（众人所）不学的，而远离众人易犯的错误。圣人辅助万物“自然”发展，而不敢擅自干预。

联系到《老子》思想中，“道”是通过“德”而灌注在万物之中的，道的存在方式是“自然”，所以万物之“自然”可以认为是万物之“道性”或“德性”的体现。但是因为万物之“德”常已不足，而且常被各种“有为”“有欲”所干扰和压制，这种“自然”性未必总能呈现出来。所以“圣人”的作用就是辅助和呵护万物的“自然”性，而不敢以“有为”伤之。

圣人即便可以与“道”相合，“无为而无不为”，但是依然不可也不敢破坏“自然”之法则，万物的发展皆有其根由，圣人的任务是“知白守黑”地守住根本性的“德”和“道”，而不会简单直接地在现象层面干预：

将欲取天下而为之，吾见其弗得已。天下神器也，非可为者也。为者败之，执者失之。物或行或随，或炅或吹，或强或碰，

① 熊春锦．中华国学道德根[M]．北京：中央编译出版社，2006：134-139.

或坯或椭。是以圣人去甚，去大，去楮。（73，29）

想要夺取天下而“有为”统治，我看其是不会成功的。天下是（大公之）神器，不是可以被人（随心所欲）操纵的。（自私而）为的人会失败，执（着拥有）的人会失去。万物（各有适应的方法，例如）有的主动行走，有的被动跟随，有的被光照而热，有的被风吹而寒，有的强硬，有的碎为渣石，有的（被模型加工而）成坯，有的（被磨砺棱角而）成椭圆。所以圣人去除过分（的东西），去除贪大，去除外表的华丽。

《老子》中与“自然”直接相关的“自〇”概念还有很多。但是其中也有类别的差异。一种是形容天道或天地的“自然”状态，例如，“自来”“不自生”：

天之道，不弹而善胜，不言而善应，不召而自来。弹而善谋。（38，73）

天之道，不需弹射而调控万方，不需言语而无所不应，不需召唤而自然显现。（天降其罚如同）弹射，则必然精妙绝伦，恰如其分。

天长地久，天地之所以能长且久者，以其不自生也，故能长生。（51，7）

一种是形容百姓因圣人或侯王的“无为”之辅而表现出的自然状态，例如“自化”“自正”“自富”“自朴”“自宾”“自均”：

是以圣人之言曰：我无为也，而民自化；我好静，而民自正；我无事，民自富；我欲不欲，而民自朴。（20，57）

所以圣人说：我保持无为的状态，百姓自然会得到教化；我持守清静之道，百姓自然会归正；我不兴（劳民之）事，百姓自然会富足；我行（众人所）不愿行之事，百姓自然会淳朴。

侯王若能守之，万物将自宾。天地相合，以俞甘洛，民莫之令而自均焉。（76，32）

侯王若能守此道，万物都将自然归服。天地（之气）氤氲调和，遍洒甘露。人民不需要号令就能自发公平和谐。

但是，并不是所有的“自〇”都是符合“自然”之意的，《老子》还区分了意义相对的两类“自〇”，“自知”“自爱”“自知”“自胜”是褒义，而“自见”“自贵”“自视”“自伐”“自矜”则带有贬义：

是以圣人，自知而不自见也，自爱而不自贵也。(37，72)

所以圣人，有深刻的自我了解而不自大张扬，洁身自爱而不卖弄显贵。

炊者不立，自视不章（彰）。自见者不明，自伐者无功，自矜者不长。(66，24)

自卑者难以自立，自视过高者不会彰显。自以为是者不明（事理），自我夸耀者没有功绩，矜持自傲者不得长久。

简言之，“自然”是《老子》首创的一个概念，其根源来自于“道”与“上德”。对于万物而言，“自然”描述了一种充分展现和顺应自身“德性”和“道性”的理想状态。“自然”是《老子》思想体系中的最高原则和价值的一种表述，可以启示人类社会的状态和秩序。[①]

（四）无为

《老子》中，“无为”是一个境界很高的词，也是很有思想代表性的一个概念。与“无为”形式和意义都相近的“无〇”族概念有“无名”“无亲”“无事”“无心”“无执”“无争”“无积”“无适”“无欲”“无知”“无私”“无割”等。其中最为重要的有：

上德无为而无以为也。(1，45)

是以圣人无为也，故无败也，无执也，故无失也。(27，64)

所以圣人以无为行事，就不会招致失败，不执着就不会失去。

是以圣人居无为之事，行不言之教。(46，2)

是以圣人之言曰：我无为也，而民自化；我好静，而民自正；我无事，民自富；我欲不欲，而民自朴。(20，57)

① 刘笑敢．老子哲学的思想体系：一种模拟性重构[J]．南京大学学报（哲学·人文科学·社会科学），2018（2）：79-99.

这几段中，可以看出“无为”是对应“上德”境界的，是圣人的处事原则和行为方式，而其效果能达到让自身“无败”“无失”，让民“自化”“自正”“自富”“自朴”，可谓出奇的好。

同时，《老子》中还有很多“弗〇”形式的词汇，例如“弗有”“弗寺”“弗宰”“弗言”“弗敢为”“弗与”“弗猒”“弗居”“弗始”“弗志”“弗为”“弗盈”“弗矜”“弗名有”“弗为主”。

万物作而弗始也，为而弗志也，成功而弗居也。（46，2）

创作万物却不（随意）开始，有所作为却不欲求，成就功业却不占为己有。

恒使民无知、无欲也，使夫知不敢，弗为而已，则无不治矣。（47，3）

总是使百姓处于无私智、无贪欲的状态，使其知有所畏，而不敢胡为，那么就没有治理不好的了。

“无为”的前提条件是“无知”“无欲”“好静”“无事”“无执”等，即人的本身达到内在的虚静自然、和谐为一。

简言之，“无为”是《老子》思想中最符合“道”和“德”的一种行为方式或行动原则，具有高度的自发性，就其效果而言，最符合“自然”法度，长久效果最好，所带来的负面效果最少。①

（五）圣人

《老子》篇章的结构特色是“推天道，以明人事”，“是以圣人……”的表述方式在帛书本里出现了19次，“圣人”是《老子》思想中主要的人物对象。

“圣人”是有着“无为而无不为”的超凡能力，可以“不行而知，不见而名，弗为而成”（10，47）。之所以能达到这样的境界，是因为“圣人”比百姓有着更为高明的处事原则和方式：

① 刘笑敢．老子哲学的思想体系：一种模拟性重构[J]．南京大学学报（哲学·人文科学·社会科学），2018（2）：79-99.

> 是以圣人终不为大，故能成其大。夫轻诺必寡信，多易必多难。是以圣人犹难之，故终于无难。（26，63）

所以圣人不会执着于大，反而成就大道。轻易允诺必然缺乏诚信，把事情看得过于简单必然遭遇更多困难。所以圣人处事能看到难处（而存忧患意识），最终将没有难事。

> 是以圣人无为也，故无败也，无执也，故无失也。民之从事也，恒于其成事而败之。故慎终若始，则无败事矣。（27，64）

所以圣人以无为行事，就不会招致失败，不执着就不会失去。人们做事往往在接近成功的时候失败。所以如果能谨慎地像对待开始一样对待结尾，那么就不容易有失败的事情了。

> 圣人无积，既以为人己愈有，既以予人己愈多。（31，81）

圣人不追求积聚，（在德和道的层面）为别人付出即为自己拥有，给予别人的越多，自己拥有的就越多。

> 是以圣人之不病，以其病病也，是以不病。（36，71）

所以圣人能没有忧患，正是因为其忧患自己可能的弊病所在（而戒惧谨慎，防患于未然），所以没有弊病。

“圣人”并不是“独乐乐”，而是在“一”的境界里，以“居无为之事，行不言之教”的方式，默默发挥着引领和教化百姓的作用，对百姓进行着“玄德”般的观照，重视其精神灵魂之教化，而不局限于其躯体和凡俗之用：

> 圣人恒无心，以百姓之心为心。善者善之，不善者亦善之；德善也。信者信之，不信者亦信之；德信也。圣人之在天下，翕翕焉，为天下浑（魂）心，百姓皆属其耳目焉，圣人皆晐之。（12，49）

圣人没有私心，以百姓之心为己心。善良的人，圣人以善相待，不善良的人，圣人也以善相待，这就是德善。诚信（道德）的人，圣人以信相待，不诚信（道德）的人，圣人也以信相待，这就是德信。圣人行走天下，和谐民心，教化百姓，是社会的灵魂。圣人把百姓视作自己的眼睛和耳朵，（对百姓的各种行为和状态）圣人都阳光普照、兼容并包。

是以圣人执一以为天下牧。（67，22）

所以圣人把握“一”来治理天下。

是以圣人之治也，虚其心，实其腹，弱其志，强其骨。（47，3）

所以圣人之治的取向是，（用道和德）虚空其心，充实其腹，淡泊情志，柔韧筋骨。

“圣人”对百姓的引领，最有特色的就是其效果的“自然”，百姓不会觉得被压迫，从而形成最和谐的领导效果：

是以圣人之欲上民也，必以其言下之；其欲先民也，必以其身后之。故居前而民弗害也，居上而民弗重也。天下乐推而弗厌也。（29，66）

所以圣人如果想在上位（教化人们），其言语需要居于下位（谦和地支持、鼓励、点拨）；如果想在前（引导人们），则必身随其后（体察民情）。所以圣人才能居于前位而人们不觉得受到驱使迫害，居于上位而人们不觉得负累压抑。天下的百姓都乐于推崇效法而不厌弃。

当然，能力越大，承担也需要越多，“圣人”也概莫能外：

知我者希，则我贵矣。是以圣人被褐而怀玉。（35，70）

理解我的人很少，那么我（无为而知的所得）就更显得珍贵。所以圣人身披粗衣怀抱美玉（而不轻易示人，以防被人轻贱）。

故圣人之言云曰：受邦之诟，是谓社稷之主；受邦之不祥，是谓天下之王。（43，78）

所以圣人的话如此说：能承受一国之污辱的肚量，可作社稷的主宰；能承受一国之不祥之兆的人，才是天下的王者。

值得注意的是，帛书《老子》中约有18处“我”，7处“吾”，这些第一人称的使用，不同寻常，不仅成为推测《老子》一书当是出自“一人一时”之笔的重要依据，而且这些内容往往也可等同于“圣人”来解读。此外，《老子》中的“善……者”，也可以视为对“圣人”的描述。例如，“善执生者”（13，50），“善建者不拔，善抱者不脱，子孙以祭祀不绝”（17，54），“善为士者不武，善战者不怒，善胜敌者弗与，善用人者为之下”（33，68），“古之善为道者，微眇玄达，深不可志”（59，15），“善行者无瀔迹，善言者无瑕适，善数者不用筹策，善闭者无关钥而不可启也，善结者无缰约而不可解也”（71，27）。善于行路者不会留下痕迹，善于说话者直言而不伤人，善于计算者不用筹策等工具，善于关闭的人不用锁钥，别人也打不开。善于打结的人不用绳索，别人也解不开。

简言之，《老子》中的“圣人”是达到“德”和“道”境界的形象，有着“无为而无不为”的超凡能力，以“无为”的处事原则和行动方式，对百姓进行精神教化，引领百姓以“自然”状态生存，并向复归于“德”和“道”的方向发展。

可以说，《老子》中用了大量的篇幅描述了道家“圣人”的形象，境界确实高远神奇，代表了道家对理想人格和人生模式的一种理解。不过，《老子》从未混淆过“圣人”与百姓的区别，《老子》中大量的价值选择都是明确针对“圣人”或有志于“圣人之治”的侯王的，并不针对一般百姓。所以，《老子》确实树立了道德高标，但是我们必须明确，这个高标是给谁用的。从教育学研究和实践来看，《老子》提出的“圣人”形象和行动的原则，既有助于启发思考作为教育目标的“理想人格”，也有助于思考作为教育过程和方法的“师生互动”。

第三篇

《老子》和《五行》中的道德系统论

第十章 《老子》的天德观及其德育价值

道德教育是承接道德哲学而展开的，因此追踪和澄清道德观，是解决道德教育难题的重要根源。尤其是在价值多元化时代，德育的困境并非仅仅由教育的手段与途径造成的，更关键的往往是存在对“道德”内涵认识的分歧。尼采认为，任何道德都以谱系的方式存在和发展着，没有一种无谱系生成的一般道德。麦金太尔提出，各个道德谱系或道德文化传统在达成对本谱系及自身的连贯性发展的具体确认之后，才有可能通过它们相互间的解读、对话和“翻译”，寻求某些道德共识。[①]与西方的morality或ethics相比，中国伦理传统和道德概念最基本也是最独特的人文意蕴在于“道—德”的哲学构造与意义结构，而这一传统最重要的文本源头之一便是《老子》。[②]中国先秦乃至后世，称得上是道德专论的文献当首推《老子》，但其道德教育方面的价值显然还没有得到应有的重视和发挥。[③]

老子以“道”作为他的哲学系统的终极概念，“道”代表了宇宙万物发展的最初来源以及决定力量。因此，对“道”的理解通常从宇宙论和本体论的角度来展开。但正如徐复观所说：“老学的动机与目的，并不在于宇宙论的建立，而依然是由人生的要求，逐步向上推求，推求到作为宇宙根源的处所，以作为人生安顿之地。因此，道家的宇宙论，可以说是他的人生哲学的副产物。他不仅是要在宇宙根源

① 万俊人．道德谱系与知识镜像[J]．读书，2004（4）：97-106.

② 樊浩．“‘德’—‘道’”理型与形而上学的中国形态[J]．北京大学学报（哲学社会科学版），2010（2）：26-33.

③ 杨启亮．道家教育的现代诠释[M]．武汉：湖北教育出版社，1996：227-242.

的地方来发现人的根源，并且是要在宇宙根源的地方来决定人生与自己根源相应的生活态度，以取得人生的安全立足点。”①

“道”作为最能代表中国哲学特色的概念，对中国哲学产生了巨大的影响，也受到了国内外学者的高度重视。但是，作为老子思想体系中另外一个最重要的概念——“德”，在以往的研究中，它受到的重视程度远不如“道”。甚至在历史上以及当代的一段时期内，一些研究者提出老子反对仁义道德，从而割裂了老子思想的“德”与“道”之间的紧密联系，也给后世挖掘和继承老子思想带来了一定的阻碍。在这种情况下，“道”与“人”之间产生了鸿沟，“道”成了高高在上的万物主宰，“人”只能闻道，却难以进道，达到“道”的境界则更成为一种理论上的设想。这与《老子》中所揭示的人可以通过“修之身，其德乃真”，最终达到“复归于无极”的境界，显然是有着巨大的差异。造成这种差异的重要原因，就是对老子思想中“德”内涵的重视不足，从而失去了从人的“下德”状态复归于“道”的桥梁与阶梯。②

我国先秦时期的“德”观念经历了天德与祖宗之德、制度之德、精神品行之德三个阶段。西周之后，“天德观”逐渐消隐。③这个过程在儒家思想的“以天论德”的传统中也有体现。④陈来提出，在西周以来逐步发展了一种思想，即认为在现行的政治秩序之后还有一个道德法，政治运行必须合于某些道德要求，否则就必然导致失败。在西周早期，这个道德秩序和道德法中的一个方面，是天帝的意愿或天

① 李维武．徐复观文集第3卷．中国人性论史（先秦篇）[M]．武汉：湖北人民出版社，2002：292-293.

② 在世传本中，《老子》是“道经”为上篇，“德经”为下篇。但1973年马王堆出土的汉墓帛书《老子》甲乙两种版本都是《德经》在前，《道经》在后。战国时期韩非的《解老》，也是按照德篇在前、道篇在后的顺序。2009年北大接受捐赠的西汉竹简《老子》中，首次出现了《老子上经》和《老子下经》的篇题，分别对应的是《德经》和《道经》。

③ 晁福林．先秦时期“德”观念的起源及其发展[J]．中国社会科学，2005（4）：192-204.

④ 杨泽波．从以天论德看儒家道德的宗教作用[J]．中国社会科学，2006（3）：39-49.

命的内涵。[①]

作为春秋时期承前启后的伟大思想家，老子思想中的“德”，既有涵盖人德的伦理价值属性，同时也具有超越万物而存在的形而上的特点，是先秦时期“天德观”思想的最集中体现。

一、“德”与“道”的关系

（一）“德”与“道”相提并论

老子之道可以概括为关于世界统一性的概念，是贯通于宇宙、世界、社会和人生的统一的根源、性质、规范、规律或趋势的概念。[②]老子思想中，与“道”关系最为紧密的概念是“德”，这不仅表现在老子著作世传本《道德经》或帛书本《德道经》的称谓上，更直接地表现在《老子》的文本内容中。

在帛书《老子》的第一章中，老子就勾勒了他的道德系统论，其中“德”是位居“道”之下的一级概念和境界。“上德不德，是以有德；下德不失德，是以无德……故失道而后德，失德而后仁。”如果从道德概念的系统结构的视角来分析，则可以解读为：上德的状态，由于德的圆满，所以已经超越为道的境界；下德的状态，由于德的匮乏，所以其实已不是完整的德，因此更不应继续损耗德。如果考虑到此章中“上德”“下德”与“道、仁、义、礼、信、愚”的关系，那么可以说，“上德”与“下德”在严格意义上都不是“德”本身，而是超越“德”之上的“道”和完整“德”之下的朴散的“德”。

“德”是“道”化生万物过程中的最初产物，是纯朴未散、有质无形的“炁”[③]，也是畜养万物、决定万物发展方向的支配性力量。

① 陈来．古代宗教与伦理：儒家思想的根源[M]．北京：生活·读书·新知三联书店，1996：297.

② 刘笑敢．老子古今：五种对勘与析评引论（修订版）[M]．北京：中国社会科学出版社，2006：86.

③ 帛书《老子》中有三处提到了“气”，第5章“万物负阴而抱阳，中气以为和”；第18章“和曰常，知和曰明；益生曰祥，心使气曰强”；第54章“抟气至柔，能婴儿乎”。笔者认为“中气以为和”的“气”与“德”的炁较为接近，另两处“气”与“精气神”之“气”较为接近。

“道生之，而德畜之，物形之，而器成之。是以万物尊道而贵德。道之尊，德之贵也……”[①]宇宙万物都是虚无的道所化生、德所畜养而形成。有形器物的生成，也都是因为道与德在有质无形的“炁”的层面的注入与主宰。所以万物光明正确的生存发展之路，是运用尊道贵德的原则来自律、修养和实践道德。《易传》提出“形而上者谓之道，形而下者谓之器”，“道”与“器”是中国哲学中非常有影响力的一对概念组合。而在《老子》中，老子将“德”与“道”相提并论，将“德”摆在一个仅次于“道”的尊贵地位，无形无相的“道”和有质无形的“德”都属于形而上者。道并不是直接化生了“器”或万物，而是经由“德”，德朴散之后，才化生万物。[②]

“德”是“道”的显化和最高代表。“同于德者，道亦德之；同于失者，道亦失之。”[③]具备“德”的品格者，“道”就会助之以“德”的能量；与“德”的品格属性相违背者，“道”也会弃之而去。这一段文字也是将“道”与“德”相提并论，突出了“道”以“德”显的作用途径。

修德是进道的阶梯，“德”的纯净与圆满程度，标志着复归于“道”的进程。“知其雄，守其雌，为天下溪；为天下溪，恒德不离；恒德不离，复归婴儿。知其白，守其辱，为天下浴；为天下浴，恒德乃足；德乃足，复归于朴。知其白，守其黑，为天下式；为天下式，恒德不贰；德不贰，复归于无极。”[④]通过“恒德不离、恒德乃足、恒德不贰”三个层次的复归与跃迁，从朴散斑驳的下德状态提升至德性具足和德性纯一的状态，最终达到“无极”所代表的“道”的境界，其中关键就是德性的补全和纯正化所引发的生命质量的全方位

① 帛书《老子》第14章。

② 帛书《老子》第72章：“朴散则为器”。

③ 帛书《老子》第68章。

④ 帛书《老子》第72章。此章中，帛书与王弼本存在着语句顺序的差异。刘笑敢认为是世传本编者为了使两个“朴”字相续，而调整了第二段和第三段的顺序，但实际并无必要，本处赞同其观点。

提升。

综观《老子》全文，德与道具有最紧密的关系，这一点是确定的。这大概也是后世将“道”“德”合为“道德”一词的重要原因。老子思想中的这种“德”的概念与后世的制度之德、精神品行之德有着显著的不同。为了与以品格性为主的德性相区别，本文依照“天道”这一称谓的范式，将老子思想“道生德养”中的“德”称为“天德”，以突显其形而上、超伦理性的特点。

（二）“道”与“无”、“德”与“一”的对应关系

“道”是宇宙万物的生发起点，这一思想非常清晰地体现于老子的“道生一，一生二，二生三，三生万物”①。这也体现了老子哲学中万物生成过程中的“道、一、二、三”的四个级别和层次。“道”也是万物复归的终点。在老子思想中，“与常道运行规律反方向地行持，追本溯源地修心明德，是进道的开始”②。在这种返朴归真的总体思想中，“返”的终极目标是“道”，表现为“无”，例如，“一者，其上不攸，其下不忽。寻寻呵！不可名也，复归于无物”③，“德不二，复归于无极”④。“无”在这些语句中也可以作为“道”的代名词。还如“道可道也，非恒道也。名可名也，非恒名也。无，名万物之始也”⑤中的“无”和“始”，“天象无形，道隐无名”⑥中的“无形”和“无名”。无物、无极、无形、无名等都是“道”的重要特征，代表了“道”的境界。

《老子》文本中一些词与“道”有紧密而直接的联系。如“道生一，一生二，二生三，三生万物”中的“一”，“无，名万物之始也，

① 帛书《老子》第5章。
② 帛书《老子》第4章：“反也者，道之动也。”
③ 帛书《老子》第58章。
④ 帛书《老子》第72章。
⑤ 帛书《老子》第45章。
⑥ 帛书《老子》第3章。

有，名万物之母也”[①]中的“有”和“母”，“天下有始，以为天下母”[②]中的“母”。“天下之物生于有，有生于无”[③]中的“有”等。在老子全文中，只有“德”这一概念因其与“道”最紧密的联系，而有资格和可能作为“一”“有”“母”的本意指向。[④]此外，最有力的证据是《庄子·天地》中说：“泰初有无，无有无名；一之所起，有一而未形。物得以生，谓之德。”最初的“道”的特征是“无”，无形无名；到“无”化生“一”的时候，已经是有质而无形，万物依靠她才能成形生长，这就是“德”。元代吴澄在《道德真经注》中认为：“一者，冲虚之德。”“无名者，道也，天地亦由此道而生，故谓之始。有名者，德也，万物皆由此德而生，故谓之母。”“万物生长收藏皆由乎道德，故万物之于道也，尊之如父，于德也，贵之如母。”“始，道也。母，德也。有此天地之始，以为此万物之母也。”

历史上很多研究者将“一”解读为“道”的代名词，[⑤]但这很难解释“道生一”一句。很多研究者根据道篇在前、德篇在后的《老子》版本解读“道可道也”一章，认为此章通篇在描述“道”的特点，因此解读的时候，将“有，名万物之母也”解释为“道”的“无”与“有”的二重特性中的一个。老子原文中也的确有“有无之相生也”一句，但那是在论证阴阳“二”的辩证法。如果“有”与“无”是作为“道”自身特性的一种对应关系，那么“道”的特性自身就是“二”，连“一”也谈不上，就更不用说“无”了。因此，这是将“有”解释为“道”的属性状态之一难以成立的原因。但是，如果按照德篇在前、道篇在后的帛书本的顺序来看，在先前已经架构了“失道而后德”“道生一，一生二，二生三，三生万物”“道生之，而德畜之”的逻辑体系之后，道篇第一章，以“无”代指“道”，以

---

① 帛书《老子》第45章。

② 帛书《老子》第14章。

③ 帛书《老子》第4章。

④ 熊春锦．老子·德道经[M]．北京：中央编译出版社，2006：16.

⑤ 高明．帛书老子校注[M]．北京：中华书局，1996：30.

"有"代指"德"，论证"道"与"德"的紧密关系及其对"二、三、万物"的生养基础作用，在逻辑体系上似乎更自然一些。熊春锦认为，道的"无"囊括着一切无相的物质，而德的"有"又蓄养着宇宙的万物。万物的有相源起于"德一"，"德一"也就是一切有相之母。①

确立了"道"与"无"、"德"与"一"在老子哲学体系中的对应关系之后，老子思想中"天德"的意义和地位才能突显出来，否则就容易将"德一"混同在"道"的概念中，"天德"与"道"不分，而被人们重视的只剩下经验性的伦理道义，则大大削弱了《老子》文本中"德论"的分量与地位。这种差别无疑在沟通"道"与"人"的关系上，影响是巨大的。

在帛书《老子》第二章中，承接第一章论述的"故失道而后德，失德而后仁，失仁而后义，失义而后礼……"的道德体系，而重点论述了"德一"的地位与作用，这与帛书"德经"在前、"道经"在后的整体顺序非常吻合。第二章中说："昔之得一者：天得一以清，地得一以宁，神②得一以灵，浴③得一以盈，侯王得一以为天下正。"天获得德一，可以清明；地获得德一，可以平静安宁；人的精神获得德一，可以灵慧、灵动而充满生机；人的形体主动像沐浴一样获得德一，可以使生命精力充沛，充满活力；社会的管理者获得德一，用来治理天下，可以符合自然大道的客观规律。第二章中还讲到了天、

① 熊春锦．中华国学道德根[M]．北京：中央编译出版社，2006：134．

②《老子》中"神"一般可解读为神灵、精神等，地位并不太高，与中医理论的精气神概念中的"神"较为接近。

③ 帛书甲乙本中此字均为"浴"，世传本为"谷"。《说文解字》里说："浴，洒（xǐ）身也。""洒身"就是用水清洗身体。从甲骨文字形的"浴"，下半部分是一个盛水的"大器皿"，上半部分像一个人站在盛水的器皿里，人的周围有四个水点，表示人在洗澡，水滴四溅。金文形体虽然变得繁杂了一点，但还是可以看出人站在盛水的器皿里洗澡的样子。研究者多依据世传本"谷"字，解读为河谷，熊春锦依据帛书本"浴"字，解读为人沐浴在道德之中。这种观点可以将天、地、精神、人形体、侯王等并列，逻辑上更为通畅，本书采用此种解释。

地、神、浴、侯王未“得一”的结果，就是都要走向衰亡。①“德”是“道”的终极性力量“无”所化生的直接力量“有”，是超越“阴、阳”这个“二”的支配性力量，是“天、地、神、人、侯王”等万物运行或发展规律的决定力量。

樊浩认为，老子思想对中国道德哲学的最大贡献，不是“道”或“德”概念本身，而是二者合一的“德—道”理型。西方形而上学一般只是预设一个最高本体，如水、气、理念等，但这个最高本体如何成就万物之性，缺乏一个“生生”或化育的环节。中国哲学中的“德”就是“道”与万物之间化生、化育的关系。因此，“道”与“德”结合，才是中国形而上学的基本概念，西方形而上学却缺少这个“德”的环节和概念，在这个意义上可以说，《老子》的形而上学比西方传统更精致。②

二、“德”与“人”的关系

（一）“天德”是人德的内在决定力量

正因为“德一”之“炁”是构成万物的基本元素，所以人的基本属性中也必然地包含着“天德”和“道”。③老子用“浴得一以盈”的“得”字，“含德之厚”的“含”字和“厚”字，“居其厚而不居其泊”“忠信之泊”的“泊”字，“早服谓之重积德，重积德则无不克”中的“积”字，来表达人的性中包含着“天德”并且存在着质量差别的思想。这与《周易》中的“君子以厚德载物”“积善之家，必有余庆；积不善之家，必有余殃”的思想如出一辙。既然形而上的“炁”对形而下的“器”具有支配作用，那么“天德”以人的方式通过言行和思想等元素显现，就成为伦理意义上的德性或品德。因此，

① 帛书《老子》第2章：“谓天毋已清将恐裂，谓地毋已宁将恐发，谓神毋已灵将恐歇，谓浴毋已盈将恐竭，谓侯王毋已贵以高将恐蹶。”

② 樊浩．“‘德’—‘道’”理型与形而上学的中国形态[J]．北京大学学报（哲学社会科学版），2010（2）：26-34.

③ 帛书《老子》第25章：“道者，万物之注也。”

对于万物之一的“人”来说，“德”具有天德和品格两个维度。品格性所表现的，是经验世界伦理道德的价值性。依据这种外显的品格性特征，使我们能够讨论、研究、实践这个“天德”，从品格性去反证出内在的品质与天德。[①]因为品格性的高下，会因与“天德”的相应程度而表现不同，所谓“同于德者，道亦德之，同于失者，道亦失之”。道家认为，物形一旦形成，由于有形体的屏蔽作用，道炁在形体内就会滞塞不通。如果只通过逻辑思维和智力、经验来进行对自然万物的探索，则主要还是处在一个“体于物而知身”的阶段和过程中，而没有进入“体于形而知炁”的阶段。道家认为需要使灵感思维与逻辑思维同步“穷通塞之端”，研究炁“塞”的真正原因所在，探索解除闭“塞”不通的原因和障碍，才能真正实现回归大道和“无为而无不为”。[②]

老子思想一方面在哲学意义上“尊道贵德”，另一方面，更是通过它们在现实生活中的显现和外化，与生活的“道德”联系起来。注意到“天德”的“炁”属性与日常生活中的品格性共存的双重结构复合性，有助于加强对老子道德思想中有关“德”的描述的理解。例如，《老子》中提到了两类含“德”丰厚者，而这两类“厚德”的表现都是一般伦理价值体系所难以衡量的。

其一是“婴儿”。老子思想中对“婴儿”的德性圆满状态是比较推崇的。老子认为“当人如赤子般德性厚足时，即使整天在逆境中，也还是愉悦快乐，和乐融融”[③]。老子甚至直接对有志于“圣人之治”之人的道德修养提出了检验标准，“不断升华体内的精气神，最终达到了婴儿般骨韧筋柔的状态了吗？”[④]而对于离道失德、渐行渐远的成人，如果进行老子理论中的复归式的道德修养，那么第一个大

① 熊春锦．中华国学道德根[M]．北京：中央编译出版社，2006：135.

② 熊春锦．道医学[M]．北京：团结出版社，2009：21.

③ 帛书《老子》第18章：“含德之厚者，比于赤子。蜂蝲猥地弗螫，攫鸟猛兽弗搏……终日号而不忧，和之至也。”

④ 帛书《老子》第54章：“戴营魄抱一，能毋离乎？抟气至柔，能婴儿乎？”

阶段的成果也应该是“虽知其强，而甘守其柔弱之位，如同利益天下的溪流，以德治心身，回归到如同婴儿的柔弱无私状态”[①]。众所周知，婴儿的智能和社会性认知都是弱于成人的，因此，如果单纯从伦理道德的品格性视角来评判，婴儿处在道德发展的初期，水平比较低。科尔伯格的道德认知发展学派就采用这种观点，把婴儿归入“前习俗水平”，即道德认知发展三个阶段的最低水平。[②]显然，对于老子思想中“婴儿”的淳德状态，只有把握了其思想中“德”的“天德”属性，从“德”的先天“炁”这个角度考量，才能较好地解释。

第二类含“德”丰厚者是圣人。圣人的修为可以自然地效仿“天德”，做到超乎寻常的包容与大爱，如“圣人一视同仁，既能善待善良人的人，也能包容不善良的人，既能以忠信对待诚信的人，也能同样地对待那些不诚信的人。为百姓复归德道而默默无闻地奉献，成为民族的灵魂。将百姓视为自己的耳朵和眼睛一样爱护，报以孩童般的笑容”。[③]因此圣人可以“超越表面的形式，深入关怀百姓的精神与灵魂”。[④]老子还描述古代善于行道的人“像大象冬天行走于冰川之上，慎之又慎；又像猿猴一样，以机敏谨慎来抉择周围环境；像客人一样，恭敬庄重地对待万物；像冰在水中自然消融一样，来润泽万物；像未经过加工的木材一样质朴简单；和光同尘，外人看来还似乎是很普通的”。[⑤]老子还主张在顺利地完成了历史使命之后及时隐退是符合天道规律的。[⑥]

---

① 帛书《老子》第72章：“知其雄，守其雌，为天下溪；为天下溪，恒德不离；恒德不离，复归婴儿。”

② 郭本禹．道德认知发展与道德教育——科尔伯格的理论与实践[M]．福州：福建教育出版社，1999：107-126.

③ 帛书《老子》第12章：“圣人恒无心，以百姓之心为心。善者善之，不善者亦善之；德善也。信者信之，不信者亦信之；德信也。圣人之在天下，翕翕焉，为天下浑心，百姓皆属其耳目焉，圣人皆孩之。”

④ 帛书《老子》第49章：“天地不仁，以万物为刍狗。圣人不仁，以百姓为刍狗。”

⑤ 帛书《老子》第59章：“豫呵！其若冬涉水；犹呵！其若畏四邻；俨呵！其若客；涣呵！其若凌泽；沌呵！其若朴；浑呵！其若浊；旷呵！其若浴。”

⑥ 帛书《老子》第53章：“功述身芮，天之道也。”

因此，人在婴儿状态时都曾拥有比较丰厚的“天德”，而随着人的成长，不断复杂化和离道失德，后天的伦理道德知识和行为逐渐增加，而先天性的“天德”则不断消耗并难以适应。因此对于有志于复归大道的人来说，需要把握住“天德”之炁的主宰作用，通过“为学日益”和“损之又损”①来复归到纯朴的天德状态，这是修德的关键。

（二）“天德”支配善恶、超越善恶

老子对善是珍视的，认为“先天真性中的善是最为珍贵的品格，私欲贪心等不善禀性习性，却往往被人当作宝贝而不愿舍弃”②。“天道至公，是没有亲疏分别的，只是助于善人。”③“真正好善的人，不会执着于过多的拥有；贪多的人不会是真正的善者。”④但是“只有大道化生滋养万物，才能以善开始并且善于成就万物。”⑤因此“圣人一视同仁，善良的人善待之，不善良的人也善待之，这是因为德是上善的，没有分别性。”⑥

老子对善是持超越态度的。在老子思想中，善与恶是阴阳二元对立的一种状态，而二元对立是处在不断变化过程中而且可以相互转换的。善通往“德”的方向，但是“德”不是僵化和执着的善，需要以动态和更为全面的眼光来看待善，才能在更高的层面上把握“德”的本真。“当天下都知道美是美的时候，那么恶已经严重了；都知道善是衡量不善的尺度的时候，不善就已经非常普遍了。”⑦“善人是善人的老师，不善的人，也可以作为善人的镜子而起到借鉴作用。但是

① 帛书《老子》第11章：“为学者日益，闻道者日损。损之又损，以至于无为。无为而无不为。”

② 帛书《老子》第25章：“善，人之宝也；不善，人之所宝也。”

③ 帛书《老子》第44章：“夫天道无亲，恒与善人。”

④ 帛书《老子》第31章：“善者不多，多者不善。”

⑤ 帛书《老子》第3章：“夫唯道，善始且善成。”

⑥ 帛书《老子》第12章：“善者善之，不善者亦善之；德善也。”

⑦ 帛书《老子》第46章：“天下皆知美为美，恶已；皆知善，訾不善矣。”

如果只靠聪明智巧来区别和取舍，则必然适得其反、陷入迷茫。”①“积善带来的优势，是过去善因的结果，不可以以此逞强天下，否则以后就不会有善的回报了。”②老子对善恶、祸福之间辩证关系的探索是深刻的：“祸，福之所倚；福，祸之所伏。孰知其极？”③

跳出阴阳“二”分的制约，站在“天德”与“道”的层面来观察和处理问题，才是最完美的解决，老子把这种状态下的德性叫“玄德”。玄德的特征是“效法道的化生万物而不据为己有，行使化生职能却不专权管治，长养万物而不随意主宰”④，但是“玄德的深奥、远大，与智能意识所认识的事物往往是相反的”⑤。“只有关注和把握‘天德’，才能真正化解恩怨，摆脱阴阳的束缚。”⑥老子这种站在天德和道的高度观察善恶的超越性视角，得到的结论必然是“尊重自然规律，不敢因人心私欲和智巧而妄为”⑦。

这种站在超道德、超功利、超认知⑧的立场上的“德”生“善恶”的动态人性观，与其他人性论相比，显示出其哲学的根据性与更好的自洽性，应该作为道德教育中一个重要的前提假设，受到更多的重视。

（三）“天德”的系统性和开放性

老子思想中，“德”的系统是由“上德（道，无）—德（一）—下德（仁、义、礼、信、愚智）”为不同层次构成的。而且当“德”的完整性无法保持之后，会朴散为下德的“仁、义、礼、信、智”五种元素，而这五种德性会依次作为主导，并逐渐下衰。⑨因此，在老

① 帛书《老子》第71章：“故善人，善人之师；不善人，善人之赍也。”
② 帛书《老子》第74章：“善者果而已矣，毋以取强焉。”
③ 帛书《老子》第21章。
④ 帛书《老子》第14章：“生而弗有也，为而弗寺也，长而弗宰也。此之谓玄德。”
⑤ 帛书《老子》第28章：“玄德深矣、远矣，与物反矣，乃至大顺。”
⑥ 帛书《老子》第26章：“大小多少，报怨以德。”
⑦ 帛书《老子》第27章：“能辅万物之自然，而弗敢为。”
⑧ 于述胜．中国传统教育哲学[M]．南京：江苏教育出版社，1996：7-8.
⑨ 熊春锦．中华国学道德根[M]．北京：中央编译出版社，2006：25-41.

子看来，“德”是层次、境界分明的连续状态，当人的德性与不同境界的“天德”相应时，便必然会表现出本然的伦理特性。基于这种“天德”与“人德”的联系与区别，《老子》中的“天地不仁，以万物为刍狗；圣人不仁，以百姓为刍狗”“绝圣弃智，民利百负；绝仁弃义，民复畜慈；绝巧弃利，盗贼无有”[①]等表述，就并非是对伦理道德的完全否定，而是表达了道德修养到达一定阶段与层次后需要完成的超越。在老子的道德思想体系中，无论是“德一”，还是“德一”朴散的“仁、义、礼、智、信”全都是具有“炁”属性与品格性双重特征的，品格表现的背后是“炁”性的支撑，这一点是老子思想中的五德与儒家思想中的五常的重要区别之处。[②]因此，老子思想中的道德修养，并非单纯的校正主观意识和清心静意，这是其中的重要方面而不是全部。由于“身”也是“德”所化生的有形组成部分，“身”对精神与德性必然有着制约和促进的作用[③]，所以老子思想重视身心耦合的机制，提出必须兼顾身心一体地返朴归真[④]。这种思想成为后世道家修养中“性命双修”的重要起源。

老子“德”的系统性和“道法自然”的总原则决定了“天德观”视野下的开放性。这首先表现在，老子对“德”的论证主要不是定义式，而更多的是通过比喻式来展开。例如水的柔弱，江海的处下包容，轮毂、容器的中空为用等。这种比喻式的论证避免了形而上概念的固化，同时也体现了从自然万物中感悟“道”与“德”的生态道德观。老子思想中的最高境界是“道法自然”。这一方面代表着对终极目标的向往，另外一方面，也意味着老子非常重视在生命全过程中的“本然”与“自然”。如果注意到“修之身，其德乃真；修之家，其德有余；修之乡，其德乃长；修之邦，其德乃丰；修之天下，其德乃

① 帛书《老子》第63章。

② 熊春锦．道德复兴论修身[M]．北京：团结出版社，2008：276-277.

③ 帛书《老子》第70章：“重为轻根，清为躁君。是以君子众日行，不离其辎重。”

④ 帛书《老子》第47章：“虚其心，实其腹；弱其志，强其骨。”帛书《老子》第56章：“是以圣人之治也，为腹而不为目。”

博”[①]，首先以个体为实验品，通过扎实地修身明德实践来彻悟道德的真意，随着影响力的提升，水到渠成地惠及家庭、邻里以及更大范围内的社会和民族，以及“人法地，地法天，天法道，道法自然”[②]所表现出的顺次超越提升过程，那么可以认为，按照老子的思想，人或物无论处在“德”的哪个层级或状态，都会存在与之对应的“频率”，事物都会按照内在的条件“自然”地运转。外在德性的不同表现，从深层原因来看，只是内在条件与“天德”响应的紧密程度的投射。因此，对人的道德的教育或干预，必须用符合“道法自然”的方式来实行，而不可能通过“反自然”的方式来真正提升道德。[③]

三、老子“天德观”对当代道德教育的价值

（一）为重树道德信仰提供了思路

在道德教育与信仰教育中，让教师和学生基于朴素的传统文化和哲学思考，坚定对道德修养的信心，树立对道德的信仰，这一点对于身处价值多元化背景下的中国德育来说非常重要。[④]在中国历史上，对宗教的信仰虽然自汉代道教产生、佛教传入之后，也曾逐步在人们的精神领域发挥过重要支撑作用，但是中国人对道德的信仰，尤其是对外在“天道”与内在“良心”的信仰，在漫长的历史中，超越了宗教，发挥着更为重要的主导精神支柱作用。即便在传统文化式微的今天，这种对道德信仰的集体无意识仍然在发挥着底线支撑作用。这种道德信仰的特点是先验的、灵活而不具体的，但却可以被自身体验和感知。

根据老子“天德观”思想，人可以通过“德”的能量性与品格性的修养来完成自我道德和生命质量的超越，从而不断接近大道真理，

---

① 帛书《老子》第17章。

② 帛书《老子》第69章。

③ 孙培青，李国钧．中国教育思想史（第一卷）[M]．上海：华东师范大学出版社，1995：133-136.

④ 檀传宝．信仰教育与道德教育[M]．北京：教育科学出版社，1999：197-205.

迎接幸福生活，德福一致是必然的结论。人的命运是可以掌握在自己手中的，而不必依赖宗教偶像的恩赐。在道德修养和自我完善中，人将迎接更大程度的自由和解放。因此，这种本土道德信仰，与马克思主义的根本方向是一致的，可作为马克思主义理论本土化的深厚承载。但是这种朴素的道德信仰，由于得不到学理上的支撑，在近百年来，始终没有发挥出其应有的作用。很多道德问题、社会问题，究其实质，都可以通过探寻这个层面去寻找解决问题的根本办法。因此，老子的道德思想，是中国社会道德建设的宝贵资源，具备将马克思主义指导思想与中国本土道德信仰有机融合在一起的重大价值。

（二）促进德育“修身”范式的实质性回归

德育学的理论思辨应该与中国传统文化中的“修身”建立更加紧密的联系。对于“道德”这个有关终极幸福的大命题，只有通过自己身心的扎实实践，才能取得真实而深刻的体悟。道家思想的实践纲领之一就是“修之身，其德乃真”，认为“道德”问题绝不是仅靠推理和辩论就能掌握真谛的，只有以自身为实验对象，才能不断逼近对道德的更高理解。这种认识，其实是中国古代的一种普遍共识，只是儒、释、道各有侧重而已。儒家主要关注于思想与意识层面的反省与力行，道家所指的修身则除了意识层面的研究，还包括潜意识与生命系统健康及三者之间联系的研究与实证，佛家思想与此有相通之处。[①]自汉朝开始，随着儒学与封建统治的紧密结合，儒学倡导的修身方式逐渐成为主流，而道家思想指导下的修身方式逐渐退隐。而随着百年来西学对中学的冲击，以及现代人生活的社会化程度空前扩张，和现代社会自身的制度化组织化秩序日益强化，个人内在德性和精神空间被规约化的社会伦理限制在日趋狭小的领域，以至于人们往往因生活的过度社会化而渐渐失却了对自我德性精神的敏感与自觉。[②]在这种情况下，连儒学的修身内省也丧失了主体性地位，中华

① 熊春锦．道德教育贵修身[M]．北京：团结出版社，2008：27-40.

② 万俊人．寻求普世伦理[M]．北京：北京大学出版社，2009：132.

民族特色的以“修身内证”作为道德修养与道德教育基础的研究方法也更加不被重视。当代德育学的理论思辨需要注重修身内证，重新接续中华民族文化传统的精华，从而诞生更为精彩的思想创新。完整意义上的修身，也有必要在德育研究中，作为一种独特的研究方法，被加以重视。在这一方面，随着以整合为目标的道德心理学的不断推进，有望重新成为重要的实践方向。①德育研究者的基本资质，应该是在提升自身道德修养的实践中取得了实际的成果，继而研究如何将这种体验形成教育资源。德育创新，也许有必要在“师者”资质方面做出积极的探索，完成某种回归。

（三）指向德育生活化的灵魂

最近十多年，德育要从生活出发，并在生活中进行的呼声，②逐渐得到更多学者和一线教育实践者的共鸣。生活德育被认为是破解德育政治化和知识化的必然选择③，回归生活的德育就是回归人自身。生活论德育不是将人之至善追求诉诸孤立的人性改造，而是奠基于现实生活的改变。道德教育的根本作为就是引导生活的建构，它所指向的是更有利于人之生成和发展的好生活。④因此，生活成为了道德教育和道德修养的目标途径和检验场所，适应与超越都需要回归到生活这一道德修养的根本载体。但最近几年，如何在德育生活化的过程中，将超越性的一面也体现出来，而不至于迷失在生活的多彩和琐碎中，也成为德育的一个新课题。⑤依照“天德观”来看，生活中处处都蕴含着“德”的气息与线索，通过情感、言行、际遇、制度、景物、文本、音像等的传递与被接收、解译、释放来完成“天德”的周流循环，甚至是那些假、丑、恶的事物本身也在以另外一种方式提示

---

① Haidt. Morality [J]. Perspectives on Psychological Science, 2008 (1): 65-72.

② 高德胜．生活德育简论[J]．教育研究与实验，2002（3）：1-5.

③ 黄书光．生活世界中的当代德育反思[J]．教育科学研究，2005（10）：5-8.

④ 鲁洁．道德教育的根本作为：引导生活的建构[J]．教育研究，2010（6）：3-8.

⑤ 冯文全．关于“生活德育”的反思与重构[J]．教育研究，2009（11）：92-96.

着它们的对立面的存在，启发着人们对真、善、美的感悟和追求。这些都是“天德”的体现，“人德”是循环中的一部分。真、善、美都是“天德”的不同体现，所以三者之间才能互相支持、相互转化，审美也才具有了“储善、立善、导善”的功能。[1]因此，人不可能在一个全封闭的环境中完成对“德”与“道”的追求。只有不断地打扫自己的内心，回归和保持婴儿般活泼、灵性的感受力，才能从平凡的生活中捕捉到“德”的精髓。保持这一点，不断付出努力，则德育的生活化就不会迷失在杂乱无章或虚无之中。

中国传统哲学的主要概念和范畴，多起源于道家。如“道”“器”“自然”“无为”“有为”“精”“气”等，都始创于老庄。[2]老子的道德论，开创了中国道德哲学与道德信仰的一种范式。老子继承了更为久远的中华道德文化的传统，其思想中有着浓厚的“推天道以明人事”的特征。这种观念，与人们经验意义上的入世积极有为，确实有一定的差别。如果忽视了老子道德思想中“天德”的特性，则可能导致对老子思想的误解和排斥。因此，当我们研究老子思想的时候，有必要首先明确老子的理论基调，同时适当地调节我们的思维习惯，循着老子的思路，去追踪和考察他的理论体系，这样，或许能更准确、更深刻地理解与把握老子的理论体系和思想特点。[3]

老子在他的著作中并没有直接使用“天德”这一概念，他构建的其实是广大的“天德”与“人德”的系统，反映了中国哲学天人合一的鲜明特点，也反映了先秦“德”概念的更丰富的含义。本书中，“天德”这一概念只是为了将老子思想中先验的形而上的“德”区别于经验意义上的伦理道德而采用的称呼，但在人为将其划分为“天德”与“人德”范畴时，也难免有割裂老子“德”连续性与完整性的嫌疑，这一点是需要加以注意的。

---

① 檀传宝．德育美学观[M]．太原市：山西教育出版社，1996：143-172.

② 陈鼓应．老庄新论[M]．北京：商务印书馆，2008，8-11.

③ 陈超群．中国教育哲学史（第1卷）[M]．济南：山东教育出版社，2000：205.

第十一章 《老子》的仁德观及其伦理价值

仁德长期以来一直是被视为儒家思想的重要组成部分，对中华民族的道德文化起着重要的支撑作用。老子思想中也蕴含着丰富的仁德思想，却往往被忽视。其中的客观原因可能是《老子》文中直接论述“仁”的地方不多，而且不同版本之间有明显分歧；主观原因可能是人们普遍认为道家思想与儒家思想相反，儒家是提倡仁义的，而道家却是反对仁义的[①]，从而忽略了老子思想中道德修养的超越性过程是需要建立在坚实基础之上的。挖掘和解析老子仁德思想，对于完整接续中华道德文化的仁德内涵，并推进当代社会的道德建设，具有重要意义。

一、老子仁德观的本体论特征

（一）老子的道德系统中的仁德

老子直接谈论“仁”的语句不多，但是他是将“仁”置于其道德系统中来论述的。老子在帛书德经的第一章中就构建了“道、德、仁、义、礼、智、信”的道德系统。他提出“上德不德，是以有德，下德不失德，是以无德。上德无为而无以为也，上仁为之，而无以为也，上义为之而有以为也，上礼为之，而莫之应也，则攘臂而乃之。故失道而后德，失德而后仁，失仁而后义，失义而后礼。夫礼者，忠信之泊也，而乱之首也，前识者，道之华也，而愚之首也”。这一段文字中，道、德、仁、义、礼是老子明确提出的，“信”以“忠信之

① 吕锡琛，陈明．老庄是否具有仁道观？[J]．道德与文明，2009（4）：50-53.

泊也”的形式提出，智则以“愚之首也”的形式提出。“愚”是“智”的反义词，老子用“愚”来表达道、德、仁、义、礼都无法维持，忠信也变得很薄弱的时候，所剩下的“智”德只能表现出“愚”的状态。所以，这一段实际上包含了道、德、仁、义、礼、智、信七字系统。①

老子将“德”分为上德和下德两大类。上德的特点是“不德”，即上德具有自身的圆满性和自成目的性，道是德的最高境界的升华。下德则“不失德，是以无德”，即下德具有不圆满性，而且处在持续流失衰退的状态，所以需要珍惜德性。“上仁为之，而无以为也；上义为之，而有以为也。上礼为之，而莫之应也，则攘臂而乃之……夫礼者，忠信之泊也，而乱之首也。前识者，道之华也，而愚之首也。”则可视为老子对下德状态的描述。仁、义、礼、智、信是“德”无法保持圆满状态之后朴散而出的下德状态，是德的五个子系统。而且仁、义、礼、智四种德性在德性下衰的过程中依次作为德性主导，而“信”则包含在其他四种德性之中，起承载作用。

（二）仁德是“下德”的最初主导

老子是中国古代哲学本体论的创始者。在老子思想中，“道”具有鲜明的本体论色彩。②老子有无统一的形而上学避免了西方传统形而上学中本体与现象、客体与主体等二元世界的对立和分隔问题。老子以整体统合的眼光来把握存在本体，并由这种整合观进一步引发出了关于自然与人生和谐统一的“天人合一论”等思想。③老子思想中的“德”是“道”化生万物过程中的最初产物，是纯朴未散、有质无形的“炁”，也是畜养万物、决定万物发展方向的支配性力量。因此，“德”也具有本体论特征。樊浩认为，“道”与“德”结合，才

① 熊春锦．中华国学道德根[M]．北京：中央编译出版社，2006：23-28.

② 张岱年．论老子的本体论[J]．社会科学战线，1994（1）：99-100.

③ 朱晓鹏．论老子哲学的本体论[J]．广东社会科学，1997（5）：55-61.

是中国形而上学的基本概念。[①]先天的“道德”之炁生“阴阳”二炁，“德一”之炁调控“阴阳”二炁的平衡，继而化生万物。[②]在保持不了“德”的完整性的时候，“德”会分解为仁、义、礼、智、信五种德性，因此，老子思想中的仁、义、礼、智、信也都具有本体论的特征。这种本体论特征意味着，既然人以及万物都是道和德所化生的，而德又会逐渐朴散为仁、义、礼、智、信五个系统，因此人的精神属性方面也会天然存在着与之对应的仁、义、礼、智、信的五种人格气质或伦理。[③]同时，因为仁、义、礼、智、信已经是德一朴散的五种德性，因此自身都具有阴阳属性。其中阳性为其“向德性”的表征，阴性为其“失德性”的表征。老子在帛书第一章中用“上仁”“上义”“上礼”等词汇来区别于仅具有伦理意义的仁、义、礼。

老子把“上仁”作为下德状态的第一阶段，而且是完整的德性朴散之后最初占主导性的德性。“上德无为而无以为”，上德呈现出“玄德”的特点，无迹象可寻和自成目的性。下德状态的“上仁为之”，需要经由身体言行来表达或完成，有迹象可循，但是就其目的性而言，又处于“无以为”的人性自然流露的状态，这种状态是最接近上德的。下德状态的第二阶段“上义”及之后，则不仅“为之”，而且“有以为”，无论是从手段还是目的，都处于后天的经验性状态。

（三）仁德承接了道德的终极关怀

在老子思想中，万物都是道所化生、德所畜养的，这才具备了有形的器形，所以万物都自然地将道与德视为父母一样来尊敬和遵

① 樊浩．“‘德’—‘道’”理型与形而上学的中国形态[J]．北京大学学报（哲学社会科学版），2010（2）：26–33.

② 帛书《老子》第5章：“道生一，一生二，二生三，三生万物。万物负阴而抱阳，中气以为和。”

③《礼记·礼运》：“故人者，其天地之德、阴阳之交、鬼神之会、五行之秀气也。故人者，天地之心也，五行之端也，食味、别声、被色而生者也。”

循。[1]道德因此也就成为了终极关怀的来源。这种终极关怀表现为，“化生万物却不视为己有，行使化生职能却不专权管制，长养万物却不会因之而随意主宰”[2]。对于人来说，除了与万物一同享受道生德养的终极关怀，人作为天地人三才之一[3]，还直接受益于天地这一对阴阳的恩惠。作为完整德性朴散之后的第一阶段占主导性的德性，仁德承接了道德的终极关怀，而呈现出大爱慈柔的特性，而且以一种人的先天反应为表现，如怜悯、同情等，而成为五德之中最接近上德的一种德性状态。

二、老子仁德的人格气质修养

（一）慈爱

相对“仁”而言，老子对“慈”和“爱”论述得更为丰富一些。《说文》云：“慈，爱也。”老子说：“我有三件宝贝，第一件叫‘慈’，第二件叫‘检’，第三件叫‘不敢为天下先’。慈爱众生，无私无畏，才能果断有力；经常反省自己的过失和不足，才能胸怀广阔；不放纵私欲逞勇于天下，才能成就事业的长久。由无私的‘慈、检、后’，而自然能够‘勇、广、先’。如果放弃‘慈、检、后’而只追求私欲主导下的‘勇、广、先’，必为取祸之道。持守‘慈’之道，用之于战争则获取胜利，用之于守卫则持久稳固。天道所要扶生和确立的，必定会以慈爱关怀来护卫德者的生存和发展。”[4]在这里，老子把“慈”作为三宝之首，而且它是“勇”的前提条件和没有祸患的安全保证。

---

① 帛书《老子》第14章：“道生之，而德畜之，物形之，而器成之。是以万物尊道而贵德。”

② 帛书《老子》第14章：“生而弗有也，为而弗寺也，长而弗宰也。此之谓玄德。”

③ 帛书《老子》第68章：“飘风不终朝，暴雨不终日。孰为此？天地而弗能久，又况于人乎？”

④ 帛书《老子》第32章：“我恒有三宝之：一曰慈，二曰检，三曰不敢为天下先。夫慈，故能勇；检，故能广；不敢为天下先，故能为成事长。今舍其慈且勇，舍其检且广，舍其后且先，则必死矣。夫慈，以战则胜，以守则固。天将建之，如以慈垣之。”此段中“检”有反省，检查自己过失的意思。世传本中“检”为“俭”。

老子认为尊道贵德是“慈爱”生发的保证，慈爱与对善的追求应该是一致的。“离道失德之后，私心贪欲成为心灵的主宰，大慈真爱如何可以生发出来呢？”[①]“先天真性中的善是最为珍贵的品格，私欲贪心等不善禀性习性，却往往被人当作宝贝而不愿舍弃。”[②]而且纯正的慈爱应该是至公而无偏私的。“天道至公，是没有亲疏分别的，只是助于善人。”[③]“真正好善的人，不会执着于过多的拥有；贪多的人不会是真正的善者。”[④]慈爱作为关系中的产物，也会受到和谐关系的促进或不和谐关系的制约。“六亲之间失德不和，被利益所牵制，亲情养育的慈爱又如何能够存在呢？”[⑤]

“爱”在帛书《老子》中共出现了五次，其义主要是指对人或事物真挚深厚的感情。例如“圣人有自知之明，而不敢自以为是，洁身自好而不敢自我显贵，人前卖弄”[⑥]，其中包含了自爱和洁身自好的意味；“慈爱百姓，治理国家，能够不用智巧聪明，不被人所知晓吗？”[⑦]其中包含了对百姓和民族国家的爱。“真正珍惜生命的人，是要借助身体来完成复归道德的灵魂超越以及天道所赋予的使命，又怎么会贪恋久寄于天下呢？”[⑧]其中包含了尊道贵德、替天行道背景下的对生命的热爱和珍惜。“善人是善人的老师，不善人是善人修真明德的镜子和借鉴，但是如果仅仅用智巧聪明来辨识取舍，则往往陷入迷茫，适得其反。”[⑨]其中包含了对外在帮助的超越性的爱和珍视。“贪爱物欲过多，则必然带来大量的耗费，敛藏过多则必然导致损失

① 帛书《老子》第62章：“故大道废，案有仁义？”

② 帛书《老子》第25章：“善，人之宝也；不善，人之所宝也。”

③ 帛书《老子》第44章：“夫天道无亲，恒与善人。”《庄子·天运》中也说“至仁无亲”。

④ 帛书《老子》第31章：“善者不多，多者不善。”

⑤ 帛书《老子》第62章：“六亲不和，案有畜慈？”

⑥ 帛书《老子》第37章：“是以圣人，自知而不自见也，自爱而不自贵也。”

⑦ 帛书《老子》第54章：“爱民栝国，能毋以知乎？”

⑧ 帛书《老子》第57章：“爱以身为天下，安可以寄天下？”

⑨ 帛书《老子》第71章：“故善人，善人之师；不善人，善人之赍也。不贵其师，不爱其赍；唯知乎大眯，是谓眇要。”

惨重。”[①]这里的“爱”则指对物欲的贪爱，也包含了超过适度的执着之爱，老子显然是持否定态度的。

刘笑敢认为“慈”的两个特点，一是更侧重于上对下，老对小；二是更强调爱之深。“慈”的这两个特点完全适用于老子思想。一方面“慈”是圣人对天下的悲悯之怀，另一方面圣人之慈之深到了单向而不求回报的境地。老子只讲圣人如何治理天下且“不有”“不恃”“不畏”，从来没有提到百姓应该如何尊敬或回报圣人，甚至连感谢、歌颂也不需要。[②]关怀伦理的重要倡导者诺丁斯认为：“关心者的心理状态是以专注和动机移位为特征的……当我真正关心一个人，我就会认真去倾听他、观察他、感受他，愿意接受他传递的一切信息……动机移位是一种动机能量流向他人的过程。我首先接受他人的信息，然后我做出反应，我的反应是对他的需要的一种回应。”[③]在老子的伦理世界中，“慈爱”是构建道家自然主义伦理观的基石，充分表达了他关爱世界、关爱万物、关爱他人、关爱自身的朴素人道主义情感。[④]

（二）包容

如果说慈爱仁德可以通过有所作为来给予对方关怀，那么老子思想中也包含着通过不干预和包容、理解来更好地展现这种慈爱仁德。这有点类似于积极自由与消极自由的概念。单向付出不求回报的慈爱，必然需要有极好的包容性，否则面对差异与对抗，单方面的慈爱既难以生发，又不会有效。正如诺丁斯所言：“关心最重要的意义在于它的关系性。关心意味着一种关系，它最基本的表现形式是两个人之间的一种连接或接触。两个人中，一方付出关心，另一方接受关心。要使这种关系成为一种关心关系，当事人双方都必须满足某些条

---

① 帛书《老子》第7章：“甚爱必大费，多藏必厚亡。”

② 刘笑敢．老子古今：五种对勘与析评引论（修订版）[M]．北京：中国社会科学出版社，2006：653-654.

③ 内尔·诺丁斯．学会关心——教育的另一种模式（第二版）[M]．于天龙，译．北京：教育科学出版社，2011：31.

④ 吴瑾菁．朴素人道主义的历史追问——关于老子“慈”范畴的伦理思考[J]．伦理学研究，2007（3）：53-57.

件。无论是付出关心的一方还是接受关心的一方，任何一方出了问题，关心关系就会遭到破坏……将关心置于关系中来看待是非常重要的。”[①]因此，老子一方面以明德进道作为总目标，另外一方面又高度重视自然规律支配下的差异性和本然性的存在，“辅助万物自然发展，而不敢用人心私欲来违背自然规律”[②]，哪怕干预的目的是发自慈爱关怀。

《老子》中多处提到了人的道德信仰和人生观的差异，例如“上士听闻大道之后，刻苦实践以求得验证；中士听闻大道之后，半信半疑；下士听闻大道之后，哈哈大笑，而且认为不笑就不符合道理了。”[③]“对于形而上的最高境界的道，（首先）有一部分人知道她的存在，诚信遵从；其次，一部分人亲近和赞美她；再其次，一部分人对其畏惧害怕；还有一部分人，对她进行否定和排斥。”[④]老子重视万物自身发展所处的阶段和状态的差异性：“万物向富有生机方向发展的十之有三，向衰老死亡方向发展的十之有三，而人们繁衍后代，在生命出生的那一刻即走向死亡的亦十之有三。”[⑤]

面对差异和不理解，圣人并不会因为认为真理在手，而采取强势的姿态，相反，会秉持柔弱包容的态度，默默引领，因势利导。老子提出：“虽然圣人之言行皆有所依据、宗根，并非无稽之谈，而且是平易朴素的，但是世人却往往因为放不下私心贪欲和智巧聪明而难以理解和实践。面对这种情况，圣人身着粗衣陋服，胸怀道德美玉，承受着众人的不理解，却不去争辩。”[⑥]“圣人尊道贵德，以百姓心中

① 内尔·诺丁斯. 学会关心——教育的另一种模式（第二版）[M]. 于天龙，译. 北京：教育科学出版社，2011：30.

② 帛书《老子》第27章：“能辅万物之自然，而弗敢为。”

③ 帛书《老子》第3章：“上士闻道，堇能行之；中士闻道，若存若亡；下士闻道，大笑之。弗笑不足以为道。”

④ 帛书《老子》第61章：“大上，下知有之；其次亲誉之；其次畏之；其下母之。”

⑤ 帛书《老子》第13章：“生之徒十有三；死之徒十有三；而民生生，动皆之死地之十有三。”

⑥ 帛书《老子》第35章：“吾言甚易知也，甚易行也；而人莫之能知也，而莫之能行也。言有君，事有宗。其唯无知也，是以不我知。知我者希，则我贵矣。是以圣人被褐而怀玉。”

的真性复明为己任。虽然百姓因为离道失德而对德和道的理解和表现各不相同，但圣人一视同仁，善良的人善待之，不善良的人也善待之，因为‘德一’是上善的，没有分别性；对诚信的人以忠信相待，对不诚信的人也以忠信相待，因为‘德一’包含了丰富淳厚的真信。圣人为了天下的和谐合顺，遵循自然规律，为百姓复归德道而无私无欲地奉献，成为民族的灵魂。圣人将天下的百姓视为自己的耳朵和眼睛一样爱护和关心，对百姓各种认识和态度，只报以孩童般的笑容。”①

老子追求包容是因为他看到了“道”与“德”对万事万物的终极支配性，以及由此产生的万事万物当前存在的合理性。这使得他不会因为慈爱而选择贸然干预或者强行扭转，因为这就像“代替高明的木匠砍木头一样，很少会不伤及自己。”②所以他坚守无为之治，独立行走于与众人不同的相反之路。③老子说：“当众人毫无诚意于祭祀而只贪图其中的吃喝，像春游登高一样陶醉其中的时候，我持守淡泊恬静的无为之境，像婴儿那样纯朴。当别人都选择复杂有余的时候，我却独钟于简单纯朴的道德，像个愚人一样。当众人浑然不觉地陷入世事的纷扰之中时，我独立于对道的冥思。当众人穷尽智能、聪明为用的时候，我仍然持守于无为的状态进行深刻的冥思。众人把有形的东西当作有用的，我却锲而不舍地独立于众人的嘲笑之中。我的思想与众不同，那是因为我珍视的是万事万物变化的根本动力。”④

老子还认为社会管理者的基本要求是尊道贵德前提下的包容胸

---

① 帛书《老子》第12章：“圣人恒无心，以百姓之心为心。善者善之，不善者亦善之；德善也。信者信之，不信者亦信之；德信也。圣人之在天下，翕翕焉，为天下浑心，百姓皆属其耳目焉，圣人皆孩之。”

② 帛书《老子》第39章：“夫代司杀者杀，是代大匠斫也；夫代大匠斫者，则希不伤其手矣。”

③ 帛书《老子》第4章：“反也者，道之动也。”

④ 帛书《老子》第64章：“众人配配，若乡于大牢，而春登台。我泊焉未兆，若婴儿未咳。累呵！似无所归。众人皆有余，我独遗。我愚人之心也。湷湷呵！鬻人昭昭，我独昏呵！鬻人蔡蔡，我独昏昏呵！忽呵！其若海；望呵！其若无所止。众人皆有以，我独顽以悝。吾欲独异于人，而贵食母。”

怀。“有能承受一国之耻辱的肚量，才可作一国之主；有能够承受一国之凶兆的胸怀，才可以称得上是天下的王者。”①“掌握了大道演化的规律和法则，就能慈爱包容万物，为万物的同归德道而无私奉献；能够慈容万物，就是大公无私的德道境界，这是为王者的基础；真正的王者，需要顺应天意民心，效法天道，才能长久不衰，没有危险产生。”②

（三）柔和

老子推崇的慈爱仁德具有柔和的特性，是柔弱而非强势的，处下而不争先的。老子举了很多现实生活中的例子，来说明柔弱、柔和是符合天道的。“天下最柔弱的水，攻击坚强的东西却是最容易的，说明了柔弱胜刚强。”③“人活着的时候，身体柔软灵活，死后则躯体挺直僵硬。草木生长的时候是柔软脆弱的，死后就枯干变硬。所以说，坚强刚硬是属于容易败亡一类的，柔弱微细才是生存长久之道。兵器和军队过于强大，则难免穷兵黩武，必然招致败亡。树木强大，虽可傲立于风雨中，但必然被人砍倒取用。所以强大者注意虚心处下，柔弱者处上，这才是自然规律。”④这种柔和之道，能够带来心灵的安详。“德性丰厚的人，可以修养至像婴儿一样骨韧筋柔，即便处于逆境之中，也可以无忧无虑，愉悦快乐。”⑤这与孔子提出的“仁者不忧”具有异曲同工之妙。在实践论上，老子提出这种柔和仁

① 帛书《老子》第43章：“故圣人之言云曰：受邦之诟，是谓社稷之主；受邦之不祥，是谓天下之王。”

② 帛书《老子》第60章：“知常容，容乃公，公乃王，王乃天，天乃道，道乃久，沕身不殆。”

③ 帛书《老子》第43章：“天下莫柔弱于水，而攻坚强者莫之能先也，以其无以易之也！水之胜刚也，弱之胜强也。天下莫弗知也，而莫之能行之也。”

④ 帛书《老子》第41章：“人之生也柔弱，其死也坚强。万物草木之生也柔脆，其死也枯槁。故曰：坚强者，死之徒也；柔弱微细，生之徒也。兵强则不胜，木强则恒。强大居下，柔弱微细居上。”

⑤ 帛书《老子》第18章：“含德之厚者，比于赤子……骨弱筋柔而握固……终日号而不忧，和之至也。”

德之道，是可以通过日常生活中的实践而得以提升和验证的。“虽知其强，而甘守柔弱之位，像天下的溪流那样利益万物，德不离身，这样的修养可以达到婴儿那般柔弱无私的状态。”①

老子的柔和之道从根本上来说，在于强调把握形而上之“炁”的动态与支配性作用。万物由道生德养而成，其“器”性状态显现，而“炁”贯穿于“器”的内外始终②，“炁”与“器”构成万物的不可见与可见二重属性。“器”表现为主观可见可感的性状③，“炁”则是需要进入到“无为”坐忘状态才能观察感知的“妙”。④形而上的至柔至弱的“炁”生成、制约着形而下的刚而强的万物之“器”，这就是柔弱胜刚强的根本道理。⑤形而上的“炁”是形而下的“器”的主宰和根本，“炁”的特点是微细柔弱，把握住对“炁”的体察，才有助于对“器”的全面深刻的认识，因此需要牢牢守住柔性的实质。⑥“大道虽然无处不在，但是她却像小溪流汇入江海一样自然柔和，引导万物复归于德道之境。”⑦

正是由于老子始终关注万事万物发展背后的“炁”的实质性作用，所以他指出，虽然慈爱的付出是单向而不求回报的，但是其效应却是双向的。这意味着不仅慈爱的接受者会得到关爱与帮助，慈爱的付出者也会得到相应的反馈。这种反馈不仅仅指对方可能给予的物质或口头上的感谢，而作为情感的一种反馈和表达，也会体现为一种顺应了道德终极关怀的本性因而自然获得的“炁”层面的反馈。⑧这种

① 帛书《老子》第72章：“知其雄，守其雌，为天下溪；为天下溪，恒德不离；恒德不离，复归婴儿。”

② 帛书《老子》第25章：“道者，万物之注也。”

③ 帛书《老子》第72章：“朴散则为器”。

④ 熊春锦．老子・德道经[M]．北京：中央编译出版社，2006：19.

⑤ 帛书《老子》第6章：“天下之至柔，驰骋于天下之致坚。”

⑥ 帛书《老子》第15章：“天下有始，以为天下母。既得其母，以知其子，复守其母，没身不殆……见小曰明，守柔曰强。”

⑦ 帛书《老子》第76章：“俾道之在天下也，犹小浴之与江海也。”

⑧ 帛书《老子》第31章：“圣人无积，既以为人己愈有，既以予人己愈多。”

反馈于伦理和在心灵感受上则体现为价值性的满足。因此，在他人价值和需要得以实现和满足的行为中，个人的价值才得到具体的体现和确证，没有境遇就无价值可言。[①]正如美国学者卡普拉所说："东方神秘主义的主要流派……都认为宇宙是一个相互联系的整体，其中没有任何部分比其他部分更为基本。因此，任何一个部分的性质都取决于所有其他部分的性质。"[②]这也是老子认为"以德报怨"才是解决恩怨最终出路的原因。因为站在万事万物发展的根本动力的"德"的层面来看[③]，"怨"既已产生，就代表着一种"失德"的因果状态，这种状态具有传递性，如果只是在人与人之间不断传递，互相推向对方，则往往会像滚雪球一样越滚越大，越来越离道失德。[④]只有以慈爱包容的心态，运用德的原则来化解，才能达到和谐的平衡状态。在积极向善、珍视关怀与爱意的环境中，爱与关怀作为一种与生俱来的人性的自然流露，会在人与人之间形成正反馈，从而不断增强。

三、超越论视角下的"绝仁弃义"

（一）老子并非单纯地否定仁义

帛书《老子》除了第1章中三次提到了"仁"之外，另外三处往往更为引人注意，分别为第49章"天地不仁，以万物为刍狗。圣人不仁，以百姓为刍狗"，第62章"故大道废，案有仁义"，以及第63章"绝仁弃义，民复畜慈"。由于世传本为"大道废，有仁义"，竹简本《老子》"绝仁弃义"一句为"绝伪弃诈"，不同版本之间存在着重大的差异，使得这几处的解读众说纷纭。

任继愈等倾向于站在老子否定徒有其名的仁义，主张回到纯朴状态的角度解读，认为："大道被废弃，才有所谓仁义……所谓仁义、

① 许建良．老子道家"慈"论[J]．伦理学研究，2011（1）：42-49.

② F.卡普拉．物理学之"道"——近代物理学与东方神秘主义[M]．朱润生，译．北京：北京出版社，1999.

③ 帛书《老子》第68章："故从事而道者同于道，德者同于德，失者同于失。"

④ 帛书《老子》第44章："和大怨，必有余怨，焉可以为善？"

慧智、孝慈、忠臣，老子认为这是病态社会中的反常现象，在合理的社会中不会产生这些所谓道德……抛弃了仁和义，人民才能回到孝慈……老子主张回到原始状态，见素抱朴，少私寡欲，才是从根本上治理国家的好办法。”[①]“大道废除之后，于是有‘仁义’……弃绝仁和义，百姓就能恢复孝慈的美德。”[②]

陈鼓应等重视竹简本的价值，倾向于肯定老子对仁义实质的赞成态度，认为：“天地无所偏爱，任凭万物自然生长；圣人无所偏爱，任凭百姓自己发展……审察简本原义，却非贬抑仁义、孝慈、忠臣。反之，认为在最美好的原始情境发生变化，在人际关系中出现问题，这时仁义孝慈的美德及正臣的节操，显得难能可贵……大道废弛，仁义才显现。”[③]

陈荣捷认为：“‘不仁’一词大有争议，它或许可被视为老子反对儒家仁义思想的一种强烈展示。但事实上此处所描述的道家观念是肯定面的，而非否定面的，它意指天地不偏不党，公正无私，毫无人为蓄意的仁爱之意。”[④]

值得注意的是，很多研究者将“绝”解读为与“弃”并列同义的“抛弃、否定”，熊春锦提出应当重视“绝”的其他意思，例如，《荀子·劝学》中的“假舟楫者，非能水也，而绝江河”，“绝”字可作“横渡，穿越”解，老子文中所说的“绝学”也可解读为“独到的学问”。[⑤]此外，更为大家所熟知的“会当凌绝顶”中的“绝”字也有“绝顶、最高境界”之意。因此，对于“绝”字的不同理解，显然也会对老子仁义思想作出截然不同的推论。此外，如果考虑到老子的仁义都是具有本体论色彩的，那么就需要注意“义”有上义、下义之分。就伦理性而言，上义表现为正义、替天行道，这一点与儒家伦理

① 任继愈．老子新译[M]．上海：上海古籍出版社，1985：98-99.

② 许抗生．帛书老子注译与研究[M]．杭州：浙江人民出版社，1985：102-103.

③ 陈鼓应．老子今注今译[M]．北京：商务印书馆，2006：145-149.

④ 转引自：陈鼓应．老子今注今译[M]．北京：商务印书馆，2006：94.

⑤ 熊春锦．老子·德道经[M]．北京：中央编译出版社，2006：171.

中所描述的道义和正义一致。而如果义德不纯，阴性过盛，则可能有为私而逞勇、霸道阴险的阴性表现。因此需要从“义”的合德合道、为公为私等方面来取舍和判别其性质。因此，从超越论角度来看，“大道废失，私欲贪念成为心灵的主宰，那么仁德与义德又如何能够保持呢？”[①]“最高境界的仁是摆脱了自我张扬、为私欲而勇的状态，百姓在这种状态下可以复归尊道贵德的慈爱……看穿事物的原始本质，保持住纯朴的天然属性，避免私心贪欲等尘浊的污染，掌握了这样的独到学问，也就永无忧患。”[②]则可能更容易与老子全文的思想匹配起来。

应当注意到老子道德系统论中，仁、义、礼、智、信都是完整的德朴散之后的子系统，而老子追求和倡导的道德修养是通过仁、义、礼、智、信的修养补足，继而回归到圆满的德一状态，并最终达到道的境界，具有鲜明的超越特征。因此，老子对仁、义、礼、智、信五德的基本态度是珍视但不局限。尤其是在道德修养达到一定的阶段，则应该超越对仁义的追求，而只“把握德一来引导百姓”[③]。万物像祭祀用的刍狗一样，其“炁”的属性是不生不灭的根本，也是变化的依据，而“器”的属性是难以长久的，所以天地只会取其实质性的“炁”而用之。“对于万物的‘器’，天地只是任其自然生灭而已。圣人效法天地，知道用虚的可贵，教化百姓也就注重对其灵魂的教化，以德养神，滋养人们的心灵，而并不局限于对有形躯体的执着关爱。”[④]所以圣人之仁，具有深刻的洞察性。

（二）超越的前提和条件

老子并不是单纯地歌颂或者向往圣人之治，或者人为虚构出一种圣人人格或者圣人的境界，他其实更为重视的是实践意义上的道德

① 帛书《老子》第62章：“故大道废，案有仁义？”

② 帛书《老子》第63章：“绝仁弃义，民复畜慈……见素抱朴，少私而寡欲，绝学无忧。”。

③ 帛书《老子》第67章：“执一以为天下牧。”

④ 帛书《老子》第49章：“天地不仁，以万物为刍狗。圣人不仁，以百姓为刍狗。”

超越。

老子思想中的超越论色彩十分浓厚。对于闻道者来说，“执一以为天下牧”的境界并不是没有前提条件的。“既需要通过善知识的学习和积累，来觉悟德和道，更需要时常清理自己的私心贪欲等心灵负担，随着这种清理的深入和彻底，人达到心无挂碍、智慧大开的境界，才能行事高度地符合自然规律。”[①]老子甚至直接指出“仁德是可以通过点滴修为的积累，来达到充沛厚实的”[②]。

对于修德的过程，老子强调需要从自己身心的修证开始。“自己身心对道德的体验达到‘真’的境界的时候，才可以水到渠成地把这种道德感染力扩展到家庭；全家的道德富足有余的时候，就会继而向更大范围的社会辐射，达到丰富和博大的状态。”[③]这里老子特地用“真、有余、长、丰、博”等词来表述这种道德影响力的实在性，而并非只是表达一种博爱的道德理想。

在纯德归道的过程中，老子指出需要通过“恒德不离、恒德乃足、恒德不贰”三个层次的复归与跃迁，从朴散斑驳的下德状态提升至德性具足和德性纯一的状态，最终达到“无极”所代表的“道”的境界。其中第一个层级就是：“虽知其强，而甘守柔弱之位，像天下的溪流那样利益万物，德不离身，这样的修养可以达到婴儿那般柔弱无私的状态。”第二个层级是：“虽知其尊荣而甘守屈辱之位，如同天下之浴神，滋养万物而常常不被觉察，德善富足，回归到先天一炁的朴素状态。”第三个层级是：“虽知万事万物的表象和显态，但是却牢牢把握住万事万物发展所不可见的炁态，从而成为天下的楷模。

① 帛书《老子》第11章：“为学者日益，闻道者日损。损之又损，以至于无为。无为而无不为。”

② 帛书《老子》第27章：“百仁之高，始于足下。”其中，帛书甲本作“百仁之高，台（始）于足下”，帛书乙本作“百千之高，始于足下”，世传本作“千里之行，始于足下”。“忎”是仁的一种写法，所以可以认为帛书两个版本在“百仁之高”一句是具有一致性的。

③ 帛书《老子》第17章：“修之身，其德乃真；修之家，其德有余；修之乡，其德乃长；修之邦，其德乃丰；修之天下，其德乃博。”

由于掌握了德一运化阴阳二炁的根本，进而回归到大道无极的最高境界。”①在这个过程中，第一个层级是需要高度重视与实践慈爱柔容的仁德以及其他四种德性，而第二个层级则已经需要五德的丰富圆满来实现“复归于德一”的超越，第三个层级则从纯德状态回归至道的境界。

此外，“人法地，地法天，天法道，道法自然”②也是从另外的角度来表述人从下德的朴散状态回归到大道的境界所必需经历的超越过程，这个过程并不能跨越，而只能顺次完成。《庄子·大宗师》中的颜回忘仁义之说，则对老庄的超越论思想及其条件展开了更为生动的描绘。

刘笑敢在比较儒家和道家思想时认为，“孔子之仁德本身要求的就是内在自觉、自发地实践仁的原则，不要外在的压力，也不要自我勉强，这样的表现才是自然的、真诚的仁……这和道家重视自然之价值的精神是有相通之处的，是道家可以接受的。老子提倡社会整体的自然和谐，希望社会的管理者尽可能不直接干涉百姓的生活，甚至不让百姓感到自己的作用，这和仁者以百姓利益为利益并没有不可调和的对立……在一定范围内，老子不必然反对儒家之道德，而孔子也不必然反对老子之自然。从社合生活实践的角度来看，老子之自然有利于孔子之仁从心底发出，而避免成为虚假的表现，而儒家之仁德也有利于提高个人修养，从而有利于实现老子所向往的自然之秩序，而避免禽兽相残。”③

老子与孔子思想的差别在于，论述重点前者以德和道为主，因此老子之“仁”具有本体论色彩，是作为完整德性的阶梯的；孔子则

① 帛书《老子》第72章：“知其雄，守其雌，为天下溪；为天下溪，恒德不离；恒德不离，复归婴儿。知其白，守其辱，为天下浴；为天下浴，恒德乃足；德乃足，复归于朴。知其白，守其黑，为天下式；为天下式，恒德不贰；德不贰，复归于无极。”

② 帛书《老子》第69章。

③ 刘笑敢．老子古今：五种对勘与析评引论（修订版）[M]．北京：中国社会科学出版社，2006：235-236.

“志于道，据于德，依于仁，游于艺”，主要从道德品格性及其在生活与仁政中的体现来论述仁德。孔子把仁作为道德的最高准则，把仁提升为一种普遍的价值原则，从“仁者爱人”“孝弟为仁之本”“克己复礼为仁”“为仁由己”“推己及人”等多方面阐述了“仁”的内涵。其强调和注重的是人和人际关系，突出的是人的意识和观念。[①]在仁的品格性方面，可以认为老子与孔子之仁并没有本质的区别。[②]

现代伦理道德体系的建设离不开传统文化的资源，儒学可以提供直接的借鉴和参考。然而，儒学曾被很多优秀知识分子批评为“吃人的礼教”，其原因之一就是统治者在利用儒学的道德原则时剥离了孔子学说中重内在体验、不强加于人、不强求于人的基本精神，使儒学成为控制和扼杀生命与灵性的工具。这和后代学者努力划清孔老界限也不无关系。[③]当前我国的道德文明建设，需要借鉴传统的儒道合一之路，将儒家的仁礼学说建立在道家的朴实人性基础之上，从而避免历史上曾经有过的异化现象。

当前，人们往往更为关注中国社会转型期的公平问题。诚然，这是一个更基本的人权和发展伦理。这种对公平与正义呼唤的背后，也反映出社会对人文关怀的强烈期待。这种关怀，不仅需要通过制度正义来给予直接的保证，同时也需要文化和信仰层面，通过接续中华传统道德文化之根来获得人文精神的终极关怀。正视和接续这种中华文化本源意义上的“道德”终极性，有助于让它本身蕴含的深厚人文精神滋养人们的心灵，从而对于营造幸福生活、构建和谐社会产生积极而重大的推动作用。

---

① 杨翰卿．关于“道”“仁”两个观念渊源的考察[J]．社会科学研究，1997（5）：65-68.

② 黄梓根，黄建新．论孔子仁与老子仁的相关性[J]．湖南大学学报（社会科学版），2009（1）：29-33.

③ 刘笑敢．孔子之仁与老子之自然——关于儒道关系的一个新考察[J]．中国哲学史，2000（1）：41-50.

第十二章 《老子》的义德观及其伦理价值

甲骨文中的义字有“”“”等写法，金文有“”“”等写法，六书通有“”“”等写法，《说文》写作“”。甲骨文、金文“義”的字形，如同兵器上插举着羊。到六书的时候，就已经比较明显地由“我”和“羊”构成。“我”，甲骨文形象兵器，又表示仪仗，使“義”字充满了阳刚铿锵的气息，因为义行、义举都需要承担风险和责任，需要舍弃一己的利益。“羊”则表示奉献的祭牲，表明了“義”字是富含自我牺牲精神、诚心敬奉天道、顺应大道规律的行为。具有无私奉献的精神而又有威仪，就是“義”。①

有关老子“义”思想的研究相比老子“道”“德”“仁”“礼”思想等方面的研究更为少见。但是如果注意到老子的核心思想的“道”与“德”都是有依据和根基的，因此，需要重视其超越性的前提和条件，那么其思想中“仁、义、礼”的重要性就会突显出来。刘笑敢曾提出“道家式责任感”的概念，力图挖掘《老子》原文的基本精神，从而纠正常见的误解，即认为老子哲学是消极的、逃避的、不关心社会的，进而思考老子思想对现代社会可能产生的积极意义和启示。②本文也采用类似的研究定向，提出老子义德观的概念，其中人格气质修养或所谓“功夫论”是中国传统哲学所独具的特色，无论是儒家还

① 熊春锦. 国学道德经典导读[M]. 北京：中央编译出版社，2006：76.

② 刘笑敢. 道家式责任感与人际和谐[J]. 文史哲，2008（6）：5-17.

是道家、佛家都呈现出这一基本特征。[①]但道家的人格气质修养往往被归入到道教研究中，在哲学与伦理学研究中受到的重视不足，这使得相关研究和思想的传播受到了局限。老子思想中的道德修养论有深厚的本体论基础，这本体论同时也是老子思想伦理主张的根据。

一、老子义德观的本体论特征

（一）老子的道德系统中的义德

老子思想中的“道”具有鲜明的本体论色彩。[②]老子以整体统合的眼光来把握存在本体，并由这种整合观进一步引发出了关于自然与人生和谐统一的“天人合一论”等思想。[③]老子思想中的“德”是“道”化生万物过程中的最初产物，是纯朴未散、有质无形的“炁”，也是畜养万物、决定万物发展方向的支配性力量。因此，“德”也具有本体论特征。这里所说的本体论都是中国传统哲学中的天人合一式的本体论，而非西方哲学体系中与认识论相对立的本体论，这两者较相似但也有差异。在研究老子思想的时候，需要高度重视这种天人合一理论背景下的概念，否则就容易从后世和当代的伦理体系出发来局限地理解老子思想。樊浩认为，“道”与“德”结合，才是中国形而上学的基本概念。[④]老子的理论系统中，先天的“道德”之炁生“阴阳”二炁，“德一”之炁调控“阴阳”二炁的平衡，继而化生万物。[⑤]

《老子》中“义”字出现了五次，老子是将“义”置于其“道、

① 倪培民．将“功夫”引入哲学[J]．南京大学学报（哲学·人文科学·社会科学版），2011（6）：86-98.

② 张岱年．论老子的本体论[J]．社会科学战线，1994（1）：99-100.

③ 朱晓鹏．论老子哲学的本体论[J]．广东社会科学，1997（5）：55-61.

④ 樊浩．“‘德’—‘道’”理型与形而上学的中国形态[J]．北京大学学报（哲学社会科学版），2010（2）：26-33.

⑤ 帛书《老子》第5章：“道生一，一生二，二生三，三生万物。万物负阴而抱阳，中气以为和。”

德、仁、义、礼、智、信”的道德系统中来论述的。[①]这种本体论特征意味着，既然人以及万物都是道和德所化生的，而德又会逐渐朴散为仁、义、礼、智、信五个系统，那么人的精神属性方面也会天然存在着与之对应的仁、义、礼、智、信的五种人格气质或伦理。[②]同时，因为仁、义、礼、智、信已经是德一朴散的五种德性，因此自身都具有阴阳属性。其中阳性为其“向德性”的表征，阴性为其“失德性”的表征。[③]老子在帛书第一章中用“上仁”“上义”“上礼”等词汇来区别于仅具有伦理意义的仁、义、礼。“上仁”作为完整德性朴散之后最初占主导性的德性，是人性的自然流露，这种状态是最接近上德的。下德状态的第二阶段“上义”及之后，则不仅“为之”，而且“有以为”，无论是从手段还是目的，都处于经验性的后天状态。对于“义”而言，由于已经处在经验状态下的情感和理性为主导的心理状态下，所以“义”的方向性取舍就成为首要的问题。虽然阳刚勇猛是义德的特征，但是这种阳刚勇猛用于正义还是霸道，则是区分上义与下义的关键。

（二）义德主导是“下德”第二阶段的特征

将义德放在系统性的理论框架之中来加以论述，除了老子之外，

---

① “上德不德，是以有德，下德不失德，是以无德。上德无为而无以为也，上仁为之，而无以为也，上义为之而有以为也，上礼为之，而莫之应也，则攘臂而乃之。故失道而后德，失德而后仁，失仁而后义，失义而后礼。夫礼者，忠信之泊也，而乱之首也，前识者，道之华也，而愚之首也。”这一段文字中，道、德、仁、义、礼是老子明确提出的，“信”以“忠信之泊也”形式提出，智则以“愚之首也”的形式提出。“愚”是“智”的反义词，老子用“愚”字来表述道、德、仁、义、礼都无法维持，忠信也变得很薄弱的时候，所剩下的“智”德只能表现出“愚”的状态。所以，这一段实际上包含了“道、德、仁、义、礼、智、信”七字系统。

② 《礼记・礼运》：“故人者，其天地之德、阴阳之交、鬼神之会、五行之秀气也。故人者，天地之心也，五行之端也，食味、别声、被色而生者也。”

③ 《白虎通・性情》中“性情者，何谓也？性者，阳之施；情者，阴之化也。人禀阴阳气而生，故内怀五性六情……阳气者仁，阴气者贪，故情有利欲，性有仁也”也体现了性情、气质的阴阳属性。

庄子、孔子和孟子也有相关的思想体现。《庄子·庚桑楚》中说："至礼有不人，至义不物，至知不谋，至仁无亲，至信辟金。"这是较早出现仁、义、礼、智、信五德合论的文本证据。孔子以"知者不惑，仁者不忧，勇者不惧"而将"勇"所代表的"义德"作为三德之一来表述。孟子将"义"作为"仁、义、礼、智"四端之一，则具有更为广泛的影响力。"恻隐之心，仁也；羞恶之心，义也；恭敬之心，礼也；是非之心，智也。仁义礼智，非由外铄我也，我固有之也，弗思耳矣。"①强调了"义"是人人具备的先天人格基础，是后天德性发展的先决条件。②值得注意的是，孟子论述"仁、义、礼、智"时对四者所采用的顺序，与老子是一致的。无论是仁、义、礼、智，还是仁、义、礼、智、信，为什么将"义"放在第二位，"失仁而后义，失义而后礼"？以笔者眼界所限，相关研究似不多见。值得关注的一种解释是熊春锦从五德与五行对应的角度，对老子提出下德状态的仁、义、礼先后作为主导性的阐释思路。熊春锦提出，仁德、义德、礼德分别与木、金、火相对应，而且都存在着品质的阳性与阴性之别。心中礼德光明是一个人的人格气质和社会伦理水平的直接决定因素。由于"木生火"，所以，阳性仁德对礼德的支撑作用是最直接且关键的。因此，当德一无法保持圆满纯朴而分解为五种元素的时候，由于相生相克关系，仁德最初居于主导地位。随着德性的继续下衰，仁德也无法纯正饱满的时候，义德的作用就突显了出来。这一方面是由于"火克金"，金反过来对火具有牵制的作用，因此具有阳金属性的正义可以宣泄心中的阴火，削弱气质中的急躁、无明，起到一种"通风抽走浓烟"的作用；另外一方面，"金克木"，阳金属性的上义可以制约仁德中品性不纯的阴木属性的气质，从而减少阴木对于

① 《孟子·告子上》。

② 《孟子·公孙丑上》："人之有是四端也，犹其有四体也。有是四端而自谓不能者，自贼者也；谓其君不能者，贼其君者也。凡有四端于我者，知皆扩而充之矣，若火之始然，泉之始达。苟能充之，足以保四海；苟不充之，不足以事父母。"

阴火的供应和支撑，起到一种“釜底抽薪”的作用。所以，仁德散失之后，义德对于心中光明礼德的维持和人的良好气质状态的维护具有关键性的作用。如果放大到社会发展的层面来看，也是同样的道理。所以老子的道德思想既基于对人格气质的观察，也考虑了社会发展的规律性。[①]关于五德与五行的对应，其系统化论述可以追溯到汉朝董仲舒时代，继而在扬雄和班固的思想中形成了比较明确而且沿袭到后世的稳定说法。因此，以五德五行相应的理论解释老子思想，在学理上还有进一步考证完善的空间，[②]但是也为解读“仁、义、礼、智”的顺序提供了一个有价值的思路。

二、老子义德观的人格气质修养

（一）唯道是从，勇于承担

在老子的思想中，道生德养化育了天地万物，虽然天地万物的善恶、成败、生灭，从根本上来说都是自然地由道与德来主宰的，由万物发展方向与道德相一致还是不一致来决定的，[③]但人作为大道的一部分，顺应道德是应尽的职责。老子的道德理论是以明德归道作为个人修养和社会发展的最高追求，但这并不意味着个人与社会脱离了关

---

① 熊春锦．中华国学道德根[M]．北京：中央编译出版社，2006：36-37.

② 如《文子·上礼》中说：“老子曰：‘昔者之圣王，仰取象于天，俯取度于地，中取法于人……以制礼乐，行仁义之道，以治人伦，列金木水火土之性，以立父子之亲而成家……’”《文子·自然》中说：“十二月运行，周而复始，金木水火土，其势相害，其道相待……夫教道者，逆于德，害于物，故阴阳四时，金木水火土，同道而异理，万物同情而异形。”又如《孔子家语·五帝》中孔子曰：“昔丘也闻诸老聃曰：‘天有五行，水火金木土，分时化育，以成万物。’其神谓之五帝。古之王者，易代而改号，取法五行，五行更王，终始相生，亦象其义。故其为明王者而死配五行，是以太皞配木，炎帝配火，黄帝配土，少皞配金，颛顼配水。”按照这些文本思想来推断，则不能排除老子的时代已经具备了五行与五德相对应的最初思想，但遗憾的是有关《文子》和《孔子家语》的时代和真伪，学界还没有确定的结论，因此还不足以作为有力的证据支撑。

③ 帛书《老子》第14章：“道生之，而德畜之，物形之，而器成之。是以万物尊道而贵德……道生之、畜之；长之、遂之，亭之、毒之，养之、覆之。”

系，而无需承担责任。个人向着自然大道的切进和自身能力的增强，都离不开道生德养和天地万物的支持和帮助。而且，复归道德的根本性就体现在与德道的终极关怀更为一致，这种更高的一致性必然也必须体现于对天地万物的关爱与扶助。因此在归根复命过程中，回馈于社会与自然的责任应该是随着能力的增大而相应增大。尽管老子认为更大的德行是一种“知我者希”的玄德境界，但这并非一种脱离社会、逃避责任的托辞。如果不从简单易行的显化之德开始做起，那么“无为而无不为”的玄德实践怎么可能真实不虚？

老子的道德思想更多的是对圣人、王侯、有志于圣人之治的人而言的，而很少是对普通百姓的要求。因为老子并不主张要承担超出自己能力的责任，那样不仅不切实际，而且本身就违背了自然法则。在老子眼中，自然界的能量总是从高的一端流向低的一端，所以处于强大之势的集体和个人都应该效法自然，勇于承担责任，帮助弱小，并且谦虚处下。这样才能完成强与弱的交流和互助，合作与共赢。①“有能承受一国之耻辱的肚量，才可作一国之主；有能承受一国之凶兆的胸怀，才可称得上是天下的王者。”②

所以，让自己首先对自然大道有深刻的体悟，对归根复命有真正的实践能力，对别人的帮助才会具有根本性的作用，也才能更长久地造福于社会。老子说：“当众人毫无诚意于祭祀而只贪图其中的吃喝，像春游登高一样陶醉其中的时候，我持守淡泊恬静的无为之境，像婴儿那样纯朴。当别人都选择复杂有余的时候，我却独钟于简单纯朴的道德，像个愚人一样。当众人浑然不觉地陷入世事的纷扰之中时，我独立于对道的冥思。当众人穷尽智能聪明为用的时候，我仍然持守于无为的状态进行深刻的冥思。众人把有形的东西当作有用的，

①帛书《老子》第24章：“大邦者下流也，天下之牝也，天下之郊也。牝恒以静胜牡，为其静也，故宜为下。大邦以下小邦，则取小邦；小邦以下大邦，则取于大邦。故或下以取，或下而取。”

② 帛书《老子》第43章：“故圣人之言云曰：受邦之诟，是谓社稷之主；受邦之不祥，是谓天下之王。”

我却锲而不舍地独立于众人的嘲笑之中。我的思想与众不同，那是因为我珍视的是万事万物变化的根本动力。”①

老子强调需要从自己身心的修养开始，自觉承担起与能力对等的责任。“修之身，其德乃真；修之家，其德有余；修之乡，其德乃长；修之邦，其德乃丰；修之天下，其德乃博。”②自身对道德的体验与实践达到“真”的境界的时候，才可以水到渠成地把这种道德影响力扩展到家庭；全家的道德积修富足有余的时候，就会向更大范围的社会辐射，达到影响长远、内涵丰厚和博大的状态。这里老子特地用“真、有余、长、丰、博”等词来表述这种道德影响力的实在性，而并非只是表达一种博爱的道德理想。之所以能完成这种道德影响力和辐射力的提升超越，是因为“道”存在着平衡与反馈机制。“圣人不为自己积聚，尽力为别人付出而自己却更增加，给予别人的越多，自己获得的也就越多。”③所以从自然大道的机制来说，只有勇于承担责任，在服务于万物，也就是完成道德所赋予的使命的同时，才能最终返朴归真。这一点与《周易》的“天行健，君子以自强不息”的精神是一致的。在完成了历史的使命之后，再遵循“功述身芮，天之道也”④的原则，及时隐退，完成个人生命质量的升华，这是比较理想而完整的道家式入世与出世的关系和过程。

（二）柔能生强，慈而后勇

义德的基本意义中包含了阳刚铿锵、勇猛有力，经常被与“强”的意义联系在一起。《老子》中多处用到了“强”，其中既有否定义，也有肯定义。用作否定义时，“强”多作与“柔”相对的一般意义上

---

① 帛书《老子》第64章：“众人配配，若乡于大牢，而春登台。我泊焉未兆，若婴儿未咳。累呵！似无所归。众人皆有余，我独遗。我愚人之心也。湷湷呵！鬻人昭昭，我独昏呵！鬻人蔡蔡，我独昏昏呵！忽呵！其若海；望呵！其若无所止。众人皆有以，我独顽以悝。吾欲独异于人，而贵食母。”

② 帛书《老子》第17章。

③ 帛书《老子》第31章：“圣人无积，既以为人己愈有，既以予人己愈多。”

④ 帛书《老子》第53章。

的“强大，有力”解，如：“人之生也柔弱，其死也坚强……坚强者，死之徒也；柔弱微细，生之徒也。兵强则不胜，木强则恒。强大居下，柔弱微细居上。”[①]“天下莫柔弱于水，而攻坚强者莫之能先也，以其无以易之也！水之胜刚也，弱之胜强也……”[②]“以道佐人主，不以兵强于天下，其事好还……善者果而已矣，毋以取强焉。”[③]“友弱胜强。”[④]

“强”，用作肯定义时，老子指出，义德的强健有力应该建立在柔和的基础之上，具备柔韧的特性，即所谓百炼钢化为绕指柔。“心能驱动体内气机流转，畅达从容，才是能长治久安的强。”[⑤]这可以防止人和事物的强发展过度，走向反面而不自知。“能够体察事物深层微妙的变化才是真正的明白，能够观察和持守万物的‘柔’性才是真正的强大。”[⑥]“圣人的道德修养，是让心胸更开阔的同时，让体内的精气神更为充盈饱满；在淡泊私心欲望、减损禀性习性的同时，让生命的质量不断增强。”[⑦]“能够战胜别人的人固然说是有力量的，但是能够战胜自己的人，才是真正的强者。”[⑧]在这些方面，老子所说的“强”都具有超越性，启示人们从更高的层面，以更为长远的眼光来思考“强”的意义及其实现途径。

“守”字在帛书《老子》中出现11次，包括守母、守柔、守慈、守中、守情、守雌、守辱、守黑、守朴，等等。“守”是需要坚强与韧性的，而且需要一种超越和洞察的视角。老子也说“善建者不拔，

---

① 帛书《老子》第41章。

② 帛书《老子》第43章。

③ 帛书《老子》第74章。

④ 帛书《老子》第80章。

⑤ 帛书《老子》第18章：“心使气曰强。”

⑥ 帛书《老子》第15章：“见小曰明，守柔曰强。”

⑦ 帛书《老子》第47章：“是以圣人之治也，虚其心，实其腹；弱其志，强其骨。”

⑧ 帛书《老子》第77章：“胜人者，有力也；自胜者，强也。知足者，富也；强行者，有志也。”

善抱者不脱”[①]，无论是创业时的坚忍不拔还是守业时的牢固不脱，其实都是需要具备内在义德的坚韧持久的。

老子高度重视“慈、检、不敢为天下先”这三宝的作用，认为“慈”可以激发人的勇气与勇敢。当一个人真正从内心深处焕发出慈爱的力量的时候，这种“慈”就会转化为一种勇往直前的力量。同时，这种慈爱仁德也可以成为检验义德之“勇”的标准。如果“勇”的动机中不包含“慈”的因素，而只是为私欲而逞勇于天下，那么必然会招致祸患。[②]因此，义德的勇猛气质，必须经由慈爱仁德的涵养，就像金属器皿的缺口和毛刺，不能让其锋芒毕露而导致意外的伤害，必须锉平这些缺口毛刺，让其圆润光滑，这样才能让其金属的质感更为鲜明，使用起来也更为得心应手。[③]老子认为：“善于成事的贤者不会崇尚武力去征服别人；真正懂得作战的人，心平气和，不会妄动怒气自乱心身；真正掌握胜敌诀窍的人，得道多助而不必结党营私；善于用人的人，谦虚且尊重人。”[④]

刘笑敢提出，从积极方面来说，柔韧之力往往可以达到刚强勇猛之威所达不到的效果；从消极方面来说，柔弱之方可以减少正面冲突，减少无谓的伤害。这个道理似乎尽人皆知，但能够实行的人很少。这大概是因为实践道家式的治理方式，不仅需要否定习惯性管理观念的巨大勇气，而且需要高瞻远瞩、敢于承担的胸襟气魄。[⑤]

有学者提出孔子论“勇”可作“积极的勇”与“消极的勇”两种区分。“积极的勇”是指“勇”是君子不可或缺的德性之一，其具体内容就是“勇者不惧”。孔子论“勇”还有一条“消极的”线索，即他力图对“勇”予以限制。这种情况在《论语》中至少出现过四次：

---

① 帛书《老子》第17章。

② 帛书《老子》第32章：“夫慈，故能勇；检，故能广；不敢为天下先，故能为成事长。今舍其慈且勇，舍其检且广，舍其后且先，则必死矣。”

③ 帛书《老子》第48章：“锉其兑，解其纷。”

④ 帛书《老子》第33章：“善为士者不武；善战者不怒；善胜敌者弗与；善用人者为之下。”

⑤ 刘笑敢．道家式责任感与人际和谐[J]．文史哲，2008（6）：5-17.

“勇而无礼则乱”“恶勇而无礼者”“好勇不好学，其蔽也乱”“君子义以为上。君子有勇而无义为乱，小人有勇而无义为盗”。此外，在《国语》以及《左传》中，以“义”规“勇”的情况出现过多次。[①]这种“以义规勇、以礼规勇”与老子以“唯道是从”以及“慈、检、柔”等来制约阴义的逞强有着某种相通之处。

孟子也曾提到义德与人格气质的关系。“我善于修养自己的浩然正气……这种正气，最广大、最刚强，正确地养护她而不去伤损她，这种正气就会贯通天人，流行于天地之间。这种正气，一定要符合正义与天道，否则这种正气就会匮乏。她是义德的积聚而自然产生的，并非靠窃取义德的名义就能获得的。如果不能问心无愧，这种正气也会匮乏无力的。我所以说告子不懂得义，是因为他把义看作是外在的东西了。”[②]孟子说的浩然之气可以从人的气质修养层面来理解，于是这与义德的本体论特征就产生了联系。孟子对“大丈夫”的人格描述很大程度上就取用了义德的标准：“富贵不能淫，贫贱不能移，威武不能屈。此之谓大丈夫。”这也可以证明在先秦时期，义德首先是作为一种内在人格气质，同时也具有外在伦理属性。

三、老子义德观的伦理主张

（一）“尊道贵德”的正义前提

义德的特征是强健有力，但是义德究竟是否与正义相符，老子特别强调“尊道贵德”的前提条件，体现着“孔德之容，唯道是从”[③]。而道与德的评判标准，在一定程度上又表现为民心所向，即

---

① 黄建跃．“好勇过义”试释——兼论《论语》中的“勇”及其限度[J]．孔子研究，2011（5）：82-90.

②《孟子·公孙丑上》：“我善养吾浩然之气……其为气也，至大至刚，以直养而无害，则塞于天地之间。其为气也，配义与道；无是，馁也。是集义所生者，非义袭而取之也。行有不慊于心，则馁矣。我故曰，告子未尝知义，以其外之也。”

③ 帛书《老子》第65章。

“圣人恒无心，以百姓之心为心”[①]。“如果意气用事而无所敬畏，那么就离大祸不远了。不要凭借强势而压迫别人的生存，这样才不会被他人所厌恶和抛弃。”[②]反映黄老思想的另一部重要著作《黄帝四经》中认为：“所谓为正义而征战，讨伐奸乱，禁止暴行，起用贤人，屏退谗佞，这是正义之战，人民都会为之拼死效力的。”[③]“圣人做事，合于天地之道，顺应民心和神祇的意愿，与民同利，人们都会信任依赖他们，这就是所谓的道义。君主任用了他们，是符合国家社稷和全天下的百姓的长久利益的。”[④]因此义德的强健勇猛，一定要建立在道本、德本、民本的基础之上。这种“尊道贵德，唯道是从”的正义前提贯穿义德义行的全过程，也是评判是否为义德的最高标准。

老子提醒人们保持清醒和警惕，尤其是处于强势的时候，不要轻举妄动，逞强恃勇。例如，“凭借力量的强势而胆大妄为即是败亡之途，拥有力量却不敢妄为则是长久之计。天道化生万物如同发射弹丸，无踪迹可寻，但是万物的生死发展无所不由其主宰。天道主宰万物却不会根据自己的喜好，随意降祸惩罚于万物，但是天道的惩罚必然精妙无比、恰如其分。因此，天道如网，虽大且疏，但没有任何自恃聪明者的罪孽可以逃脱她的制约”[⑤]。正因为有天网及人间法网的存在，老子认为：“取代司法独立，以权代法而操弄杀机的人，就像代替高明的木匠去砍木头一样，很少不伤及自己。”[⑥]“用私欲贪心

---

① 帛书《老子》第12章。

② 帛书《老子》第37章：“民之不畏畏，则大畏将至矣。毋闸其所居，毋猒其所生。夫唯弗猒，是以不猒。是以圣人，自知而不自见也，自爱而不自贵也。故去被取此。”

③《黄帝四经·十大经·本伐》：“所谓为义者，伐乱禁暴，起贤废不肖，所谓义也。义者，众之所死也。”

④《黄帝四经·十大经·前道》：“圣人举事也，合于天地，顺于民，祥于鬼神，使民同利，万夫赖之，所谓义也。身载于前，主上用之，长利国家社稷，世利万夫百姓。”

⑤ 帛书《老子》第38章：“勇于敢者则杀，勇于不敢者则栝。此两者或利或害。天之所恶，孰知其故？天之道，不弹而善胜，不言而善应，不召而自来。弹而善谋。天网恢恢，疏而不失。”

⑥ 帛书《老子》第39章：“夫代司杀者杀，是代大匠斫也；夫代大匠斫者，则希不伤其手矣。”

的个人主观欲望而妄图夺取天下的人，是不能成功而无祸患的。天下乃是宇宙自然所造的公物，并不是个人妄想就能得到的。妄想贪图者必将招致败亡，执着不放之人一定会有损失。”[①]因此，“以道来辅佐君王者，贵在用德治教化天下，而不要穷兵黩武逞强于天下，这样才能获得善报，回归于道。事物强壮了，就会向衰老迈进了，向无道的方向发展，继而招致过早的衰亡”[②]。

即便不得已需要使用武力或者采用强势，也仍需恪守天道，适可而止。对于用兵之道，老子认为战争的胜负不在于先发制人，而在于反客为主，以退为进。处弱守柔，谋之于未动之先，不争锋芒，也就无敌于天下。最大的祸端莫过于不适时宜，舍慈而逞匹夫之勇，弃检而骄傲自满，忘后而蠢动争先，丧失三宝则必然招致失败。[③]“兵器是不祥的东西，万物都厌恶它，所以有欲望的人要对之保持谨慎，将其敛藏起来，刀枪入库比较好。靠兵器的锐利和军队的强大而杀人，不可能真正让天下归心。所以即便不得已而打仗的时候，主将居右，副将居左，这都是按照丧礼的顺序来居位的。战争中死伤众多，战后需以悲哀之心靠立在一起默哀，即便打了胜仗，也需要用丧礼的方式来对待，而不能炫耀。”[④]相对于一般意义上的积极主动而言，老子更重视以退为进。

刘笑敢认为老子思想中道法自然的原则高于正义的原则，他将自然阐释为人文自然，强调人类社会的个体的、群体的、总体的自然，

① 帛书《老子》第73章：“将欲取天下而为之，吾见其弗得已。天下神器也，非可为者也。为者败之，执者失之。”

② 帛书《老子》第74章：“以道佐人主，不以兵强于天下，其事好还……物壮而老，是谓之不道，不道早已。”

③ 帛书《老子》第34章：“用兵有言曰：吾不敢为主而为客；吾不进寸而芮尺。是谓行无行，攘无臂，执无兵，乃无敌矣。祸莫大于无适，无适近亡吾宝矣。”

④ 帛书《老子》第75章：“夫兵者，不祥之器也，物或恶之，故有欲者弗居。君子居则贵左，用兵则贵右。故兵者，非君子之器也；兵者，不祥之器也。不得已而用之，铦庞为上。勿美也，若美之，是乐杀人也。夫乐杀人，不可以得志于天下矣。是以吉事尚左，丧事尚右。是以偏将军居左，上将军居右，言以丧礼居之也。杀人众，以悲依立之；战胜，以丧礼处之。”

和平的发展的原则高于任何正义、正确以及神圣等原则，以期可以限制和防止以任何漂亮的口号破坏人类社会的自然而然的秩序并制造灾难的行为。“高于”不是替代，也不是“压制”，而是意味着价值的兼容性和超越性，具有补充普遍价值并调节多种普遍价值之间相互作用的功能，是给各种必要的普遍价值提供一种润滑机制，减少不同价值或社会机制之间不必要的磨擦和冲突，这是人类长远的整体利益所在。①

（二）“争与不争”的利益取舍

老子思想往往给人的印象就是“不争”，是“报怨以德”②。需要注意的是，这些原则都有前提条件因而需要辩证思考。老子除了强调“唯道是从”的动机标准之外，事实上也强调了“道法自然”的总原则，这就衍生出建立在“道法自然”基础之上的个人承受力的问题。

关于“争与不争”，老子说过“不敢为天下先”“人之道，为而弗争”③，但如果考虑到老子理论中“尊道贵德，唯道是从”这一原则的最高等级的优先性，以及“少私寡欲”“知常容，容乃公，公乃王，王乃天，天乃道”④，那么也许就不难得出老子对于“争”的对象及其标准的判断原则，那就是符合天道法则的利益尤其是公益，需要投身其中，个人应得的利益也应该受到保护，超过合理范围的利益则不要贪婪。虽然这些都不构成十分严格和清晰的规范伦理，但是至少可以证明老子并不赞同人们做那些自己实际上无法承受的“公而忘私”以及在此名义之下对公民合法权益的侵犯。而且老子提倡的“不争”的结果是“天下莫能与争”，是没有忧患，而且不争的手段丝毫没有影响“善为士、善战、善胜敌、善用人”，而只是达成其至善境界的途径。

---

① 刘笑敢．人文自然对正义原则的兼容与补充[J]．开放时代，2005（3）：42-55.

② 帛书《老子》第26章：“大小多少，报怨以德。”

③ 帛书《老子》第31章：“故天之道，利而不害；人之道，为而弗争。”

④ 帛书《老子》第60章。

老子所说的“不敢为天下先”是作为三宝之一承接之前的“慈”和“检”的，是用慈爱和反躬自检来制约自己的鲁莽逞强。不容忽视的是，“先”的标准并不是简单的“天下之人”或其他人，而是“天下”本身。“天下”在帛书《老子》中出现多达58次，此处理解为“天下之势、天时地利发展所具备的条件”等可能更为稳妥一些，这样“天下之人”也就被包含进“天下”之意，但又不导向“只有别人做了自己才能跟着做”的误解。①

而且，老子特别注重抓住事物发展最初的微小征兆，从而做出积极的调整和引导，而不待事物发展成型再陷入到后期的大动干戈之中。②因此，他更倾向于有效率地做实质性工作，在事物发展源动力的“一”的层面做出努力，而不主张陷入到阴阳“二”的事物表象方面进行徒劳无功的争斗，从而耗费大量的时间、精力与物力。即便出现了矛盾与对立，也要力图跳出自身思想和利益的局限，从更高的“一”的层面来观察、分析和处理，引导事物向符合道与德的方向以“道法自然”的方式来发展。从这个意义上来说，“人之道，为而弗争”并不导向消极，而应看到表面的消极背后的深刻积极意义，因为“弗争”的同时是“为”。

（三）“损有余而补不足”的利益分配

义德的强健有力如果外发而作用于人事，则必然导致利益的再分配，那么“尊道贵德，唯道是从”就必然要求这种再分配过程也需要效法天道原则。老子认为：“天下之道，如同张弓举射一样，下面的发射上去，高处的降下来。如此使得原来居于高与下的位置发生变

---

① 遗憾的是，“不敢为天下先”现在经常成为人们一味退缩、缺乏闯劲和创新的调侃，于是又常见“敢为天下先”的说法来作为勇往直前的象征。这种经典语句在世俗意义上的理解和应用，作为一种民间文化现象非常耐人寻味，同时也启示了新的时代背景下经典诠释工作的必要性和紧迫性。

② 帛书《老子》第27章：“其安也，易持也。其未兆也，易谋也。其脆也，易判也。其微也，易散也。为之于其未有也，治之于其未乱也。”

易，天道就是这样让万物向中和的方向发展，而不是两极分化，拉开距离。因此，天道是自然无为地减损有余的，来补充不足的。而人由于私心贪欲的存在，往往是强势者凭借其优势，愈发剥削弱势者的资源，让自身的利益得到进一步的巩固和提升，从而导致两极分化。”[①]

我们中国人其实一直潜移默化地将“义”与“损有余而补不足”的利益再分配结合在一起看待。大到王朝的更替，往往以“替天行道”“天命”的名义来号召天下，例如武王伐纣，可称之为“正义”；中到封建王朝的农民暴动，打破旧世界建立新世界，称之为“起义”；小到民间的劫富济贫、见义勇为，称之为“侠义”。新民主主义革命中，马克思主义理论之所以能在中华大地上引导人民推翻旧社会建立新中国，一方面是因为其符合了中国人民的根本利益和愿望，具有正义性，另外一方面也因为马克思主义理论和共产主义理想激发了革命志士的大无畏的义德勇气。这些都属于暴风骤雨性的带有革命色彩的社会活动。但是义德的强势有为干预，以老子的思想来看又具有“飘风不终朝，暴雨不终日”[②]的短期性和阶段性，虽然在一定情况下是“不得已而为之”的，但更重要的是要在社会制度层面建立起合理有效的“损有余而补不足”机制，从而使社会矛盾不必积累到爆发的程度然后再以剧烈的方式来解决。

老子承认善果的合法性，“珍惜善果而不傲慢、自恃、自夸，即便在人力、物力、智力等方面拥有优势，那也只不过是往昔的善果而已，不可以逞强，否则以后就不会有善的回报了”[③]。因此“损有余而补不足”本身也不是简单的平均主义思想。老子更希望通过圣人、侯王等占有社会优势资源的人能主动让渡利益来完成社会资源的合理

① 帛书《老子》第42章：“天下之道，犹张弓者也。高者抑之，下者举之；有余者损之，不足者补之。故天之道，损有余而益不足。人之道，损不足而奉有余。”

② 帛书《老子》第68章。

③ 帛书《老子》第74章：“善者果而已矣，毋以取强焉。果而毋骄，果而勿矜，果而勿伐，果而毋得已居，是谓果而不强。”

分配，“谁能拿出自己多余的来奉献于天呢，这才是真正的有道者”[①]。

老子提倡的“报怨以德”的宽恕，表现为一种自我利益的放弃，符合义德“果断有力，利生舍己”的内涵。无论是物质利益还是情感利益的放弃，都需要勇气与坚决。关爱可以成为宽恕的支撑力量，但是宽恕本身主要体现的是义德的特征。而这种利益的放弃和宽恕，又必须符合自愿的原则，在自我能承受的范围内自然而然地完成，别人只能作为中介来帮助沟通，而不能采用强势的手段来调和，否则会因为不符合自然因果规律而必然留有余患。[②]

四、义德视角下的公德与私德

（一）道德的狭隘化是公德欠缺的重要原因

在中国伦理史上，梁启超最早使用公德和私德概念，认为“人人独善其身者谓之私德，人人相善其群者谓之公德”，并且较为详尽地探讨了二者的关系。梁启超在公德与私德之间表现出了一种矛盾的思想，一方面他批评中国受封建统治的影响，重私德而轻公德，“吾中国数千年来，束身寡过主义，实为德育之中心点”“束身寡过之善士太多，享权利而不尽义务，人人视其所负于群者如无有焉”。因此，他呼唤对公德的重视，“知有公德，而新道德出焉矣，而新民出焉矣”。但是另外一方面，他又认为公德建设可以由私德外推来完成，“公德者私德之推也，知私德而不知公德，所缺者只在一推”[③]。

很多学者认为主导中国社会两千多年的儒家伦理应该为中国社会的公德欠缺负重要责任。例如认为儒学主要是通过伦理关系来实现自我认同、社会认同的理论特性，使儒家在公共生活领域中发生认同障

① 帛书《老子》第42章：“孰能有余而有以取奉于天者？此有道者乎！”

② 帛书《老子》第26章：“和大怨，必有余怨，焉可以为善？是以圣右介而不以责于人。故有德司介，无德司彻。”

③ 梁启超．梁启超全集（第二册）[M]．北京：北京大学出版社，1999：660-662，714.

碍，阻滞了道德感情和道德行为的释放，表现为公德的缺弱。[①]儒家虽然重视人际关系之间的规范，但主要是血缘关系中的追求，体现的是自己本位的价值观，即使有“泛爱众”等公德的隐性因子，但也因儒家道德本身缺乏驱动因子而受到制约。[②]中国传统血亲伦理的私人关系性、差序等级与权宜相对主义，至今制约着中国公共生活与私人品质的现代性转变。[③]这些观点都有其合理之处，但是把“重私德、轻公德”的结果完全归咎于儒家伦理或者中国传统伦理，可能并不公允。中国先秦的道德体系，都是包含着人格气质（或美德）与伦理价值（或规范）两个层面的，只是在之后的两千多年的发展过程中，后者与皇权、宗法制度紧密结合而得到了极大的强化，并占据了“道德”体系的主体地位，获得了权威话语，而前者受到的重视远不如后者。况且儒学自先秦诞生，至汉朝被皇权利用之后，虽然与中国人的生活发生了更为紧密的关系，但是在某种程度上也与其最初的思想有所偏离。

中国传统的义德思想，积极参与和勇于承担本身就是其内涵要求，这使得“人人自扫门前雪，不管他人瓦上霜”即便从私德的角度来说，也并非其本意，如果按照老子思想中的五德齐备为基，继而超越五德回归纯朴德一境界，最终达到归真合道的道德修养目标来看，梁启超所批判的“束身寡过之善士太多，享权利而不尽义务，人人视其所负于群者如无有焉”，当然是偏离了中华道德内涵的本源，只能算做道德内涵发生歧变之后的一种道德习俗。万俊人指出：“孔孟这一有正当前提论证的道义论行为价值观，却被后来日益经院化、正统化的儒家伦理学推向了极端。汉董仲舒，虽然看起来仍然保持着与孔孟之道一致或相似的道义论原则立场，但由于实际的理论推演明显泛化，致使义利之辩的道义论结论有了不尽相同的内涵。在孔孟的仁义

① 崔大华．儒学的一种缺弱:私德与公德[J]．文史哲，2006（1）：30-36.

② 许建良．儒家道德缺乏公德机制论[J]．伦理学研究，2008（2）：53-58.

③ 尤西林．中国人的公德与私德[J]．上海交通大学学报（哲学社会科学版），2003（6）：3-8.

伦理中，义利之辩的基本语境是个人的守道成德实践，而在董氏这里，却演化成了社会道德原则与个人利益甚至是社会政治要求与个人道德之间的关系及其价值抉择……董氏的这一普遍化道义论逻辑为尔后宋明理学家们所承袭，并作了不同程度的发挥。”[①]按照麦金太尔的观点，这种千年尺度上的规范伦理的兴起与美德伦理的潜隐在西方也是同样存在的。因此，从某种意义上来说，道德的内涵在过去两千多年内是发生了重大范式转变的，其中义德向“关系”侧重的狭隘化也不可避免地发生了，而这种狭隘化是公德欠缺的重要原因。

（二）私德推公德的两种理论及问题

在这种情况下，梁启超所说的由私德向公德的“一推”，也是存在着巨大的不确定性的。从私德推公德，至少有以私德的规范或关系层面和人格精神层面出发的两种推法。就前者来说，存在着不少制约因素。例如廖申白指出，中国人的私人生活由于农耕文化的稳定而范围狭小，同时历代王朝统治者又通过制度化的方式演化出各种繁文缛节，给人的发展造成极大的压抑。另一方面，中国古代社会在公共交往生活方面的发展十分滞缓。农耕的村社社会的僵固性，家族聚居生活的排外性，皇权对城市社会的超强控制，使得中国人没有在社会方面发育出基本的自治性，直到20世纪初还没有稳定的公共交往伦理。新中国成立后由于乡村生活的封闭和城市居民对“单位”制度的强烈依赖，在很长时间里，“公民”这一名词并没有同人们的生活发生现实的、密切的联系。这些原因使得中国社会在公共交往生活方面没有形成健全的文化传统。这是今天中国公共交往生活中的许多问题发生的一个重要原因。[②]有学者指出，中国历史上悠久丰厚的私德，并没有推出合乎近代需要的公德，而西方国家的公德不是私德“外推”的

---

① 万俊人．寻求普世伦理[M]．北京：北京大学出版社，2009：111-112.

② 廖申白．论公民伦理——兼谈梁启超的“公德”“私德”问题[J]．中国人民大学学报，2005（3）：83-88.

结果。自古希腊城邦开始，西方社会逐渐孕育出悠久的公德传统。经过近代工业革命的发展，经济自由和政治民主化的推进，公民的权利义务意识不断明确，造就出较为成熟的契约伦理和公共精神。①

相比之下，从人格精神的角度尤其是义德的内涵来完成私德到公德的外推，其合理性和可能性倒显得更大一些。在西方古典时期，苏格拉底把正义纳入个人“德性”的范畴，最后得出了正义是灵魂的三个要素和城邦的三部分人各司其职的结论。柏拉图在《理想国》中谈到灵魂正义与城邦正义这两类正义，分别对应私德和公德，灵魂的正义是内在本质，而城邦的正义是本质的外显。亚里士多德关于正义的探究，也是先把正义作为“正直”的德性，然后从“正直的人”推导出“做公正的事”，依循的同样是从私德推出公德的思路。近代的平均主义和功利主义的分配正义观以及罗尔斯和诺齐克分配正义的原则中，最初的人格意义上的正义都潜隐在对规范和原则制定的过程中，并未突显出来。②万俊人认为现代社会伦理的基本特征和进路之一，是将社会公民的公德与私德严格区别开来，以公民权利与个人人权、社会道义与个人职责、社会伦理规范与个人意志自由等不同性质或不同层次的概念来分别对待之。但是，这一具有一定历史合理性和理论正当性的范式转换也带来了一定的危险。那就是人们往往因生活的过度社会化而渐渐失却了对自我德性精神的敏感与自觉，人们的道德直觉能力因日益强化的社会伦理约束而慢慢退化，导致了现代人类道德能力的外在依赖性后果。最终，内在道德精神的缺乏和道德知觉能力的弱化，又导致社会伦理规范效力本身的降低。无论现代社会伦理规范多么周全和完备，如若缺乏个人自主美德的内在心理基础，不可能产生健全有效的伦理规范。这一点正是现代社会规范伦理的内在缺陷和弊端。麦金太尔在批评这一缺陷时尖锐地指出：“在美德与法则之

① 程立涛，苏建勇．“私德外推即为公德”吗？——兼论梁启超的公德私德观[J]．河北师范大学学报（哲学社会科学版），2007（2）：54-58.

② 赵敦华．正义：公德与私德的张力[J]．社会科学战线，2008（8）：229-233.

间还有另一种关键性联系，因为只有对于拥有正义美德的人来说，才可能了解如何去运用法则。”[①]

（三）兼顾私德修养与公德参与的制度建设

公德与私德之间，在参与身份、目的、场域、思维方式、调节与反馈方式等方面都存在着不容忽视的差异。公德主要是个人以社会成员身份在与他人的交往中、在公共场域、在利他行为中体现的德性，私德主要是个人以私人身份在与他人的交往中、在私人领域、在利己行为中体现的德性。[②]公共生活中的道德决策一般必须向公众作出清晰的或明显的解释或辩护，因此在公德范围内以逻辑推理或数学推理为典型的“明显推理”发挥着较为重要的作用，而在私德范围内，由直觉支配的并且即刻完成的“隐含推理”发挥着较为重要的作用。[③]公德所面对的公共交往对象多是不确定的匿名“他者”，交往过程的暂时性导致无法实施对对方的人格约束，只能诉诸明确的契约或规范，采取制度化的调节方式。私德强调私人交往中的默契，以内向性心理调节为主。[④]因此，由私德向公德的外推并不简单，而必须经过某些必要的转换和调试，采用私德修养与公德参与兼顾的二维道德教育模式可能更为理想。这种模式的必要性和必然性，在美国的品格教育运动中已经有所表现。美国品格运动的非广义品格教育论者从培养健全个体、解决社会问题的角度出发，主张品格教育应当侧重培养体现个人精神面貌的美德或品质，这是偏向于私德的观点。基于公民教育立场的品格教育论者从自由主义立场出发，认为品格教育必须考虑

---

① 万俊人．寻求普世伦理[M]．北京：北京大学出版社，2009：132.

② 张建英，罗承选，胡耀忠．公德与私德概念的辨析与厘定[J]．伦理学研究，2010（1）：81–86.

③ 陈晓平．评汉普希尔的公德私德观[J]．南京大学学报（哲学・人文科学・社会科学），2000（4）：21–30.

④ 程立涛，苏建勇．“私德外推即为公德”吗？——兼论梁启超的公德私德观[J]．河北师范大学学报（哲学社会科学版），2007（2）：54–58.

社会背景、文化因素和具体的道德情境，因此公民教育就既要教授有关民主社会的基本精神、原则和运作方式，又要培育适宜于民主生活的诸多公共习惯和共同美德，这是侧重于公德的观点。[①]

人们已经注意到公德建设与公德教育需要重视制度化。例如有学者指出公私德建设不仅是从伦理观念信仰到行为习惯的教化修养，同时要求相应的公私领域社会体制改革，即实现“公民”必需的权利保障。[②]如果没有必要的制度规约和机制保证，完全依靠个体的道德自觉，那么个体对公德的履行将会是脆弱的，而公德建设和公民道德建设也将会流于一句空话。[③]但是另外一方面，从人格气质和道德修养的方面来加以讨论，从而使得“正义”成为一种全民性的共识和价值追求，也应该成为不容忽视的奠基性内容。除了借鉴西方思想，我们更应该从中国文化传统入手，接续和建立中国自己的“正义观”。而老子的义德观思想，应当成为重要的参考资源。

① 郑航．美国品格教育发展中的理论分歧及其整合[J]．比较教育研究，2005（6）：57-61.

② 尤西林．中国人的公德与私德[J]．上海交通大学学报（哲学社会科学版），2003（6）：3-8.

③ 廖小平．公德和私德的厘定与公民道德建设的任务[J]．社会科学，2002（2）：57-60.

第十三章 《老子》的礼德观及其伦理价值

中华民族素有“礼仪之邦”的美誉，可见“礼”作为一种文化传统在中华文明体系中的重要地位。可是近几百年来，中华之“礼”的命运却先后走向了两极。先是明清时期的“礼教”繁琐守旧，成为一种束缚人性的文化制度，因此在新文化运动中被猛烈批判。而随后的百年来，中华之礼又面临着另外一个极端，“礼”的精神伴随着礼仪形式的简化而变得稀缺甚至虚无。伴随着中华民族的复兴，“礼”作为本土文化的重要组成部分，理应受到越来越多的重视。

对“礼”的研究中，人们较少关注老子对“礼”所作的阐释。因为人们印象中的老子往往以自然主义者的形象出现，老子反对礼教成为比较普遍的观点，所以在这一前提下，老子思想往往容易被中华古“礼”研究所忽视。但如果仔细考究，老子的身份背景决定了其不大可能不知“礼”或对“礼”只是简单否定与排斥。张松辉指出，老子担任过周朝史官，周朝以礼治国，周礼是朝廷文化的一个重要内容，当时史官的主要任务之一就是执礼。此外，以恢复周礼为己任的孔子从小就学习礼仪，在鲁国以知礼而闻名，后来又千里迢迢去向老子问礼，如《礼记》和《孔子家语》中还记载了孔子向老子学礼的许多情景，其中有具体礼仪，也有礼学理论，这一事实也说明老子对于礼学是很精通的。[①]葛兆光说：“‘史’不仅参与国家大典，而且负责祭祀天地、祖先时的文字记载，册命起草，史册撰写，法令管理……而且精通天文历算，推算吉凶，‘正岁年以序事，颁之官府以都

① 张松辉．论老子礼学思想[J]．中国哲学史，2005（2）：25-30.

鄙’……他们很可能逐渐体会到宇宙、社会、人类的起源和发展，体察到神的旨意与天的运行，注意到世界的变动不居，注意到人间的历史沧桑。”[①]谢阳举认为老子贵身论、推身及政思想与礼学治国以礼的内涵有汇通之处。老子思想有三代礼制传统的意识形态反映，老子本身是精通礼学的专家，所以其学说思想与礼学有着必然的联系。[②]

老子对“礼”的描述并非定义式，直接表述也不如《仪礼》《周礼》《礼记》以及其他儒家著作中对“礼”的论述那样详细。值得注意的是，老子阐述的重点虽然是德与道，但他所谓的“德”是“仁、义、礼、智、信”五德齐备而完成的一种纯朴的升华所达到的状态，因此，其中也必然包含了对“礼”的内涵的理解和表达，这是我们得以从老子思想中探究其“礼德观”的依据所在。他把礼作为德的一个子系统纳入其中，这使得老子之“礼”具有礼德的本体论特征，反映了老子“礼”观的基本态度。尽管不大可能从老子文本中直接找到如“三礼”那样完备的礼德礼仪内容，但是这并不妨碍我们尝试从老子对理想的“德”的描述中反推其礼德观。而这种反推过程，又有必要借助其他先秦经典中对“礼”的论述来为这种反推提供宝贵的依据和必要的印证。对于以形而上学和辩证法思想为特色的老子思想而言，重视提纲挈领之下的推论与诠释，可能对于加强老子思想的哲学意义与生活意义之间的联结具有重要价值。

一、老子的道德系统中的礼德

（一）“礼”在老子思想中的体现

《说文解字》对“礼”字的解释是：“禮，履也，所以事神致福也。从示从豊，豊亦声。”[③]用食器盛玉来事奉神明以求神明降福，即“事神致福”，因此“禮”起源于祭祀活动，原初是人们侍奉神

① 葛兆光．中国思想史（第一卷）[M]．上海：复旦大学出版社，2004：38.

② 谢阳举．论老子贵身治天下的思想通于礼的治国论[J]．西北大学学报（哲学社会科学版），1996（3）：5-8.

③ 许慎，撰，段玉裁，注．说文解字注[M]．上海：上海古籍出版社，1981：8.

明，以求福佑的方式、手段或者活动。[①]段玉裁《说文解字注》中则言："履，足所依也。引伸之凡所依皆曰履。此假借之法。"《礼记·祭义》说："礼者，人之所履也。"以"履"释"礼"就是要人们按照一定的终极规则展开实践活动，如同人们走路要按序一步一步地走，社会的运行也要有一定的秩序。[②]《周礼》有"五礼"之说，即吉、凶、宾、军、嘉。《礼记·王制》中说："修六礼以节民性……六礼：冠、昏、丧、祭、乡、相见。""五礼"是以国家为主体而行的礼仪，而"六礼"之说则"言礼之在民者"，指最贴近人们社会生活行为的六种常用的礼仪规范。

帛书《老子》第75章中就涉及了吉、凶、军礼："夫兵者，不祥之器也，物或恶之，故有欲者弗居。君子居则贵左，用兵则贵右……是以吉事尚左，丧事尚右。是以偏将军居左，上将军居右，言以丧礼居之也。杀人众，以悲依立之；战胜，以丧礼处之。"老子认为兵器是不祥的器物，万物都厌恶它，所以尚有欲望的人应该远离它。君子乐于助人又能谦下，故居于左，用兵者崇尚武力，发号施令，故居于右。所以吉庆之事喜得辅佐帮助，而尚左；丧事希望得到上天保佑而讲究庄重，故尊右。所以副将居左，主将居右，这是按照丧礼的顺序居位。战争必然导致死伤众多，战后以悲哀之心靠立在一起默哀，即便获得了胜利，也要以丧礼的方式对待，而不能炫耀。《老子》中有两处明确体现祭礼的情况。帛书第17章："善建者不拔，善抱者不脱，子孙以祭祀不绝。"帛书第49章："天地不仁，以万物为刍狗。圣人不仁，以百姓为刍狗。""刍狗"是古时祭祀时用草扎成的狗。此外，帛书第64章中有"众人巸巸，若乡于大牢，而春登台"，高明认为"大牢"是饗礼的最高级别，用九鼎。[③]熊春锦指出"牢"也有"祭祀用的牲畜"之意，因此，他解读此句为"众人熙来攘往地躁

① 雷汉卿．"禮"字原始探微[J]．西北师范大学学报（社会科学版），1995（1）：35-39.

② 姜栋．从"礼"字管窥中国传统法文化中的"礼"的起源[J]．河北法学，2011（2）：39-44.

③ 高明．帛书老子校注[M]．北京：中华书局，1996：319.

动，无诚意于祭祀而只贪图其中的吃喝，似春游登高醉生于美景”。[①]此外，帛书第44章：“和大怨，必有余怨，焉可以为善？是以圣右介而不以责于人。”[②]古时候主宾相见，宾有随从通传叫“介”，即为宾主之间传话的人。而且主人为左，客人为右，所以宾之随从即“右介”。因此如果参考主宾相见之礼和“介”字的本义来理解，此句意为：“调和双方大的恩怨，必然留下余怨，如何可以称善呢？所以圣人居于客位，仅仅作为中介人，而不强人所难。”[③]此外涉及主宾位置观念的语句还有第34章：“用兵有言曰：吾不敢为主而为客；吾不进寸而芮尺。”第59章：“俨呵！其若客。”第76章：“侯王若能守之，万物将自宾。”等等。这些内容都体现了老子知“礼”和用“礼”，因此他并非一味否定和排斥“礼”。

（二）老子“礼”的本体论特征

在春秋之前，“礼”已历经夏、商、周三代，三代之礼的出现同时就是法效天地、贯通天地人的开始，尽管一开始宗教神性色彩很强，然而中国文明特有的天人贯通的本体性思维已经存在于“礼”之中了。[④]

老子是将“礼”置于其“道、德、仁、义、礼、智、信”的道德系统中来论述的。[⑤]这种“礼”本于“德一”的思想在《礼记》中也

---

① 熊春锦认为帛书第14章“道之尊，德之贵也，夫莫之爵而恒自祭也”，帛书第61章“成功遂事，而百省谓我自祭”，帛书第65章“吾何以知众父之祭？以此”等句中的“祭”字被帛书整理者辨为“然”字，而考究其笔法以上下文意义，则辨为“祭”字要优于“然”字。如果此说成立，那么显然老子通过祭祀之礼的引申而所表达的思想就更为丰富了。

② 各世传本中与“圣右介”对应为“圣人执左契”，进而将“契”解读为“契约”。

③ 熊春锦．老子·德道经[M]．北京：中央编译出版社，2006：116.

④ 扬举．初论《老子》与礼学在思维谱系上的家族相似[J]．孔子研究，2000（2）：46-56.

⑤ “上德不德，是以有德，下德不失德，是以无德。上德无为而无以为也，上仁为之，而无以为也，上义为之而有以为也，上礼为之，而莫之应也，则攘臂而乃之。故失道而后德，失德而后仁，失仁而后义，失义而后礼。夫礼者，忠信之泊也，而乱之首也，前识者，道之华也，而愚之首也。”这一段文字中，道、德、仁、义、礼是老子明确提出的，“信”以“忠信之泊也”形式提出，智则以“愚之首也”的形式提出。“愚”是“智”的反义词，老子用“愚”字来表述道、德、仁、义、礼都无法维持，忠信也变得很薄弱的时候，所剩下的“智”德只能表现出“愚”的状态。所以，这一段实际上包含了“道、德、仁、义、礼、智、信”七字系统。

能得到印证。《礼记・礼运》中说："是故夫礼，必本于大一，分而为天地，转而为阴阳，变而为四时……"孔颖达《礼记正义》诠释为："必本于大一，谓天地未分，混沌之元气也。极大曰大，未分曰一，其气既极大而未分，故曰大一也。礼理既与大一而齐，故制礼者用至善之大理以为教本，是本于大一也。"①

陈鼓应认为，老子的形而上之道向下落实到社会现实的分化过程中，有着层次之分，其中似乎也蕴含着价值的层序。但很多学者在讨论道的分化层次时，却夸张了《老子》价值上肯定道与德和否定仁、义、礼的两极观点，而忽略了它们整体的连锁关系。在老子的哲学体系中，"德"是形而上之道向人文化发展的重要桥梁，而"道"与"德"的人文化、仁义礼便成了维系人际关系不可或缺的伦理功能。②

（三）仁、义、礼关系中的"礼"

老子为什么认为"失仁而后义，失义而后礼"？值得关注的一种解释是从五德与五行对应的角度，对老子提出下德状态的仁、义、礼先后作为主导德性的阐释思路。五德与五行的对应，相对于老子的思想为晚出，其系统化论述可以追溯到汉朝董仲舒时代，继而在扬雄和班固的思想中形成了比较明确而且沿袭到后世的稳定说法。东汉班固在《白虎通》中将五行、五德与人的五脏相对应，认为："五性者何？谓仁、义、礼、智、信也……礼者，履也，履道成文也……人本含六律五行气而生，故内有五藏六府，此情性之所由出入也……心，火之精也……礼有尊卑……火照有似于礼，上下分明。"③熊春锦提出，仁德、义德、礼德分别与木、金、火相对应，而且都存在着品质的阳性与阴性之别。心中礼德光明是一个人的人格气质和社会伦理水

① 关于老子思想中"德"与"一"的对应关系，请参见：刘峻杉. 连接"道"与"人"的桥梁——老子"天德观"思想及其德育价值[J]. 教育学报，2012（1）：97-105.

② 陈鼓应. 先秦道家之礼观[J]. 中国文化研究，2000（2）：1-11.

③ 陈立，撰，吴则虞，点校. 白虎通疏证[M]. 北京：中华书局，1994：381-385.

平的直接决定因素，由于“木生火”，所以，阳性仁德对礼德的支撑作用是最直接而关键的。[①]以五德五行相应的理论解释老子思想，在学理上还有进一步考证完善的空间，但是也为解读“仁、义、礼、智”的顺序提供了一个有价值的思路。

在考察老子礼德观思想的时候，注意老子“礼”与五德中其他四德的关系，以及“礼”与“德”“道”之间的关系，是非常重要的。老子既明“礼”和重视“礼”，但是又不局限于礼仪的形式繁琐，始终把握礼的精神内涵。他明确指出单靠“礼”本身是不能保持个体和社会处于很和谐稳定的状态的，而必须依靠仁德与义德的支持，而归根结底，则需要在五德齐备的基础上复返德道的状态。

郑开提出：“从某种意义上说，‘德’的内面化是前诸子时期思想史的‘大势所趋’，而活跃于春秋战国时期的诸子百家所说的‘德’，或者转化为人性概念的基础（例如道家），或者变形为道德规范及其内在意识（例如儒家）。”[②]张岱年指出，除了与儒家所谓“德”意义相似之外，道家赋予“德”另一含义，有“万物成长的内在基础”之义，如“道生之，德畜之”。[③]《礼记·仲尼燕居》说：“礼乎礼，夫礼所以制中也。”《礼记·祭统》说：“夫祭者，非物自外至者也，自中出生于心也。”这反映了礼的宗旨和窍要还不在于“行礼如仪”而已，礼终究还是要诉诸内在的精神体验。[④]

礼，分为内在的“礼德”和外在的“礼仪与制度”两个大系统。道家所说的礼德，重视的是心性品格的修养、人体生命中火德能量的调节以及行为的规范和整体升华。[⑤]下面将从“礼”的内在人格气质修养与外在的礼仪和制度表达两个层面来阐释老子的礼德观。

---

① 熊春锦．中华国学道德根[M]．北京：中央编译出版社，2006：36-37.

② 郑开．德礼之间：前诸子时期的思想史[M]．北京：生活·读书·新知三联书店，2009：13.

③ 张岱年．中国古典哲学概念范畴要论[M]．北京：中国社会科学出版社，1989：155.

④ 郑开．德礼之间：前诸子时期的思想史[M]．北京：生活·读书·新知三联书店，2009：261.

⑤ 熊春锦．道德教育贵修身[M]．北京：团结出版社，2008：75-76.

二、老子礼德的人格气质修养

（一）诚敬尊重

郭沫若说："德的客观上的节文，《周书》中说得很少，但德的精神上的推动，是明白地注重在一个'敬'字上的。"① 《孟子·离娄下》说："仁者爱人，有礼者敬人。爱人者人恒爱之，敬人者人恒敬之。"《文子·道德》说："何谓礼？曰：为上则恭严，为下则卑敬，退让守柔，为天下雌，立于不敢，设于不能，此之谓礼也……故物生者道也，长者德也，爱者仁也，正者义也，敬者礼也。"老子思想中对于礼德内涵中"诚敬"的一面涵盖了从"尊道贵德"的垂直型诚敬到对人与万物的平等型尊重。

老子思想的最高纲领就是"尊道贵德"。"道生之，而德畜之，物形之，而器成之。是以万物尊道而贵德。道之尊，德之贵也，夫莫之爵而恒自祭也。"② "道"是宇宙万物的生发起点，也是万物复归的终点。在老子返朴归真的总体思想中，"返"的终极目标是"道"。"德"是"道"化生万物过程中的最初产物，是纯朴未散、有质无形的"炁"，也是畜养万物、决定万物发展方向的支配性力量。这种出于终极关怀来源的信仰和诚敬，构成了"敬"的源动力，继而在这种最高等级的"尊道贵德"之下还会演化为"敬天爱地"等其他垂直型的诚敬心态。但同时，对于"道、德、天、地"等神圣事物的信仰与诚敬又会与对世俗事物的情感发生交叉和关联，衍生出一种平等型的尊重。

谢扬举提出，周礼与殷礼相比，有一个十分明显的转变和进步，这就是以德为基，所以后人称周代政治的特点是"敬德"。西周先王之"德"的特点就是"参于天地"，也即《礼记·经解》讲的"德配天地"。因此，周以前的德本来是与天子、圣人联系的，是天命授受

---

① 郭沫若．郭沫若全集·历史编（第一卷）[M]．北京：人民出版社，1982：336.

② 帛书《老子》第14章。

赋予的，是符合天地之命与天地之道的，是带有贵族性、神性、形上性的概念。但随着西周礼制文明的下移，转化而下放到一般的思想文化界，成为“士”普遍有资格论修的人格形式了。老子的德论就是要士阶层自觉修养最高的盛德，这是人格提升的平等机会。[①]

在老子的理论体系中，万物都是经由“道生一，一生二，二生三，三生万物”这一过程而产生的。大道化生，德来畜养，万物才具备了不可见的“炁”和可见的“器”这一双重属性，尊道贵德是万物属性构成的基本要求，也是健康发展的根本保证。从这个意义上来说，万物都是平等的。正如《庄子·秋水》中说：“以道观之，物无贵贱；以物观之，自贵而相贱；以俗观之，贵贱不在己。”但是人类社会又不可避免地存在着宠辱、贵贱、高下的意识差异，老子并没有否定这种差异的存在，但是他主张“高位”与“低位”的积极互动，“那些侯王用‘孤家、寡人、五谷不分’这样的自贬词来称呼自己，难道就是以民为本的表现吗？当然不是！”[②]真正以民为本是需要有所担当和承受的，“有能够承受一国之耻辱的肚量，才可作一国之主，有能够承受一国之凶兆的胸怀，才可作天下的王者”[③]。

老子指出：“人无论是受到恩宠还是耻辱，都会惊扰心灵的宁静，这是因为仅仅把肉身形象看作了真实的自我。这样单纯追求名声与身份的显贵于天下，只不过如同人世间反复邂逅的游戏罢了。”[④]“圣人由于能够做到谦虚处下、让利于民，所以虽然居于前位和高位，但是百姓并不会感受到压迫而以之为害，都愿意推举和效法而不会厌弃。圣人因为不与民争利，所以天下也就没有什么可与圣人相争

① 谢扬举．老子论士的修养与古礼[J]．孔子研究，1997（3）：85-91.

② 帛书《老子》第2章：“故必贵而以贱为本，必高矣而以下为基。夫是以侯王自谓孤、寡、不谷。此其贱之为本欤？非也！”

③ 帛书《老子》第43章：“受邦之诟，是谓社稷之主；受邦之不祥，是谓天下之王。”

④ 帛书《老子》第57章：“人，宠辱若惊；贵大梡若身。何谓宠辱若惊？宠之为下，得之若惊，失之若惊，是谓宠辱若惊……故贵为身于为天下，若可以近天下矣；爱以身为天下，安可以寄天下？”

的。”[①]这些思想虽然没有直接说到“礼”，但是却透露着礼德的基本精神，那就是对人性的尊重。而且老子眼中的这种对人性的尊重是超越了世俗身份限制的，这也反映了道家自然主义的思想特征。尊重，就是眼中有别人，而且把别人看作与自己平等的人，在意别人的感受以及自己的言行可能对别人带来的影响。

（二）光明畅达

在中国传统道德文化的五德—五行理论中，“礼”是与“火”与“心”对应的，古人认为“礼德”会表现出“火”的光明与照亮的特征，而且礼德的气质是直接通过“心”而得到外显的。[②]这种德性的“知性”与“气质”二重属性也表现在《大学》的“大学之道，在明明德”一句中。此外，“明心见性”的说法在儒释道的理论中都有体现，认为心的光明敞亮是解放深层次人性的前提条件，也就是将心的光明作为道德修养的重要且基本的方面来看待。

内心光明是一种微妙的心灵体验，这种体验其实每个人都会在特定的阶段和生活境遇之下有所经历，光明或是阴郁，开朗或是封闭。稳定的人格气质状态的光明有其相对长期性和基底性，而有别于受外物激发而产生的短暂的身心愉悦体验。帛书《老子》第18章说：“和曰常，知和曰明。”这种光明的重要特征是指向万物尊道贵德、归根复命的总规律的，具有其“向德性”和深刻性。[③]老子描述的光明并非自以为是者的夸夸其谈，[④]因此只有通过“为道日损”不断检省内

---

① 帛书《老子》第29章：“是以圣人之欲上民也，必以其言下之；欲先民也，必以其身后之。故居前而民弗害也，居上而民弗重也。天下乐推而弗厌也。非以其无争与？故天下莫能与争。”

② 这一点不同于“仁义智信”其他四种德性，按照中国传统道德思想以及中医理论，其他四种德性气质分别对应“肝、肺、肾、脾”，这四种气质是通过五行生克机制而间接通过“心”的决策作用而外显其气质的品格性的。

③ 帛书《老子》第60章：“天物云云，各复归于其根曰静，静是谓复命。复命常也，知常明也。”

④ 帛书《老子》第66章：“炊者不立，自视不彰。自见者不明，自伐者无功，自矜者不长。”

心，清除心中的贪心私欲，才能真实地感受和获得这种光明。[①]内心的光明带来感受力的提升，既有利于对他人的理解和尊重，也使得对自己的了解更容易达到深刻和细致的程度，[②]对形势的判断和掌握更容易准确全面和恰到好处，而不必束缚于有限的知识积累和逻辑推理。[③]

这种内心光明状态的产生和升华需要通过一定的实践努力来完成，“能够观察和把握事物发展的微妙性关键，可以称得上是‘明’，持守住这种微妙是一种‘强’的表现”。人人原本就拥有“直观”而明的能力，只不过随着“为学日益”过程中成见积聚和思维惯性等副效应的产生，以及身心不断被私心欲望所牵制和消耗所导致的灵活性和通透性的下降，人的内心光明的程度和“直观”而明的能力都会随之减弱。因此，“需要把握住心灵和脑海中偶尔闪现的‘灵光’，捕捉其所带来的启示并且不断强化这种灵感促其稳定化发展，在这种状态下就会逐步复归到心灵的光明状态”[④]。这与《大学》中“物格而后知至，知至而后意诚，意诚而后心正”所揭示的由感知事物能力的提升来帮助砥砺意念的诚挚，进而树立内心的正念正觉与正气具有方法论上的相通之处。

（三）心平气和

礼德的基本精神还表现为心平气和，温文尔雅。“平”指的是私心欲望在道德的规范下能保持在自然允许值之内，如同老子所说的“少私而寡欲”。老子提出“心灵能驾驭情绪，气血不乱，才是强盛之道”[⑤]。心灵的温和宁静还不仅仅是心态调整的结果，“圣人的修身之道，需要心胸开阔能容，淡化私心欲望，同时又要珍惜生命的精

---

① 帛书《老子》第67章：“不自视故明，不自见故彰，不自伐故有功，弗矜故能长。”

② 帛书《老子》第77章：“知人者，智也；自知者，明也。”

③ 帛书《老子》第54章：“明白四达，能毋以知乎？”

④ 帛书《老子》第15章：“见小曰明，守柔曰强。用其光，复归其明。”

⑤ 帛书《老子》第18章：“心使气曰强。”

气神储备，并不断使之充盈和升华”[①]。心修的高境界是可以达到一种“无心”的状态，与百姓之心紧密联系在一起，把天下的百姓都当作自己的耳朵和眼睛一样爱护。[②]

老子可能还细分了意识与心灵的不同，例如，用马来比喻意识：“身心清静以德修身，人的意识就会像温驯的马匹，而如果放松了以德修身，那么意识往往就会如同战马乱驰，引起祸端。”[③]“放任的心意如同驰骋于田野狩猎，让人兴奋不已却步入发狂的险境。”[④]“所以当众人都去追求复杂有余的时候，老子却坚守简单纯朴之道，像个愚笨之人；当众人穷尽聪明智巧追逐利益的时候，老子选择了进入深刻的冥思。”[⑤]“在坐忘中紧闭眼耳鼻舌身意的六根之门，进入心意中和的状态，消解纷纭的杂念妄意，实践与道的合一。”[⑥]

（四）明理自律

礼德的诚敬、光明、平和等状态会自然而然地产生“明理”，这种明理区别于肤浅的“道德知识”的灌输所得，是一种内在生成的明理，即所谓的心明眼亮，是对事物发展和规律的一种洞察力。因为探求大道的过程中所经历的往往与常道中经验感知的状态是相反的，“明白道理就要放弃私心与成见，螺旋式的进步表面上就像退步一样，至高的尊贵要能经受住耻辱的磨练，扩充自己的道德要从能看到自己的不足之处入手，而且自我道德的成长与对他人的支持和帮助是紧密联系在一起的。”[⑦]尽管这种普遍联系往往并非那么显而易见，

---

① 帛书《老子》第47章：“是以圣人之治也，虚其心，实其腹；弱其志，强其骨。”

② 帛书《老子》第12章：“圣人恒无心，以百姓之心为心。圣人之在天下，翕翕焉，为天下浑心，百姓皆属其耳目焉，圣人皆孩之。”

③ 帛书《老子》第9章：“天下有道，却走马以粪；天下无道，戎马生于郊。”

④ 帛书《老子》第56章：“驰骋田腊，使人心发狂。”

⑤ 帛书《老子》第64章：“众人皆有余，我独遗。我愚人之心也。湷湷呵！鬻人昭昭，我独昏呵！鬻人蔡蔡，我独昏昏呵！”

⑥ 帛书《老子》第19章：“塞其闷，闭其门，和其光，同其尘，坐其兑而解其纷，是谓玄同。”

⑦ 帛书《老子》第3章：“明道如费，进道如退……大白如辱，广德如不足，建德如输。”

如同种种“大音希声，大象无形”的道理不一定都能通过语言和文字的传递来让人把握，“不言之教”中的受益往往是最关键的，但是这些可以部分地通过心灵的感受来把握。“过分的贪爱必然招致巨大的耗费，过多的敛藏必然导致最终的损失惨重。所以保持知足的状态才不会自取其辱，适可而止才可以没有危险，得以长久地发展。”①为什么有些看似常识的道理或警句往往不被人们所重视，直到遭受挫折才能让人们重新想起？传统的儒释道文化普遍认为这是因为人心被蒙蔽而没有敞亮，所以无法真正意义上明理而已。

明理的过程会伴随生成一种自律的意识，因为能对事物发展的危险有所预判，所以必然会有所敬畏而自我约束。“真正贤能的人不会崇尚武力，善于作战的人不会轻易动怒，掌握胜负诀窍的人不必结党营私，善于使用人才的人谦虚处下。”②礼德生发的这种明理自律必然使人不靠强势来欺压别人的生存，因此也就不会被别人所厌恶和抛弃。礼德照亮了自己，就会有自知之明，而不会自以为是，会在尊重别人的同时也强化了对自我的尊重，从而洁身自好而不自我显贵。③礼德的自律精神也会对义德生成的“勇”产生制约和调控作用。“凭借强势就胆大妄为必然招致败丧，虽有强势但是保持自律才是长久之道。天网虽然宽阔广大稀疏，但是并不会放过任何应当受到惩罚的行为。”④因此丧失自律的胆大妄为，就如同代替本领高强的木匠去砍伐他们都不能砍的木头一样，很难不伤害到自己。⑤这种自律是出于对于大道规律的一种体认，是以“尊道贵德”和“道法自然”为目标

---

① 帛书《老子》第7章：“甚爱必大费，多藏必厚亡。故知足不辱，知止不殆，可以长久。”

② 帛书《老子》第33章：“善为士者不武；善战者不怒；善胜敌者弗与；善用人者为之下。”谢扬举认为此句中的“士”是指西周已经出现的庞大的介于统治与被统治阶级之间的士阶层。士的最起码条件是能文能武，有文才而兼有武艺。见：谢扬举．老子论士的修养与古礼[J]．孔子研究，1997（3）：85-91.

③ 帛书《老子》第37章：“毋闸其所居，毋猒其所生。夫唯弗猒，是以不猒。是以圣人，自知而不自见也，自爱而不自贵也。故去被取此。”

④ 帛书《老子》第38章：“勇于敢者则杀，勇于不敢者则栝……天网恢恢，疏而不失。”

⑤ 帛书《老子》第39章：“夫代司杀者杀，是代大匠斫也；夫代大匠斫者，则希不伤其手矣。”

和前提的，其实是划定了安全、自由与危险、束缚的边界线，因此与人性的自由追求看似矛盾但又紧密联系。[①]老庄道家思想是以自然主义和人性的解放思想为特色的，但是他们对于这种自然和自由的前提，往往被人们所忽视。

三、礼仪与制度之“礼”

（一）“礼”的本质是对自然之道的诚敬顺应

《左传·文公十五年》说：“礼以顺天，天之道也。”礼德的外显就是社会人际交往、交流的方式和规范，这个规范要表达顺天，符合自然规律。《左传·隐公十一年》说：“礼，经国家，定社稷，序民人，利后嗣者也。”礼德的内在修养和礼仪的外部规范可以使国家的发展保持在正常的方向，有利于社会的安定团结，使人与人之间的交往有规有序，而且有利于子孙后代的兴旺发达。《礼记·昏义》中“礼始于冠，本于昏，重于丧祭，尊于朝聘，和于乡射，此礼之大体也”的说法表明周礼作为一种社会文化体系，其主体部分已不是殷商时代的沟通人神的祭祀礼仪，而是人与人之间的交往礼仪。[②]《礼记·丧服四制》说：“凡礼之大体，体天地，法四时，则阴阳，顺天之情，故谓之礼。”真正符合礼德的礼，深含着人类对天地规律的敬畏和顺从，对心灵中德性的追求，以及对人与自然外环境平衡协调的追求。礼包含了对人与人之间和谐关系的期望，对人本身内在禀性和不良习性改造的期盼，以及对建立美好生活环境的期待。外用之礼，包含了人生能够遇到的一切问题的制度化、准则化、协同化以及习俗化，是对社会公共秩序的一种协调机制，但是如果仅仅提倡礼仪和礼制，而不重视礼德的价值属性这一根本，则往往会流于形式。[③]例

① 孔子说的“非礼勿视，非礼勿听，非礼勿言，非礼勿动……从心所欲不逾矩”，其实也反映了自律与自由的辩证关系，而且相对道家思想更广受人们重视。

② 陈来. 古代宗教与伦理：儒家思想的根源[M]. 北京：生活·读书·新知三联书店，1996：247-248.

③ 熊春锦. 道德教育贵修身[M]. 北京：团结出版社，2008：86.

如，《礼记·射义》中说："射者，仁之道也。射求正诸己，己正而后发；发而不中，则不怨胜己者，反求诸己而已矣。"古人就是通过很简单的一个射箭之礼，来强化内在心灵的自省和调试，这表达了礼德与礼仪之间的基本关系。

礼之为用，所达到的效果应该是为百姓的安居乐业服务，让百姓不必流离失所，被生活所迫而背井离乡。①虽然这不是仅仅通过"礼"所能完全达到的，但至少"礼"的存在不应该成为这种民心纯朴、安居乐业状态的障碍和枷锁。老子认为"天下如果有太多的禁忌避讳和繁文缛节，将导致人民心身困窘，精神空虚"。因此，他主张圣人之治应该注意把握无为清静之道，在这种情况下，百姓的天性纯朴会展现出来，反而能获得更好的教化效果和社会安定状况。②

在对礼的转化过程中，老子非常重视礼的内在情质，而礼的情质又需要通过一定的仪节文饰加以展现，由是形成外在的规范。外在规范的演化，难以避免地会繁琐化，礼的繁琐化则易流于失真，并且容易反转过来形成牵制人心的工具。③当礼德内涵与礼仪形式发生了脱离，礼仪就仅剩下言行的制约而无本质内涵的表达，从而蜕变为对人性的桎梏，成为权力和等级制度之下的假借道德之名巩固和强化统治和压迫的手段。老子指出那种"满口道德仁义的华丽辞藻，追逐名利而招摇过市，吃喝玩乐却又借道德之名拼命敛财的行为，都是欺世盗名的假道"④。在这种情况下制订和产生的礼仪和习俗，老子显然是批判和反对的。老子主张"有之以为利，无之以为用"，牢牢把握住礼德的精神内涵，可以避免礼仪的标准化、程序化之后带来的繁琐、

---

① 帛书《老子》第30章："使十百人之器毋用，使民重死而远徙。有车周无所乘之，有甲兵无所陈之。使民复结绳而用之。甘其食，美其服，乐其俗，安其居。邻邦相望，鸡狗之声相闻，民至老死，不相往来。"

② 帛书《老子》第20章："夫天下多忌讳，而民弥贫……是以圣人之言曰：我无为也，而民自化；我好静，而民自正；我无事，民自富；我欲不欲，而民自朴。"

③ 陈鼓应．先秦道家之礼观[J]．中国文化研究，2000（2）：1-11.

④ 帛书《老子》第16章："服文采，带利剑，厌食而货财有余；是谓盗□，非道也！"

强制和虚伪。

关于“礼”的本质与形式的关系，儒道其实有很多相通之处。陈来指出，礼包含制度与礼仪两大部分，虽然国家的礼仪也可以看作是制度的一种，但礼仪更应当说是一种文化形式、文化体系。[①]按照儒家思想礼的传统，在理解礼的意义和变迁时，最重要的是区分“礼”和“仪”，或者用另一种后来儒家常用的分疏，即强调“礼之本”和“礼之文”的分别。仪式上的揖让进退的动作行为，能够按照既定的礼节而行，这只是“仪”，还不是“礼”。仪只是礼的枝节（末），而不是礼的根本（本）。“知礼”必须体现为良好的政治秩序和民众的拥护，体现在讲求国家间的信用和不欺小国的风范。如果没有这些在政治实践方面的积极体现，只是讲究一些仪式上的礼节，这就不能叫作知礼。[②]

（二）“礼”是和谐稳定的表征

《论语·学而》说：“礼之用，和为贵。”儒家礼学以“和”为根本精神，“和”分别体现在礼学的本体与功用两个方面，两者应该一体一用，相互贯通。[③]老子认为无论是社会、国家，还是个人身心与家庭的和谐，其根本决定因素都是“尊道贵德”前提下的“中气以为和”，“中气”即“德一”化分阴阳“生二”之后仍然保留和灌注在万事万物之中的成分。[④]所以，国家和社会的和谐，离不开公平与正义等基本德性的保障。“以私心贪欲制定政策，征收过多的赋税，必然使得百姓饥馑而难以治理，甚至会不惜身家性命，铤而走险。”[⑤]

---

① 陈来. 古代宗教与伦理：儒家思想的根源[M]. 北京：生活·读书·新知三联书店，1996：247.

② 陈来. 儒家“礼”的观念与现代世界[J]. 孔子研究，2001（1）：4-12.

③ 余亚斐. “和”与礼学的本体论意义[J]. 道德与文明，2011（4）：82-85.

④ 熊春锦. 中华国学道德根[M]. 北京：中央编译出版社，2006：133-135.

⑤ 帛书《老子》第40章：“人之饥也，以其取食税之多也，是以饥。百姓之不治也，以其上有以为也，是以不治。民之轻死，以其求生之厚也，是以轻死。”

国家和社会的和谐，需要建立在良好的补偿机制之上。在老子眼中，自然界的能量总是从高的一端流向低的一端，所以处于强大之势的国家和个人都应该效法自然，帮助弱小，这样才能完成强与弱的交流和互助，合作与共赢。[①]老子认为："天下之道，如同张弓举射一样，下面的发射上去，高处的降下来。如此使得原来居于高与下的位置发生变易，天道就是这样让万物向中和的方向发展，而不是两极分化，拉开距离。因此天道是自然无为地减损有余的来补充不足的。而人由于私心贪欲的存在，往往是强势者凭借其优势，愈发剥削弱势者的资源，让自身的利益得到更加的巩固和提升，从而导致两极分化。"[②]因此老子反复强调的是圣人和侯王应该"守朴"，朴代表的是纯朴的道德境界和状态，如果真正达到这样的状态，那么百姓不需要强制的政令就可以自然趋向于相互扶持，共享共存。[③]老子还主张在化解强烈矛盾的时候，不能采用强势手段，那样必然使得矛盾化解不彻底而留有遗害，而需要居于中介的位置，依照德的准则来尽力疏通，这样才可以更为圆满地解决问题，达到和谐的目的。[④]这些都体现了老子对"礼"的认识的超越性，他始终提醒人们把握方法和原则背后的德性准则，这对于人们认识"礼"的精神而不迷失在其形式上具有重要的价值。

老子在帛书第一章中分别使用了"上礼"和"礼"。"上礼为之，而莫之应也，则攘臂而乃之。"老子认为，当上礼无法得到贯彻和响应的时候，就意味着社会和个体状态已经发展到非常危险的地步了，

① 帛书《老子》第24章："大邦者下流也，天下之牝也，天下之郊也。牝恒以静胜牡，为其静也，故宜为下。大邦以下小邦，则取小邦；小邦以下大邦，则取于大邦。故或下以取，或下而取。"

② 帛书《老子》第42章："天下之道，犹张弓者也。高者抑之，下者举之；有余者损之，不足者补之。故天之道，损有余而益不足。人之道，损不足而奉有余。"

③ 帛书《老子》第76章："道恒无名。朴唯小，而天下弗敢臣。侯王若能守之，万物将自宾。天地相合，以俞甘洛，民莫之令而自均焉。"

④ 帛书《老子》第44章："和大怨，必有余怨，焉可以为善？是以圣右介而不以责于人。故有德司介，无德司徹。"

需要振臂疾呼。[①]“夫礼者，忠信之泊也，而乱之首也。”当“礼”作为主导德性的时候，就意味着“忠信”已经很稀薄和欠缺了，这就成为动乱的开始。所以“礼”是社会和个体道德发展的信风球和晴雨表，也是社会和谐稳定的最后一道防线。[②]值得注意的是，老子所说的“礼”是从礼之实质和内在德性角度来看的，是透过礼仪和制度看其内在礼德精神的，而并非形式上的礼仪和礼制。

后世对“礼”的认识是发展变化的。例如，孔子学说中仁与礼是最基本、最原始的一对范畴，具有双重意义，从纵向上讲，仁礼关系是承续与创造的统一，从横向上讲，仁礼关系是内在原则与外在表现形式的统一。[③]孟子在孔子思想基础之上，又作了进一步的发展。孟子之礼以仁政为基础，礼成为人的道德自觉，外在行为规范变为人的内在的主观自律，至此，完成了礼向道德范畴的转化。荀子之礼论就比较重视制度对人性的制约，与法家学说相近而包含了法制学说的内容。[④]宋以后的儒家如朱子、王阳明则限制在“施于家者而言之”，与荀子以礼治国的论调明显不同，体现了礼向日常生活规范的全面转变。这种从重视“国家”取向到重视“社会”取向的转向，不仅在礼学史上有重要意义，在社会文化方面的影响也相当深远。[⑤]如果联系到世界范围内的美德伦理向规范伦理的范式变迁，那么老子对“礼”的认识就更值得进一步研究了。

随着社会的发展，当今时代生活节奏的加快，人际关系的疏离、

---

① 帛书甲乙本都作“则攘臂而乃之”，河上公本和傅奕本作“仍”，王弼本作“扔”，作“强引”或“抛弃”之意。但是“乃”字有“出词艰难”的意思，熊春锦认为此句中可以用“乃”字本义来解释，而并不一定需要与“仍”或“扔”通假。显然“乃”字理解的不同取向，将导致理解本句中老子对“上礼”态度的明显不同。《文子·道德》中说：“故修其德则下从令，修其仁则下不争，修其义则下平正，修其礼则下尊敬，四者既修，国家安宁。故物生者道也，长者德也，爱者仁也，正者义也，敬者礼也。”其对“礼”也表达了正面态度。

② 熊春锦．道德教育贵修身[M]．北京：团结出版社，2008：44.

③ 颜炳罡．论孔子的仁礼合一说[J]．山东大学学报（哲学社会科学版），2001（2）：52-59.

④ 商国君．先秦礼学的历史轨迹[J]．天津师范大学学报，1994（4）：37-41.

⑤ 陈来．儒家“礼”的观念与现代世界[J]．孔子研究，2001（1）：4-12.

紧张与敏感化倾向，使得“礼仪”也非常有必要随之发生变革。虽然礼仪可以简化以适应社会形势，但是礼德精神则需要持守和修养，这一点在多元价值导致的冲突和矛盾更为常见的时代，其实是更为必要了。[①]因此，对“礼”的精神应该深入挖掘，这是构建新时代礼文化的必备前提。此外，以中华传统礼德的内涵修养来调试个体内心的和谐非常有价值，这是家庭和谐、社会和谐的基础。在这方面，道家与儒家的和谐思想之间表现出了高度的相似性。[②]在人们逐渐对儒家思想中的“礼”投以更高的关注度的同时，加强对老子礼德观的研究，也是非常必要的，这将有助于更为全面和完整地接续中华礼文化。

---

① 江净帆．论传统礼教的工具性与虚伪性——兼论当前礼仪教育的价值取向[J]．道德与文明，2011（2）：92-95.

② 吴先伍．“齐”“一”与“和”“顺”——道家的和谐如何可能？[J]．道德与文明，2011（5）：81-85.

第十四章 《老子》的智德观及其伦理价值

“智”是由“知”字引申而出的后起字。除了认识论意义上的“知”或更为广义的“智慧”，智在中国古代也有作为一种德性的内涵，最为人们所熟知的就是“仁、义、礼、智、信”系统中的“智”。中国历史上比较早的表述“智”具备德性内涵的是《周礼·大司徒》，它将知、仁、圣、义、忠、和作为“六德”。孔子提出“知者不惑，仁者不忧，勇者不惧”，《中庸》说“知，仁，勇，三者天下之达德也”。孟子的“四端”之说，则具有更为广泛的影响力。“是非之心，智也。仁义礼智，非由外铄我也，我固有之也，弗思耳矣。”至西汉董仲舒时代，仁、义、礼、智、信已经成为一整套的道德概念体系，也就是人们所熟知的“五常”之说。东汉班固在《白虎通》中将五行、五德与人的五脏相对应，认为：“五性者何？谓仁、义、礼、智、信也……礼者，履也，履道成文也……人本含六律五行气而生，故内有五藏六府，此情性之所由出入也……肾者水之精，智者进止无所疑惑，水亦进而不惑。”[①]自此之后，相关内容的体系化就保持了一定的稳定性。

值得注意的是，在反映道家思想的著作中，也有“智”德的相关表述。例如，《庄子·庚桑楚》中说：“至礼有不人，至义不物，至知不谋，至仁无亲，至信辟金。”这是比较早在仁、义、礼、智、信五德合论中对“知”或“智”的阐释。另一条线索来自《文子》。学

① 陈立，撰，吴则虞，点校．白虎通疏证[M]．北京：中华书局，1994：381-385.

界有文子是老子弟子的观点，[①]张岱年认为《文子》是汉文景之时黄老学派的著作，并对《淮南子》、董仲舒等都产生了很大影响。[②]《文子·上仁》说："老子曰：'……古之为君者，深行之谓之道德，浅行之谓之仁义，薄行之谓之礼智，此六者，国家之纲维也，深行之则厚得福，浅行之则薄得福，尽行之天下服。古者，修道德即正天下，修仁义即正一国，修礼智即正一乡。'"[③]在这里，"智"已经作为"道、德、仁、义、礼、智"系统中的一环而具有了更为明确的道德属性，而且在这个道德体系中居于较低的位置。上述《文子》的内容启发了我们，如果追溯"智"德内涵，也有必要重视对老子相关思想的挖掘。这将有助于分析和澄清流传甚广的老子"反智"之说，也会为中华文明中"智德"的内涵挖掘和当代的实际应用提供一些思想资源。

分析老子智德观的难点在于，首先，知识论意义上的"智"与德性之"智"交叉在一起，有时并不能完全分辨清楚。其次，由于缺乏明确的定义，那么判别"智"德的依据是什么，如何兼顾其内涵的一贯性，而又不强解或曲解老子的本意？对于这两个问题，本文在方法论层面主要从以下三方面入手。第一，找寻《老子》中直接与"智"或"知"有关的文句，尤其关注那些将"知"作为过程而不是结果的语句，以及一些反映老子一贯思想的关键词，从中探求分析其德性价值。第二，将其他经典文本，尤其是先秦儒家著作中的智德作为老子智德思想的参照，这样做的出发点在于重视先秦儒道思想在很多方面具有内在的一致性，虽然说差异也是存在的。第三，注意到老子对水的推崇，以及汉代水与智德的联系，从而挖掘老子的智德观。

① 李定生．文子其人考[C]//陈鼓应．道家文化研究（第4辑）．上海：上海古籍出版社，1994：438.

② 张岱年．试谈《文子》的年代与思想[C]//陈鼓应．道家文化研究（第5辑）．上海：上海古籍出版社，1994：133.

③ 王利器．文子疏义[M]．北京：中华书局，2000：453.

一、老子的道德系统中的智德

（一）“智”与“知”在老子思想中的体现

帛书《老子》甲乙本中只有“知”字，而无“智”字。世传本中“智”字出现有五处：“使夫智者不敢为也”（第3章），“智慧出，有大伪”（第18章），“绝圣弃智，民利百倍”（第19章），“不贵其师，不爱其资，虽智大迷”（第27章），“知人者智，自知者明”（第33章）。这其中除了最后一处略有模糊或倾向于褒义之外，其他四处都具有一定的贬义。这大概正是人们认为老子具有“反智”倾向或者“愚民”思维的一个重要依据。但是世传本《道德经》中的“智”字是后人根据自己的理解将部分“知”字转换为“智”字，这意味着考察老子思想中“智”的内涵，不仅仅需要注意这些“智”字的出处，也需要注意“知”字，并进行整体把握。本书以帛书《老子》的文本作为主要分析对象。

“知”在帛书《老子》中的34个章节中出现过60多次，是一个高频词汇。“知”的内容很丰富，涉及的领域也很广。其中既有否定意义的用法，也有肯定意义的用法。“知”字用于否定意义的时候，多与人们经验意义上的认识有关，表达智巧聪明的意思。例如，老子认为，离道失德者的生命必然存在着祸患，就是沿着“常道”中错误的方向走向迷失和死亡，因此需要警惕而敛藏有为的智识，全力实践大道。[①]人多智巧，则必然奇物泛滥，惑乱人心。[②]圣人之治采用的是“反也者道之动”的方法论，导民返朴归德道而不导民以知。仅凭智巧，有为而私欲过重，则纯朴的道德本心就被遮蔽起来，这是百姓难以治理的原因。[③]常使民无智巧之心，纯朴无欲，有所敬畏，不敢恣

---

① 帛书《老子》第16章：“毋道身殃，是谓袭常。使我摞有知也，行于大道。”

② 帛书《老子》第20章：“人多知，而奇物兹起。”

③ 帛书《老子》第28章：“故曰为道者非以明民也，将以愚之也。民之难治也，以其知也。故以知知邦，邦之贼也；以不知知邦，邦之德也。”

意妄为，则没有治理不好的道理。[①]慈爱民族和国家，能够不用智巧意识，不为人所知吗？智慧大开，进入明白四达的境界，可以不用智巧聪明吗？[②]最高境界的圣，是超越了智巧而达到德与道境界的，这样才会从根本上于己于人有益。[③]

“知”字用于肯定意义的时候，多与圣人的修为和方法论结合在一起。例如，通过对虚无的道与德之“炁”可以进入不存在间隙之处的洞察，由此可知道“无为”方式的益处。[④]掌握了处于“母”地位的“炁”的规律，就可以知道处于“子”地位的“器”的发展趋势。[⑤]因此不必走出家门，就可以知道天下的大事和天道的运行。[⑥]万物生于道而复归于道、散于德而归于德，把握、遵从这一规律法则，才是明白大道之理的人。[⑦]老子所用肯定意义上的“知”包括了知足、知止、知天下、知天道、知和、知祸福之极、知邦、知不知、知古始、知常、知其雄、知其白、知人、自知等。涉及的内容非常广，包括了人、物、事、历史、天道等。

因此，老子所用之“知”，既有认识论意义上的用法，也有可与后世的德性之“智”相通的用法，而且这两种意义与用法之间还存在着密切的联系。《文子·道德》说：“文子问圣智。老子曰：‘闻而知之，圣也。见而知之，智也。圣人尝闻祸福所生而择其道，智者尝见祸福成形而择其行。圣人知天道吉凶，故知祸福所生。智者先见成形，故知祸福之门。闻未生，圣也。先见形，智也。无闻无见者愚迷。’”这是从“知”的方式、结果和层次等方面来阐释“圣、智、

① 帛书《老子》第47章：“恒使民无知、无欲也，使夫知不敢！弗为而已，则无不治矣。”

② 帛书《老子》第54章：“爱民栝国，能毋以知乎？天门启阖，能为雌乎？明白四达，能毋以知乎？”

③ 帛书《老子》第63章：“绝圣弃知，民利百负。”

④ 帛书《老子》第6章：“无有入于无间，吾是以知无为之有益。”

⑤ 帛书《老子》第15章：“既得其母，以知其子。”

⑥ 帛书《老子》第10章：“不出于户，以知天下；不规于牖，以知天道。其出也弥远，其知也弥少。是以圣人，不行而知，不见而名，弗为而成。”

⑦ 帛书《老子》第60章：“复命常也，知常明也。”

愚”的差别，对于辨析老子对“知”的使用很有帮助。

（二）老子“智”的本体论特征

帛书《老子》在全文的篇首就提出：“上德不德，是以有德，下德不失德，是以无德。上德无为而无以为也，上仁为之，而无以为也，上义为之而有以为也，上礼为之，而莫之应也，则攘臂而乃之。故失道而后德，失德而后仁，失仁而后义，失义而后礼。夫礼者，忠信之泊也，而乱之首也。前识者，道之华也，而愚之首也。”这一段文字实际上言简意赅地构建了老子思想中的道德体系。

研究者们大多同意此章包含着老子的道德系统论，只是对这个系统的层次和结构方面存在着不同的理解。道、德、仁、义、礼是老子明确提出的，因此基本不存在争议。分歧主要是对本章内“夫礼者，忠信之泊也，而乱之首也。前识者，道之华也，而愚之首也”一句的不同解读。研究者们大多注意到了“忠信之泊”描述了“礼”与“信”之间的关系。《河上公章句》解读“夫礼者，忠信之泊也”为“言礼废本治末，忠信日以衰薄”。[①]王弼提出：“夫礼也，所始首于忠信不笃，通简不阳，责备于表，机微争制，夫仁义发于内，为之犹伪，况务外饰而可久乎。”[②]陈鼓应提出：“礼，标志着忠信的不足。”[③]

对“前识者”的解读，学者们普遍认为“前识”与“智”有关，但却是一种没有根据的臆测或者先见之明。例如，韩非子认为：“前识者，无缘而妄意度也……所谓‘大丈夫’者，谓其智之大也。”[④]《河上公章句》认为“不知而言知为前识”。王弼认为：“前识者，前人而识也，即下德之伦也。竭其聪明以为前识，役其智力以营庶事，虽德其情，奸巧弥密，虽丰其誉，愈丧笃实。劳而事昏，务而治薉，

---

① 王卡，点校．老子道德经河上公章句[M]．北京：中华书局，1993：150.

② 王弼．王弼集校释[M]．北京：中华书局，1980：94.

③ 陈鼓应．老子今注今译[M]．北京：商务印书馆，2006：218.

④ 王先慎，撰，钟哲，点校．韩非子集解[M]．北京：中华书局，2013：134-135.

虽竭圣智而民愈害。”[①]当代的任继愈[②]、许抗生[③]、高明[④]等学者也采用此种观点。另有观点认为“前识”与“礼”有关。范应元说：“前识犹言先见也……谓制礼之人，自谓有先见，故为节文，以为人事之仪则也，然使人离质尚文。”[⑤]陈鼓应认为“前识，指预设种种礼仪规范”。这种观点也可以视作包含着“人心智巧”的意味。

元代吴澄对此句的解读与众不同，他明确指出了“此兼言礼智忠信者”，并进一步阐释为“德之厚也，渐变而薄，一降为仁，再降为义，三降为礼，而忠信之厚德薄矣。礼者，欲其理而不乱也，而适以基乱，故曰乱首。前识犹先知智也。道犹木之实。未生之初，生理在中，胚腪未露，既生之后，则德其根也，仁其干也，义其枝也，礼其叶也，智其华也，根干枝叶华自道中生。智者欲其哲而不愚，而适以肇愚，故曰愚之始”[⑥]。对《老子》这一章整体的概念体系而言，吴澄认为：“德其统名，分言则四。得天地生物之元以为德，而温然慈爱者曰仁；得天地收物之利以为德，而截然裁制者曰义，得天地长物之亨以为德，而粲然文明者曰礼，得天地藏物之贞以为德，而浑然周知者曰智。老子则以道为无名，德为有名，自德而为仁义礼智，每降愈下……拟诸易卦之六位，则道初、德二、仁三、义四、礼五、智六。”[⑦]因此，吴澄的观点认为老子本章所构建的道德系统包含了道、德、仁、义、礼、信、智七种概念，但是离道失德的衰退阶段则是道、德、仁、义、礼、智六个阶段。这与《文子·上仁》“老子曰：‘……古之为君者，深行之谓之道德，浅行之谓之仁义，薄行之谓之礼智，此六者，国家之纲维也’”的说法比较一致。

---

① 王弼．王弼集校释[M]．北京：中华书局，1980：94.

② 任继愈．老子新译[M]．上海：上海古籍出版社，1985：143.

③ 许抗生．帛书老子注译与研究[M]．杭州：浙江人民出版社，1985：7.

④ 高明．帛书老子校注[M]．北京：中华书局，1996：7.

⑤ 范应元．老子道德经古本集注[M]．上海：华东师范大学出版社，2010：67-70.

⑥ 吴澄．道德真经吴澄注[M]．上海：华东师范大学出版社，2010：56-57.

⑦ 吴澄．道德真经吴澄注[M]．上海：华东师范大学出版社，2010：57.

如果按照《文子》和吴澄的观点，那么为什么“信”虽然是老子道德系统中的一个元素，却没有像仁、义、礼、智那样构成道德发展的一个阶段或层次？熊春锦提出德一的完整性无法得到保持而朴散为“仁、义、礼、智、信”的五个子系统就是下德状态。①“忠信”指的是“信德”，五行属性是土，对仁、义、礼、智的四德起到基础和奠基的作用，因此很自然地分布到这四种德性里面去烘托它们。当社会滑落到礼德时期以后，这个“信德”已经随着“仁、义、礼”三德的相继丢失，也同样地丧失了四分之三，因此说此时信德很单薄。没有其他四种德能扶生也无法与其他四德结合在一起的智，就已经不能称其为“智”。当其他三德都丧失，“信德”也只剩下四分之一的时候，这个智已经是孤立性的存在，因此这个“智”的本质完全蜕变成“愚”了，称之为“愚智”。老子用“前识”两个字来代替“智”字，而且还用“道之华”来强调这个没有其他德性来扶生的“智”的虚华。②五德与五行的对应，相对于老子的思想为晚出，其系统化论述可以追溯到汉朝董仲舒时代，继而在扬雄和班固的思想中形成了比较明确而且沿袭到后世的稳定的说法。因此以五德五行相应的理论解释老子思想，在学理上还有进一步考证完善的空间，但是也为解读“仁、义、礼、智”的顺序提供了一个值得重视的思路。③

基于上述观点的分析，我们可以认为老子思想中作为下德状态发展的最后一个阶段的主导德性“智”，是具有本体论意味的。

二、老子智德观的人格气质特征

《洪范·五行》说：“水曰润下。”《论语·雍也》说：“知者乐水，仁者乐山；知者动，仁者静；知者乐，仁者寿。”《论语·子罕》说：“知者不惑。”《战国策·赵策三》说：“愚者于成事，智者见于

---

① 熊春锦．老子·德道经[M]．北京：中央编译出版社，2006：4.

② 熊春锦．中华国学道德根[M]．北京：中央编译出版社，2006：28.

③ 值得注意的是，孟子论述“仁、义、礼、智”时对四者所采用的顺序，与老子是一致的，这之间存在着哪些联系，也许是今后值得深入研究的。

未萌。”《吕氏春秋·知化》说：“凡智之贵也，贵知化也。”《庄子·庚桑楚》说：“至知不谋。”扬雄的《太玄集注》说：“一六为水，……性智，情悲，事听，用聪，扮谋。”[①]《白虎通》说：“智者，知也，独见前闻，不惑于事，见微知著也……肾者水之精，智者进止无所疑惑，水亦进而不惑。”这些思想表现出一定的内在连贯性，即智德与水存在着联系，以及智德的远见、明白、谨慎等方面的意蕴。这些思想在《老子》中也可以找到相近的表述，也启示我们智德与水的特性之间的哲学联系，可以作为我们反推老子智德观的参考。事实上，老子思想中对水的推崇是其鲜明特色，认为水与道性最为接近，只是将其与老子智德观的联系还少见挖掘。德性之“知”的重点是如何从自我修养方面来体会和提升“智”德，而不只是追求“知”的结果。下面将从谦虚谨慎、知足处静、灵活变通、勤奋乐观四个方面来概括和阐释老子思想中与智德修养相关的内容。

（一）谦虚谨慎

强调处下是老子思想的一个特色。《老子》中“下”用作与“上”相对时，如下德、下士、“强大居下，柔弱微细居上”[②]“大上，下知有之；其次亲誉之；其次畏之；其下母之”[③]，在这些对境界层次的表述中，显然“下”不如“上”。但是老子又看到了世俗生活中“上下”“高下”的相对性和互为依存[④]，所以主张重视“下”的基础性作用，如“故必贵而以贱为本，必高矣而以下为基”[⑤]“合抱之木，生于毫末；九成之台，作于羸土；百仁之高，始于足下”[⑥]。老

---

① 刘韶军，点校．太玄集注[M]．北京：中华书局，1998：198.

② 帛书《老子》第41章。

③ 帛书《老子》第61章。

④ 帛书《老子》第46章：“有无之相生也，难易之相成也，长短之相形也，高下之相盈也，意声之相和也，先后之相随，恒也。”

⑤ 帛书《老子》第2章。

⑥ 帛书《老子》第27章。

子认为自然界的能量总是从高的一端向低的一端传输[1]，天道存在着平衡中和的机制，高下互动，“损有余，补不足”才是符合天道规律的[2]。老子主张圣人和侯王要以海纳百川的胸怀来处下包容[3]，“善用人者为之下”[4]。

老子认为，以道修身需要重视“道”的用虚和用中的特性。[5]天地之间的虚空如同吹火筒和风箱一样，虽然中间是虚空，但是用之却不尽。[6]这个道理用于修身修心，则意味着心胸需要开阔宽广，这样才能不局限于成见和已经获得的有限知识。[7]圣人之所以没有忧患，是因为他们不敢认为自己完美无缺，而忧患于可能有的毛病和不足。[8]如果执着地追求，唯恐不能盈满，那么即便金玉宝贝充满堂屋，也是不能守之不失的。[9]自以为是者并非明白事理，自我夸耀者无功绩可言，矜持自傲者不得长久。[10]所以处下才能盈满，虚心检省自己，才能日有新知。[11]持守这个至道之理，不落入私心贪欲的满足，才能把握道生德养的真理，从而不招致败丧。[12]这些思想也可以推论出洁身自好和廉洁自律的必要性，在老子看来，自己可以拥有的尚且都需要删繁就简，返朴归真，更何况对于那些本身不属于自己的

---

① 帛书《老子》第24章：“大邦者下流也，天下之牝也，天下之郊也。”
② 帛书《老子》第42章：“天下之道，犹张弓者也。高者抑之，下者举之；有余者损之，不足者补之。”
③ 帛书《老子》第29章：“江海所以能为百浴王者，以其善下之，是以能为百浴王。是以圣人之欲上民也，必以其言下之；欲先民也，必以其身后之。”
④ 帛书《老子》第33章。
⑤ 帛书《老子》第48章：“道冲而用之，有弗盈也。”
⑥ 帛书《老子》第49章：“天地之间，其犹橐钥与！虚而不淈，踵而愈出。多闻数穷，不若守于中。”
⑦ 帛书《老子》第47章：“是以圣人之治也，虚其心，实其腹；弱其志，强其骨。”
⑧ 帛书《老子》第36章：“知不知，尚矣；不知不知，病矣。是以圣人之不病，以其病病也，是以不病。”
⑨ 帛书《老子》第53章：“持而盈之，不若其已。揣而允之，不可常葆之。金玉盈室，莫之守也。”
⑩ 帛书《老子》第66章：“自见者不明，自伐者无功，自矜者不长。”
⑪ 帛书《老子》第67章：“洼则盈，敝则新，少则得，多则惑。”
⑫ 帛书《老子》第59章：“葆此道不欲盈，夫唯不欲盈，是以能敝而不成。”

东西，如果还要强行占有，那自然会招致祸患。

老子相信虚心处下的心境，有助于获得以小见大的敏锐和谨慎。例如，老子描述古代善于行道的人“像大象冬天行走于冰川之上，慎之又慎；又像猿猴一样，以机敏谨慎来抉择周围环境；像客人一样，恭敬庄重地对待万物；像冰在水中自然消融一样，来润泽万物；像未经过加工的木材一样质朴简单；和光同尘，外人看来还似乎是很普通的”[1]。如果倚仗智巧聪明而无所畏惧，那么恐怕离祸患不远了。“知人者，智也；自知者，明也。”[2]圣人追求的是深刻地洞察自己而不自以为是，洁身自好而不自我显贵。[3]老子相信天网的存在，天道对于万物的主宰精妙而又不留痕迹，也不会有丝毫的差失。[4]所以他主张不要越俎代庖，去干那些代替本领高超的木匠伐木的事情，如果他们都不能伐而别人却贸然动手，则难免不伤到自己。[5]因此，有所敬畏同时不断检省自己，才是广大长久之计，也是老子所列的“三宝”之一。[6]反省和谨慎在中国古代与“耻”存在着密切的关系，耻是一种心理的道德保护机制，本身还包含着“自尊自爱”的意味。在《说文解字》中，耻和辱是一个意思。《老子》中出现了5次“辱”字。帛书第3章“大白如辱”，第7章“知足不辱”，第57章“人，宠辱若惊；贵大梡若身。何谓宠辱若惊？宠之为下，得之若惊，失之若惊，是谓宠辱若惊”，第72章“知其白，守其辱，为天下浴”，第81章“贞之以无名之朴，夫将不辱。不辱以情，天地将自正”。尽管老

① 帛书《老子》第59章：“豫呵！其若冬涉水；犹呵！其若畏四邻；俨呵！其若客；涣呵！其若凌泽；沌呵！其若朴；浑呵！其若浊；旷呵！其若浴。”

② 帛书《老子》第77章。

③ 帛书《老子》第37章：“民之不畏畏，则大畏将至矣……是以圣人，自知而不自见也，自爱而不自贵也。故去被取此。”

④ 帛书《老子》第38章：“天之所恶，孰知其故？天之道，不弹而善胜，不言而善应，不召而自来。弹而善谋。天网恢恢，疏而不失。”

⑤ 帛书《老子》第39章：“夫代司杀者杀，是代大匠斫也；夫代大匠斫者，则希不伤其手矣。”

⑥ 帛书《老子》第32章：“我恒有三宝之：一曰慈，二曰检，三曰不敢为天下先。夫慈，故能勇；检，故能广；不敢为天下先，故能为成事长。”世传本中“检”作“俭”。

子的理论是把“道”作为最高追求，把“德一”作为万物的尺度，主张返朴归真、复归无极，不可谓追求不高，但是老子的思想中仍然谈到了“辱”，认为需要谨慎对待和反省自身，才能真正达到道德的追求。可见道德理想追求与道德底线的持守两者在某种意义上是相辅相成的。

（二）知足处静

欲望是人类需要面对的一个严肃话题，老子提出欲望的调控需要建立在“知足”的基础之上。唯有知足，才能辨析清楚名声与性命的亲疏远近，生命与财货的多寡轻重，就会了解过分的贪爱必定带来巨大的耗费，敛藏过多必然导致损失惨重。因此，知足的人不会招致耻辱，知道适可而止，不会有危险。[①]老子主张朴素的生活，以朴素养心身。他认为人最大的祸患往往并非来自外部，而是源于内在的失衡。例如人的贪欲四起，无所制约，从而像战马一样狂奔不止，就是罪恶、祸患的前兆。[②]外在世界的刺激与诱惑是无所不在的，颜色的鲜明亮丽让人眼目明亮，但是过分贪看则让人眼花缭乱，失却敏感性；策马狂奔，恣情狩猎，让人兴奋不已，过分则心易发狂；宝贵的财货俘虏人心，满足了人的贪欲，却制约了人的自由；美味满足了食欲，过分则反倒败坏胃口；过分沉溺于悦耳的五音，会伤害人的耳根清明。所以圣人的修身之道是充实心中身中的五德之炁，而并非以外在刺激来满足感官的无限欲望，受制于外物。[③]

只有少私寡欲，才能逐渐回归到“静”的状态，才可以体察大道的规律。“道生一，一生二，二生三，三生万物”的常道变化，决定了万物离道失德则必然会向着越来越复杂化的方向发展，错综复杂而

① 帛书《老子》第7章：“名与身孰亲？身与货孰多？得与亡孰病？甚爱必大费，多藏必厚亡。故知足不辱，知止不殆，可以长久。”

② 帛书《老子》第9章：“天下有道，却走马以粪；天下无道，戎马生于郊。罪莫大于可欲，祸莫大于不知足，咎莫憯于欲得。”

③ 帛书《老子》第56章：“五色令人目明；驰骋田腊，使人心发狂；难得之货，使人之行妨；五味使人之口爽；五音使人之耳聋。是以圣人之治也，为腹而不为目，故去皮取此。”

无休无止。人心与此类似，向失德的方向发展则会陷入浓重的尘浊之中。只有心静身静，才能使身心清明，洞察根本，不再随波逐流。[①]万物由道生德养而最终又必然归根复命，这就是静。[②]这种静不是丧失生命活力的僵化，而是像水那样能善利万物而平静流淌于众人所轻视厌恶的低处，所以说水最接近道的境界。[③]圣人自身从容有静，自然能带来周围他者的正直有序。[④]“当众人毫无诚意于祭祀而只贪图其中的吃喝，像春游登高一样陶醉其中的时候，老子却持守淡泊恬静的无为之境，像婴儿那样纯朴。当别人都选择复杂有余的时候，他却独钟于简单纯朴的道德，像个愚人一样。当众人浑然不觉地陷入世事的纷扰之中时，老子独立于对道的冥思。当众人穷尽智能聪明为用的时候，老子仍然持守于无为的状态进行深刻的冥思。众人把有形的东西当作有用的，老子却锲而不舍地独立于众人的嘲笑之中。老子的思想与众不同，那是因为老子珍视的是万事万物变化的根本动力。”[⑤]

（三）灵活变通

老子的智德还表现为不执着。老子认为万物本质层面的至柔之“炁”是充满流动性和变化无穷的，这是万物固化形象背后的驱动力量，因此真正需要去把握的是这种“至柔”。[⑥]如果只是被物象所束缚，只依靠聪明智巧来推测则常常遭遇失败，过分执着往往导致最终的失去，所以圣人反其道而行之，所以不会失败也不会失去最为根本

① 帛书《老子》第59章：“浊而静之徐清？女以重之徐生。”

② 帛书《老子》第60章：“天物云云，各复归于其根曰静，静是谓复命。”

③ 帛书《老子》第52章：“上善治水，水善利万物而有静；居众之所恶，故几于道矣。”

④ 帛书《老子》第20章：“是以圣人之言曰：我无为也，而民自化；我好静，而民自正。”

⑤ 帛书《老子》第64章：“众人配配，若乡于大牢，而春登台。我泊焉未兆，若婴儿未咳。累呵！似无所归。众人皆有余，我独遗。我愚人之心也。湷湷呵！鬻人昭昭，我独昏呵！鬻人蔡蔡，我独昏昏呵！忽呵！其若海；望呵！其若无所止。众人皆有以，我独顽以悝。吾欲独异于人，而贵食母。”

⑥ 帛书《老子》第6章：“天下之至柔，驰骋于天下之致坚。无有入于无间，吾是以知无为之有益。”

性的东西。[①]百姓的难以治理，就是因为人们常常执着固化于已有的知识，而不能突破从而取得新知和真知。[②]

这种不执着和灵活变通也表现为老子的辩证法思想。当陷入到二元对立的状态下，当天下的美和善都需要定义才能让百姓所知的时候，就证明恶和不善已经很严重了。有无、难易、长短、高下都是相对而言的，是二元对立的产物，可以相互转化，而并不是能独立长久存在的。所以需要注意其境遇性，灵活把握而不能固守一端。[③]在老子看来，唯一值得始终持守不离的就是“德一”本身，因为道“无”生德一，继而生阴阳之二，德一是万物生化的源动力和原基础，所以他提出“圣人执一以为天下牧”[④]。追寻把握德一的朴散流失现状，就是“执今之道，以御今之有”[⑤]。

（四）勤奋乐观

明德归道也需要勤奋，道德就是老子之勤的方向与目的。上士听闻大道之后，会全身心投入地去践行；中士闻道，则半信半疑，若有若无；下士闻道，则只会报之以大笑。[⑥]离道失德必然存在祸患，只依靠经验和智巧，往往只能引人在常道的方向上走向迷惘，因此需要敛藏有为的智巧，勤奋地践行大道。老子批评了两类假学道士，一种是放弃了朝视之礼的践行，荒芜了田地，空虚了库储，放弃工作与事业而将修道与生活对立起来。另一种是满口道德的华丽辞藻，贪恋舒

---

① 帛书《老子》第27章：“为之者败之，执之者失之。是以圣人无为也，故无败也，无执也，故无失也。”

② 帛书《老子》第28章：“故曰为道者非以明民也，将以愚之也。民之难治也，以其知也。”

③ 帛书《老子》第46章：“天下皆知美为美，恶已；皆知善，訾不善矣。有无之相生也，难易之相成也，长短之相形也，高下之相盈也，意声之相和也，先后之相随，恒也。是以圣人居无为之事，行不言之教。”

④ 帛书《老子》第67章。

⑤ 帛书《老子》第58章。

⑥ 帛书《老子》第3章：“上士闻道，堇能行之；中士闻道，若存若亡；下士闻道，大笑之。弗笑不足以为道。”“堇能行之”一句世传本作“勤而行之”。

适的生活，追求名望而招摇过市，借助道德的虚名而敛财不止。这两类求道的行为都是欺世盗名，不是真道。[①]道德修身和道德治世都是需要勤勉力行的，从自身的修身求真开始，逐步扩大到利益家庭，带动邻里，扩展到更大范围的社会，以至于积德丰厚，功德博大，这些都并非可以等闲而得的。[②]治理心身以合天道，需要像农夫那样早早起床勤奋耕耘于内在的精气神升华，节俭朴素，重视积德。[③]

在目标选择上，圣人之“勤”是有所为，有所不为，这与知足不贪也有着内在的联系。圣人辛勤努力的方式与百姓有异，圣人追求的常常是百姓所不想要的，百姓追求的“难得之货”并不为圣人所看重，圣人学习百姓所不学的学问，从众人的过错中超越出来。[④]“是以圣人居无为之事，行不言之教。万物作而弗始也，为而弗志也，成功而弗居也。”[⑤]圣人之勤还体现在注意从细小之处和简易之事做起，从而把大事和难事分解之后逐步完成。[⑥]在这一点上，《中庸》也说：“故君子居易以俟命，小人行险以侥幸。”

老子提倡打牢基础的朴实之勤，强调抓住事物发展的平稳阶段、征兆还未展现的时候来规划引导，在初始脆弱微小的阶段来判断趋势，消弭隐患，治理于乱象产生之先。[⑦]因此，老子不赞同众人为了

① 帛书《老子》第16章：“毋道身殃，是谓袭常。使我掇有知也，行于大道，唯施是畏。大道甚夷，民甚好解。朝甚除，田甚芜，仓甚虚；服文采，带利剑，厌食而货财有余；是谓盗□，非道也！”

② 帛书《老子》第17章：“善建者不拔，善抱者不脱，子孙以祭祀不绝。修之身，其德乃真；修之家，其德有余；修之乡，其德乃长；修之邦，其德乃丰；修之天下，其德乃博。”

③ 帛书《老子》第22章：“治人事天，莫若啬。夫唯啬，是以早服；早服谓之重积德；重积德则无不克。”

④ 帛书《老子》第27章：“是以圣人欲不欲，而不贵难得之货；学不学，而复众人之所过。能辅万物之自然，而弗敢为。”

⑤ 帛书《老子》第46章。

⑥ 帛书《老子》第26章：“图难于其易也，为大于其细也。天下之难作于易，天下之大作于细。”

⑦ 帛书《老子》第27章：“其安也，易持也。其未兆也，易谋也。其脆也，易判也。其微也，易散也。为之于其未有也，治之于其未乱也。”

私欲而勤于心计的做法，“绝巧弃利，盗贼无有”[①]。

在这些积极勤奋的努力之下，老子发出“祸，福之所倚；福，祸之所伏。孰知其极”[②]的追问，思考祸福之间的辩证关系，以及这两者之间相互转化的支配力量。当有了这一层面的思考的时候，人就会豁达洒脱一些，会更亲近于对“道法自然”的体悟，而不会迷恋迷信于人力的万能，也不会迷失、消沉于勤奋努力的没有回报。

三、老子智德观的伦理价值

（一）智慧与道德的关系

当今时代，提起“智”或智慧，人们往往更多的是将其与掌握知识、运用信息或协调人事的能力结合起来。但智能不等于智德。单纯的智力可称之为“聪明”，聪明与道德或善相结合可称之为“明智”，而聪明与不道德或恶相结合则是“狡猾”或“奸诈”。[③]

在中西方文明发展史上，智与德都存在着由早期紧密结合到现代的逐步分离的趋势。例如有学者考察了儒家思想中德智关系的演变，提出“智德”这一概念中“德”的中心地位在演变过程中逐渐淡化，“智”的作用却越来越突出。在先秦儒家那里，智只是德的一个组成部分，不具有独立价值；到了汉代，智就已能与德并列，甚至在某些方面直接超越了德；宋明时期，儒学家对德智关系的探讨，虽集中在“德性之知”与“见闻之知”的分辨上，但无疑都把智作为德不证自明的前提；明清时代，更是着重强调作为外在客观的“见闻之知”对德的基础作用。[④]在西方早期犹太教中，智慧与知识和道德紧密联系，知识、道德和智慧之间形成了微妙的互动关系。[⑤]苏格拉底直接

① 帛书《老子》第63章。

② 帛书《老子》第21章。

③ 肖群忠．智德新论[J]．道德与文明，2005（3）：14-19.

④ 张刚．儒家德智关系论探究[J]．河北学刊，2007（2）：27-31.

⑤ 姚新中，洪波．知识·智慧·超越——早期儒学与犹太教智慧观的伦理比较[J]．伦理学研究，2002（1）：83-89.

提出了“美德即知识”的命题。对亚里士多德而言，某种愚笨的人就不是善者，智慧本身需要有某种善在它的拥有者里。而康德把善良意志与知道在特殊场合如何运用一般规则的那种天赋能力作了区分，缺少这种天赋能力就是人们所说的愚笨。所以，在康德看来，一个人可以既是善的又是愚笨的。①

在老子看来，缺少了仁、义、礼、信其他四德的支持，智德不足以成为“智”，而只能表现为“愚”。缺乏了仁、义、礼、信的修养，以及作为行为准则的参照，那么“智”的方向性与合理性的评判往往都成了问题，剩下的就只能是人心的机巧智能，知识就容易与权力相结合，成为权力结构下的话语霸权，甚至成为可以歧视他者的理由。而这显然已经偏离了智德最初的道德属性，从而形成了严重异化现象。因此，重新发掘“智德”所蕴含的人文内涵有助于纠正现代社会过于倚重科技理性之风，有利于树立崇尚人的全面发展以及构建和谐社会的思想氛围。②

（二）底线伦理的必要性和有限性

虽然老子主张以德和道为最高统摄的一元论，但他同时也指出了“德一”朴散之后必然导致的阴阳二元对立以及“三生万物”所产生的更加复杂的多元状态。这一点在现实生活中的体现就如同麦金太尔所提出的，当代道德言词最突出的特征是如此多地用来表述分歧，而且又是如此无休无止，相互对立的论证都具有某些概念上的不可通约性，而这些不可通约性又来自于广阔而多样的历史起源。③

处于转型期的当代中国，也出现了“底线伦理的崩溃”和“终极关怀的缺失”的“道德危机”。④在这种现实背景之下，底线伦理的

① 麦金太尔．德性之后[M]．龚群，等，译．北京：中国社会科学出版社，1995：195.

② 林贵长．“智者不惑”的道德意涵[J]．伦理学研究，2008（3）：89-93.

③ 麦金太尔．德性之后[M]．龚群，等，译．北京：中国社会科学出版社，1995：9-13.

④ 谭培文，肖祥．从底线伦理到终极关怀——社会主义和谐价值观研究[M]．桂林：广西师范大学出版社，2009：15.

价值越来越突显出来。何怀宏提出，“底线伦理”是指基本的道德义务或行为规范，意味着某些基本的不应逾越的行为界限或约束。[①]底线伦理首先是道德层次论思维模式下的产物，底线就标识或默认了伦理或道德是有层次和境界差别的。底线伦理也体现了一种思维方式，其核心往往不是指向“利”他，而是指向避免“害”他和妨碍他者的。底线伦理有当代社会的契约性、强制性，有很强的公德属性。底线伦理的重要性还在于其体现了道德修养“求真性”的内在需求，是对道德“假大空”的批判和超越。因为只有先解决了基本问题，才有真实超越性的存在。

但是另外一方面，我们也有必要看到底线伦理的有限性。正如有学者提出的，当今时代不仅需要底线伦理确立社会制度的基本道德和个人行为的基本规范，成为解决重大道德问题的共同信念的伦理基础，又不可避免地需要终极关怀的支撑和超越。[②]底线伦理的真正达成不可能缺乏彼此尊重、灵活变通态度下的对话与妥协，更为重要的是，以老子的思想来看，底线伦理由于具有一定的规范伦理的属性，因而从中国传统道德哲学来看，更接近于礼治和法治（智治），它必定需要注入关怀、正义、信念与希望等仁义信的内容，否则无论是单独的礼还是智，都无法有效承担对道德复兴的唤起，底线伦理自身无法孤军奋战从而守住道德的底线。

在方法论上，老子主张通过不断明德修身，提升对事物发展背后的根本规律的把握，并逼近或达到“执一以为天下牧”的超越阴阳矛盾对立的状态，但是这也启示了对于还没有达到这种境界和状态的时候，人们需要时时刻刻提醒自己的视野存在局限性，以及重视挖掘对立面中所包含的可资借鉴的精髓。而这一点，在以多元文化作为主导的当今社会，无疑对于不同文化视角的对话和交流具有重要的启示意义。

---

① 何怀宏．底线伦理的概念、含义与方法[J]．道德与文明，2010（1）：17-21.

② 陈泽环．当代道德生活中的底线伦理[J]．道德与文明，2010（1）：22-26.

（三）现代社会的个体内在调节

启蒙运动高扬人性的解放，但是也带来了道德权威失却之后所需要面对的问题。现代社会机制的良好运行，固然需要法律和制度的完善，但是人性层面除了高扬自由、平等、民主的价值之外，仍然需要一些谦逊和圆融的伦理价值取向，以此来作为社会和生活的润滑剂。

当今时代受西方文化的影响，崇尚个性张扬，勇于突破和创新，重视个人权利的维护，追求个人梦想与成功，这些精神无疑具有时代性的积极意义。但同时这些精神又在部分程度上与传统文化的某些精神产生了一些表面上的冲突和矛盾。最为典型的如当今时代人们还需不需要“谦虚”，当然这首先需要界定是将谦虚解读为“自知之明”还是文化传统和礼节上的谦让式接受。还比如，随着人们权益观念的提升，在私人之间的利益发生交叉和矛盾的时候，是否人们只能高举“维护自我权益”的大旗而不去尝试一下在谦让中获得共赢。当社会或身边一个又一个成功的榜样被定义和膜拜或者“幸福神话”被塑造的时候，人们是否可以留一点目光观照自己的心灵，体会知足的宁静与安详，同时从简易之处努力，勤奋地打牢自己事业和生活的根基，而不盲目追赶潮流？老子思想启发我们，扬抑、动静、固守与变通之间都需要保持一定的平衡，智德也需要与其他几种德性之间的配合互动，才能真正释放出智慧的光芒。

第十五章 《老子》的信德观及其伦理价值

“信”是中华道德文化中的重要命题。《说文解字》说：“信，诚也。”《白虎通·情性》说：“信者，诚也。专一不移也。”与“信”相关的内容如“信仰”“信任”“信念”“信心”往往都被认为是维系社会发展和个体幸福的关键因素。万俊人认为，在伦理学的理论构成中，终极信仰的超越层次属于道德形而上学范畴，社会实践的交往层次属于普遍性社会道德规范范畴，而个人心性的内在人格层次则属于美德伦理或个人道德的范畴。①

在信仰层面，有学者提出，辛亥革命终结了中国延续两千多年的顺天应人的圣王结构，这使得20世纪初，中国的政治文化思潮中出现了五大宗教替代思潮，如伦理代宗教（代表人物梁漱溟）、美育代宗教（代表人物蔡元培）、科学代宗教（代表人物陈独秀）、哲学代宗教（代表人物冯友兰），最终建构了一种以革命主义为信仰核心的民族国家建设运动。但是中国的人心问题或信仰问题，仍然缺乏一个真实值得挂靠的神圣基础，缺乏真实的社会实践基础和构建信仰认同的社会共同体。②信仰既有其个人生命意义上的缘起，同时从社会群体生存角度看，也是社会交往的需要。在新时期，信仰问题的重大困境在于，源于信仰这两大起源而产生的信仰两大功能难以整合。③在信用和信任层面，有学者提出当代社会的诚信问题是一种道德危机，

---

① 万俊人．寻求普世伦理[M]．北京：北京大学出版社，2009：20.

② 李向平．信仰但不认同：当代中国信仰的社会学诠释[M]．北京：社会科学文献出版社，2010：9-15.

③ 黄明理．社会主义道德信仰研究[M]．北京：人民出版社，2006：54.

体现在人的生活空间、制度空间与交往空间三个层面。食品安全等问题构成人的生存风险与消费焦虑，制度供给不足和执法不力导致约束机制失效，“杀熟”“不要和陌生人说话”造成个体的孤独感。[①]从个体的人格心理层面讲，正如奥尔波特所说：“每个人无论他是否具有宗教倾向，都有自己最终的假定前提。因为这些前提对他来说是真实的，这种假定前提不管是被称为意识形态、人生观、观念或者仅仅是对生活的一种直觉，都对属于他们的所有行为产生了创造性的压力。”[②]

“信”字在《老子》中的七章中出现过。从“信”的对象和用法来分析，老子所言之“信”包括两类，一类是先验世界的本体论意义上的忠信，一类是经验世界的交往意义上的诚信。老子的信德观提示了“信仰”“信任”“信念”“信心”这些内容在某种意义上是可以统一和联系起来的。

一、老子的道德系统中的信德

（一）老子信德观的本体论色彩

首先需要注意的是老子思想中的“信”具有本体论的色彩。帛书《老子》第一章中就提出：“失道而后德，失德而后仁，失仁而后义，失义而后礼。夫礼者，忠信之泊也，而乱之首也，前识者，道之华也，而愚之首也。”这一段文字实际上言简意赅地构建了老子思想中的道德体系。《文子·上仁》说：“老子曰：‘……古之为君者，深行之谓之道德，浅行之谓之仁义，薄行之谓之礼智，此六者，国家之纲维也。’”将老子道德系统以道、德、仁、义、礼、智六元素来概括。元代吴澄认为：“德之厚也，渐变而薄，一降为仁，再降为义，三降为礼，而忠信之厚德薄矣……德其统名，分言则四。得天地生物之元以为德，而温然慈爱者曰仁，得天地收物之利以为德，而截然裁

① 林滨．从道德危机到存在危机——重建社会信任的思考[J]．道德与文明，2011（5）：37-43.
② 赫根汉．人格心理学导论[M]．何瑾，冯增俊，译．海口：海南人民出版社，1986：206.

制者曰义，得天地长物之亨以为德，而粲然文明者曰礼，得天地藏物之贞以为德，而浑然周知者曰智。老子则以道为无名，德为有名，自德而为仁义礼智，每降愈下……拟诸易卦之六位，则道初、德二、仁三、义四、礼五、智六。”[①]因此吴澄认为老子本章所构建的道德系统包含了道、德、仁、义、礼、信、智七种概念，但是离道失德的衰退阶段则是道、德、仁、义、礼、智六个阶段。

“夫礼者，忠信之泊也”一句中的“信”的解读，需要先重视“忠”字的意义。何怀宏指出先秦人较少说“诚信”而多言“忠信”或直接说“信”，而且先秦“忠”的意思没有后来“忠君”的特定义。[②]例如，《国语·周语》说“言敬必及天，言忠必及意，言信必及身”，《周礼·大司徒疏》说“中心曰忠，中下从心，谓言出于心，皆有忠实也”，《周礼·春官宗伯下》说“中，犹忠也，和，刚柔适也”。熊春锦认为“忠信之泊”的“忠”与“中”通假，而老子思想中的“中”从“中气以为和”的角度来看，是来自于没有朴散开的“德一”。[③]虽然此处的“中气”已经处在“二生三”的阶段，但是“二生三”只是阴阳在德一的调控下组合而成的新模式，即“阴阳中”。[④]《左传·文公元年》说：“信，德之固也。”《白虎通》说：“土尚任养万物为之象，生物无所私，信之至也。”吴澄认为：“德犹地也，忠信为土，四端所资。”[⑤]熊春锦提出老子思想中的下德状态是指“德一”的本体朴散为“仁、义、礼、智、信”五个子系统。[⑥]“忠信”指的是“信德”，五行属性是土，寄旺于木德之仁、金德之义、火德之礼和水德之智当中，为这四德起到一个基础的作用，为这

① 吴澄．道德真经吴澄注[M]．上海：华东师范大学出版社，2010：55-57.

② 何怀宏．良心论[M]．北京：北京大学出版社，2009：122.

③ 熊春锦．中华国学道德根[M]．北京：中央编译出版社，2006：27.

④ 举个例子，水和面粉在混合之前是两种材料，混合搅拌之后成为了面团这一新的材料，但是在这个过程中并没有加入新的组分，只是水和面由于物质之间的相互作用而融合在一起。

⑤ 吴澄．道德真经吴澄注[M]．上海：华东师范大学出版社，2010：55-57.

⑥ 熊春锦．老子·德道经[M]．北京：中央编译出版社，2006：4.

四德奠基，它很自然地被分派到这四种德性里面，去烘托它们，使它们能够发展、产生作用。当社会到了礼德时期以后，这个“信德”已经随着“仁、义、礼”三德的相继丢失，也同样地丧失了四分之三，因此说此时信德很薄。[①]

帛书《老子》第65章中说：“道之物，唯望唯忽。忽呵！望呵！中有象呵！望呵！忽呵！中有物呵！幽呵！鸣呵！中有请吔！其请甚真，其中有信。”这一段文字可视为老子对“道”的状态的一种直接描述。老子描述的通过坐忘和玄览观察体验到的“道”其中不仅有象有物，而且包含着至信，这是“道”的属性特征。

（二）信德的同一性特征

这里所说的同一性指的是事物发展前因后果之间的必然一致的联系。道家思想具有天人合论的思维特点，所以其概念和理论往往遵循着从天道推演人道的逻辑顺序。老子说：“道生一，一生二，二生三，三生万物。万物负阴而抱阳，中气以为和。”在老子的宇宙观里，世界就是从最初的道“无”德“一”，继而化生阴阳的属性，阴阳属性在“中气”的聚合作用下，构成化生万物的基本结构，然后继续不断向着更复杂的结构发展变化，从而产生了丰富多彩的世间万物。大道化生万物气象万千，但是万物最终又必然回归“道”的至虚，所谓归根复命。[②]这是老子思想中的“常道”范式。在道生一、二、三、万物的常道范式中，伴随着不断化生的复杂化，万物也会受到越来越多各个层级规律的限制，不仅要受道、德一、阴阳、五行的限制，还要受到因固化而产生的其他众多限制。但是在这个过程中，道与德始终保持着对万物发展的最高支配力，因而对万物发展具有终极的一致性力量。这意味着无论是人们已经揭示的必然和规律，还是有待于去揭示而暂时只能视作偶然和混沌的现象，在老子思想中，都

① 熊春锦．中华国学道德根[M]．北京：中央编译出版社，2006：27-28.

② 帛书《老子》第60章：“万物旁作，吾以观其复也。天物云云，各复归于其根曰静，静是谓复命。复命常也，知常明也。”

是有着终极意义上的必然性和一致性的。但是道生德养所决定的这种一致性却又变化多端[1]，因为其根本机制是“无中生有，道法自然”，因而并不会导致像将任何有形、固化的概念和思想放到最高点那样所必然产生的僵化和强制。

《黄帝四经·经法》说：“天执一以明三，日信出信入，南北有极，度之稽也。月信生信死，进退有长，数之稽也。列星有数，而不失其行，信之稽也……信者，天之期也。”在黄老思想看来，既然日月星辰所代表的天道都是有规律可循，按照一定的规则法度在运行，以此为基础才有着人类发展的可能性，那么人道规律自然应该效仿天道，持守这种同一性、一致性的信德。帛书《老子》第38章说：“天之所恶，孰知其故？天之道，不弹而善胜，不言而善应，不召而自来。弹而善谋。天网恢恢，疏而不失。”无论是“道生法”，还是天道、德性所衍生出的“天网”，其中都包含着同一性的法则规律，这种属性才能保证无论是对道法的遵从信守还是对道德的实践，最终都与对大道的探求具有方向上的一致性，而不至于南辕北辙。信德的这种同一性的特征和功能维持了事物、人事发展的有序和连贯。无论是自然世界，还是人类社会，如果缺乏了这种“种瓜得瓜，种豆得豆”的因果同一性，那么世界的发展无疑会陷入混乱和无规律可循的状态。这种同一性是纵横交错、隐显交织的，因此会表现出丰富多彩的形态，甚至局部、片段时间内的非同一性。这种同一性使得世界的自组织成为可能，保证了宇宙和人事在向着越来越复杂的方向发展的时候还能保持足够的有序性和规律性。

《白虎通》说：“信者，诚也，专一不移也。故人生而应八卦之体，得五气以为常，仁、义、礼、智、信是也。”[2]信德的这种专一不移的同一性，可以体现为个体内在思想、气质、人格的一贯性、一

① 帛书《老子》第14章：“道生之、畜之；长之、遂之，亭之、毒之，养之、覆之。生而弗有也，为而弗寺也，长而弗宰也。此之谓玄德。”

② 陈立，撰，吴则虞，点校．白虎通疏证[M]．北京：中华书局，1994：381-385.

致性，也体现为人际交往中的言行一致，言而有信，言出必行，人类社会规则制度的一视同仁和信用力。

（三）信德的整合性、超越性功能

老子宇宙观里还存在着“非常道”的范式，即“反也者，道之动也”。这种“非常道”范式是从万物“生成—灭亡”的循环中向着反方向运动，万物从表象上的复杂斑驳向着实质性的朴素回归，内在的道德属性随之得以升华和纯粹化，所谓返朴归真。在这个不断超越的过程中，信德是起着基础性的整合承载作用的，这是信德的另一个特征和功能。信德的整合功能，既像土壤能够滋养和承载树木生长一样，又像黏合剂，可以将仁、义、礼、智、信这五德之中的其他四德有机地融合为一体，而不至于产生相互抵触、分崩离析的结果。

帛书《老子》第72章说：“知其雄，守其雌，为天下溪；为天下溪，恒德不离；恒德不离，复归婴儿。知其白，守其辱，为天下浴；为天下浴，恒德乃足；德乃足，复归于朴。知其白，守其黑，为天下式；为天下式，恒德不贰；德不贰，复归于无极。”[①]通过“恒德不离、恒德乃足、恒德不贰”三个层次的复归与跃迁，从五德朴散充满斑驳杂质的下德状态，通过重德修德而提升至德性具足和德性纯一的状态，最终达到“无极”所代表的“道”的境界。这个过程中，仁、义、礼、智、信五德的补全是前两个阶段的要点，而信德的承载和整合功能，又是其他四德能够充实和回补的重要基础。

有学者提出，道德心理的整合机制就是道德信仰形成的内在过程和机理，道德心理的整合机制涉及道德认知、道德情感、道德意志和道德人格等问题。[②]信仰对道德有论证、聚合、圣化作用。[③]老子的信德观有助于我们在信德的整合功能方面向着更深入的方向迈进。

---

① 此章中，帛书与王弼本存在着语句顺序的差异。刘笑敢认为是世传本编者为了使两个“朴”字相续，而调整了第二段和第三段的顺序，但实际并非必要。本文赞同其观点。

② 魏长领．道德信仰的发生机制[J]．伦理学研究，2004（6）：42-45.

③ 檀传宝．论信仰教育与道德教育[J]．北京师范大学学报（社会科学版），1997（2）：48-53.

二、老子信德观指向的人格气质特征

（一）尊道贵德的忠信

在老子思想中，宇宙万物都是由虚无的“道”所化生、“德”所畜养而形成的。有形器物的生成，也都是因为道与德在有质无形的“炁”的层面的注入与主宰。所以万物光明正确的生存发展之路，是运用“尊道贵德”的原则自律、修养和实践道德。①“德”是“道”的显化和最高代表。“同于德者，道亦德之；同于失者，道亦失之。”②具备“德”的品格者，“道”就会助之以“德”的力量与能力；与“德”的品格属性相违背者，“道”也会弃之而去。既然形而上的“炁”对形而下的“器”具有支配作用，那么“德”以人的方式通过言行和思想等元素显现，就成为伦理意义上的德性或品德。因此，对于万物之一的“人”来说，“德”具有天德和品格两个维度。品格性所表现的，是经验世界伦理道德的价值性。依据这种外显的品格性的特征，我们才能够讨论、研究、实践这个“天德”，从品格性去反证出内在的品质与天德。③所以说老子提出的“尊道贵德”是一种超越宗教和意识形态的道德信仰，老子的天德观也代表了先秦时期人们对德性的一种曾经占据主导地位的认识。“尊道贵德”的这种忠信联结了经验与先验，帮助人们在探究大道过程中面对“明道如费，进道如退，夷道如类；上德如浴，大白如辱，广德如不足，建德如输，质真如渝；大方无隅，大器晚成，大音希声，天象无刑；道隐无名”④等与经验世界相反的现象时，可以有所依凭，而不至于迷失方向。现实生活中，德福一致的因果规律未必在有限的时空中得以全部体现，人们是需要借助“夫天道无亲，恒与善人”⑤之类终极信仰来

① 帛书《老子》第14章：“道生之，而德畜之，物形之，而器成之。是以万物尊道而贵德。道之尊，德之贵也……”

② 帛书《老子》第68章。

③ 熊春锦．中华国学道德根[M]．北京：中央编译出版社，2006：135.

④ 帛书《老子》第3章。

⑤ 帛书《老子》第44章。

帮助自己树立信心与信念的。

帛书《老子》第61章中说："大上，下知有之；其次亲誉之；其次畏之；其下母之。信不足，案有不信？"[①]老子认为对于最高境界的"道"，无相无形，行玄德而不留痕迹，最接近其境界的人可以感知到它的存在，其次的人主动亲近和赞美它，再其次的人半信半疑，但也心存畏惧，还有一部分人则完全拒斥它的存在，甚至禁止别人相信。这种离道越远而产生的信德损失越多，就是各种不信所产生的根本原因。这可以解释"上士闻道，堇能行之；中士闻道，若存若亡；下士闻道，大笑之。弗笑不足以为道"[②]。在老子看来，上士、中士、下士之所以闻道后会产生迥异的表现，其关键原因正在于内在信德处在不同的水平状态，由此决定了其心意与"道"产生何种共鸣反应，因为"同于德者，道亦德之；同于失者，道亦失之"[③]。道不会有人心的执着，道法的是自然。

尊道贵德也体现为对"真"的信念和追求。"修之身，其德乃真；修之家，其德有余；修之乡，其德乃长；修之邦，其德乃丰；修之天下，其德乃博。"[④]老子认为道德的修养，可以通过自身的努力实践，达到一种与道相通、"复归无极"的境界和状态，他称之为"真"。老子追求的"真"是把德性补全，由下德回归上德与道的过程。老子是以"德"作为万物的尺度以及"真"的标准，体现于"同于德者，道亦德之，同于失者，道亦失之""是以圣人执一以为天下牧"。[⑤]

老子思想的一个重要特色就是辩证法思想，他启发人们不断地以超越性的视角来看待善恶、有无、高下、强弱等二元对立的概念和局

① 通行本中"大上"作"太上"。帛书《老子》第69章说："吾未知其名，字之曰道，吾强为之名曰大。"意为"大"与"道"所指的同一性。

② 帛书《老子》第3章。

③ 帛书《老子》第68章。

④ 帛书《老子》第17章。

⑤ 帛书《老子》第67章。

势[①]。当我们处在这样二元对立中的一方时，想要跳出己方的局限，往往需要借助“三生万物，中气以为和”中的“中气”所蕴含的“尊道贵德”的信念，这种超越性信念可以帮助人们校准心意与动机，在新的关系模式中寻找可能与对方共同的价值基础。

（二）交往中的诚信

交往中的诚信贵在言行一致，口不欺心，不谎言欺诈。这将有助于保持人格的内在一致，因为任何欺骗都首先是对自己内心的欺骗，任何失信首先损失和破坏的都是自身信德的纯朴。在老子看来，失却诚信所带来的这些损失要远远大于因此而获得的利益，如他所说：“名与身孰亲？身与货孰多？得与亡孰病？甚爱必大费，多藏必厚亡。”[②]所以老子的圣人之治的取向是“虚其心，实其腹；弱其志，强其骨”。老子并非不关注世事，但是他始终认为外在的世事与内在的德性基础有着必然的联系，个体的身心系统也像一个国家一样，外在事情的麻烦和混乱是内在德性混乱的结果和反映[③]，因此他提醒人们不要只把眼光放在外在的利益得失之上，需要重视从内在德性的发展以及天道规律的适宜来解决问题。尽管这两者对于一般百姓而言都是“黑箱”的内容，需要通过不断重德修德而逐步接近感知，但是老子指出了这样一个方向，认为只有“知其白，守其黑”地兼顾内外来修养和治理，才能把事情处理得更好。因此不要轻视诚信所带来的正向作用，也不要低估失信所带来的对身心内环境的破坏作用。

在现实生活中，保持言行一致，对允诺能够以诚信一以贯之并不是很容易的事情。因为即便人们重视诚信，而客观上事情的发展往往有超出允诺时所能预料的范围，很多失信的事情往往在允诺的当时就

① 帛书《老子》第46章：“天下皆知美为美，恶已；皆知善，訾不善矣。有无之相生也，难易之相成也，长短之相形也，高下之相盈也，意声之相和也，先后之相随，恒也。”

② 帛书《老子》第7章。

③ 帛书《老子》第17章：“以身观身，以家观家，以乡观乡，以邦观邦，以天下观天下。吾何以知天下然兹？以此。”

已经注定了将以失信收场，把事情看得太容易反而会增加它的难度。从另外一方面来说，轻易允诺本身就是一种信德缺失的表现，因此善良的人们需要对此加以警惕和预防，不要轻信这样的承诺。所以，老子提醒人们“夫轻诺必寡信，多易必多难”，重视交往中的诚信就要从慎重允诺做起。圣人行事，自始至终注重信德，存有忧患意识，不敢自大而疏忽，这样才能确保承诺不失，难事也变成易事而得以解决。[①]以老子心目中的圣人之道看来，圣人是可以做到超越自我而以百姓之心为己心的，于是无论百姓中的善者善行还是不善者的恶行，圣人都能做到以善来因势利导；无论百姓中那些忠信道德待人诚信的，还是背弃道德诚信的，圣人也都能以道和德境界的一以贯之来回应和引导百姓。这是因为圣人已经具备将百姓都视作自己的耳朵和眼睛一样的胸怀和大爱，所以对百姓的各种表现都会报以孩童般的微笑。[②]

诚实可信的语言纯朴厚道，是不需要用华丽来装饰的，相反，那些华丽的豪言壮语倒是需要警惕的，如老子所言：“信言不美，美言不信。”信德之美，在于其内在的一致性和踏实感，而非指向虚幻的轻诺来给予人一时的憧憬和激动而最终却必须去承担那梦幻破灭所带来的失落。这正像炫耀多知的人并非真正智慧广博，贪婪积聚财富和名声的人并非真正的善者一样。[③]老子之所以认为水最为接近道的境界，除了水的无私利万物而又能甘于处下之外，水的施与而有信、动静合道也是重要的方面。[④]

---

① 帛书《老子》第26章：“夫轻诺必寡信，多易必多难。是以圣人犹难之，故终于无难。”

② 帛书《老子》第12章：“圣人恒无心，以百姓之心为心。善者善之，不善者亦善之；德善也。信者信之，不信者亦信之；德信也。圣人之在天下，翕翕焉，为天下浑心，百姓皆属其耳目焉，圣人皆孩之。”

③ 帛书《老子》第31章：“信言不美，美言不信。知者不博，博者不知。善者不多，多者不善。”

④ 帛书《老子》第52章：“上善治水，水善利万物而有静；居众之所恶，故几于道矣。居善地，心善潚。予善信，正善治，事善能，踵善时。”“予善信”一句通行本作“與善仁，言善信”。

（三）希望与踏实

信德与希望是存在着相似性和密切联系的，忠信给人以希望。正如人们喜欢用“希望的田野”这样的比喻来形容希望所联结的现实性与可能性，沃土才能承载希望。希望总是反映未来与可能性的，而又不是毫无根据的可能性，希望与现实是通过某种同一性才得以建立联系的，这其中就有信德的参与。浅薄的信德和枯竭的心灵难以承载希望，所能诞生的要么是得过且过，要么是私欲的无限膨胀所导致的贪婪，而这种贪婪虽然也具有希望的属性，但是其道德内涵具有很大的差距。正如老子所说：“罪莫大于可欲，祸莫大于不知足，咎莫憯于欲得。故知足之足，恒足矣。”[①]贪婪是永远也不会得到满足的，贪婪只能把人导向罪恶、祸患、灾咎。

有智慧的人能小中见大，具有先见之明。“其安也，易持也。其未兆也，易谋也。其脆也，易判也。其微也，易散也。为之于其未有也，治之于其未乱也。”但是这种先见之明显然也需要建立在深厚的信德基础之上，对事物发展的因果规律的敬畏和深信才能保证这种最初的洞察能被自己重视，否则要么毫无洞见，要么即便有所发现也会在侥幸心理的作用之下轻易放过。信德的丰厚有助于踏实作风的养成。“合抱之木，生于毫末；九成之台，作于羸土；百仁之高，始于足下。”[②]稳扎稳打，注重基础，是为人和立业都需要具备的素质，这种气质和作用的内在依据就是相信自己的这种努力是值得的，是为未来而准备的。“故必贵而以贱为本，必高矣而以下为基。”[③]当一个时代的人们更倾向于追赶潮流而忽视积淀和基础工程的时候，以老子的观点来看，信德的培补就是必不可少的实质性工作。

---

① 帛书《老子》第9章。

② 帛书《老子》第27章。

③ 帛书《老子》第2章。

三、老子信德观的伦理价值

（一）道德复兴需要培育信德土壤

老子生活的年代正值周礼式微的春秋时期，社会发生大变革，大国为争霸欺诈肆行，正如老子所言："夫礼者，忠信之泊也，而乱之首也。"在这种背景下，如何取信于天下和取信于民，就成为春秋时代一些有识之士极为关心的问题。他们清醒地认识到，"民保于信"，"民无信不立"，背信弃义就会丧失民心，没有民众的支持就会失败。取信于神明是春秋时代诚信观的另一个侧面，祭祀和盟誓都被赋予了崭新的内容。[①]从当时的背景来说，老子的信德观主张超越神明信仰而倡导尊道贵德的忠信和民众交往的诚信，是一种重要的哲学突破。类似于雅思贝尔斯的轴心时代理论，每一次社会道德从失落走向复兴，都需要从对道德的信仰、诚信、信念这方信土的建设开始。

也许在老子看来，科技得到空前发展的现代社会既不是"上仁为之，而无以为也"的时代，也不是"上义为之，而有以为也"的时代，甚至也不是"上礼为之，而莫之应也，则攘臂而乃之"的时代，而是一个"前识者，道之华也，而愚之首也"的时代。[②]这个时代强调理性，以及建立在理性基础之上的规范伦理，即便如此，人们还是常常陷入到互相之间无法达成一致的困境。分歧的无休无止和概念的不可通约性，并不是突然间出现的，而是都有着历史上的思想根源和悠久的起源。[③]麦金太尔的这种跨越历史时空大尺度的道德观察所产生的结论倒与老子的思想有某些相似之处。老子所言更像一种论断或预言，而麦金太尔则是站在历史的另一端掌握了丰富的现实依据。麦金太尔认为普遍性的道德概念发展至今已经成为碎片，尽管这个时代

---

① 姜建设．在反欺诈中提升：春秋时代对于诚信的体验、认同与诠释[J]．郑州大学学报（哲学社会科学版），2003（6）：117-123.

② 熊春锦．中华国学道德根[M]．北京：中央编译出版社，2006：45-52.

③ 麦金太尔．德性之后[M]．龚群，等，译．北京：中国社会科学出版社，1995：9-13.

更为强调理性，但是分歧往往是由情感来操纵的，这会带来严重的后果，尽管人们往往认为这代表着空前的繁荣。而在老子看来，如果发展到仁、义、礼相继失去主导性，而只剩下“智德”当家的时候，无论是个体还是社会的发展都已经到了最危险的时候。正如万俊人所说，缺乏对自然世界的正视，缺乏对“文化他者”的正视和平等尊重，缺乏对人之心灵世界的珍重，再强力的知识信念也难以关照和料理人类自身的文化价值生活，尤其是艺术的、宗教的和道德生活。这三种缺乏也许正是现代信仰危机的主要认知根源。①

无论我们如何看待自己所处的这个时代，老子对道德发展的预言之后所开出的处方都是值得我们重视的。“是以大丈夫居其厚，而不居其泊；居其实，而不居其华。”其中的“厚”与“忠信之泊”的“泊”（通“薄”）相对应，“华”指向的是上文的“前识者，道之华也”。从忠信厚土的培育开始，回归对中华民族根文化意义上的道德信仰，是当代中国社会道德复兴中势在必行的举措。

（二）重视制度信用

在老子思想里，他所提出的劝诫和要求只是针对圣人和侯王的，而不针对百姓，因为在老子看来前者实质上领导了社会的潮流，因此也必然需要负担更多的责任。②老子说：“夫天下多忌讳，而民弥贫；民多利器，而邦家兹昏；人多知，而奇物兹起；法物兹彰，而盗贼多有。”③意思是，天下太多的繁文缛节、禁忌避讳将导致人们身心困顿、精神空虚，而过分夸大法律条文的作用，并不能从根本上拯救失去平衡之乱。因此法不在多，而要精严，要能自律律他，取信于民。《黄帝四经·经法》说：“道生法。法者，引得失以绳，而明曲直者也。故执道者，生法而弗敢犯也，法立而弗敢废也。故能自引以绳，

① 万俊人．信仰危机的“现代性”根源及其文化解释[J]．清华大学学报（哲学社会科学版），2001（1）：22-29.

② 帛书《老子》第43章：“受邦之诟，是谓社稷之主；受邦之不祥，是谓天下之王。”

③ 帛书《老子》第20章。

然后见知天下而不惑矣。”虽然黄老思想中所说的“法”并不等同于世间法，而是内涵上更为形而上的“道法”，但是这种“道法”进一步向人世间的落实，就成为社会的规范和法治。可惜的是黄老思想这一对“法”的尊崇在汉代“罢黜百家，独尊儒术”之后就消失在漫长的历史长河之中，直到马王堆汉墓帛书的出土。而法家又并未完整地继承“道生法”的思想，使得法在漫长的历史中往往成为王权操纵下的封建制度的统治手段。

哈贝马斯站在西方文明历史的视角上认为：“对上帝的信仰崩溃之后，出现了多元化的世界观，从而逐渐消除了政治统治的宗教基础。这种世俗化的国家必须为自己找到新的合法化源泉……民族国家的成就在于：它同时解决了这样两个问题：即在一个新的合法化形态的基础上，提供了一种更加抽象的新的社会一体化形式。”①哈贝马斯的这种对于民族和国家在新时代下的功能与作用的描述，对于中国社会而言，也同样有着深刻的启迪作用。国家的制度信用比起一般的商业信用、民间交往信用，对于社会的信德所起到的作用更为深远。“从非正式的习俗、道德到正式的法律、规定，这些制度性因素通过其内化于社会成员后形成的约束力来增进社会信任度，这时信任的意义在某种程度上被提升了；普通社会成员之间的相互信任，已经掺杂了该社会成员对涉及其中的社会制度的信任，于是社会制度就拥有了作为信任的保障机制和作为信任本身的一部分的双重意涵。”②信用与信任都需要依赖共同体意义上的建设和保证，“信任可以在一个行为规范、诚实而合作的群体中产生，它依赖于人们共同遵守的规则和群体成员的素质”③。

① 尤尔根·哈贝马斯. 包容他者[M]. 曹卫东，译. 上海：上海人民出版社，2002：131-132.

② 梁克. 社会关系多样化实现的创造性空间——对信任问题的社会学思考[J]. 社会学研究，2002（3）：1-10.

③ 弗朗西斯·福山. 信任：社会美德与创造经济繁荣[M]. 彭志华，译. 海口：海南出版社，2001：30.

(三)信德与智慧相结合

老子对他的道德理论是深信不疑的,他说:“言有君,事有宗。其唯无知也,是以不我知。”[①]在这一点上,老子与苏格拉底和柏拉图的思想倒产生了某种共鸣。老子认为圣人之言都是有主旨和依凭的,并非无稽之谈,而百姓由于深陷“常道”的现象之中,不能深入到德和道的层面去观察深层次的“炁”的变化,因此也就很难理解圣人所描述的“非常道”。柏拉图也认为一般人由于无法“摆脱枷锁”展开回忆,所以很难进入理念世界。老子对道德的这种深信想必也能得到康德的认同,虽然两人所说的“道德”有着内涵方面的差异。康德说:“至道德的信仰则全然不同。盖在此处某某事象之必须发生,即我在一切方面必须与道德律相合之一事,乃绝对必然者。”[②]康德曾努力地论证理性的能力范围,继而为信仰留出地盘。经由理性的论证之后,康德又回到信仰之中,即用信仰来保障全部道德体系的成立与实践理性的完成。[③]“这种来自实践的确信或这种道德的理性信仰往往比一切知更坚定。在知中人们还倾听反对的理由,在信仰中就不然,因为信仰不随客观的理由而定,而随主体的道德兴趣而定……知道什么是确认的人,不易混淆劝说和确信,因而也不易让自己被人劝说。有一种得到赞同的规定根据,是由主客观根据综合而成的,大多数人不能把这种混合的结果彼此分辨开来。”[④]老子所言“知不知,尚矣;不知不知,病矣”[⑤]是否也可以认为包含着同样的意味呢?信德跨越了先验性的直觉信仰与经验性的价值原则与分析原则,信德与智慧并不矛盾。正如罗素所说:“思辨的心灵所最感到兴趣的一切问题,几乎都是科学所不能回答的问题;而神学家们的信心百倍的答

① 帛书《老子》第35章。

② 康德. 纯粹理性批判[M]. 蓝公武,译. 北京:商务印书馆,1997:567.

③ 任建东. 道德信仰的两重规定及其限度[J]. 伦理学研究,2004(1):10-14.

④ 康德. 逻辑学讲义[M]. 许景行,译. 北京:商务印书馆,1991:64-65.

⑤ 帛书《老子》第36章。

案，也已不再像它们在过去的世纪里那么令人信服了。”[①]在信仰失落的时代，信德其实需要与智慧更为紧密地结合。信仰与信念的直觉需要在可能性的前提下通过实践原则来给予判断和保证，同时经验性的理念主张如果背离人们基本的道德直觉，那么也非常有必要给予足够的重视和关切。

信德的修养与实践并不意味着人们需要去一拥而上地相信什么，反而在这个多元化、异彩纷呈的时代，用一颗关爱心、公正心来帮助我们确定不能相信什么也很重要。在这个意义上，信德的修养并不能用信的“多”与“少”以及信仰的某种形态的显化或是潜隐来评判。在老子看来，大道是自然平易的，只是人们总喜欢凭借着聪明智巧而将其曲解和复杂化。老子举了两个例子，认为无论是荒废了朝视之礼、荒芜了田地耕耘、虚耗了仓储这种将修身与社会生活对立起来的人，还是满口道德华丽辞藻、贪恋舒适生活而借道德之名敛财这种迷失在对道德的追求之中的人，都不是真正的求道者，都是欺世盗名的顽空假道。[②]老子对这两种现象的批判，对于信德的修养实践也同样适用。无论是过于冷漠而缺乏人际信任，还是缺乏判断而轻信别人，都必然会遭遇尴尬而承受相应的后果。老子提出“信者信之，不信者亦信之”，并非在要求人们不辨是非地盲目相信别人，不要忘记老子这句话的前提是达到圣人之治的境界，站在一个可以承担百姓“信”与“不信”后果的位置上来发出的。因此，当我们在践行信德修养的时候，非常有必要注意这一点。

---

① 罗素．西方哲学史（上卷）[M]．何兆武，李约瑟，译．北京：商务印书馆，1996：10.

② 帛书《老子》第16章：“大道甚夷，民甚好解。朝甚除，田甚芜，仓甚虚；服文采，带利剑，厌食而货财有余；是谓盗□，非道也!”

第十六章 竹简《五行》总纲的思想及其教育价值

一、出土文献带来了挖掘先秦思想之教育价值的新增长点

先秦思想既是中国思想史上的高峰之一，又是中华文化的最初母体，因此对于中国人理解自己民族的思想具有不可替代的作用，对教育学研究来说亦是如此。但是，与后世相比，先秦时期的文献资料还是相对较少，而且散碎不全，无论是思想的起源还是发展的脉络，尽管人们已经可以大致勾勒出一些图景，但依然有很多重要的节点和关键性的内容像谜团一样存在。四十多年来，湖南长沙马王堆汉墓帛书、郭店楚简、上海博物馆收藏竹简、北京大学收藏汉简、清华大学收藏竹简等新文献的出土，为中国哲学、历史学和古文献学研究带来了很多新的重要线索，已经成为了众多领域中的研究前沿和热点。这些出土文献也为解开先秦思想的谜团带来了新的希望。

例如，《荀子·非十二子》中就有对子思、孟子的猛烈批评："略法先王而不知其统，犹然而材剧志大，闻见杂博。案往旧造说，谓之五行，甚僻违而无类，幽隐而无说，闭约而无解，案饰其辞而祇敬之曰：'此真先君子之言也。'子思唱之，孟轲和之，世俗之沟犹瞀儒、嚾嚾然不知其所非也，遂受而传之，以为仲尼、子游为兹厚于后世：是则子思、孟轲之罪也。""五行"思想被人们熟知的一般都是指木火金水土，这种思想最为明确地出现在《左传·昭公二十九年》（约公元前512年）的一段话中："社稷五祀，是尊是奉。木正曰句芒，火正曰祝融，金正曰蓐收，水正曰玄冥，土正曰后土。"可是，子

思、孟子的传世作品中并没有明确的木火金水土五行相关的内容，那么荀子的这番评论又从何说起呢？这个谜团延续了两千多年，直到近半个世纪的帛书和竹简《五行》出土，人们才获得了一些答案。竹简《五行》是1993年从湖北郭店出土的文献中的一篇，以篇首“五行”二字命名，所涉“五行”是指“仁、义、礼、智、圣”，其写作年代可能是战国中期的公元前400年到公元前300年。而早在1976年从湖南长沙出土的马王堆汉墓帛书中，也有内容相近且包含了“经”“说”两部分的《五行》篇，其抄写年代可能是汉代初期的公元前200年左右。无论是竹简《五行》，还是帛书《五行》，“其思想内涵丰富，构成复杂，思维精深”①，是不容忽视的宝贵遗产。

近三十年来，关于《五行》及其他出土文献的研究取得了丰硕的成果，但是相关的研究很少被教育学界关注②，从教育学视角来挖掘其价值的研究并不多见。③事实上，《五行》中的“仁、义、礼、智、圣”思想不仅丰富和深化了我们对先秦时期相关思想脉络和内容的了解，对我们理解早期中华文化中的“德”观念及其机制和培育路径也会大有帮助。也就是说，《五行》事实上蕴藏着宝贵的教育理论价值，因此有必要从教育学的视角对其进行挖掘和诠释，从而使其能够为当代中国教育理论的发展提供滋养和灵感。

二、《五行》的思想归属问题

虽然公认简帛《五行》具有重要价值，对于衔接先秦时期断续的思想具有关键作用，但是《五行》的思想归属问题，至今还存在很多分歧。

很多学者指出，竹简、帛书《五行》与《中庸》《孟子》《荀子》

---

① 池田知久．郭店楚简《五行》研究[C]//《中国哲学》编辑部，国际儒联学术委员会．郭店简与儒学研究．沈阳：辽宁教育出版社，2000：92.

② 米靖．新出土简帛佚籍与中国教育史研究[J]．教育研究，2003（3）：82-87.

③ 王独慎．试论郭店楚简在中国教育史研究中的价值[J]．贵州师范大学学报（社会科学版），2018（6）：56-62.

等儒家思想存在着密切的联系，因此一般都把《五行》视为儒家作品，尤其是思孟一系的作品，只是在更具体的思想归属方面还存在着较多的分歧。例如，庞朴[①]、魏启鹏[②]、郭沂[③]、陈来[④]等认为竹简《五行》或帛书《五行》“经”的部分是子思或其门人的作品。梁涛认为，《五行》的思想处在孔子以后孟、荀以前的儒学分化、过渡阶段。[⑤]陶磊比较了《五行》与《中庸》中“德”“圣”等核心思想，认为两者差异很明显，《五行》不是子思所作。[⑥]

也有学者认为竹简《五行》或帛书《五行》“经”的部分要早于子思。例如，李存山认为，存在着一条从竹简《五行》到《中庸》《孟子》、帛书《五行》的思想发展路径。[⑦]刘信芳认为，《五行》主要思想的形成应早于子思，“子思不过是‘唱之’而已，孟轲不过是‘和之’而已”。[⑧]

除了将《五行》视为儒家作品之外，也有学者注意到《五行》与道家思想之间的紧密联系。例如，李学勤认为帛书《五行》“高深广远，论天道，说五行，有一定神秘性，正投黄老学者所好”，所以其在马王堆汉墓帛书中与《老子》《九主》之类道家文献合抄，不是偶然的。[⑨]还有学者注意到了竹简《五行》与道家德道修身思想的紧密关联，认为其思想诞生的时代可能处于周朝初期或更早的时期。[⑩]

关键问题是，以儒家或道家视角来诠释《五行》，会得出不同的

---

① 庞朴，著，刘贻群，编．庞朴文集（第2卷）：古墓新知[M]．济南：山东大学出版社，2005：157.

② 魏启鹏．简帛文献《五行》笺证[M]．北京：中华书局，2005：141.

③ 郭沂．郭店竹简与先秦学术思想[M]．上海：上海教育出版社，2001：146.

④ 陈来．竹简《五行》篇讲稿[M]．北京：生活·读书·新知三联书店，2012：115.

⑤ 梁涛．郭店竹简与思孟学派[M]．北京：中国人民大学出版社，2008：205.

⑥ 陶磊．思孟之间儒学与早期易学史新探[M]．天津：天津古籍出版社，2009：87–91.

⑦ 李存山．从简本《五行》到帛书《五行》[C]//武汉大学中国文化研究院．郭店楚简国际学术研讨会论文集．武汉：湖北人民出版社，2000：244.

⑧ 刘信芳．简帛《五行》核心内容及思想性质[J]．学术界，2014（6）：39–57.

⑨ 李学勤．帛书《五行》与《尚书·洪范》[J]．学术月刊，1986（11）：37–40.

⑩ 熊春锦．简帛《五行经》释解[M]．北京：中央编译出版社，2016：24.

理解方向。本文认为，尽管郭店竹简《五行》中很多重要思想与《中庸》《孟子》《荀子》有比较明显的关联，但是也不应该忽视其中与先秦道家思想比较一致的部分，因此，认为它是早期儒道思想混同一体、尚未泾渭分明的产物。这意味着如今我们拿自己相对比较熟悉的相关先秦流派的思想作为依据去诠释《五行》的时候，需要灵活开放，而不能因己之偏好而固执一端。因此，诠释者和研究者需要对自己诠释的基本立场有深刻的反思和清晰的认识，这是研究的前提。

由于竹简《五行》与帛书《五行》之“经”“说”的关系比较复杂，而竹简《五行》反映的思想更早，所以本研究主要以竹简《五行》文本作为思想诠释和挖掘的对象。从教育学角度挖掘《五行》的意义和价值，首先需要处理的就是研究基础的问题。对于竹简《五行》这样的两千多年来未见的出土文献，当下的研究只能靠其出土后当代学者的多领域研究成果作为启迪和支撑，但是这往往也要经历一个各出己说、渐显共识的过程，甚至有些内容至今依然大有分歧。因此，当我们从教育学视角切入《五行》研究，依然少不了的第一步是围绕《五行》中的关键思想，对前人研究的结论进行梳理和借鉴，从而为后续的教育价值挖掘奠定比较坚实的研究基础。

三、竹简《五行》总纲中一些关键思想的梳理和诠释

竹简《五行》开篇两段对理解文本中的关键思想“五行”的性质至关重要，被视为《五行》的总纲，但是对总纲的理解也是众说纷纭，因此有必要先对这两段加以重点分析。

> （1）五行：仁型于内谓之德之行，不型于内谓之行。义型于内谓之德之行，不型于内谓之行。礼型于内谓之德之行，不型于内谓之[行]。[智型]于内谓之德之行，不型于内谓之行。圣型于内谓之德之行，不型于内谓之德之行。（2）德之行五，和谓之德，四行和谓之善。善，人道也；德，天道也。

(一)“德之行”与“行”的区别

仁、义、礼、智之“型于内谓之德之行，不型于内谓之行”，这一句中的“德之行”与“行”是《五行》文本中的独创，需要高度重视。

对“德之行”与“行”的区别，学界目前有两类较为常见的意见。第一类观点是以“心灵—行为”二重性来划分，认为德与行是一个东西，德自心生，在内为德，在外为行。这种观点受到了东汉郑玄思想的影响。《周礼·地官·师氏》中以三德三行教国子，郑玄注曰：“德行，内外之称。在心为德，施之为行。”是说，“德”和“行”是同一事物的不同层面或不同阶段，或者说，“行”是“德”的外显。这种观点是以“德”作为基点，以“内外之分”来阐明“德之行”与“行”的区别。也有学者以客观之“行”作为基点，认为人作为主体，如果能自觉践行并生发它，那才是“德之行”。

“心灵—行为”二重性的诠释，从春秋时期儒家学说的传统来看的确并不少见，《左传》《国语》等有大量这方面的记载。《周易·乾卦·文言传》中有：“君子以成德为行，日可见之行也。”所谓“以行观德”，指“德”是目的，人通过做事来成德，一个人是否具备德，要通过他的行为来判断。《论语·述而》中也有“子以四教，文、行、忠、信”，孔子都是以具体的行为回答弟子关于德行的提问，如《论语·颜渊》：“颜渊问仁。子曰：克己复礼为仁。”①

第二类观点是从“形而上—形而下”的角度来看，“德之行”的“行”有“运行”“流行”等义。例如，郭沂认为，“德”者，得也，得自天者，亦即性矣，“形于内”者为自然形成于内在心性的“行”，故谓之“德之行”。②葛荣晋认为，“形于内”的“德之行”，是指内存在于人心、化为人性的“五行”，没有形于身心之内的“五行”叫

① 陶磊．思孟之间儒学与早期易学史新探[M]．天津：天津古籍出版社，2009：79.

② 郭沂．郭店竹简与先秦学术思想[M]．上海：上海教育出版社，2001：147-148.

作“行”，是一种外在的对人际关系的规定。[①]池田知久认为，所谓“德之行”是人类的内在方面先天而自然地被赋予的“行”，区别于不是如此的后天人为之“行”。[②]这种理解是得到文献支持的。例如，马王堆帛书《德圣》中有：“道者、德者、一者、天者、君子者，其闭盈谓之德，其行谓之说。”[③]东汉郑玄注《尚书·洪范》“一曰五行”时说：“行者，言顺天行气也。”这些语境中的“行”可以理解为“运行，流行”，而不是“行为”。

陶磊指出，先秦时期作为宗教性的“德”，具有神秘特征，是外在的，又是流动的，所以有“德之行”的说法。在心性学的框架下，“德之行”通过心之思的转化变成了心之行。后来经过孟子的发挥，它成为植根于人心的善的力量。这样，神秘的德就转变为人文的概念，完成了其从宗教向哲学的转变。[④]

（二）“型于内”与“不型于内”

在竹简《五行》中，原字为，即“型”，马王堆帛书《五行》中为，即“刑”。当代研究对“型于内”的理解包括以下几类。

多数学者直接将“型”作“形”，进而理解为“成形”或“形成”，同时，又根据唐代孔颖达解释《礼记·礼器》中“无节于内者，观物弗之察矣”时说的“内，犹心也”，把“内”理解为“心”。不过在“形”的机制与对象上又可以分为“人心悟道说”“德性内生说”“先天后天说”。例如，庞朴采用“人心悟道说”，认为“形于内”是“一种无形的或形而上的天道，经人领悟而成形于人心”，“不形于内，谓之行”意为“若未经领悟而未能成形于心，只是体现

① 葛荣晋．先秦两汉哲学论稿[M]．北京：中国人民大学出版社，2014：127.

② 池田知久．马王堆汉墓帛书五行研究[M]．王启发，译．北京：线装书局，北京：中国社会科学出版社，2005：143.

③ 韩宇娇．马王堆帛书《德圣》校读[J]．出土文献，2013：289-296.

④ 陶磊．思孟之间儒学与早期易学史新探[M]．天津：天津古籍出版社，2009：5.

于行动，则叫作‘行’”。[①]郭沂采用了“德性内生说”，认为“形于内”即自然形成于内在德性的层面，就是“率性之谓道”“自诚明”的过程。“不形于内”即通过学习外在的道德规范而形成的层面，就是《中庸》所说的“修道之谓教”“自明诚”的过程。[②]丁四新的观点与此类似，认为“形于内”，即契存于心、深入人性，所以化为人之心性的五行叫作“德之行”，而那没有形于身内的五行则是一种规定人我之际、人伦之间的“行”。[③]池田知久采用了“先天后天说”，将在人类内在方面先天而自然形成的（仁、义、礼、智）称作德的实行，将不是人类内在方面形成的而是通过后天人为努力而获得的（仁、义、礼、智）称作实行。[④]

也有学者将“型”等同于“形”，但是理解为“发”或“呈显”。例如黄俊杰认为，“形于内”之“五行”渊源于“天”，但是人需要经由“天道”之“思”的工夫，将道德实践意识化，从而与无形的“天道”相终始。[⑤]他的意思是，“五行”作为天赋是潜隐于内心的，需要通过意识的“发掘”和“激活”才能使之发挥自身的功能，我们简称之为“发掘”说。这一观点听起来是有道理的，但是先秦古籍中“形”作为“发”或“呈显”讲的例子，一般都用于“外在”或“更可感”的语境中，而非“内在”或“德性”等语境中。例如《孟子》中有“有诸内必形诸外”，《大学》中有“诚于中，形于外，故君子必慎其独也”，《礼记·乐记》中有“感于物而动，故形于声”，等等。因此，“型”作“发”这一类理解恐怕在此处还需存疑。

---

① 庞朴，著，刘贻群，编．庞朴文集（第2卷）：古墓新知[M]．济南：山东大学出版社，2005：118.

② 郭沂．郭店竹简与先秦学术思想[M]．上海：上海教育出版社，2001：147-148.

③ 丁四新．郭店楚墓竹简思想研究[M]．北京：东方出版社，2000：134.

④ 池田知久．马王堆汉墓帛书五行研究[M]．王启发，译．北京：线装书局，北京：中国社会科学出版社，2005：140.

⑤ 黄俊杰．马王堆帛书《五行篇》“形于内”的意涵[C]//杨儒宾．中国古代思想中的气论及身体观．台北：巨流图书公司，1993：356-365.

也有学者认为应该注重“型”字的本义来解读。《说文》中有：“型，铸器之法也。从土、荆（刑）声。”段玉裁注曰：“以木为之曰模，以竹曰范，以土曰型。”《康熙字典》中说：“型，模也。凡铸式，以土曰型，木曰模，金曰范。”所以，刘信芳认为“型于内”是指将仁、义、礼、智、圣具型于内心，而“不型于内”是指尚未将仁、义、礼、智、圣具型于内心。①熊春锦也认为需要注重“型”字的本义，但他没有将“内”解释为“心”，而采用了五行—五脏关联的理论来诠释，认为将仁德、义德、礼德、智德的品格品质铸型在肝脏、肺脏、心脏、肾脏及其脏象中，从而产生物相与质象整体性的修身变化，称之为“德之行”。如果只是对身口意等前识进行规范和制约，那就只能称之为伦理修养行为，也只是停留在善的层面，而并没有进入德道修身的层次之中。②这种解释不同寻常，但也并非毫无依据。例如，池田知久也曾提到，在战国末期的思想中，似乎有将“仁义”等五个德目与人的五脏相对应的认识；例如《庄子·骈拇》中的“多方乎仁义而用之者，列于五藏哉，而非道德之正也”③。可见“内”也是一个关键。如果解读为“心”，基本上难免将“仁”等局限于思想、意识、观念等解释方向；而如果解读为“身内”，则可能有五行—五脏的具身德性解读方向。

张丰乾曾指出，《五行》中的“型于内”思想在传世文献中也有流传线索，应该关注其内在关联，他分析了《淮南子》《荀子》《说苑》等传世文献与《五行》思想的关联，试图梳理儒家思想的丰富谱系。④这一观点很有启发，但其出发点依然是把《五行》纳入儒家思想谱系，然后再来诠释其思想。但是，如果我们以更加开放的视角，认为《五行》与道家思想的关联也很密切，从而不单一从儒家思想出

① 刘信芳．简帛《五行》核心内容及思想性质[J]．学术界，2014（6）：39-57.

② 熊春锦．简帛《五行经》释解[M]．北京：中央编译出版社，2016：39-42.

③ 池田知久．马王堆汉墓帛书五行研究[M]．王启发，译．北京：线装书局，北京：中国社会科学出版社，2005：147.

④ 张丰乾．竹帛《五行》与传世文献新探[J]．社会科学战线，2008（8）：31-35.

发进行解读，也许会有一些新的发现和启示。

首先，就目前能看到的传世文献中，与“型于内”尤其是“德型于内”最直接相关的就是《淮南子·要略》和《管子》。《淮南子》是在先秦道家思想的基础上综合诸子百家学说精华的一本书，尤其反映了秦汉黄老道家的面貌。《管子》是战国时期稷下学宫承传创作的以道家为主的融合了多学派的著作，其中的《心术》《内业》等篇普遍被认为反映了黄老道家思想。

《淮南子·要略》中有：

> 《泰族》者，横八极，致高乘，上明三光，下和水土，经古今之道，治伦理之序，总万方之指，而归之一本，以经纬治道，纪纲王事，乃原心术，理性情，以馆清平之灵，澄澈神明之精，以与天和相婴薄，所以览五帝三王，怀天气，抱天心，执中含和，德形于内，以著凝天地，发起阴阳，序四时，正流方，绥之斯宁，推之斯行，乃以陶冶万物，游化群生，唱而和，动而随，四海之内，一心同归。故景星见，祥风至，黄龙下，凤巢列树，麟止郊野。德不内形，而行其法藉，专用制度，神祇弗应，福祥不归，四海不宾，兆民弗化。故德形于内，治之大本。

这一段文本中的“神明”“阴阳”“四时”等概念体现了鲜明的黄老道家色彩，而且体现了“天人合一”“内圣外王”等思想，将“德形于内”作为“治之大本”来描述。“怀天气，抱天心，执中含和，德形于内”，这个“德”与“天气”“天心”相关，与《老子》《管子》中的“德”类似，是“天德”，即由天道而生成并赋予人和万物的某种核心而关键的东西。①如果能够“德形于内”，则可以起到“陶冶万物，游化群生，唱而和，动而随，四海之内，一心同归”的效果。如果“德不内形”，完全依赖法制，那么就得不到百姓的拥护和敬服，百姓也不会被教化。

此外，《淮南子·缪称训》中有：“身君子之言，信也；中君子之

① 胡火金.《管子》中的“德”及其现代价值[J]. 道德与文明，2007（4）：31-34.

意，忠也。忠信形于内，感动应于外，故禹执干戚，舞于两阶之间，而三苗服。”《文子·精诚》也有：“忠信形于内，感动应乎外，贤圣之化也。”《说苑·复恩》中有：“利施者福报，怨往者祸来，形于内者应于外，不可不慎也，此书之所谓德无小者也。”这些文本都反映了“德形于内”，其效应则会以“感动”的方式作用于外。

《管子·心术下》中有：“形不正者，德不来；中不精者，心不冶。正形饰德，万物毕得，翼然自来，神莫知其极，昭知天下，通于四极。是故曰：无以物乱官，毋以官乱心，此之谓内德。是故意气定，然后反正。气者身之充也……其精气之极也。”《管子·内业》中有：“凡物之精，此则为生……藏于胸中，谓之圣人……是故此气也，不可止以力，而可安以德；不可呼以声，而可迎以音。敬守勿失，是谓成德，德成而智出，万物果得。凡心之刑，自充自盈，自生自成……夫道者，所以充形也，而人不能固。”这些段落中出现了“内德”的概念，而且此“内德”与“精气”联系在了一起，不仅“翼然自来”“通于四极”，而且“自充自盈，自生自成”，即天然生成，具有很好的流动性，也是有可能流散失去的。

帛书《老子》中有：“道生之，而德畜之，物刑之，而器成之，是以万物尊道而贵德。”这句是说万物都是由“道”所化生，由“德”所畜养填充，然后才会有物之成型、器之可用，所以万物正确的发展方向是秉持本性而尊道贵德。这段话中虽然没有直接出现“德型于内”，但是所蕴含的“德”是万物内在的成长动力和依据的思想，与《五行》中“德型于内”其实有着较密切的联系。

由上述相关文献的思想可见，《五行》思想中确实有一些关键内容与先秦和汉代道家关联极为紧密。

（三）对“圣”的特殊解释

在郭店竹简《五行》中，仁、义、礼、智都是“型于内谓之德之行，不型于内谓之行”，唯有“圣”是“型于内谓之德之行，不型于内谓之德之行”，明显区别于前四者。但是在帛书《五行》中，“圣”

也是“型于内谓之德之行，不型于内谓之行”。这一差别该如何理解呢？

曾经有观点认为，竹简中“德之”二字是衍文，应该按照帛书来理解，但是这样处理的话，显然就把“圣”的特殊性给忽视或回避了。[①]随着研究的深入，支持这种观点的人越来越少了。

现在大部分学者认为，应该按照竹简来理解，即“圣”是具有特殊性的。例如，庞朴认为“圣”是一种德行，不是善行，只能形于内，不能“不形于内”，因此即便不能形圣德于内，亦无损其为“德之行”。[②]郭沂认为，通过修习外在道德规范而达到“圣”，尽管“不形于内”，但既已达到“圣”，就说明已“知天道”了，正如《五行》中所说，“德，天道也”，因此，“不行于内”的“圣”，也“谓之德之行”。[③]陈来也认为“圣”与其他四德不同，如果这个字改了之后，五行里就分不出四行了，因为第2章里有一个五行和四行的分别。此外，他认为“圣”更多地表现为一种能力和素质，而作为特定道德行为的意义则不是很清晰，这跟仁义等不同。[④]

熊春锦将“仁、义、礼、智、圣”与“仁、义、礼、智、信”联系了起来，从道家修身理论的角度出发，认为“圣”包含了两层意义，第一层是与“信”相关、与“土”相应的“德”的基本元素之一，第二层是“圣人之治”的“德，天道也”的修为方法和境界。因此，以“圣人之治”的方法修身，即修天道之德，不论是否已经进入攒簇五行、和合四象的阶段，只要是在实践“圣人之治”，在信德上进行修身实践，那就是超越修“善道”的修“德道”行为，即“不型于内，谓之德之行”。[⑤]

---

① 魏启鹏．简帛文献《五行》笺证[M]．北京：中华书局，2005：5.

② 庞朴，著，刘贻群，编．庞朴文集（第2卷）：古墓新知[M]．济南：山东大学出版社，2005：118.

③ 郭沂．郭店竹简与先秦学术思想[M]．上海：上海教育出版社，2001：147–148.

④ 陈来．竹简《五行》篇讲稿[M]．北京：生活·读书·新知三联书店，2012：15.

⑤ 熊春锦．简帛《五行经》释解[M]．北京：中央编译出版社，2016：176–177.

郭齐勇指出《史记·乐书》中明确标举“圣、义、仁、礼、智”，而且以“圣”作为五行之中心[①]，把这五种德性与五音相配合，以乐音感通体内德气，以德气顺天而行，实行出来，这都与《五行》简帛本相合。“圣”居中，处于君位，对应宫音、土德，含容“仁、义、礼、智”四德，具有统合、生生的意蕴，这与汉代《淮南子》《白虎通》《太玄》等中描述的汉代五行图式中的“信”具有相同的功能和地位，证明在汉代，确实发生了“仁、义、礼、智、信”取代了“仁、义、礼、智、圣”的两套五行观的转变。[②]

（四）“善”与“德”

《五行》中说：“德之行五，和谓之德，四行和谓之善。善，人道也；德，天道也。”五种“德之行”的“和”，称之为“德”，这一点是明确的，但是人们对“四行和谓之善”的理解则有分歧。

第一种观点认为，此“四行”是前所谓“不型于内，谓之行”之四行，即“不型于内”的仁、义、礼、智，根据是“四行和谓之善。善，人道也”，而《礼记·丧服四制》中有“恩者仁也，理者义也，节者礼也，权者智也。仁、义、礼、智，人道具矣”。因此，可说仁、义、礼、智四行为人道。[③]例如，池田知久认为，不是于人类内在方面形成的而是通过后天人为的努力而获得的四项“行”的调和就被称为“善”。[④]陈来认为，不形于内的有四“行”，它的和谐构成了“善”，“善”更多的是一种道德行为，而“德”是一个内在的德

---

① 《史记·乐书》：“正教者皆始于音，音正而行正。故音乐者，所以动荡血脉，通流精神而和正心也。故宫动脾而和正圣，商动肺而和正义，角动肝而和正仁，徵动心而和正礼，羽动肾而和正智。……故闻宫音，使人温舒而广大；闻商音，使人方正而好义；闻角音，使人恻隐而爱人；闻徵音，使人乐善而好施；闻羽音，使人整齐而好礼。”

② 郭齐勇. 再论“五行”与“聖智”[J]. 中国哲学史，2001（3）：20-26.

③ 庞朴，著，刘贻群，编. 庞朴文集（第2卷）：古墓新知[M]. 济南：山东大学出版社，2005：118.

④ 池田知久. 马王堆汉墓帛书五行研究[M]. 王启发，译. 北京：线装书局，北京：中国社会科学出版社，2005：140.

性。[①]欧阳祯人认为，形而下的“四行”之“和”的“善”，是行于外的仁、义、礼、智之和合，是与现实礼俗相联系的道德实践，而形而上的“五行”之“和”的“德”，是行于内的仁、义、礼、智、圣相和合，是上达于天命的道德超越。[②]

第二种观点认为，除了“圣”之外的四种“德之行”的“和”，才称之为“善”。例如，刘钊认为，竹简《五行》强调“五行”分为两个层次，仁、义、礼、智四行的和谐称之为“善”，是人道的层次，仁、义、礼、智、圣五行的和谐才称得上是“德”，是天道的层次，“圣”是最高的德行。[③]丁四新认为，“四行”为仁、义、礼、智，亦属“德之行”，德与善，各自所言之本原不同，有天、人之分。五和之德乃天德之自动，无一丝一毫的人为间隔，所以此德亦天也。善之所以为人道，是以着重规定人伦、维系伦常为目的的东西，不是超越的，而是切入实际与人生密切勾连的。[④]陈丽桂认为，天道、人道之分，德与善之别，关键在能否达“圣”而全备“五行”。能达圣而全备五行，则成德而入“天道”；全备仁、义、礼、智四行而未达圣，则全“善”而成“人道”。[⑤]

“和”是一个关键概念。池田知久认为，“和”是调和、统一的意思。[⑥]欧阳祯人认为，德性的超越，关键在“和”字上，即各种道德层面在修身的过程中彼此激发、牵制的机制和融会贯通的结果，其思维方式是阴阳五行式的“综合、中和、提升”，由“和”而能混而为“一”，而能“集大成”，最后“金声而玉振之”，达到与天道合而为一的境界。[⑦]

① 陈来. 竹简《五行》篇讲稿[M]. 北京：生活·读书·新知三联书店，2012：16.

② 欧阳祯人. 郭店儒简的宗教诠释[J]. 中国哲学史，2001（3）：78-83.

③ 刘钊. 郭店楚简校释[M]. 福州：福建人民出版社，2005：74.

④ 丁四新. 郭店楚墓竹简思想研究[M]. 北京：东方出版社，2000：134-135.

⑤ 陈丽桂. 近四十年出土简帛文献思想研究[M]. 北京：中华书局，2015：187.

⑥ 池田知久. 马王堆汉墓帛书五行研究[M]. 王启发，译. 北京：线装书局，北京：中国社会科学出版社，2005：145.

⑦ 欧阳祯人. 郭店儒简的宗教诠释[J]. 中国哲学史，2001（3）：78-83.

《国语·郑语》中有一段周幽王时史伯的话，对于“和”的理解非常重要：

> 夫和实生物，同则不继。以他平他谓之和，故能丰长而物归之；若以同裨同，尽乃弃矣。故先王以土与金木水火杂，以成百物，是以和五味以调口，刚四支以卫体，和六律以聪耳，正七体以役心，平八索以成人，建九纪以立纯德，合十数以训百体。

这其中有两个重要内容：一是“和实生物，同则不继。以他平他谓之和，故能丰长而物归之”，说的是“和”才能生发出新事物、新高度，而如果只是把相同的东西累加，则难以生发延续，把不同的东西放在一起从而相互协调补充就是“和”；二是这里还说到了“以土与金木水火杂，以成百物”，即不仅表明西周晚期已有金、木、水、火、土相和的思想，而且单独强调了“土”，突出了其对于“和”的突出作用和独特功能。

此外，《老子》中“和”也出现了多次，而且是一个重要概念，“道生一，一生二，二生三，三生万物。万物负阴而抱阳，中气以为和”“和曰常，知和曰明”“和其光，同其尘”等广为人们所熟知。不管对象所指是“中气”还是“光”，《老子》中“和”的用法与《五行》中的“和”都比较接近，都有形而上的“调和”“和合”等意味。

四、竹简《五行》总纲的教育价值挖掘

竹简《五行》总纲的关键思想中，有两项内容与教育问题密切相关。第一项是《五行》提供了先秦时期一种独特而深刻的“德”的观念，对于当今我国德育理论思考非常重要。第二项是其显示了先秦时期“德”与“善”的区别，也是“天道”与“人道”的区别，对于思考中国文化语境下的“培养”与“天赋”具有启示价值。

(一)中国早期文化中“德”的观念

1.“德”是“流动”的“天赋之性”

“道德”的形成机制,无非是“内生”或“外铄”两条路径,当代阐释也都是围绕“知情意行”等心理行为要素来展开的。这种认知根深蒂固,以至于人们在诠释《五行》总纲的时候也往往会以类似的认知框架去理解,例如,认为“型于内”是为了让“仁、义、礼、智、圣”这五种基本价值在人的内心中建立起来,因此需要用“形成”“养成”“习得”和“练就”等类似的术语,才足以揭示这种内涵。但是这样理解的话,很可能就淹没了《五行》中独特的思想价值。

首先,《五行》中“德型于内”之“德”,是一种“天赋之性”,而不是一种道德意识,两者虽然都与“德”有关,但是前者是形而上的,后者是可被意识觉察的,存在着层次上的差别。其实,在孟子的思想中,他就承接了《五行》的部分观念,但是又将仁、义、礼、智作为四种“善端”,具体而言,是四种“德心”,或者说是四种道德意识的本能。例如,《孟子·尽心上》中有:“君子所性,仁义礼智根于心。”《孟子·告子上》中有:“恻隐之心,仁也;羞恶之心,义也;恭敬之心,礼也;是非之心,智也。仁义礼智,非由外铄我也,我固有之也,弗思耳矣。”而后世的宋明理学中,张载就曾提出人有天地之性与气质之性的观点,其《正蒙·诚明》中有:“形而后有气质之性,善反之则天地之性存焉。”

其次,《五行》中“德型于内”之“德”是流动性的。以往,当我们说到“天赋”的时候,往往感觉“天赋”是一种与生俱来因而也是超出个体所能希求和把握的一种前设资源或能力,因而“天赋”可遇而不可求,可得而不可改,人能做的不过就是通过后天的努力以及境遇的作用来最大程度上顺应天赋的方向和态势。可是,《五行》中“仁、义、礼、智、圣”“型于内”表达了天赋之“德”并非是一次性注入而后存储式的,而是以一种动态和流动的方式“铸型”在生命之中。而且，《五行》中不惜笔墨，逐条强调了“仁、义、礼、智、圣”这五种要素，将“德”细分成这五个部分。《五行》中还说：“五行皆型于内而时行之，谓之君[子]。士有志于君子道谓之志士。”可见，在《五行》作者看来，天赋之“德”并不是一成不变的，有志于君子道（也就是天道）的志士，应该通过修行让仁、义、礼、智、圣完整而稳固地铸型于生命之中而且时时实践奉献于社会。

2.“圣”的和合作用

以往我们都认为，自孟子“四端”思想之后，仁、义、礼、智四德大行其道，至汉代，发展出仁、义、礼、智、信的“五常”，而且这个系统一直被视为儒家思想的符号。在儒家思想脉络中，“仁”确实自孔子时就备受重视，以至于发展到宋明理学时期的二程、朱熹，他们又提出了“仁包四德”“仁统五常”的观念，强调德性以仁为本，仁统领一切、贯通一切，仁可以兼义礼智信。在当代研究中，陈来提出在新的历史时期，仁可以统摄仁爱、自由、平等、公正的“新仁统四德论”。[①]这是对社会伦理和价值观层面的思考。

对于教育学而言，可能人们更关注的是个体德性发展和德育机理。《五行》中提出了“圣”对于和合四德的重要作用。仁、义、礼、智如果只是四行和，还只是“善”和人道，需要“圣”来统合仁、义、礼、智，才能合成“德”，抵达天道。以当今时代的教育话语来说，“圣”可以被诠释为以“信念”“诚信”“忠诚”等为代表的“一致性”和“超越性”的品质和取向。这意味着道德修养也罢，伦理共识也罢，不能仅以当代的价值标准和眼前的利益纷争来作为绝对的判定原则，而应该以尽可能大的人与周围所有环境即天人关系的原则来进行思考和自我修炼。《五行》中说：“君子集大成。能进之为君子，弗能进也，各止于其里。”意为有志于成为君子的人，应该以“圣”为中心来整合仁、义、礼、智，而且“型于内而时行之”，这样才能完成质的飞跃从而达到更高的生命境界。如果不能完成这种

① 陈来．仁统四德——论仁与现代价值的关系[J]．江苏社会科学，2016（4）：12-24.

“集大成”，那么就只能停留在各自相应的积累阶段而无法完成质变。

当今教育理论，“核心素养”“深度学习”等理念都指向了培养学生的关键性技能、素养以达到深化和升华的效果。就德育而言，无论是逻辑推演还是实证归纳得来的各种类型的德育目标表述层出不穷，常常让人眼花缭乱、难以取舍。在这样的背景之下，《五行》中的“圣型于内”思想，如果经过更加深刻的挖掘，也许会给我们带来更多的启迪。

（二）中国文化语境下的“培养”与“天赋”问题

《五行》总纲中“善，人道也；德，天道也”的二元观念，也许会给当今时代的读者留下深刻的印象。因为当代汉语中，“善”“德”的区别已经很难清晰界定了，甚至我们往往认为也不需要区分。我们常常忘记在中国哲学中，“善”与“德”不是一个层级的概念。《五行》中有：“[君]子之为善也，有与始，有与终也。君子之为德也，[有与始，无与]终也。金声而玉振之，有德者也。”这是说君子在修身实践中首先要修持“善”，从有为之治入手，有始有终地实践五行五德的积修和净化升级；在进入“德”的实践阶段以后，则须从有为进入无为，进行“无为而治”，最终在无为中达到领悟天道的至德状态。

就教育学而言，“天道”之“德”与天赋有关，“人道”之“善”与培养有关，当代教育理论普遍都是以后天培养为主，在此过程中重视寻找和顺应人的天赋。《五行》中“天道”之修需要重视无为，用今天的话来讲就是以“不干预”而“静观”的姿态，创造能够让学生“静静地开悟”和“觉察自身本性”的环境氛围。这与传统教育理论中把教育定义为“有计划有目的地对人进行的引导和培养”是有一些差异的。目的性太强的教育，技术性和工具性压抑了人的本性和教育的终极价值，而并未给个体的深层自觉和开悟留出空间。纵使教师、学生、家长疲于奔命，但是培养出来的人还常常被批评为“有知识没文化”，一些学生的生命意义感都存在重大危机，甚至可能在遇到挫折时做出放弃生命的极端选择。从这个意义上来说，“善”无法脱离“德”而孤立存在，“人道”不能与“天道”相违背，中国哲学的这些古老思想在今天依然具有深沉的警示价值，杜威的“教育无目的论”似乎也包含了类似的旨趣，需要被我们重视和重新审视，以便重新校准教育理念，抵御功利之心带来的教育生态失衡。

第四篇

仁、义、礼、智、信五德体系的当代德育转化

第十七章 仁、义、礼、智、信五德体系的早期源流和当代诠释取向

中华民族的美德系统在几千年的历史中，曾发生了深刻的变化。有些德目流传至今并被作为核心价值内容，比如爱国、忠诚、勇敢、诚信等，而有些德目则面临与时代精神相违背的质疑。在当今这个科技与社会条件都发生了深刻变化的时代，中华传统道德体系是否具有现代化的潜力并能发挥其应有的作用？这不仅是道德教育中值得关注的重要问题，对于社会的道德信仰重建也具有重要意义。“仁、义、礼、智、信”的五德体系是中华传统道德的众多道德概念组合之中，最简洁明了而又被社会大众所耳熟能详的道德体系，因此天然地具有了很好的道德文化传承潜力和价值。然而，历史上五德体系被多次解读，也发生了很多演变。因此，在当今时代五德体系是否还具有道德价值以及如何来发掘其价值与意义，首先取决于我们以什么样的眼光来认识它，以什么样的标准和取向来进行阐释，在此基础之上，才可能将其与时代精神相结合，充分发挥其对当代社会道德涵养的激发共鸣作用。

一、五德体系的原生态形式

（一）《老子》的五德体系

我国先秦时期的“德”观念经历了天德与祖宗之德、制度之德、精神品行之德三个阶段。西周之后，“天德观”逐渐消隐。[①]但是在

① 晁福林．先秦时期“德”观念的起源及其发展[J]．中国社会科学，2005（4）：192-204．

老子的道德思想中还体现着浓郁的天德观色彩，儒家思想也存在着“以天论德”的传统。①

《老子》是较早以“仁、义、礼、智、信”的顺序来系统化论述道德内涵的。在《老子》之前，虽然仁、义、礼、智、信的思想内容也曾零散出现，但少见以此顺序来进行阐释和论证。②《老子》德经第一章提出：“上德不德，是以有德，下德不失德，是以无德。上德无为而无以为也，上仁为之而无以为也，上义为之而有以为也，上礼为之而莫之应也，则攘臂而乃之。故失道而后德，失德而后仁，失仁而后义，失义而后礼。夫礼者，忠信之泊也，而乱之首也，前识者，道之华也，而愚之首也。”③这段文字实际上言简意赅地构建了老子思想中的道德体系。道、德、仁、义、礼是老子明确提出的，“信”以“忠信之泊也”形式提出，“智”则以“前识者”和“愚之首也”的形式隐含地提出，“愚”是“智”的反义词，似乎老子认为当道、德、仁、义、礼都无法维持的时候，所剩下的“智”已经无法表现出智慧的功能，只能表现出“愚”的状态。所以，这一段实际上包含了“道、德、仁、义、礼、智、信”七字系统。其中道是德的最高端，仁、义、礼、智、信是“德”无法保持圆满状态之后朴散而出的下德状态，是德的五个子系统。在保持不了“德”的完整性的时候，“德”会分解为仁、义、礼、智、信五种元素，而且仁、义、礼、智四种状态和阶段会逐步占据主导地位，而“信”则包涵在其他四种元素之中，起承载作用。④

（二）以儒家为主的五德思想

自老子之后，仁、义、礼、智、信五德的组合就比较常见起来，

① 杨泽波. 从以天论德看儒家道德的宗教作用[J]. 中国社会科学，2006（3）：39-49.

② 例如，《国语》说：“且礼所以观忠、信、仁、义也，忠所以分也，仁所以行也，信所以守也，义所以节也……中能应外，忠也；施三服义，仁也；守节不淫，信也；行礼不疚，义也。”

③ 帛书《老子》第1章。

④ 熊春锦. 老子·德道经[M]. 北京：中央编译出版社，2006：4.

如《庄子·庚桑楚》中说："至礼有不人，至义不物，至知不谋，至仁无亲，至信辟金。"这就已经很清楚地包含了五德元素。而以"仁、义、礼、智"的顺序来论述道德思想也逐渐成为了一种较为稳定的范式。例如，《中庸》所说："仁者，人也，亲亲为大；义者，宜也，尊贤为大；亲亲之杀，尊贤之等，礼所生也。"孟子提出的四端之说："恻隐之心，仁也；羞恶之心，义也；恭敬之心，礼也；是非之心，智也。仁义礼智，非由外铄我也，我固有之也，弗思耳矣。"《文子·上仁》也说："古之为君者，深行之谓之道德，浅行之谓之仁义，薄行之谓之礼智，此六者，国家之纲维也。"甚至从春秋战国诸子思想的发展和侧重来说，也隐约存在着一条"仁、义、礼、智"的脉络线索。在孔子的思想体系中，"仁"与"礼"构成了个人美德伦理与社会规范伦理的内外整合伦理模式，其中"仁"可视为孔子思想的核心。其后，孟子将"仁"与"义"合而论之，更侧重于从"义"的角度来阐释思想，形成了儒家的仁义美德伦理传统。而荀子则着力发挥了孔子的"礼"学，从而形成了儒家伦理的律法主义和理性主义社会规范伦理传统。[①]而韩非子的法家学说，则可视为重"智"而建立的政治理论。此外，先秦儒家伦理还主要包括"非礼勿视，非礼勿听，非礼勿言，非礼勿动"四则、"孝、悌、忠、信、礼、义、廉、耻"八维等概念，其中"礼义廉耻"被称为四维，出自《管子》。[②]但无论是四则还是八维，从道德内涵的角度上，都可以归并入仁、义、礼、智、信的五德体系。

（三）五德的气质—美德伦理属性

陈来概括了先秦三类与德有关的表达，第一类属于个人品格，如《尧典》中的直、宽、刚、简四德；第二类是社会基本人伦关系的规

---

① 万俊人．寻求普世伦理[M]．北京：北京大学出版社，2009：109-110.

② 《管子·牧民》："国有四维，一维绝则倾，二维绝则危，三维绝则覆，四维绝则灭……何谓四维。一曰礼，二曰义，三曰廉，四曰耻，礼不愈节，义不自进，廉不蔽恶，耻不从枉。故不逾节则上位安，不自进则民无巧诈，不蔽恶则行自全，不从枉则邪事不生。"

范，如《左传》中的父义、母慈、兄友、弟恭、子孝五教；第三类可以看作前两类结合的产物，如《周礼》中的知、仁、圣、义、忠、和六德。[①]就仁、义、礼、智、信五德的原生态形式来说，可以说仁、义、礼、智、信既包含了人格气质的观察、描绘和实践导向，也包含了其外用于社会伦理的规范价值。

例如，以老子的仁、义、礼、智、信五德观来看，就“仁德”的品德内涵而言，尊道贵德是“慈爱”生发的保证，慈爱与对善的追求是一致的；需要重视自然规律支配下的差异性和本然性，从而表现为包容；仁德具有柔和的特性，是柔弱而非强势的。义德在人格气质修养方面的鲜明特征是唯道是从，勇于承担；柔能生强，慈而后勇。在义德的伦理主张方面，老子义德观启示以“尊道贵德”作为正义的前提性条件，利益取舍需要考虑“道法自然”原则下的个人承受力，以及效法天道原则来完成利益再分配。礼德方面，“礼”的人格气质修养特征是诚敬尊重，光明畅达，心平气和，明理自律。从外在的“礼仪与制度”方面来看，“礼”的本质是对自然之道的诚敬顺应，“礼”的自觉持守是和谐稳定的表征。老子智德观在人格气质修养方面，主要体现于谦虚谨慎、知足处静、灵活变通、勤奋乐观等方面，而且老子智德观反映了先秦文化中智慧与道德密不可分的特点。信德方面，“信”以同一性为特征，具备对仁、义、礼、智四德的整合性功能以及带动提升的超越性功能。信德指向的人格气质修养需要重视“尊道贵德”的忠信，在日常生活中从诚信开始积淀个体的内在同一性，由此收获希望和踏实感。信德的外用则启示需要重视培育信德土壤，加强制度信用的建设和维护，促进信德与智慧的结合，导人以正信而不是迷信和盲信。儒家的仁、义、礼、智、信思想与上述老子思想有很多共通之处。如果认为老子继承之前的学说思想，并首先在“道”与“德”的概念之下设置了“仁、义、礼、智、信”的五德框架，孔

① 陈来．古代宗教与伦理：儒家思想的根源[M]．北京：生活·读书·新知三联书店，1996：306-307.

子、孟子、荀子等儒家学者结合各自的时代背景和思想主张，从不同的角度来丰富和细化了五德的思想内涵，可能是比较中肯的。因此，说仁、义、礼、智、信其实反映了道家、儒家甚至中华民族先秦道德文化的一种共同取向和共识，应不为过。

二、五德—阴阳五行理论的结合

仁、义、礼、智、信五德系统在发展的过程中曾与阴阳五行理论进行了结合，这一方面使得这个理论系统除了伦理道德维度之外，还有机地融入中国文化特有的思维方式，而得以丰富和发展，另外一方面也造成了一定程度的复杂化。

（一）五行配五德的文献追溯

《周易》阴阳说和《洪范》五行说可以被视为西周对哲学的两大贡献，五行生克说自春秋以后出现，至战国中期邹衍创为“终始五德”之说，把五行说推广于说明人类历史的发展。[①]据范毓周考证，“五行说”的重要思想来源之一是由商代发端至西周而且在春秋时代依然盛行的“四方”“四国”等方位观念。《左传》中昭公二十九年，“木正曰句芒，火正曰祝融，金正曰蓐收，水正曰玄冥，土正曰后土”，说明“五材”基础上形成的“五行”观念已经成为春秋后期的普遍信仰。为了分类配位体系构成的需要，春秋后期出现了相当普遍的“尚五”现象。例如，味有“五味”，音有“五音”，声有“五声”，祭品有“五牲”，神有“五行之官”，谷有“五谷”，刑罚有“五刑”，龟卜有“五兆”，身体器官内有“五脏”，外有“五窍”等。“尚五”之风的遍及社会生活各个领域，无疑是“五行说”赖以形成的另一个重要起源。[②]刘起釪认为，“五行”原指天上五星的运行，

① 金景芳．西周在哲学上的两大贡献——《周易》阴阳说和《洪范》五行说[J]．哲学研究，1979（6）：55-59.

② 范毓周．“五行说”起源考论[C]//艾兰，汪涛，范毓周．中国古代思维模式与阴阳五行说探源．南京：江苏古籍出版社，1998：123-128.

战国之世出现了歧义杂陈的人间行为的“五行”，天上五行与地上五材相结合，而后“五行”成为金、木、水、火、土。战国末期随着天文学的发展，物候学的兴起，占星家、物候家、术数家等的不断活动，尤其是燕齐方士的不断宣扬，使阴阳说、五行说特别兴盛。①

将五行与五德相配，文献上可以追溯到西汉的董仲舒、扬雄和东汉的班固、郑玄。在董仲舒的《春秋繁露·五行相生》中，将五方、四时、五行、五德相配，组成一套系统。②但是，其将“智”对应为“火”，将“礼”对应为“水”，与后来的五行配五德顺序不合。扬雄的《太玄数》中将五方、四时、五行、五德、五色、五志、洛书之数等相配，已经形成了后世常见的系统组合。③东汉班固的《白虎通》中，又将五行、五德与人的五脏相对应，认为：“肝，木之精也；仁者，好生……肺者，金之精；义者，断决……心，火之精也……礼有尊卑……火照有似于礼，上下分明……肾者，水之精。智者，进止无所疑惑，水亦进而不惑……脾者，土之精也。土尚任养，万物为之象，生物无所私，信之至也。”④之后的郑玄在注《礼记·中庸》中“天命之谓性，率性之谓道，修道之谓教”时说：“天命，谓天所命生人者也，是谓性命，木神则仁，金神则义，火神则礼，水神则信，土神则知。”其将水对应“信”，土对应“知”。后世理学中也有五行五德相配的思想，例如，《朱子四书或问》中朱熹就将五行与五德的对应阐释为“盖木神曰仁，则爱之理也，而其发为恻隐；火神曰礼，则敬之理也，而其发为恭敬；金神曰义，则宜之理也，而其发为羞恶；水神曰智，则别之理也，而其发为是非；土神曰信，则实有之理也，而其发为忠信”。

---

① 刘起釪．五行原始意义及其纷歧蜕变大要[C]//艾兰，汪涛，范毓周．中国古代思维模式与阴阳五行说探源．南京：江苏古籍出版社，1998：160.

② 苏舆，撰，钟哲，点校．春秋繁露义证[M]．北京：中华书局，1992：361-365.

③ 扬雄．太玄集注[M]．北京：中华书局，1998：195.

④ 陈立，撰，吴则虞，点校．白虎通疏证[M]．北京：中华书局，1994：381-385.

（二）五德五行理论解释老子思想的尝试及问题

熊春锦提出，老子所谓“失德而后仁，失仁而后义，失义而后礼。夫礼者，忠信之泊也，而乱之首也，前识者，道之华也，而愚之首也”，也可以用五德五行相配的理论来进行深入的解析。仁德、义德、礼德分别与木、金、火相对应，而且都存在着品质纯度的阳性与阴性之别。心中礼德光明是一个人的人格气质和社会伦理水平的直接决定因素。由于“木生火”，所以，阳性仁德对礼德的支撑作用是最直接而关键的。因此，当德一无法圆满纯朴而分解为五种元素的时候，仁德最初居于主导地位，即所谓“失德而后仁”。随着德性的继续下衰，仁德也无法纯正饱满的时候，义德的作用就突显了出来。这一方面是由于“火克金”，金反过来对于火具有牵制的作用，因此具有阳金属性的正义气质可以宣泄心中的阴火，使得气质中的急躁、无明得以削弱，起到一种“通风抽走浓烟”的作用；另外一方面，“金克木”，阳金属性的上义可以制约仁德中品性不纯的阴木属性的气质，从而减少阴木对于阴火的供应和支撑，起到一种“釜底抽薪”的作用。所以，仁德散失之后，义德对于心中光明礼德的维持和人的良好气质状态的维护具有关键性的作用，即所谓“失仁而后义”。随着德性的继续衰退，仁德、义德都不饱满，也不能有力地通过扶生或制约作用来对礼德产生正向性作用的时候，礼德就只能孤立地释放出有限的光明，但只能是风雨飘摇，预兆着人的身心系统即将出现混乱局面，即所谓“失义而后礼。夫礼者，忠信之泊也，而乱之首也”。这些都是通过人格气质的五德五行属性来进行论述的，如果放大到社会发展的层面来看，分析社会发展过程中的人类道德品质的宏观特征，也同样具有启发意义。所以老子的道德思想既奠基于对人格气质的观察，也考虑了社会发展的规律性。[①]这种解释如果成立，那么无疑有助于对老子思想及五德关系的深刻解读。但这其中也存在着尚需深入考证和进一步讨论的问题，例如，《老子》中出现了“五色”“五味”

① 熊春锦．中华国学道德根[M]．北京：中央编译出版社，2006：36-37.

“五音”，但这是否意味着老子已经将五德与五行进行了对应，并且根据五行相生相克原理阐释他的五德思想？也许这种考察目前还只能从其他文本资料中来探寻。如《文子·上礼》中说：“老子曰：‘昔者之圣王，仰取象于天，俯取度于地，中取法于人……以制礼乐，行仁义之道，以治人伦，列金木水火土之性，以立父子之亲而成家……’”《文子·自然》中说：“十二月运行，周而复始，金木水火土，其势相害，其道相待……夫教道者，逆于德，害于物，故阴阳四时，金木水火土，同道而异理，万物同情而异形。”这些说法似乎表明老子对五行思想是有所掌握和精通的。《孔子家语·五帝》说：“昔丘也闻诸老聃曰：‘天有五行，水火金木土，分时化育，以成万物。’其神谓之五帝。古之王者，易代而改号，取法五行，五行更王，终始相生，亦象其义。故其为明王者而死配五行，是以太皞配木，炎帝配火，黄帝配土，少皞配金，颛顼配水。”这是借用孔子的话来支持老子具备五行相生的思想。如果按照这些文本思想来推断，则不能排除老子的时代已经具备了五行与五德相对应的最初思想。但遗憾的是有关《文子》和《孔子家语》的时代和真伪，学界还没有确定的结论，因此还不足以作为有力的证据。以五德五行相应的理论解释老子思想，在学理上还有进一步考证完善的空间，但是不可否认这为解读“仁、义、礼、智”的顺序提供了一个非常有价值的思路。

三、五德理论发展的异化

（一）人伦关系超越五德气质而导致的狭隘化

与老子哲学地论述五德不同，孔孟儒家学说阐释道德思想采取了更多与实际生活相结合的方式。例如，《中庸》说：“天下之达道五，所以行之者三：曰君臣也，父子也，夫妇也，昆弟也，朋友之交也：五者天下之达道也。知、仁、勇三者，天下之达德也。”可见“五伦”是基于人际关系视角而提出的，但是“知、仁、勇”才是人伦背后的价值属性或尺度。如此说来，五伦与五德应该具有表里关系，五德可以通过五伦来得以展现和实践，但又不会仅仅局限于五伦。

这种五德与五伦的有机联系，在孟子思想中体现得更为明显。例如，《孟子·滕文公上》说："圣人有忧之，使契为司徒，教以人伦：父子有亲，君臣有义，夫妇有别，长幼有序，朋友有信。"《孟子·尽心上》说："孩提之童，无不知爱其亲者；及其长也，无不知敬其兄也。亲亲，仁也；敬长，义也。"《孟子·尽心下》说："仁之于父子也，义之于君臣也，礼之于宾主也，智之于贤者也，圣人之于天道也。"《孟子·离娄上》说："仁之实，事亲是也；义之实，从兄是也。智之实，知斯二者弗去是也；礼之实，节文斯二者是也。"五伦思想，侧重于从人伦关系来论述道德，这一点是显然的。值得注意的是，在孟子的语境中，五伦只是作为一种例证法，将五种人际关系的类型或场合与五德相结合，提示人们基于关系的道德思想。将四端之说与"仁之于父子也，义之于君臣也，礼之于宾主也，智之于贤者也"进行对比，这一点就会显得非常清楚。但是这样的例证方式如果被理解为一种定义的形式，就容易局限了五德的思想而导致狭隘化，例如将"亲"局限在父子之间，将"义"局限在君臣之间，等等。遗憾的是，这种基于人际关系的例证思维，到了董仲舒时代，却被固定化并演变为一种神秘思想，从而直接为王权服务，成为"君为臣纲，父为子纲，夫为妻纲"的"三纲"理论支撑。在这种背景之下，并非只是仁、义、礼、智、信由"五德"的名称变为"五常"，更重要的是失却了深厚的人文道德内涵，不可避免地产生了狭隘化。这一点正如万俊人所说，"孔孟这一有正当前提论证的道义论行为价值观，却被后来日益经院化、正统化的儒家伦理学推向了极端。汉董仲舒，虽然看起来仍然保持着与孔孟之道一致或相似的道义论原则立场，但由于实际的理论推演明显泛化，致使义利之辩的道义论结论有了不尽相同的内涵。在孔孟的仁义伦理中，义利之辩的基本语境是个人的守道成德实践，而在董氏这里，却演化成了社会道德原则与个人利益甚至是社会政治要求与个人道德之间的关系及其价值抉择。董氏的这一普遍化道义论逻辑为尔后宋明理学家们所承袭，并作了不同程度的发挥”[①]。

（二）神秘主义与封建专制结合

将五德内容神秘化是汉初董仲舒儒学的另一个特点。董仲舒以研究《春秋公羊传》著称于世，他以来自方术的阴阳五行学说和黄老刑名思想改造了先秦儒家学说，从而建构了儒学的新体系。[②]这一番改造后，董仲舒的儒家学说借助皇权的扶持，取代之前占主导地位的黄老思想，成为汉代的官方哲学，而独尊于朝廷。

董仲舒虽然尊孔说经，但他的儒学并非对先秦儒学的简单回应。其学说巧妙借用了当时占社会主导地位的《黄帝四经》的某些思维方式和概念，揉合自身的思想形成了新儒学。反映汉初黄老思想的《黄帝四经》，是由形而上的宇宙图式与形而下的社会秩序两部分组成的，其中前者是后者的依据，后者是前者的直接推演。[③]但董仲舒这种“推天道以演人事”的方法恐怕是前所未有的，因为，我们可以清晰地看出所有前面的“推天道”不过是个幌子，为下面的“三纲”之说论证其合理性而已。[④]这与《黄帝四经》《老子》《易经》这些真正的“推天道以演人事”的经典所阐发的思想大相径庭，就儒学思想来

① 万俊人．寻求普世伦理[M]．北京：北京大学出版社，2009：111-112.

② 余明光．董仲舒与“黄老”之学——《黄帝四经》对董仲舒的影响[C]//陈鼓应．道家文化研究（第二辑）．上海：上海古籍出版社，1992：209-222.

③ 张国华．《黄帝四经》的宇宙图式与社会秩序——兼论《黄帝四经》对董仲舒的影响[J]．湖南大学社会科学学报，1992（2）：35-42.

④ 例如，《春秋繁露・五行之义》说：“是故木受水而火受木，土受火，金受土，水受金也。诸授之者，皆其父也；受之者，皆其子也；常因其父，以使其子，天之道也。”《春秋繁露・阳尊阴卑》说：“丈夫虽贱皆为阳，妇人虽贵皆为阴；阴之中亦相为阴，阳之中亦相为阳，诸在上者皆为其下阳，诸在下者皆为其上阴……是故《春秋》君不名恶，臣不名善，善皆归于君，恶皆归于臣。臣之义比于地，故为人臣者，视地之事天也；为人子者……不敢与父分功，美孝之至也。是故孝子之行，忠臣之义，皆法于地也，地事天也，犹下之事上也。”《春秋繁露・基义》说：“是故仁义制度之数，尽取之天，天为君而覆露之，地为臣而持载之，阳为夫而生之，阴为妇而助之，春为父而生之，夏为子而养之，秋为死而棺之，冬为痛而丧之，王道之三纲，可求于天。”

说，也背离了孔子的“不语怪力乱神”而专注经验世界和现实生活的儒学根本特色。这种借儒学之名，生搬硬套黄老思想的部分元素，加之与封建专制思想的紧密结合，把儒家哲学和伦理学推到了准宗教化的程度，使儒家学说，尤其是其伦理学说转型为某种制度化或体制化的“纲常”体系，成为一种纯客观外在的政治权威制度，产生超强的社会压抑性。[①]无怪乎梁启超和顾颉刚曾将阴阳五行理论视作腐朽的宗教神学观，认为其笼罩中国思想界两千多年，支配着中国人的思想，影响了中国的文化和历史。刘起釪指出，宗教神学观的阴阳五行说，实际是到汉代才完整形成和开始盛行，其最初出现不早于战国结束时期的《吕氏春秋·十二纪》，而在其前分别出现了“阴阳说”“五行说”，那只是当时对客观世界的探索性认识，所以原来是唯物的。只是经过战国后期术数方士们的利用，到汉代方士化儒生的手中，才把它改造成具有完整体系的客观唯心论的神学思想。[②]在当代思想研究中，如果想深刻辨析与批判董仲舒学说，必须结合《黄帝四经》的思想，两相对照，才有可能做到更为精细的去伪存菁。

四、五德体系的当代阐释取向

（一）达成气质—美德伦理层面的基本共识

尽管无论是五德还是五行理论，在起源的考证上，还存在着很多模糊和有争议的地方，[③]但是这不应当成为研究五德精华思想的主要障碍。

仁、义、礼、智、信五德涉及气质与人格修养，可以从功夫论和修身论的角度来深入阐释，也可以作为外在伦理规范的价值依据，这些观点可能不仅于先秦的儒道两家思想，甚至于从先秦其他学派思想中都能找到较好的一致性。有学者认为，根据中华传统道德的德性根

---

① 万俊人．寻求普世伦理[M]．北京：北京大学出版社，2009：97.

② 刘起釪．五行原始意义及其纷歧蜕变大要[C]//艾兰，汪涛，范毓周．中国古代思维模式与阴阳五行说探源．南京：江苏古籍出版社，1998：133.

③ 李锐．仁义礼智圣五行的思想渊源[J]．齐鲁学刊，2005（6）：19-25.

本内涵，可以将慈、爱、孝、悌等归入仁德，诚、忍、平、和归入礼德，忠信、厚实、诚笃归入信德，忠、节、勇、恕归入义德，勤、俭、廉、耻归入智德。[①]这样将使得内容丰富的中华传统美德得以基于系统性的纲领而显得不那么散乱纷杂。尽管不同的学者可能会就这种分类归并有着不同的见解和依据，但是根据传统道德的德性内涵而对美德概念和德目进行一定的阐释和归并，在当今这个人们疏离传统文化、正在探寻新的道德共识和核心价值的时代，无疑是非常重要的工作。

很多学者认为主导中国社会两千多年的儒家伦理应该对中国社会公德状况负重要责任。但是把“重私德、轻公德”的结果完全归咎于儒家伦理或者中国传统伦理，并不公允。以先秦的仁、义、礼、智、信五德体系为例，其实是包含着人格气质（或美德）与伦理价值（或规范）两个层面的，只是在之后的两千多年的发展过程中，后者与皇权、宗法制度紧密结合而得到了极大的强化，并占据了“道德”体系的主体地位，获得了权威话语，而前者受到的重视远不如后者。况且儒学自先秦诞生，至汉代被皇权利用之后，虽然与中国人的生活发生了更为紧密的关系，但是在某种程度上也与其最初的思想有所偏离。

真正值得特别注意的是，在挖掘五德思想的过程中要甄别与剔除腐朽封建思想，主要表现为反人性的封建专制思想，以及以附庸皇权为目的的神秘主义倾向。

（二）注重研究思维方式上的民族特色

对于五德发展过程中的与阴阳五行理论的有机结合这一历史事实，当今时代的研究与挖掘应该把握住重视思维方式和文化表达形式上的民族特色这一尺度。中国早期的思维方式具有与众不同的特点，表现在注重具象和直观思维，建立了以“天人合一”思想为特色的宇宙论背景下的人生哲学，并且创造了成套的占理数术与之相应。阴阳五行说的一项基本原则就是在自然界和人类社会之间、物质世界和精

① 熊春锦．国学道德经典导读[M]．北京：中央编译出版社，2006：208.

神世界之间建立一种对应关系。葛瑞汉认为："在这个系统中，社会与宇宙在并置和谐与分隔冲突的秩序中关联起来，这一秩序由与阴阳相关的对立成分构成的链条开始，又可分解为与五行相关的四与五，再往下是与八卦和六十四卦相关的依次分解。这就为诸如天文学、医学、音乐、占卜及后来的炼丹术和风水术等原始科学提供了有条理的观念。这种关联思维对于那些知道自己传统中的四种要素、四种体液和毕达哥拉斯的数字命理学的西方人来说并不十分陌生，但是近几个世纪以来，除了那些醉心于仍然盛行西方研究中的神秘学的人以外，这种形式的系统构造对于我们现代大多数人变得如此疏远，以至于很难接近。"①鲍海定则提出了从喻象学的理论视角，也许有助于我们重新认识和挖掘阴阳五行理论与五德理论结合所能带来的重大价值。"当代有关隐喻的大部分讨论是从这样一个认识开始的：即隐喻并不是用来表述已经预先形成（但尚未表达出来）的思想内容，它本身就是一种认识力量，它能够引导或误导思想，甚至于从根本上组建或重组它的结构。在这个意义上，隐喻从一开始就是哲学的伴侣。例如，柏拉图的'形式'论和许多隐喻不可分离地缠绕在一起：太阳，洞穴，灵魂的眼睛……植根于隐喻表述的哲学体系总是相对于某种特定的语言。离开隐喻的支撑，哲学思考就不可设想，不诉诸修辞性语言，哲学的根本洞识就不可能得到表达。"②

仁、义、礼、智、信与木、金、火、水、土的对应体现了中国古人独特的形象思维，而这一思维成果又经五行生克而与关联思维的产物发生了密切的联系，于是能启发人们去思考五德之间的相互促进与制约的现实可能性及其对道德教育与实践的价值。这一点只要把握好尺度，不要走董仲舒儒学那套故意神秘化的歧路，而是始终以探索五德德性内涵价值为真正目的，应该会对中华道德文化之根的接续起到积极的推动作用。

---

① 葛瑞汉．阴阳与关联思维的本质[C]//艾兰，汪涛，范毓周．中国古代思维模式与阴阳五行说探源．南京：江苏古籍出版社，1998：1.

② 鲍海定．隐喻的要素：中西古代哲学的比较分析[C]//艾兰，汪涛，范毓周．中国古代思维模式与阴阳五行说探源．南京：江苏古籍出版社，1998：76-77.

第十八章　仁、义、礼、智、信五德体系的德育价值——基于比较的研究

在价值多元化时代，道德教育所需要面对的问题已经不仅仅是要培养哪些美德或能力，更重要的是如何综合利用不同美德或者协调它们之间的冲突，从而能面对复杂的道德情境而做出优化的选择。[①]这就要求美德的传授不能以单个德目的形式出现，而必须建立在美德系统论的基础之上。因此，需要以体系化的框架将美德内涵和关系整合得更为清晰。这不仅可以避免片面和僵化的道德灌输，更重要的是可以增进人们对多元价值整体性的了解，从而使得基于不同价值观的对话和协商成为可能，而不停留在相对主义的泥潭之中。

对于中国的道德教育研究与实践而言，这样的体系化框架还必须能够反映中华民族自身的文化根性和精神特质。以先秦道家、儒家思想为核心的仁、义、礼、智、信五德体系就是在中国本土文化中诞生的理论框架之一。五德体系历经沧桑，在历史长河中曾经以多种形式出现过，也曾促进或阻碍过中国社会的发展。五德体系能否为当代社会的道德建设和道德教育贡献价值，这需要以开放和谨慎的态度来考察和论证。跨越历史的鸿沟，返本还源地阐释五德体系的内涵，并通过与其他美德体系的比较，来检验其思想的深刻性与辩证性、整体的包容性与子系统的独立性，是判别仁、义、礼、智、信五德体系对当代社会价值的重要途径。

① 吴康宁．教会选择：面向21世纪的我国学校道德教育的必由之路——基于社会学的反思[J]．华东师范大学学报（教育科学版），1999（3）：10-18.

本章将先秦道家、儒家思想为核心的仁、义、礼、智、信五德体系与当代两种美德体系进行比较。第一个美德体系是来自于二十多年来蓬勃发展的积极心理学，代表心理学领域有关德目问题的一个发展方向，而且将美德与性格特点联系起来。第二个美德体系来自于上世纪90年代以来在美国方兴未艾的品格教育运动，代表了美国教育学领域德目相关的一些特点，其运动的兴起、面临的挑战和对策对我国的核心价值教育具有相当的借鉴价值。从体系的渊源来说，三种美德体系都是基于传统或古典的道德哲学或宗教哲学。仁、义、礼、智、信五德是直接基于先秦道家和儒家的思想，而且融入了先秦阴阳五行思想。积极心理学是建立在对中国的儒家、道家思想，南亚的佛教和印度教文化，西方的希腊哲学、犹太教、基督教、伊斯兰教等比较的基础之上的。美国品格教育的思想根源是希腊四主德和美德伦理学。

一、三种美德体系的内容和特点

（一）仁、义、礼、智、信五德的气质—美德体系

仁、义、礼、智、信五德体系，实际上构成了中华道德文化和道德信仰的主体框架。反映了道家的道德系统观点，即“仁、义、礼、智、信”构成了道德基础层面的五个相对独立的维度，五德构成了人类道德的基本方面，而且每个维度都具有可与五行学说相匹配的自身鲜明特征，而其他德目都可以归并在这五个维度之下，作为其具体表现。在中华道德文明的发展中，以及人们的日常生活中，道德系统的内容也在不断细化，主要表现为德目的细分，如慈、爱、孝、悌、诚、忍、平、和、忠、节、勇、恕、勤、检、廉、耻等内容的阐释等。

熊春锦分析了先秦道家、儒家的道德观点，并以五德—五行系统观整合了这些内容，以道德修养五德分析表的形式表现出来（表18-1）。本章以他的总结作为中华传统仁、义、礼、智、信五德体系的一个分析依据。五行的“木、金、火、水、土”的形象类比，可以

基于一种新的视角，对理解“仁、义、礼、智、信”五德和“道法自然”起到重要的启发作用。例如，树木森林的承载涵养功能与人类本性仁德内涵的“至善慈柔、宽容博爱”，宝剑的锋利刚直与义德的“助弱扶危、果断有力”，火炬的光明热量与礼德的“秉规持范、知时达物”，水流的百折不回、奔流到海与智德的“变通调变、虚怀若谷”，大地的生长万物、承载万物与信德的“诚信无疑、稳重厚道”都具有某种“神似”或相通。这种类比亲切可感，诗意奔放，将德与美紧密结合在一起，有助于直观、深刻地体味五德的基本内涵。

表 18-1　道德修养五德分析表①②

德性分类	仁德	礼德	信德	义德	智德
五行	木	火	土	金	水
德性特征	仁慈柔容	明理识法	诚信因果	善待万物	谦恭处下
包含内容	慈、爱、孝、悌	诚、忍、平、和	忠信、厚实、诚笃	忠、节、勇、恕	勤、检、廉、耻
人生观表现	仁德慈柔 至善无恶 宽容忍辱 柔和畅达 举止端正 慈怀虚心 博爱万物 主意合德 能立万物	礼德明亮 光明圆通 秉规持范 明白道理 不争不躁 不惑不迷 知时达物 能化万物 不为物拘	信德无疑 忠信诚实 稳重厚道 宽宏敦实 笃信不疑 忠一不二 重视因果 能容能化 能生万物	义德道情 济安拔危 助人为乐 处善聚缘 助弱扶危 果断有力 利生舍己 排忧解难 扶生万物	智德变通 虚怀若谷 处下不争 声色不迷 欲淡不贪 谦虚柔和 不凝不滞 通达调变 能养万物
缺乏五德的表现	自傲抗上 不服人管 怒气常生 白眼冷对	性情急躁 无理争胜 虚荣爱美 记恨憎人	猜忌多疑 蠢笨蛮横 疑神疑鬼 埋怨人非	残忍妒忌 虚伪好辩 口舌是非 恼人自责	愚鲁迟钝 多愁善感 忧虑自生 自寻烦恼

（二）积极心理学的美德—性格优点体系

20世纪以来，主流的心理学研究主要关注各种心理问题的发生机

① 熊春锦．国学道德经典导读[M]．北京：中央编译出版社，2006：208.

② 熊春锦．道德复兴论修身[M]．北京：团结出版社，2008：276-277.

制和有效的治疗措施。[①]最近十几年来，积极心理学的兴起拓展了现代心理学的理论和实践视野，开始致力于对复原力、原谅、感恩等积极心理现象以及主观幸福感的系统研究。积极心理学最关注的，就是促进人类最积极、最美好的东西。积极心理学以普通人为研究对象，运用科学的方法研究人的幸福感和美德等积极面和积极品质，以建立和完善积极的人格成长模式。性格优点（character strengths）是积极心理学的核心研究领域之一，是通过个体的认知、情感和行为而反映出来的一组积极人格特质。积极心理学家从精神病学、青少年发展、哲学、宗教、心理学等领域，对涉及性格优点和美德的大量文献进行了整合分析。他们所分析的思想包括中国的儒家思想和道家文化，南亚的佛教和印度教文化，西方的希腊哲学、犹太教、基督教、伊斯兰教文化。他们发现在这些文化中，普遍存在六种核心美德：智慧和知识、勇气、人性、正义、节制以及超越。[②]他们根据十多项标准，从众多的候选性格优点中选择了24种，分别归类到这六大核心美德中（表18-2）。

表18-2　积极心理学美德分类和性格优点[③④]

美德	性格优点
智慧和知识 （获得和使用知识的认知优点）	创造性（有新的想法和观点） 好奇心（对外部世界感兴趣，喜欢探索） 心胸开阔、思想开明（公平地看待所有证据） 热爱学习（系统化地增长自己的知识） 远见（能够给他人提供明智的建议）

① Seligman, Csikszentmihalyi. Positive Psychology: An Introduction [J]. American Psychologist, 2000 (1): 5-14.

② Dahlsgaard, Peterson, Seligman. Shared Virtue: The Convergence of Valued Human Strengths Across Culture and History[J]. Review of General Psychology, 2005 (3): 203-213.

③ Peterson, Seligman. Character Strengths and Virtues: A Handbook and Classification [M]. Washington, DC: American Psychological Association. 2004: 29-30.

④ 张宁，张雨青. 性格优点：创造美好生活的心理资本[J]. 心理科学进展，2010（7）：1161-1167.

续表

美德	性格优点
勇气 （情感性优点，在面对外部或内部的压力时能践行意志以达成目标）	勇敢（面对威胁和困难的时候不退缩） 毅力（善始善终，坚持不懈） 正直（真实地展现自我） 活力（感到兴奋和充满活力）
人性 （人际性优点，友善地对待他人）	爱（珍视亲密关系） 善良（帮助和照顾他人） 社会智力（理解他人与自己的动机和感受）
正义 （奠定健康社会生活的公民美德）	公民行为（忠于团队，尽职尽责） 公平（无偏见地平等对待每一个人） 领导力（促进和维护团体活动）
节制 （防止过度的性格优点）	原谅和怜悯（原谅他人，接受别人的缺点，无报复心） 谦虚（用事实说话，不抬高自己） 谨慎（慎重做选择，不说或做可能后悔的内容） 自我管理（管理和调控自己的情感、欲望和行动）
超越 （与更广阔的世界相联系并且获得意义和价值的优点）	对美和卓越的欣赏（善于发现和欣赏生活中一切领域的美、卓越） 感恩（觉察并感激生活中的美好事物） 希望（期望并向着美好的未来努力） 幽默（喜欢笑和调侃，把微笑带给他人，看到生活的光明的一面） 精神性（对更高目标、生活意义和宇宙意义的坚定信念）

（三）美国品格教育的美德体系

品格教育运动是美国20世纪80年代以来兴起的一个道德教育学派，是以批判道德上的相对主义和教育上的过程主义为主要诉求的。这一学派的代表人物是托马斯·里克纳。[①]品格教育理论的思想渊源主要可以回溯到亚里士多德时代的美德伦理学。品格教育家把传统的希腊四主德加以改进，构建了以“尊重”和“责任”等美德为中心的品格教育模式，以适应现代社会道德教育的需要。里克纳认为，即使在价值多元的社会中，仍然存在被普遍认同的价值，除非我们承认正

① 檀传宝．第三次浪潮：美国品德教育运动述评[J]．北京大学教育评论，2003（2）：33-37.

义、诚实、文明、民主、追求真理等价值观，否则价值多元是不能成立的；民主社会尤其需要品格教育，因为公民需要承担作为民主公民的责任；问题的关键不应当是“要不要教价值观”，而应当是“教哪些价值观”和“怎样教这些价值观”。①品格教育运动强调正面和直接的道德教育，要求学校与社区、家庭在德育上的配合，从而努力促进青少年学以致用、践行道德价值，以形成良好的品德。里克纳总结了10种基本美德，而且进行了概念的解释（表18-3）。值得注意的是，由于品格教育是一场全国性的道德复兴教育，其中参与的机构与个人太多，到目前为止可以说并没有形成一个完全统一的意见。所以，里克纳提出的美德体系可以作为美国品格教育中最具有影响力的代表，但还不是普遍共识和唯一标准。

表18-3　美国品格教育中的美德体系②

基本美德	概念解释	基本美德	概念解释
1.智慧	良好的判断力；做出理性决策的能力 知道如何把美德付诸实践 辨别什么才是生活当中重要的 设定优先权的能力	4.自我控制	自律，适度 处理个人感情和冲动情绪的能力 推迟满意度的能力 抵制诱惑的能力 性方面的自控能力
2.公正	公平（遵守黄金规则） 尊重他人，自尊，诚实 礼貌/文明	5.爱	移情能力，同情心 友好，慷慨，宽容 服务精神，忠诚 爱国主义（对国家、高尚事物的爱）
3.坚忍	勇气 达观 耐心 忍耐力 自信	6.积极的态度	满怀希望 充满热情 适应性 幽默感

① Thomas Lickona. Education for Character: How Our School Can Teach Respect and Responsibility [M]. New York: Bantam Books,1991: 20-22.

② 托马斯·利科纳. 培养品格——让孩子呈现最好的一面[M]. 施李华，译. 北京：中国社会科学出版社，北京：线装书局，2005：195-197.

续表

基本美德	概念解释	基本美德	概念解释
7.努力学习	主动性，勤奋 设立目标 创造精神	9.感激	表达谢意的习惯 感激别人的嘱咐 向他人表示感谢 不发牢骚
8.正直	遵守道德原则 对正确培养的道德心的忠诚 信守诺言 道德上的一贯性 对自己诚实	10.谦逊	自我认知 愿意承认错误，并承担纠正它们的责任 成为一个更好的人的愿望

二、三种美德体系的比较考察

（一）思想的深刻性与辩证性

万俊人把儒家伦理归于美德伦理与规范伦理的外向混合型范畴，把道家伦理归于一种特殊的内向心得伦理的范畴，认为其不同于西方通常意义上的美德伦理。[①]仁、义、礼、智、信五德体系是一种气质—美德体系，涵盖了先天和后天两方面的因素及其交互作用。这种气质与美德共构的二维体系认为，仁、义、礼、智、信并非仅仅是通过交往和实践而表现出来的美德和品格，也是个体内在所拥有的五种气质和品质。内在的品质和气质是与生俱来的先天因素，也是道德表现的主导，品格的积极修养是后天因素，也可以反作用于先天的品质和气质。这一点与积极心理学的美德—性格优点体系具有相通之处。积极心理学也认为美德与性格有密切关系，特定的美德对应着特定的性格优点。这意味着美德的呈现会因为个体的先天禀赋和后天经历而存在着个体差异性。这就为道德教育中的“因材施教”提供了重要的理论依据，道德教育不可能也不应该把学生当作“美德袋”而只灌输道德的条目和关于美德特点的说明，而必须根据每个个体的气质和美

① 万俊人．道德类型学及其文化比较视境——兼及现代伦理问题与罗尔斯和麦金太尔对话[J]．北京大学学报（哲学社会科学版），1995（6）：32-44.

德特点，做出具有针对性的努力。因此，五德体系和积极心理学的美德体系都很好地将道德的基本要素和普遍特征与个体的差异有机地结合了起来，而不至于产生用普遍性来压制差异性的教育倾向。

仁、义、礼、智、信五德体系中存在着五德之间相互促进与制约的关系，这是其他两个美德系统所没有的一个特点。首先，五德体系存在着五德丰厚与匮乏的辩证状态。当一个人五德内涵充沛的时候，会表现出非常正面的世界观和人生观，而当五德缺乏的时候，又会表现出与之对应的负面和消极的态度和价值观。所以，道家观点中的德性不是有和无的问题，而是正和负、多和少的问题，因为“仁、义、礼、智、信”是绝对地存在于每个人的德性中，只是质量的高低会随时间和生命的发展而产生动态的变化。其次，五德中较丰厚的德性组分，会依据“五行相生”原理而对其他德性的正向力量产生促进作用，也会因“五行相克”而对其他德性的负向力量产生制约作用。这使得道德教育中的“扬长避短”原则成为可能。既然个体总是存在着五德不同程度的缺损，不可一概而论，那么对于个体而言，从其最丰厚的德性和最优势的品格和品质入手，积累道德修养的体验和能力，进而将这种体验和感受扩展到其他方面的品格和品质上，就会显得更切实际且水到渠成。

（二）整体的包容性与子系统的独立性

尽管在细节上有所差异，但从主旨和美德性质上来考虑，积极心理学和美国品格教育的德目体系都可以从中华五德的角度来进行诠释，三者表现出很好的相通性和互释性（表18-4）。

表18-4 三种美德系统的比较

中华五德	仁德	礼德	信德	义德	智德
积极心理学	人性	节制	超越	勇气，正义	智慧和知识
美国品格教育	爱，感激	公正，自我控制，积极的态度	正直	坚忍	智慧，努力学习，谦逊

积极心理学美德体系中的“超越”与五德思想既有相通之处也存在差异。积极心理学所指的“超越”，如果按照中华五德体系来对应，具有一定的综合性。积极心理学中对应“超越”的五种性格优点之中，“对美和卓越的欣赏”可以联系“智德”，“感恩”可以联系“仁德”，“希望”可以联系“信德”，“幽默”可以联系“智德”，“精神性”可以联系“信德”。总体而言，“超越”表现为一种对目标、意义的信念，对美好的感知、向往和信心，并因此获得自我超越的动力，与仁、义、礼、智、信五德体系中的“信德”所包含的信心、信念、诚信、忠信等最为接近。但是另外一方面，在道家思想中，“超越”表现为“上德不德”中的“德”和“失道而后德”中的“道”，因为老子认为“道”之下的第一个境界和状态是完整的“德一”，而完整的“德一”无法保持圆满才分解为“仁、义、礼、智、信”五种德性。所以，道家的道德修养扎根于五德基础的培育，但是目标在于五德修养纯厚而超越至“德一”的境界，进而继续超越至“道无”的境界，所谓返朴归真。因此，“超越”在道家思想中表现为一种从“五”到“一”再到“无”的立体结构和自下而上的道德修养过程。而在积极心理学中，“超越”则被作为与其他五种美德并列的平面结构中的一个要素。

美国品格教育美德体系中有两项基本美德也具有复合因素。“自我控制”中的“自律；处理个人感情和冲动情绪的能力；推迟满意度的能力；适度”与中华五德体系中的“礼德”所包含的“光明圆通，秉规持范，明白道理，不争不躁，不惑不迷”等特征具有较高的一致性，而“抵制诱惑的能力、性方面的自控能力”在中华五德体系中则归属于“智德”的“声色不迷，欲淡不贪”。此外，在道家和中医文化中，智德对应人体肾脏能量，因此性方面的内在需求和自控能力与内在能量层面的“智德”密切相关，而并非只是意志力控制的问题。“积极的态度”所包含的内容也是复合的。其中“满怀希望”与中华五德体系中的“信德”内涵较为接近，“充满热情”与“礼德”内涵较为接近，而“适应性、幽默感”则主要对应“智德”的“虚怀若谷，通达调变”。

通过比较发现，仁、义、礼、智、信五德体系可以涵盖其他两个美德体系的内容，而且五德之间具有很好的独立性，表现为重叠度小，因此作为五种基本美德品质具有很好的自洽性。

三、对五德体系在德育应用中的启示

（一）准确定位五德体系的性质

五德体系是一种气质—美德体系，有作为中国道德建设和道德教育基本理论框架的潜力，其重点在于方向性的清晰化和基本要素的明确，而在应用与实践的时候，显然需要大量细致、辩证的分析和检验的过程。

五德体系的基础性作用使它具有了抽象性与开放性两个特点。抽象性决定了基于五德思想出发的道德选择是需要组合、转换和灵活选取的，而不是针对具体情境设定的、可以按部就班的规范。而这一点也保证了五德体系的开放性，即道德是高度依赖情境的，在具体的情境中，任何思想、言行、规范都具有五德的性质。这一特点对于消解现代人对理性和规范的高度依赖甚至固化和僵化具有重要意义。

万俊人指出，现代人生活的制度化、组织化的强化，使个人内在德性生活的空间被限制在日趋狭小的领域，导致人们的道德直觉能力慢慢退化，造成了现代人类道德能力的外在依赖性后果。人们力图以普遍道德理性或道德推理的方式，构造各种形式的普遍伦理规范，以保障现代人类的生活自由和价值追求。而内在道德精神的缺乏和道德知觉能力的弱化，又导致社会伦理规范效力本身的降低。更严重的是，这种客观规约与个人自由之间的紧张，逐渐聚积成了现代人的一种道德心理障碍，因而，在实际上难以获得个体道德主体的普遍认同，缺乏一种深厚的道德信念基础。消除这种道德心理障碍最重要的途径是重塑现代人的道德信念和美德品格，这是现代社会伦理得以真正有效实践的主体德性基础。否则，无论现代社会伦理规范系统多么周全和完备，都不可能成为健全有效的伦理规范。[①]正如麦金太尔所说："在美德与法则之间还有另一种关键性联系，因为只有对于拥有正义美德的人来说，才可能了解如何去运用法则。"[②]

五德体系作为一种传统文化中孕育的道德资源，其重新启用和复兴势必会带来一些疑问。例如，这是不是在走旧式道德教育的回头路，如何能够有效防止"灌输"，这种要素体系是否忽略了对道德教育问题的社会的、经济的、政治的、文化的、意识形态的分析，等等。这些疑问和挑战都曾在美国品格教育运动中出现过[③]，在中国道德教育核心价值体系的重建过程中也可能出现。五德体系基于气质—美德的特点，有超越单纯品格体系的优势，在面对这些问题的时候，准确定位五德体系的性质，也需要做出深刻的阐释，经受实践的检验。

（二）需要重视概念澄清

正如鲍曼所指出的："我们的时代是一个强烈地感受到了道德模糊的时代，这个时代给我们提供了以前从未享受过的选择自由，同时也把我们抛人了一种以前从未如此令人烦恼的不确定状态。"[④]因此，道德体系的概念和内涵的澄清，对这个时代而言，显得更为重要和急迫。

仁、义、礼、智、信五德体系，相对于其他两个美德体系而言，在通俗性和现实性上要弱一些。这由两方面的原因造成。首先是文化断层的结果。近百年来，随着"西学"对"中学"的冲击、传统文化思想的退隐以及白话文代替古汉语，中国人对古典的单音节词的内涵

---

① 万俊人．寻求普世伦理[M]．北京：北京大学出版社，2009：132-134.

② Alasdair MacIntyre. After virtue[M]. The University of Notre Dame Press,1982:152.

③ Nel Noddings. Educating Moral People. A Caring Alternative to Character Education[M].NY: Teachers College Press, 2002:1-10.

④ 齐格蒙特・鲍曼．后现代伦理学[M]．张成岗，译．南京：江苏人民出版社，2003：24.

理解远远不如当代常见美德名词和德目那样敏感和深刻，这使得人们不仅不能从体系上把握中华传统道德的内涵，而且面临着直接的理解障碍。其次，五德体系是一个以气质—美德为核心的基础美德体系，其优势和长项并不是针对现实具体生活场景的细节指导，因此，在现实应用中需要一个从元素到组合的重组和灵活运用的过程和要求。

上述特点使得仁、义、礼、智、信五德在应用于当代道德教育的时候，必须高度重视概念的澄清。这可能是所有基于古典美德而生发当代道德教育理念的普遍要求。以美国品格教育运动为例，尽管参与者在强调正面而直接的道德教育这一原则方面是一致的，但是对于“什么是品格教育”的问题，到目前为止还没有形成完全统一的意见，美国德育学术界的许多人认为这一概念在内涵与外延上都是含混不清的。由于概念的不统一，人们发现无论在理论还是实践上都会产生诸多困难，表现为在推行品格教育时不知道到底要干什么，在评估品格教育的功效时没有统一尺度可以作为依据，甚至于在学术分析与对话上，概念的混乱也带来许多的困扰。①

（三）保持开放性的态度

在概念澄清和美德体系的重建过程中，必须保持开放性的态度。首先，中国历史上曾经存在由于封闭性制造道德体系与规范而造成民族文化付出重大代价的惨痛教训。汉朝的“罢黜百家，独尊儒术”与明朝的“大全出而经说亡，八股行而古学弃”，都严重地破坏了学术生态和道德文明的开放性，而这其中，对“仁、义、礼、智、信”的曲解和单一化强制也都在这种背景下造成了很多负面效应。这种历史的教训，在今天对“仁、义、礼、智、信”五德的返本还源的解读过程中，以及在当代社会环境下的实践过程中，必须给予高度重视。其次，开放性是五德系统自身的内涵要求。无论是宽容慈爱的仁德，还是不争不躁、不惑不迷的礼德，以及虚怀若谷、处下不争的礼德，都

① Alan L. Lockwood. What is Character Education? [C]. The Construction of Children's Character. ed. Alex Molnar, NSSE, Chicago, 1997: 176.

支撑着开放性、包容性环境和机制的建立。五德体系的教育实践，不可能通过与自身内涵相悖的封闭性途径来实现。再者，美国品格教育运动以开放性和民主对话来应对分歧和挑战的启示，需要加以借鉴。美国品格教育运动中，针对一些批评者将肤浅的品格教育主张和做法概括为品格教育的总体特征，2000年“品德教育伙伴组织”公布了“有效的品德教育的11条标准”作为优质品德教育鉴别与评价的依据。密苏里大学的马文·博克维兹教授等人也在研究中，在对品德教育大量文献分析的基础上归纳出有效的品德教育的八大要素。此外，品格运动中的一些关键问题一直是人们关注和讨论的焦点。例如：品格教育的一些做法是否违背教育的民主原则？在确定所谓核心价值观念，并且在学校和一定的社区中达成“共识”的时候，如何确保这一核心价值的“共识”不是一部分人的价值观念和意识形态？等等。正是这种开放性的探索精神，使得美国品格教育运动可以在多元化非常突出的美国社会，在面临很多不同声音的背景下，仍然可以积极面对挑战而且推动问题的改进甚至解决。①

在中国当前践行社会主义核心价值体系，实现中华民族伟大复兴的历史时刻，以先秦道家、儒家思想为核心的仁、义、礼、智、信五德体系，在深刻、理性的视角下，剥除封建社会历史文化的腐朽并经受当代生活和教育的实践检验之后，非常有潜力重新为中国人道德共识的达成和道德修养信心的建立发挥重大作用。

① 檀传宝．第三次浪潮：美国品德教育运动述评[J]．北京大学教育评论，2003（2）：33-37.

第十九章　基于五德体系的道德教育目标内容的整合

四十多年来，处于深刻社会转型期的中国，在进行着一系列经济体制改革的同时，也面临着意识形态、思想文化和道德领域的挑战。在道德领域里，这一挑战集中体现为原有的道德规范体系效果欠佳，新的道德规范体系尚未十分清晰或被广泛认同。[①]价值观的多元和纷杂既是思想解放的结果，同时又给人们带来了新的挑战。例如，德育工作者会发现，在面对“德育要教什么，为什么教”的问题时，往往理由并不充分或者常常有来自内心的不踏实。标准或参照系统的不清晰，使得多元往往演变为杂多。因此，迫切需要寻找和建立道德教育目标与内容的整体框架，从而对各种德育创新理论与实践探索的成果加以整合并挖掘出系统性的潜力。

一、德育领域开展整合研究的必要性

（一）何谓“整合研究”

整合研究（metaanalysis）是相对于追求更加细致与精确的还原式研究而言的，多见于系统工程学，在理工科领域已经得到了高度的重视。人们发现，局部之和不等于整体，对事物整体的了解除了对局部有深入了解之外，更重要的是重视整体自身的系统属性，以及各子系统之间的相互作用，而这些相互作用未必能在分别对子系统进行研究的时候就能被清晰地发现。在人文社会学科中，metaanalysis 多被翻

① 叶澜．试析中国当代道德教育内容的基础性构成[J]．教育研究，2001（9）：3-7.

译成“元研究”，即建立在对研究的反思基础之上的研究。本章讲到的整合研究，主要是借鉴系统论思想，相对侧重于技术方法，而非哲学思辨视角。

整合研究追求对整体的系统化认知，因此往往建立在系统论思维之上，但同时需要借助还原式研究成果，通过集合优秀的局部认识，来分析和组合成有关整体的认识。整合研究通过系统化的视角，告诉人们当前我们对某个领域或问题的整体把握如何，同时可以彰显当前认识的缺失之处，为未来的研究方向提供重要的参考。

德育目标与内容的整合研究中的整合研究，首先是指力图寻求一种相对全面的研究与实践的理论框架，这种框架体系可以起到提纲挈领的作用；内容上，力图借助这个框架将现有的各种理论与实践探索的经验涵盖其中，从而发挥每个局部均未能产生的集合作用。

（二）大德育的问题与启示

我国在上世纪的最后几十年，主要是以“大德育”的模式开展德育的规划和实施，大德育包括了思想政治教育、道德教育、法治教育、心理教育，以及其他众多不易被归入智育、体育、美育的教育内容。大德育模式的合理之处在于力图强调道德在生活中的广泛性和现实性，以及德育对人的发展的奠基作用。但是由于缺少深入精细的研究与实践，大德育之下的纲领系统往往显得有些粗疏。很多情况下是将美德如工作目标一样罗列教授，因而不可避免地走上保守诟病的“美德袋”或“德目主义”之路。在这种情况之下，如果问我们的德育有没有系统设计，初一看，似乎是有，哪个阶段达成什么目标、学会什么美德、养成哪些素质似乎都是有明确要求的，但是如果再深入分析，这些系统设计的依据是什么，如何评价其效果，回答可能就不那么容易了。所以人们往往认为大德育虽然“大”，但是“空”，缺乏严密性、细致性和系统性。在这种背景之下，德目的铺陈、道德知识的传输、规范性的训练成为道德教育的主要手段，因而也在一定程度上限制了德育的实效性。

曾经的大德育问题，也许能启示我们，德育目标与内容的系统化理解与设计，并不能依赖简单的拼装组合，而不顾及系统特性。同时，并不是大而全的内容凑在一起就是“整体”。

（三）德育创新的进展及面临的挑战

进入新世纪，国内的各种德育理论与实践探索逐渐呈现百花齐放的态势，不再满足于宏观上的模糊正确，而力图聚焦于德育中某个领域或视角，从而取得深入的专业性认识，逐渐成为德育研究领域的重要取向。例如在德育理论方面，主体间性德育理论、生活德育理论、情感德育理论、德育美学观、公民德育理论、后现代德育理论、生命德育理论、体验式德育理论等探索纷纷涌现。[①]回归生活、注重体验、强调交流与对话等成为新时期道德教育的重要特征，德育也呈现出更多的活力。这可以视为德育专业化的必然过程。当将目光投向德育发展的未来时，我们会意识到，道德教育研究各个局部的挺进与深化必将带动人们对道德教育整体性的深刻认识，而将各个局部的优势加以整合又需要对道德教育整体的反思。在这种背景之下，对道德教育目标与内容的整合研究的重要意义就突显了出来。

在各种德育理论与实践获得突破性进展的同时，我们也会看到众多新进展是从德育方式或手段的角度来展开的，而对于德育的目标以及美德的具体内容和价值属性等方面的研究则相对少见。简单地说，相对于“教什么”，现有的德育探索更倾向于“如何教”。也许我们可以将此理解为人们对过去“德目主义”盛行而忽视灵活生动、“目中有人”的教育手段的一种直觉式的纠偏。诚然，这两者都是德育中最核心的问题，但不可否认的是，“教什么”与“如何教”是紧密联系在一起的，忽视其中任何一个，都会带来相应的问题。仔细分析会发现“教什么”并不像人们想象的那样显而易见，美德的内涵与人格气质的形成及其机理远不是“大德育”时代由一些美德词汇拼装起来

① 叶飞，檀传宝. 改革开放30年德育理论发展脉络探析[J]. 教育研究，2009（1）：19-24.

的培养目标所能解释和涵盖得了的。

在各种德育创新渐入佳境的同时，有必要就各种创新所指向的德育目标以及内容进行整合研究。这并非回归到大德育时代的“简单拼盘”，而是珍视研究者们取得的最新进展，同时对德育的老问题和大问题展开新的探索。

二、德育目标整合研究的可能路径

（一）构建基本的系统框架

首先需要找到合适的理论框架，这个框架理论将在整合研究过程中发挥提纲挈领的作用。具体而言，比较理想的德育目标的框架理论应该能够涉及道德的气质—美德—规范多重属性。这意味着它不仅能起到告诉人们努力方向、指明对错的规范性作用，还应该能激发人们心向往之的美德感召功能，也应能对人格气质在道德中的区别作用与表现有相应的解释，从而使得“因材施教”真正成为可能。因此比较理想的德育目标体系需要有足够的深度和实质性，能够涉及心理动机和气质表现，而不仅仅具有表现性和行动性。此外，理想的德育目标体系最好简明扼要，通俗晓畅反映中华民族的文化属性，同时又能与世界各民族的优秀价值观进行交流。

基本的理论框架构建形成之后，道德教育目标的连续性和各阶段有效衔接成为可能，理论框架所包含的核心价值将在其中发挥一以贯之的作用。这一点将很大程度上避免过去那种知识性的道德教育的弊端，因为一旦重视了道德素质中的气质—美德属性，就有可能将注意力集中于长期的涵养与人格的自我认识和修养。

（二）用精细的局部研究填充完善子系统

如果说构建系统框架主要是一种基于系统辨识而采用的自上而下的方式，那么之后的第二步就应该是基于局部认识而采用的自下而上的方式，即完善子系统。因为系统框架确定之后，系统与子系统以及子系统相互之间的关系就会明了，但是系统框架无法提供有关子系统的更为丰富和细致的内容，因此必须吸纳与结合更为具体的研究成果。对于德育目标与内容的整合研究而言，这需要分析当前各种德育创新的精华与核心实质，将这些内容汇总到系统之中，汇总的同时，也会让我们对局部研究的精华有更深入的了解。

在用各种德育创新观点填充德育目标内容系统的时候，不可避免地要求我们对每种理论和观点进行深入理解以便能言简意赅地掌握其核心。这个过程也会提示人们发现每种德育理论的适用前提、特定目标以及相应的局限。这将有助于人们对子系统的深刻了解。

（三）应用系统的整合研究来发现新问题

德育目标和内容的系统性框架确立和子系统填充完成之后，我们就可以据此来检视当前德育教材、课程内容等，分析其中的可能不足，包括各种德性内涵是否涵盖周全并且评价其效果，进而找到改进方法。同时，我们也可以在这个整合研究系统之下，去重新设计德育教材和课程内容。

一般说来，所有的教育与课程设计都包含有某种意义上的整合研究的意味，但是并不一定都能自觉地以系统论为指导，把握住其中的关键点来展开。决定德育目标与内容整合研究质量的重要因素是对于德性内涵的理解、人格发展的了解以及各种道德教育手段的实质性把握。重视上述要素，相信德育目标与内容的整合研究应该会提供很多与众不同的思路并体现出其独特的价值。

三、五德系统视角下的道德教育目标内容的相互关系

（一）五德所对应的教育目标与内容

仁、义、礼、智、信五德体系，实际上构成了中华道德文化和道德信仰的主体框架。反映了先秦时期道家、儒家的道德系统观点，即“仁、义、礼、智、信”构成了道德基础层面的五个相对独立的维

度，这五德构成了人类道德的基本方面，而且每个维度都具有可与五行学说相匹配的自身鲜明的特征，而其他德目都可以归并在这五个维度之下，作为其具体表现，如慈、爱、孝、悌、诚、忍、平、和、忠、节、勇、恕、勤、检、廉、耻等内容的细化阐释等。仁、义、礼、智、信五德体系侧重于道德气质与人格心理，倾向于美德伦理的视角，因此与侧重于人伦关系、规范伦理的取向有所差别。例如，自由、平等这些现代社会的普遍价值，主要是需要置于人际关系的语境中来论述，是相应的人格气质与美德修养在具体事务与关系中的体现。因此，尽管仁、义、礼、智、信五德体系没有直接包含这些价值，但是仍然可以由五德的人格气质及德性内涵推论出众多的基于人伦关系视角的美德或规范。

仁德的特征是慈爱、善良、包容、柔和等，当今教育的感恩教育、孝道教育、关怀教育等都可以归入到以仁德涵养和培养为主要目标的一类。仁德教育的主要目标在于提示和唤醒人们心中的爱的本能以及对爱的渴望，在人际间营造人性关怀的氛围，弘扬善和感悟善，以及感受人情温暖，等等。

义德的特征是忠诚、勇敢、正直、有毅力、抗挫折、有责任感等。现代教育中的人权教育、公正教育、爱国教育等可以归入到以义德涵养与激发为主要目标的一类。这类教育的主要目标在于勇于维护自己与他人的合法权利，勇于承担各种社会角色所赋予的责任，面对生活的各种挑战和挫折能够自立自强，勇往直前。

礼德的特征是诚敬尊重、光明畅达、心平气和、明理自律等。现代教育中的纪律教育、礼仪教育、心理教育等可以归入到以礼德培养、心态调节为主旨的一类。这类教育的目标在于力图培养光明磊落的品格，确立良好的人际关系和集体秩序，能够根据道德原则来自我克制，待人尊重而有礼貌，等等。

智德的特征是谦虚谨慎、知足不贪、灵活变通、勤奋乐观、明辨是非等。现代教育中的各种学科教育、法治教育，以及道德教育方法中的价值澄清理论等，都可以归入到以智德培养为核心的一类。这类教育的目标旨在培养明辨是非的头脑，能够灵活应对和辩证对待生活中的难题，能够对自己性格中的优点、不足以及各种外在资源的优劣有逐渐深入的认识，能够正确对待自己的追求和梦想，等等。

信德的特征是对人生有信仰，对未来有希望，对自己有信心，对他人讲诚信等。信仰教育、希望教育、诚信教育等的主旨、核心都是以信德培养为关键指向的，所以可以归入同一类。这类教育的目标在于建设内心深处的希望与信仰，获得自信的根源以及感悟终极关怀，能够诚信于自己的内心以及他人，等等。

（二）五德教育之间的相互作用

中华传统的仁、义、礼、智、信五德体系历史上曾与阴阳五行理论进行过有机的结合，这启示我们可以以一种关联思维的方式来考虑和利用五种德性及其教育之间的相互关系（表19-1）。这一点非常重要，因为既然五德体系反映了人格气质的差异，就注定了个体差异性的存在。所以基于美德伦理的德育措施就不能仅用一个标准来要求所有人，必须针对个体的特征和差异来有针对性地展开教育。如果考虑五德之间存在的相互促进、相互制约的关系，就意味着个体的性格与气质的优点可以通过关联作用进而对自身弱点产生促进作用，这也使得“因材施教、扬长避短”在理论上更具现实性。

表19-1　道德教育内容的五德促进与制约关系

德性分类	仁德	义德	礼德	智德	信德
教育内容	感恩教育 孝道教育 关怀教育	人权教育 公正教育 爱国教育	纪律教育 礼仪教育 心理教育	学科教育 价值澄清 法治教育	信仰教育 希望教育 诚信教育
主要目标	以爱为指向，营造人性关怀，感受人情温暖	保护自我和他人的合法权利，勇于承担责任，自立自强，抗挫折	培养正大光明的内心，确立良好的人际关系和集体秩序，自制自律	明辨是非，灵活变通，正确对待自己的追求	建设内心深处的希望与信仰，感悟终极关怀，诚信待己待人

续表

促进作用	促进礼德的光明与和谐	促进智德的深谋远虑，知足不贪	促进信德的忠信诚实	促进仁德的至善柔和	促进义德的正气坚强
制约作用	制约信念的无以依托	揭穿爱的谎言，破除爱的暴力	制约个人至上和过度膨胀	突破成见和制度僵化带来的弊病	制约对科技和自我的迷信
被滥用或误解所带来的威胁	以爱的名义压抑人性	张扬自我欲望，忽视圆融与妥协	固化和钳制人性，丧失灵活性	过于自我，缺乏敬畏之心	无法区分正信与迷信，无动力支撑

仁德的善良、慈爱、包容、柔和如果发挥出来，不仅有助于个体的人际关系的和谐，也有助于个体从内心感受到喜悦和踏实，以及感悟善、传递爱所带来的内心光明的感觉。因此，仁德教育的深入、仁德气质的发挥与显化有助于礼德的光明与和谐。同时，所有的正向性的信仰都应该具备爱、关怀、善良的属性特征，否则就是迷信或其他消极性的信仰或信念，仁德气质的调动与显现无疑将有助于个体分辨信仰信念的正与邪、善与恶，从而对潜在的迷信起到制约作用。

义德的正义、勇敢、责任感如果发挥出来，会让人的正直、正气的气质充满身心，会激发人以长远眼光来确立自己的人生规划，看待社会的发展及阶段性的局限，而不会迷失在各种不正之风当中。同时，义德教育培养的合法权利的观念、公正公平的观念，有助于制约伪善、私爱，破除各种以“爱”的名义强加的限制、制约甚至暴力。

礼德的内心光明坦荡、敬畏自然、尊重他人、自制自律的气质如果得到涵养并能外发出来，将有助于促进自我同一性人格的形成，对自然规律的忠信以及待人处世的诚信。同时，礼德中对于人际尺度的把握，也有助于制约义德不足所表现的莽撞蛮横、过分张扬自我的欲望、无所敬畏、忽视人际交往中的圆融与妥协等表现。

智德的明辨是非、虚怀若谷、处下不争等气质如果得到涵养和激发，将有助于仁德之善的修养。明辨是非才不会执着于“善”而被欺骗和伤害，继而由于这些负面经历丧失对人心“善”的信任和追求。

虚怀若谷才能促进对不同意见的包容。处下不争有助于柔和气质的涵养。同时，智德的灵活、变通与圆融，也有助于突破礼德缺失和礼德教育失当导致的制度僵化进而钳制人性的弊端，有助于人们突破成见以及规范与制度僵化带来的不足。

信德的对道德正义的忠信不移，对自己做人信念的持守，以及人格同一性的良好形成，有助于促进义德气质的养成，帮助人在面临困难与挑战时坚定不移、勇敢面对。因为，勇往直前往往来自坚定的信仰、牢固的信念以及充足的信心。同时，信德教育和修养有助于避免智德匮乏所造成的过于自我、缺乏敬畏之心和长远眼光。在科技迅猛发展的今天，人们对道德的信仰往往被对科技的盲目信仰所取代，认为很多问题都可以通过技术手段来解决。培养对自然、道德的信仰，建立与更广阔的世界的联系并且从获得意义和价值的视角形成体验，从而形成对更高目标、生活意义和宇宙意义的坚定信念，有助于个体超越一般意义上的知识与技术，达到智慧的境界。

四、对道德教育课程和教材设置的价值

（一）检视德性内容的完整性和针对性

仁、义、礼、智、信五德系统视角下的道德教育目标与内容的整合，对于当前道德教育课程的设计具有一定的参考意义。

首先，可以作为参考而检视道德教育课程中德性培养目标的完整性。例如教材和课程中是否完整地包含了五德内容，且所传递的德性品质是纯正和到位的，不会造成误解和滥用。当代德育教材已经开始重视学生的学习生活线索，重视情境出现及其与教育及时性之间的密切配合，这是非常必要的。例如，学生可能会遇到欺诈，德育需要进行诚信教育以及教授如何处理、应对欺诈。但是，也需要有另外一条内在的德性线索，将与事件相关的德性有机地融合于故事、事件中，从而形成以生活为明线、以内在德性为暗线的教育选材逻辑，研究发现，将生活与内在德性两者配合起来教育的效果最好。这好比吃饭，

一般人都是根据口味和市场上的食材来自由选择，但是相比之下专业运动员的食谱就要更强调进行营养搭配。

在德性完整的前提下，就可以进一步考虑教育内容的针对性。例如，针对当前社会对学生个体所造成的不良影响，如信仰不足、关怀乏力等，来特意加强这方面的分析与引导，澄清学生心中的困惑，为他们打开新的视野，看到社会发展每个特定时期局限性的原因以及社会发展的走向，从而帮助他们更好地选择真正有利于自己终身幸福的道德取向。此外，还有针对每个学生个体差异的德性指导。每个学生的家庭氛围、学习经历、生活经验都不尽相同，这使得学校道德教育不仅要设置一个比较全面的内容底线，确保学生无论个人经历如何都能获得基本而全面的道德教育，还要能够针对他们个性化的人格气质提供独特、有效的道德指导。

（二）检视德性各子系统之间相互作用机制的发挥

仁、义、礼、智、信五德体系的一个重要特色就是引入了中华传统的阴阳五行关联思维，这种引入并不是照搬历史上曾经出现的复杂而神秘的五行理论，而是重在挖掘其中所蕴含的思维方式能对当代道德教育起到的重要作用。例如，在力图培养某种德性的时候，常见的做法就是直接德育或隐性德育，但就德性目标来说，都是“有一说一”式的直接方法。五德体系启发我们可以考虑从道德培养的系统性角度出发，在教材和课程中充分利用各种德性气质之间的相互促进或制约关系，从而组合成比逐一传授美德更为有效和深入的教学单元。各种德性内涵组合在不同教学单元中可以不同的形式循环出现，强化和巩固德性气质的涵养，从而超越道德知识点式的课程内容设置。

五、需要深入探索的内容

（一）教育目标与效果的分层细化

仁、义、礼、智、信五德系统是以中华传统道德文化为核心主体而建立的一种道德概念体系，具有传承民族美德、唤醒优秀“集体无意识”的优势，但同时也面临着一些需要与时俱进的问题。例如五德体系的纲目还需要进一步探索，经过讨论而逐渐形成一定的共识，将传统文化中的概念转换为人们都容易理解而且心向往之的现代美德术语，并给予准确的描述，这一点可以借鉴积极心理学中的研究成果而加以整合。然而更为重要的是，五德体系的目标需要进一步细化，尤其是与教学实际产生密切的联系，这一点有必要充分借鉴美国新品格运动中的优秀成果。

（二）各阶段重点内容的强化

每种德性气质—美德的涵养与培养，都需要贯穿在人的一生的道德修养与实践过程中。但是，人生的不同阶段又会存在不同德性的“敏感期”，例如，少年时期的仁德修养，对爱心关怀的体验与付诸实践，对生命的珍惜与敬畏，为即将到来的青春期做好准备，都需要抓住这一时期的人格心理特点而以“仁德”修养作为阶段性的培养重点。青春期前后的义德修养，对未来理想的憧憬和人生志向的确立，都需要内在义德的修养，以正向性的正直、勇敢、坚强、毅力来涤除负向性的阴险斗狠、野蛮霸道等气质，为人生之路打下牢固的根基。成人阶段应将礼德修养作为重点。成人阶段，不仅开始步入社会，面临种种诱惑与挑战，还逐渐要肩负起生活的责任，成为家庭的中流砥柱，这些社会角色要求个体具有光明坦荡、自尊敬人、自制自律的气质与道德修养，才能给家庭带来幸福，并不断提升事业。①

这种基于中华传统道德文化的道德教育体系，还要与国际上人格心理科学、积极心理学等优秀理论进行融合，借鉴相关研究成果，运用现代科学研究中的实证、严密的研究精神，以此来促进以中国文化为基底的道德教育研究的完善和发展。

---

① 熊春锦．国学道德经典导读[M]．北京：中央编译出版社，2006：98.

第二十章　把握德性内涵的德育目标分析

从2002年德育课程标准实验稿开始，德育课程规划的理念中就已经开始重视“德育回归生活”，以学生的学习生活为主线，重视情境出现及教育契机之间的密切配合。相对之前的德育理念，这是非常喜人的进展。2011版义务教育阶段的德育课程标准，仍延续并深化了这种“以学生的生活发展为主线”的思路，力图将学生逐步扩展的生活领域之“面”与社会生活的几个主要因素之“点”综合交叉结合起来。这种思路与世界范围内的德育与社会生活领域内的课程设置思路是比较一致的。

“德育回归生活”其实伴随着一个重要的问题，那就是我们究竟想从生活中凝练什么、体验什么、关注什么、培养什么。生活无疑是多彩的，生活中蕴含的道德信息也是多元的，明确人们需要从生活中找寻什么也非常必要，否则可能会迷失于生活的杂多表象，这并非“回归生活”的本意。因此，除了学生生活发展的主线之外，作为德育课程标准，也需要有另外一条内在的德性线索，将与事件相关的德性内涵有机地融合于故事、事件之中，从而形成以生活为明线、以内在德性为暗线的教育选材逻辑。把握了德性内涵的德育目标才会更有说服力与实效性。只有把道理讲得更为透彻，才会更容易让学生对“为什么要道德”体会得更为深入，并且生发辩证性思维，在现实生活中灵活地加以运用，而不至于由于理解不深，一旦遭遇现实中的挑战和逆境，就迷信和顺从于不良现象凸显的短期法则。

一、德性内涵作为分析框架的依据

（一）德性内涵与“美德族”的观点

道德可以表现为规范属性，如“不能干损人利己的事”，也可以表现为美德属性，如“关怀、正直、诚信”等美德词汇所表达的意蕴。按照中国先秦时期的传统道德文化思想，道德也可以表现为人格气质属性。所有这些属性虽然表现形式不一，但是都贯穿着一定的道德内涵。特定的道德内涵可以表达为一些相近或有关联的美德，这些美德会因为其背后的德性内涵的一致性而呈现出紧密联系的特点，因此可以称之为“美德族”。这就是说如果某种德性内涵在人格气质中得到了正向性的挖掘和显现，那么这种德性对应的“美德族”都会相对容易地显现，与这种德性内涵相关的规范法则，也比较容易被认可和遵守。因此，德性内涵是各种道德规范、美德、道德人格气质的背后的支配性因素。这种视角启示我们，道德教育如果可以把握住德性内涵的类型及意义，那么就有可能通过点透各种美德或规范的德性内涵所指，将相近“美德族”或“规范族”加以聚合而发挥事半功倍的作用，同时这种聚类归并视角也可以帮助我们提纲挈领地认识复杂的道德目标，而不至于陷入繁杂的美德条目或规范条文中。

（二）德性内涵在各种道德系统中的相通性

道德内涵或德性内涵有哪些要素或核心方面？在众多的道德观点中，我们是否有可能找到一个相对稳定的德性内涵共识？对不同道德系统观点的比较，有助于我们加深对具有更加普遍意义的德性内涵体系的认识。

在中国传统道德文化中，仁、义、礼、智、信是非常有影响力的一个德性系统。仁、义、礼、智、信五德体系，实际上构成了中华道德文化和道德信仰的主体框架。仁、义、礼、智、信构成了道德基础层面的五个相对独立的维度，这五德构成了人类道德的基本方面，而且每个维度都具有可与五行学说相匹配的自身鲜明的特征，而其他德目都可以归并在这五个维度之下，作为其具体表现的，如慈、爱、孝、悌、诚、忍、平、和、忠、节、勇、恕、勤、检、廉、耻、忠信、厚实、诚笃等细化阐释。

将仁、义、礼、智、信五德系统与世界范围内其他比较典型的道德或价值观系统相比较，如积极心理学的美德—性格优点体系①、美国品格教育中的十大美德②、联合国教科文组织的道德价值观课程核心理念③，会发现这四种道德系统之间尽管有差异，但是仍然具有较好的相通性，可以统一在仁、义、礼、智、信五德体系的系统框架之内（表20-1）。同时，仁、义、礼、智、信五德体系又是中国人耳熟能详的概念系统，尽管由于近代以来的传统文化断裂，人们对于其中的内涵了解得不太深入，但是五德体系仍不失为一个具有重大潜力的道德概念体系。只要能够重新澄清和阐明五德的内涵意蕴，并将其与现代道德文明主流价值进行细致的联结，五德体系自身仍有可能焕发出巨大的生命力。

表20-1　四种道德系统的比较

中华五德	仁德	礼德	信德	义德	智德
积极心理学	人性	节制	超越	勇气 正义	智慧和知识
美国品格教育	爱 感激	公正 自我控制 积极的态度	正直	坚忍	智慧 努力学习 谦逊
联合国教科文组织的道德价值观课程核心理念	爱与同情	尊重 全球精神	人与自然和谐	和平与公正	可持续发展 国家统一 全球团结

① Peterson, Seligman. Character Strengths and Virtues: A Handbook and Classification [M]. Washington, DC: American Psychological Association. 2004: 29-30.

② 托马斯·利科纳．培养品格——让孩子呈现最好的一面[M]．施李华，译．北京：中国社会科学出版社，北京：线装书局，2005：195-197.

③ 义务教育思想品德课程标准修订组．义务教育思想品德课程标准（2011版）解读[M]．北京：北京师范大学出版社，2012：41.

二、以德性内涵来分析德育课标的应用举例

（一）有助于理解课程标准中的德育目标

分析品德与社会课程标准（2011版）中的情感、态度、价值观目标中的内容，可以看出设计思路是按照生命生活、人际关系、集体生活、社会生活、人与自然的这一从小到大、从内到外的逻辑来展开的。如果摘取其中的关键短语，可以发现德育目标是包含和体现了五德内涵的，而且每个关键短语分别对应五德内涵的不同方面（表20-2左侧）。

在不改变关键短语内容的前提下，如果调整一下原有的陈述顺序，按照其对应五德内涵的“仁、义、礼、智、信”顺序来重新聚类排列（表20-2右侧），则会发现重新排列之后的德育目标，每组中的内容之间的关联性和紧密性得到了增强。这可以使得解读和记忆现有德育目标更为轻松和富有逻辑。例如，符合仁德的德性内涵，表现为“珍爱生命，爱亲敬长，友爱宽容，热爱家乡，关爱自然，保护生态环境”，是按照从小到大、从内到外的顺序来表达的。同理，符合义德的德性内涵，表现为“有责任心，崇尚公平与公正，民族归属与自豪感”；符合礼德的德性内涵，表现为“自尊自律，文明礼貌，热爱集体，团结合作，规则意识，民主、法治观念”；符合智德的德性内涵，表现为“乐观向上，勤劳朴素，珍视祖国历史文化，尊重民族文化差异，开放的国际视野”；符合信德的德性内涵，表现为“热爱生活，诚实守信”。这种聚类排列会由于突出了德性内涵的一致性而使得相关关键短语产生内在的“叠加效应”，自然而然地引导人们感受和体验其背后深层的意蕴和价值指向。

尽管这种德性内涵的归纳与聚类可能会因为使用参照系统的差异以及人们对德性内涵的理解差异而产生一些分歧，但是整体上仍然具有一定的参考价值。而且人们对不同内容所对应的德性内涵的分歧之处，如果被捕捉和加以深入讨论分析，则正是澄清概念、细化研究的宝贵线索。

表20-2　品德与社会课程标准(2011版)中的情感、态度、价值观目标的五德内涵

品德与社会	五德内涵	调整顺序	五德内涵
*珍爱生命，	仁	*珍爱生命，	仁
热爱生活，	信	爱亲敬长，	仁
自尊自律，	礼	友爱宽容，	仁
乐观向上，	智	热爱家乡，	仁
勤劳朴素。	智	关爱自然，	仁
*爱亲敬长，	仁	保护生态环境。	仁
文明礼貌，	礼	*有责任心，	义
诚实守信，	信	崇尚公平与公正，	义
友爱宽容，	仁	民族归属与自豪感。	义
热爱集体，	礼	*自尊自律，	礼
团结合作，	礼	文明礼貌，	礼
有责任心。	义	热爱集体，	礼
*规则意识，	礼	团结合作，	礼
民主、法治观念，	礼	规则意识，	礼
崇尚公平与公正。	义	民主、法治观念。	礼
*热爱家乡，	仁	*乐观向上，	智
珍视祖国历史文化，	智	勤劳朴素，	智
民族归属与自豪感，	义	珍视祖国历史文化，	智
尊重民族文化差异，	智	尊重民族文化差异，	智
开放的国际视野。	智	开放的国际视野。	智
*关爱自然，	仁	*热爱生活，	信
保护生态环境。	仁	诚实守信。	信

对思想品德课程标准（2011版）中的情感、态度、价值观目标中的内容也按照上述方法进行分析和调整，结果如表20-3所列。

表20-3　思想品德课程标准(2011版)中的情感、态度、价值观目标的五德内涵

思想品德	五德内涵	调整顺序	五德内涵
*感受生命可贵，	仁	*感受生命可贵，	仁
自尊自信，	信	孝敬父母，	仁
乐观向上，	智	热爱集体，	仁
意志坚强。	义	热爱祖国，	仁
*体会生态与人类关系，	仁	热爱人民，	仁
爱护环境，	仁	体会生态与人类关系，	仁
勤俭节约，	智	热爱和平，	仁
珍惜资源。	智	爱护环境。	仁

续表

思想品德	五德内涵	调整顺序	五德内涵
*孝敬父母，	仁	*自主自立，	义
尊重他人，	礼	意志坚强。	义
诚实守信，	信	乐于助人，	义
乐于助人，	义	有责任心。	义
有责任心，	义	追求公正，	义
追求公正。	义	敢于竞争。	义
*热爱劳动，	智	公共精神，	义
注重实践，	智	公民意识。	义
崇尚科学，	智	*尊重他人，	礼
自主自立，	义	善于合作，	礼
敢于竞争，	义	规则意识，	礼
善于合作，	礼	法治观念。	礼
勇于创新。	智	*勤俭节约，	智
*规则意识，	礼	珍惜资源。	智
法治观念，	礼	乐观向上，	智
公共精神，	义	热爱劳动，	智
公民意识，	义	注重实践，	智
热爱集体，	仁	崇尚科学，	智
热爱祖国，	仁	勇于创新。	智
热爱人民，	仁	热爱社会主义，	智
热爱社会主义，	智	认同中华文化，	智
认同中华文化，	智	继承革命传统，	智
继承革命传统，	智	弘扬民族精神，	智
弘扬民族精神，	智	全球意识，	智
全球意识，	智	国际视野。	智
国际视野，	智	*自尊自信，	信
热爱和平。	仁	诚实守信。	信

（二）为未来德育目标的改进提供参考

根据上述以五德系统德性内涵来分析，品德与社会课程标准（2011版）中的情感、态度、价值观目标关键性短语中，从五德的出现频率来看，仁德6次，义德3次，礼德6次，智德5次，信德2次。思想品德课程标准（2011版）中的情感、态度、价值观目标关键性短语中，从五德的出现频率来看，仁德8次，义德8次，礼德4次，智德13次，信德2次。当然这种统计如上文分析，可能因不同视角呈现多元结果，因此只能起到参考作用。

从关键性短语的出现频率来看，两个课标中五德内涵都是齐备的，都涉及并涵盖了五德的主要方面。但值得重视的是，两个课标中信德内涵都涉及较少，而且主要局限于诚信与自信方面。这方面，也许有必要参照一下几个道德系统中对信德及同类德性的描述。如中华传统五德中信德所包含的对道德的信仰、忠信、厚实、诚笃等内容。积极心理学的美德—性格优点体系中，“超越”这一美德的内涵被解读为“与更广阔的世界相联系并且获得意义和价值的优点”，尤其是其中所对应的“希望”这一性格优点意味着“期望并向着美好的未来而努力”，“精神性”这一性格优点意味着“对更高目标、生活意义和宇宙意义的坚定信念”。美国品格教育中对“正直”的描述也对我们理解“信德”内涵有所启发：“遵守道德原则，对道德的忠诚，信守诺言，道德上的一贯性，对自己诚实。”道德信仰和信仰教育的薄弱已经成为制约德育实效性的关键因素，信仰对道德有论证、聚合、圣化作用。[①]因此，对“信”的理解有必要从“自信”“诚信”拓展到对道德信仰、人生信念、对希望与意义的追寻等更为深刻和广泛的层面。这些内容，也许有必要通过对课程标准所蕴含思想的进一步阐发来加以补充和说明。

此外，思想品德课程标准（2011版）中“热爱社会主义，认同中华文化，继承革命传统，弘扬民族精神，全球意识，国际视野”等内容，主要涉及认知能力，可能更多的是与课程目标中的第二模块“能力”和第三模块“知识”相吻合，如果以五德内涵来分析，只能以贴近性原则而将其归入“智德”范畴，还是有些勉强的。

三、基于德性内涵的德育目标分析启示

（一）纲举目张、举一反三的设计思路

道德教育是需要讲道理的。随着社会的发展，生活中的新情况、

① 檀传宝．论信仰教育与道德教育[J]．北京师范大学学报（社会科学版），1997（2）：48-53.

新规则也层出不穷。这些都使得道德教育不可能采用“枚举法”，即试图将生活中遇到的所有情况都预先展开教育或有所准备。尽管这种准备和努力是很必要的，但是事实上很难面面俱到，而且还可能由于力图面面俱到而导致力度与深度的不足，从而导致表面上的“教了白教”的情况的产生。因此相对而言，更具可行性的是“纲举目张，举一反三”的设计思路。达到这种教育目标的可行方案是通过把每个德育小目标的道德内涵分析清楚，将德育中涉及的案例、规范、原则、条文、美德的内涵与实质尽可能地统一起来，帮助学生吃透道德的内涵，体验道德带来的内心幸福，学会在各种复杂情况下做出于人于己都有益或至少是无害的道德选择。

以往我们的德育目标设计思路中主要是以培养什么样的人，具备哪些行为或表现为“纲”。这种思路进一步发展所遇到的挑战和困难则是，如何透过行为或表现去深刻地表达道德价值，以及培养什么样的人的关键德性内涵有哪些。因此，着眼于德性内涵的德育目标分析应该成为德育目标整体设计中的一个重要维度，与其他维度比如人格发展、社会认知等共同构成德育目标设计的内在逻辑框架，促进德育设计向专业化和精细化发展。

（二）德育衔接需要重视德性内涵的一致性

在过去几年中，大中小学的德育衔接问题逐渐引起了人们的重视，但是相关研究亟须创新思路，将各个阶段的德育目标与手段有效地衔接起来。[①]以德性内涵为着眼点的思路，将有利于为不同阶段的德育衔接提供一个内在的线索。

当前道德教育背景的显著特点就是社会道德共同体的瓦解导致的多元困境。这意味着无论学校德育向学生传递了什么样的道德观点，学生们很快就会在校园外甚至是校园内找到与所学观点相左的很多种道德观点，而且往往在社会短期博弈结果的影响下，倾向于信赖一些

---

① 郑敬斌，王立仁．德育衔接问题研究述评[J]．上海教育科研，2012（2）：18-21.

能帮助人短期胜出而长期受损的道德立场。

面对这样的现实，社会层面的道德一致性的重新达成固然是最理想的环境条件，但是当前更为实际的恐怕是首先在中小学德育目标上达成某种内在一贯性。这可以表达为如下几个方面：第一，当学生回忆中小学德育的时候，能否以最简练而直观的方式反映出有哪些内容是一贯持续的？这些内容是否有足够的深度能够为学生认同和体验？第二，学生是否对各种与核心价值相左的观点及其能带来的短期利益有充分的认识，从而能以更为长远的视角来评判各种道德选择或策略带给自己结果？

当前我国幼儿园和中小学里兴起了国学热，《弟子规》等被作为一种德育资源引入校园，对此，支持与反对之声都不绝于耳。值得德育研究者关注的是，《弟子规》中固然包含了某些受历史局限的思想，因而不应该被照单全收。但不容忽视的是，诵读《弟子规》这种方式也包含了某种内在的德育目标一致性的合理途径。儿童从启蒙阶段就开始诵读，从而记住《弟子规》中的行为准则，并在不断深化的生活体验中咀嚼回味，成为个人乃至社会的一致性道德观点中的一个有力环节，有其积极作用。今天我们思考德育目标的时候，超越《弟子规》的时代局限固然是我们努力的方向，但我们是否已经形成了某种在学生各个阶段都能接触而且能随时从脑中调用、在生活中践行的一个参照体系，这是需要思考的。当今社会强调理性，不倾向于背诵和记忆，这是时代的特点。这就使得道德教育目标一致性的实现，需要以更加简练而深刻的语言来加以体现。因此，注意凝练德育目标的内涵，使之以容易记忆、方便分析、有利于对比与联系的形式呈现出来，就显得尤为重要。

第二十一章 五德体系视角下师德修养的机理与保障

师德建设是教育事业的中流砥柱，是立德树人的重要保障。近些年，我国的师德观念呈现出由崇高师德趋向底线师德、由拓展性趋向专业化、由抽象化趋向实践性的发展特征。[①]事实上，师德建设既具有强制性和底线性，也具有自觉性和崇高性。[②]完整的师德建设应该既包含强调正义而建构规则体系的规范思维，也包含尊重德行而倡导自觉修养的美德思维。[③]因此，师德建设想要突破低效的“他律”与放松的“自律”[④]，就需要区分并权衡规范思维与美德思维的不同路径，从而德法并进。[⑤]

伴随着“依法治国”的全面展开，强调规范伦理和规则体系的底线师德建设会越来越完善，2018年教育部发布了指导和规范各类教师职业行为的准则。[⑥]与此同时，帮助教师深化认识师德的内涵，唤醒和激活教师的师德修养意识，也是不容忽视的一个方面。[⑦]师德的

---

① 王凯．近年来我国师德观念发展的三大趋向[J]．中国教育学刊，2013（1）：49-52.

② 李敏，檀传宝．师德崇高性与底线师德[J]．课程·教材·教法，2008（6）：74-78.

③ 刘磊．我国师德建设主导形态转向与突破路径[J]．中国教育学刊，2017（3）：83-88.

④ 陆道坤．师德“失范”现象折射出的教师专业发展困境与思考[J]．教育科学，2013（4）：69-75.

⑤ 刘万海，孔美美．论当代教师专业伦理的重建[J]．教育发展研究，2013（4）：29-31.

⑥ 教育部．教育部关于印发《新时代高校教师职业行为十项准则》《新时代中小学教师职业行为十项准则》《新时代幼儿园教师职业行为十项准则》的通知[EB/OL]．http://www.moe.gov.cn/srcsite/A10/s7002/201811/t20181115_354921.html.2018-11-08/2019-8-01.

⑦ 赵敏．近30年来我国师德建设伦理学思想的冲突与交融[J]．教育研究，2011（2）：87-91.

自我修养是提升教师素质的灵魂，其核心内涵是教师自觉通过持续不断的修为来提升自己的德性，其难点是修养过程的自觉性和有效性。因此，在新的历史发展时期，深化师德师风建设，让教育行业涌现出更多的“四有好老师”，成为我国教师队伍建设的重点之一。①

对于教育研究而言，寻求良好的思想资源，建构优化的师德修养理论，并在教师中加以实践，是一个重要的研究任务。而中华优秀传统文化，也是其中的思想源泉之一。

一、从传统文化中寻找师德修养的思想资源

（一）“修身明德”的思想需要重新被激活

提起教师的角色与使命，中国人最耳熟能详的就是“师者，所以传道受业解惑也”。传道，授业，解惑，对于现代教育制度下的教师而言，这三者想做到优秀都不容易，其中尤以“传道”最为艰难。但是“传道”又代表了中国文化系统中对于教育意义的最高层面的表述，“道之所存，师之所存也”。《大学》说：“大学之道，在明明德，在亲民，在止于至善……自天子以至于庶人，壹是皆以修身为本。”修身就是自我生命系统的修养；明明德，意味着“德”不仅需要意识认知之明，也需要生命实质之明。明德是悟道和传道的前提，道以德显，以德进道。传道和立德树人需要以教师的修身明德为基础。因此，促进师德修养，从中国传统文化的角度来看，不能不回归于对修身明德的思考与实践。

但是，从中国传统文化角度挖掘和继承师德修养的资源并非没有挑战性。由于传统文化的断裂，“修身明德”这个词在当代语境下，其深刻的内涵往往并不明显，也难以展现和释放其自身的生命力和吸引力。由于历史上的“道德高标”问题，以及混淆了美德伦理与规范伦理而带来的负面效应，人们往往不能发自内心地对传统文化的师德

① 王定华．新时代我国教师队伍建设的形势与任务[J]．教育研究，2018（3）：4-11.

观产生认同。[①]这意味着虽然中华优秀传统文化中蕴含着丰富的师德修养的思想和精神资源，但是还需要以正确、合理、到位的诠释将其重新激活并加以创造性转化和发展，才能使其成为可以滋养当代教师德性成长的真正资源。

（二）“修身明德”的机理与保障需要作深度阐释

《大学》说：“物有本末，事有终始。知所先后，则近道矣。”与一般性知识一样，修身明德也有次第和机理，把握好优化的次第，明了其中的机理，往往能事半功倍。长期以来，无论是社会期望还是教育行业自身的认知，往往都把教师的关怀和公正作为专业德性放在突出的位置上，强调教师要有爱心、要能一视同仁，公平对待每一个学生，等等。从传统文化的角度来看，教师的“关怀”和“公正”可分别对应传统思想中的“仁”与“义”的观念。但是值得关注的是，我们在倡导教师之“仁”与“义”的同时，却较少讨论“仁”与“义”的生发机理与保障机制。事实上，只要是资源和能量，就有其生发的根源，也有其局部总量的限度。“仁”与“义”不是取之不尽的生命资源和精神能量，不是只要想用就能有的。当我们不了解“仁”与“义”要靠什么催生和支撑的时候，单纯对教师强调“仁”与“义”，其实并不合理，效果也不会特别理想。[②]正如有关教师职业倦怠的研究所显示的，如果没有充足和强大的人文关怀和支持机制，仅靠教师本人不断奉献光和热，去爱孩子甚至是大班额中的每一个孩子，长时间处在身心能量出大于入的状态之下，哪怕是再有教育情怀的好老师，都可能会面临职业倦怠甚至是身体健康透支的困境。[③]因此，有关师德修养的内在机理和外在保障问题，需要得到认真的研究和对

① 徐廷福．论我国教师专业伦理的建构[J]．教育研究，2006（7）：48-51.

② 吕邹沁，凌辉．中小学教师工作压力、社会支持与职业倦怠的关系[J]．中国健康心理学杂志，2014（9）：1344-1348.

③ 石雷山，高峰强．影响教师职业倦怠的多层变量之间的关系[J]．心理发展与教育，2010（5）：521-526.

待。深入中国文化的根源，诠释好教师“修身明德”的机理和保障机制，就成为了激活传统文化资源以滋养师德建设的第一步。

二、来自先秦道儒“德”思想的机理框架

仁、义、礼、智、信五德体系反映了先秦道家、儒家等众多思想渊源的一种重叠共识。老子最早以“仁、义、礼、智、信”的顺序来系统化论述“德”的内涵，孔子、孟子、荀子等大儒结合各自的时代背景和思想主张，从不同的角度丰富和细化了五德的思想内涵。[①]仁、义、礼、智、信五德体系是中华传统道德概念的众多组合之中，最简洁明了而又被社会大众所耳熟能详的一套体系，具有很高的道德文化承载力和价值，因而很有必要被深入挖掘和转化。

（一）《老子》的“修德”机理模型

《老子》德篇第一章中说：“故失道而后德，失德而后仁，失仁而后义，失义而后礼。夫礼者，忠信之薄也，而乱之首也。前识者，道之华也，而愚之首也。是以大丈夫居其厚，而不居其薄；居其实，而不居其华。故去皮取此。”这一段集中反映了《老子》的“离道失德论”，其中不仅描述了个体和社会离道失德而堕落的过程，而且提出了人们复归德道的根基和次第。《老子》认为，离开了道的境界就跌落到了德的境界，离开了德的境界就下降到了仁主导的境界，离开了仁主导的境界就下降到义主导的境界，离开了义主导的境界，就继续下降到礼主导的境界。到了礼主导的境界状态，忠信已经稀薄，甚至丧失殆尽，这是祸乱的开端。由眼耳鼻舌身等器官功能所获得的前端认识，是大道的浮华，也是愚昧的开始。所以大丈夫，要居于忠信之厚的境地，而不是稀薄的境地，居于认知大道的朴实境地，而不是浮华的境地。所以不选择肤浅的表象而选择忠信之厚和认知之实。[②]需

① 刘峻杉．仁义礼智信五德的早期源流和当代诠释取向[J]．大学教育科学，2017（3）：94-100.

② 刘峻杉．《老子》的概念框架诠释[J]．教育学报，2018（4）：99-110.

要注意的是，“是以大丈夫居其厚，而不居其薄；居其实，而不居其华”这一句中，“厚”与“薄”相对应，指向的是上文的“忠信”，“实”与“华”相对应，指向的是上文的“前识”。对于“前识”，人们有多种不同的理解和诠释，其中一种诠释认为“前识”指由眼耳鼻舌身等器官功能所获得的前端知识（相对于《老子》思想中更为深刻的无为真知而言），也可对应于“日日新知”之“智”。只不过《老子》认为，在失去仁、义、礼、信四德之后，“智”已不足以称“智”，而只能算“愚”。①

《老子》的“离道失德论”需要与其“反也者，道之动也”（沿离道失德的反方向修养，就是向道的运动）的“修德明道论”思想结合在一起来把握。仁、义、礼、智是逐级丢失的，信则是伴随在这个过程中同步丢失。仁、义、礼、智的论述顺序，后来因《孟子》“四端”之说而被人们所熟知。“恻隐之心，仁之端也；羞恶之心，义之端也；辞让之心，礼之端也；是非之心，智之端也。”仁义因为排在前面，也往往被认为更为重要，所以更容易受人们重视。但是《老子》“离道失德论”提出，对于本性内生的“仁”和“义”，确实离“上德”更近，都是离道失德过程中较早失去的，但是在《老子》看来，现实中的人们，就内在生命质量和道德修养状态而言，往往是已经降到忠信不足、礼智亏缺的状态。这并不意味着人们完全没有“仁”和“义”的德性，而是说这种状态下，“仁”“义”已经不能充沛旺盛而成为主导德性，“缺仁寡义”是问题的外显，但并不是问题的实质。因此，在德性修养的过程中，需要从现实状态拾级而上，从信、智、礼三德开始修起，这三种德性是内在的生命德性基础，而“义”与“仁”则需要在此三德涵养催生基础之上才能饱满生成并产生对外辐射交流，从而实质性发挥其德性功能。

《老子》“离道失德论”和“修德明道论”可以作为今天我们思考道德教育和进行道德复兴的一种理论模型，尽管不一定是唯一的，但

① 刘峻杉．老子的智德观及其德育价值[J]．大学教育科学，2014（2）：89-97.

是依然有对其进行创造性转化和创新性发展的必要性。

(二)“德行”的内在意蕴与外显规范

先秦思想中“德”的内涵与当代社会背景下的伦理之“德”，既有关联一致性，也有差异性。当代德育往往从“知、情、意、行”四个方面来理解和表征个体的道德状态及其发展，这意味着“德”既包含了内在的认知、情感与意志，还包括了外在的行为。同时，这样的四元素划分方法也是基于道德判断和行为的过程机制而产生的对“德”的理解。先秦时期，对于个体修养而言的完整的“德行”可以用“德”与“仪”来进行概念细分。

1.“德”更侧重于表达生命内在的品质和境界

《老子》思想中的“德”具有形而上的意蕴表达。“道生之，而德畜之，物形之，而器成之。是以万物尊道而贵德。”道化生，德畜养，于是万物具形，器能成物，所以万物的本性是尊道而贵德。“同于德者，道亦德之；同于失者，道亦失之。”这其中表达了“德”作为“道”的显化和代表而对万物具有畜养作用，万物与“德”的相合或相背即反映了万物与“道”的关系，是向道而行还是离道失德。

《老子》思想中的“德”具有“类物质性”，构成了中华民族文化心理的重要基底。《老子》中说“上德不德，是以有德”，上德的境界状态不执着于各种对“德”的固定描述，因为其内在的德性圆满无缺，所以可以“从心所欲不逾矩”。《老子》中有关“德”的内容，用了很多有特色的词来表达，例如“有德”“失德”“含德之厚”“德不离”“德乃足”“德不二”“积德”“玄德”等，这些词都显示出《老子》所说的“德”不仅有当代理论所熟悉的伦理属性，而且还有与当代伦理学说所不同的某种“类物质性”的特征。《老子》语境下的“德”似乎像一种生命中积聚的“物质”，像一种“气”状的流体，而且存在着量和质的差别，当然这种“类物质性”是不可见的，更强调内在品质性。[①]对于描述和理解生命的内在品质和境界，《老子》对“德”的这种“类物质性”的描述，是极有想象力和启发力的，既强调了其个体积修的可能性，也最大程度上消减了因伦理习俗固化而可能带来的对人性的钳制束缚。

《老子》思想并非避世，而“德”正是联系内在修身与外献社会的关键因素。例如，《老子》中有：“修之身，其德乃真；修之家，其德有余；修之乡，其德乃长；修之邦，其德乃丰；修之天下，其德乃博。”以德修身，其方向是达到“真”的状态和境界；以德治家，其德会富足有余，福荫后代；以德治乡，其德就会恩泽久远；以德治国，其德就会丰厚广大；以德治天下，其德就会博大普惠。这其中用了“真”“有余”“长”“丰”“博”等词语来形容“德”的累积和逐渐壮大的过程。

简言之，以《老子》为代表，先秦之“德”用于个体的时候，更侧重于表达生命内在的品质和境界，这种内在品质和境界会表现出外在的伦理性，但不能将其等同于纯伦理推演下的行为准则。先秦“德”观念的这种特征，构成了流传至今的民族文化心理。

2.“仪”更侧重于表达外显的行为规范和品格

《说文》曰：“仪，度也。”“仪”有“法度”的意义，但是法度需要建立在正善的基础之上，以德为本，而不应被权力和私欲篡改滥用。《孔子家语》中说：“孔子曰：人有五仪，有庸人，有士人，有君子，有贤人，有圣人。”这段话表达了孔子认为五类不同修养层次的人在言行等外在表现上会有相应的差别。[②]与“仪”相关的词语“礼仪”“仪表”“仪式”“威仪”等，至今仍在日常生活中被广泛沿用。

仁、义、礼、智、信的五仪与五德互为表里，五德作为内在德性

---

① 刘峻杉．连接“道”与“人”的桥梁——老子“天德观”思想及其德育价值[J]．教育学报，2012（1）：97-105.

② 熊春锦．中华传统五德修身文化·信[M]．北京：中央编译出版社，2017：105.

品质基础，五仪表现为外显的行为规范和品格。而且，“仪”与眼、耳、鼻、舌、身等身体器官功能顺德而行有关，其表达偏重于外在行动。例如，一种观点认为，信仪突出表现为意识、口和身的守德规矩，行动符合自然的时机；智仪突出表现为耳朵恪正善听，通过善听来提取深刻的信息、避免封闭和愚蠢；礼仪突出表现为心和舌的正治，以知心之言促正善之事。内在之“德”支撑着外在之“仪”，“仪”的修养有助于“德”的积淀与提升。①

将道德修养的内涵从内德与外仪两方面来理解，既有助于解决“德”的抽象而无从下手的难题，将其“具身化”，即与身体行动的调整和修养结合起来，也有助于解决“仪”的无根性、重表失质的难题，将行为举止与内在的德性品质联系起来，指向道德本身，以“德”为准绳和旨归，避免繁文缛节和异化泛滥。

总而言之，这种从基础德性修起、逐层复归、重视“德”与“仪”双重属性的“修德”思路可以用“内修信智礼，外用义与仁”来概括。②这种思路对于我们今天深化思考师德修养的次第和机理具有重要意义。

三、师德内修与外用的机理阐释

“内修信智礼，外用义与仁”启发了师德修养可以从教师自身的信、智、礼三德和三仪开始修养，然后将其积淀转化为向外施用的义和仁。

（一）内修信、智、礼

信、智、礼三德之中，“信”之修养又是基础之中的起始点。③在党中央培养“四有好老师”的号召中，“有理想信念”被排在第一位，这与中华传统修身明德的内在理路是一致的。

① 熊春锦．道德教育贵修身[M]．北京：红旗出版社，2014：184-187.

② 熊春锦．道德教育贵修身[M]．北京：红旗出版社，2014：197.

③ 熊春锦．中华传统五德修身文化·信[M]．北京：中央编译出版社，2017：42-56.

信，既包括意识层面的信仰、信念和信心，也包括先天道德直觉之信。对于教师而言，“信”涵盖了对教育意义的信仰，例如，对教育激活生命、提升内在德性之可能性的信念，对教育可以帮助受教育者获得更好人生经历和体验的信心，以及对大道自然和人之纯真本性的直觉信仰。因此，教育意义上的“信”，不仅与个人的人生意义之“信”密切相关，也事实上成为教师从教的深层根基，是需要领悟和磨炼升华的。而从“道德”的高度上去理解这种“信”，有助于充分接续和利用本土文化根源，从而深度展开“正信”的修德效应。从根本上来说，教师内在的职业幸福感，主要取决于其教学胜任力和教育意义感的认知①，而后者本质上就是其对教育之所“信”。

“信”与“意义世界”的自我建构密切相关。个体的“意义世界”需要内在生发与自我寻觅，不可能完全被外在影响或塑造所替代。心灵活在意义之中，如果没有鲜活的、深刻的、精微灵动的、经得起时间考验的意义感的滋润，心灵就会干枯萎靡。人要对自己的心灵负责，需要从对“意义世界”的探索和优化开始。对教师来说，没有自己对“意义世界”的洞察和优化建构的经验，未来就可能缺乏心灵对话的背景和“同情的理解”之前提。探索和优化建构自己的“意义世界”需要连接“文化之网”，即将自己充分地与人类文明和历史积淀联系在一起，将自己的心灵置于人类文明和民族文化的能量场和信息网之中，充分享受文化的滋养和润泽。②

因此，信德的修养与实践需要建立在自主性和自觉性基础之上的“以文化人”，而不能通过外部灌输和强制来获得，也不能通过信的“多”与“少”以及信仰的形态显化程度来评判。③“信”的建立与升华主要靠道德直觉基础上的自悟，以及内在信仰一致性的历练与寻

① 马娟，陈旭，赵慧．师德发展的影响因素及其作用机制[J]．教师教育研究，2004（6）：23-28.

② 刘峻杉．德育教师专业发展的两大功能性目标[J]．中小学德育，2019（6）：8-11.

③ 刘峻杉．老子的信德观及其德育价值[J]．教育科学研究，2014（11）：89-97.

求。信德修养与“行”密切相关，信德外应于身之仪。信德修养有助于教师的行为举止能够捕捉和顺应教育时机，以一身正气和为人师表来垂身示范、以身作则，从而生成“不言之教”的领导力效应。

教师修养自己的教育信仰、信念和信心，有助于克制各种非德性的自我意识，抵御教育环境中的各种不良干扰，自主自觉地将精力集中到立德树人的事业上来，以更积极主动的姿态投身于教育。这就会过渡到以明智、谦虚、灵活、圆通为特征的“智德”修养。智德修养与“听”密切相关，智仪对应于耳识（从耳获得知识）以及耳的恪正善听。教师重视智德修养，有助于其变成“善于倾听”的教师，这意味着能从学生的反馈信息中更高效地捕捉其学习困惑和心中难题，从而成为更随机应变的“有教学机智”的老师。从善如流、虚怀若谷、见微知著，以及能听出学生问题与烦恼的“弦外之音”，这些都依赖于教师的“智德”之修。

教师有了明智和机智之后，教学效果和师生关系会向更好的方向发展，教师更容易达到秉规持范和尊重学生的状态，于是会过渡到教师自身“礼德”的修养。礼德的人格气质修养特征是诚敬尊重、光明畅达、心平气和、明理自律。①礼德外应于“舌”之仪，礼德修养与“说”密切相关。语言是教师进行教育的基本手段和工具，教师的语言既可以滋润心田、开启智慧、给人力量，也可能在失控的情绪和失范的行为刺激下，带给学生羞辱、挫败和伤害。语言的双向效应反过来也会对教师产生积极或消极的影响，从而形塑教师的自我认同。礼德的积淀和礼仪的锤炼有助于教师语言艺术性和感染力的提升，从而更好地支撑起教师通过语言之“礼”来传道授业解惑。

（二）外用义与仁

《化书》中说：“旷然无为之谓道，道能自守之谓德，德生万物之谓仁，仁救安危之谓义，义有去就之谓礼，礼有变通之谓智，智有诚

① 刘峻杉. 老子的礼德观及其教育价值[J]. 基础教育，2016（4）：13-22.

实之谓信，通而用之之谓圣。”中国传统的五德思想与五行生克理论是相关联的。仁、义、礼、智、信分别对应于木、金、火、水、土。[①]正信之土可以扶生正义之金，阳智之水可以扶生阳仁之木。厚土孕育真金，义德有足够信德修养支撑的时候，即教师能够深刻洞察自己追求的教育意义，能够真切“看到”不同的教育行为所产生的长远的育人后果，那么正义、勇敢、公正、责任感等德性素养就会不断地内在生成，教师更容易成为“公正的教师”。这意味着此种境界状态下的教师会更重视“公正”本身，更容易对公正地对待学生产生敏感性，更容易对保障和促进学生受到公正对待的措施产生认同，更可能自觉以公正的价值标准来作为教学行为的准绳和利益分配的尺度，从而克制自身的偏见和偏爱。[②]有这样的内在素质做基础，再辅以平等保障每个学生的受教育权利、按照学生的特征相应对待、优先关照处于不利地位学生的原则和处理方法[③]，那么教师的公正性就可以稳固地建立起来。

在教师的关怀性方面，目前最有代表性的是美国学者诺丁斯的关怀教育理论，强调尊重学生生命、重视学生的体验和感受、发挥教师的榜样作用等。[④]关怀理论反映了“仁爱”这个主题在现代教育场域内的表现和需求。但是一些研究发现，教师关怀行为的发展呈现出阶段性，大部分教师在教龄达到10—20年的时候，关怀行为会发展到顶峰，随后发生衰退。[⑤]因此，如何让关怀既有包容性、尽责性、支

---

①《化书·五行》：“道德者，天地也。五常者，五行也。仁发生之谓也，故均于木。义，救难之谓也，故均于金。礼，明白之谓也，故均于火。智，变通之谓也，故均于水。信，悫然之谓也，故均于土。仁不足则义济之，金伐木也。义不足则礼济之，火伐金也。礼不足则智济之，水伐火也。智不足则信济之，土伐水也。始则五常相济之业，终则五常相伐之道，斯大化之往也。”

② 蔡辰梅，刘娜．论教师公正及其实现[J]．教师教育研究，2017（4）：1-6.

③ 余维武．论教师公正[J]．教师教育研究，2013（6）：1-5.

④ 侯晶晶，朱小蔓．诺丁斯以关怀为核心的道德教育理论及其启示[J]．教育研究，2004（3）：36-43.

⑤ 雷浩．中学教师关怀行为的发展路径研究[J]．教师教育研究，2015（2）：54-59.

持性，而又能具有长期持续性，是十分深刻的问题。这对教师来说，不仅需要学习如何去关注和感受他人的需要、产生动机的换位、根据被关怀者的回应做出回应等关怀技巧[①]，更需要培养内在持久而稳固的关怀能力。按照传统文化的观点，有效的关怀是一种心灵能量的输出，具体则对应于仁德能量，因此，关怀绝不仅仅是一种行为模式或交往方法，或者仅靠艰苦努力就能完成的事情，而是需要建立在丰厚的生命能量基础之上的真诚的心灵对话。教师的关怀行为与教师的仁德修养密切相关。仁德的长久丰厚需要有足够的智德修养支撑。如果智德修养的明智、圆融能像山泉一样滋养着仁德之树，即教师在明智、机智的状态下，善于捕捉恰当的关怀时机，采用合适的关怀方式，准确解读学生的反馈，从而构建起真实的关怀关系，那么教师的关怀才会产生实质性效应。在这种关怀发出与反馈的完美回路循环中，善良、慈爱、包容、柔和等德性素养才会持续不断地内在生成，教师也更容易成为持久的"关怀型教师"，为学生的发展遮风避雨、指点迷津，并乐在其中。

总之，传统文化中的"内修信智礼，外用义与仁"思想，强调先从信智礼的内在三德开始，构建教师自身素养的能量源泉和支持网络，从而保证在从事教育事业和教书育人的过程中，外用义与仁能够得到充足的能量支撑，达到教师良好职业状态的可持续发展。借助先秦道儒"德"思想分析框架的全面阐释，与党中央倡导的"有理想信念、有道德情操、有扎实学识、有仁爱之心"的"四有好老师"，在内在顺序次第上有高度的一致性，充分展现了传统文化古为今用的重要潜力。

四、"新六德"与师德修养的保障机制

习近平总书记号召对中华传统文化进行创造性转化和创新性发

---

① 石中英，余清臣．关怀教育：超越与界限——诺丁斯关怀教育理论述评[J]．教育研究与实验，2005（4）：28-31.

展，“深入挖掘和阐发中华优秀传统文化讲仁爱、重民本、守诚信、崇正义、尚和合、求大同的时代价值”。[①]这个诠释传统文化精髓的“新六德”框架，不仅是对传统的仁、义、礼、智、信乃至道德思想的高度概括和时代创新，也对分析阐明当代师德修养的保障机制具有重要指导意义。

（一）把握根本，上下联动

《大学》说：“其本乱而末治者，否矣。其所厚者薄，而其所薄者厚，未之有也。”教育治理需要找到提升师德修养的根本，然后采取治本的方略，只有这样才能长治久安，单纯采用治标的办法是难以长期有效的。稳定而有效的师德修养，需要文化唤醒和自发成长的环境氛围，尤其强调以德“养”人。只有文化之心才能唤醒文化基因，尊师重道的文化基因一直都藏在中华民族的教育传统之中，需要全民族以尊师重道之心将其重新唤醒。

《庄子・天道》中说：“上必无为而用天下，下必有为为天下用。”在上的管理者需要顺应天道而为，充分利用资源来调控和构建优化的治理环境；在下的执行者需要在“上必无为”所创造的制度空间里充分有为而行，奉献于天下事业。《老子》说：“是以圣人之言曰：我无为也，而民自化；我好静，而民自正；我无事，民自富；我欲不欲，而民自朴。”所以，圣人说：“我保持无为的状态，百姓自然会得到教化；我持守清静之道，百姓自然会归正；我不兴劳民之事，百姓自然会富足；我行众人所不愿行之事，百姓自然会淳朴。”教育治理所营造的环境和氛围如果有顺天而为、清静免扰、勇于承担的价值取向，那么这个环境中的教师队伍更容易产生自然教化、归正敬业、内心富足和淳朴乐教的变化效应。

① 习近平：使社会主义核心价值观的影响像空气一样无所不在[EB/OL].（2014-02-25）[2019-04-29].http://www.xinhuanet.com/politics/2014-02/25/c_119499523.htm

（二）倡导“新六德”，建立师德修养保障机制

对于教育主管部门和学校管理人员来说，最富有关键性和挑战性的是，从自身做起，“求大同”而尊道贵德，顺天而行，达到少私而寡欲的境界，体悟无为而治，给教师提供一个充满信任感和支持力的环境。要进行文化支持，充分整合文化和物质资源以提供优化的制度框架和路线保障，确立文化领导力，从而唤醒和激活教师生命中的文化基因，促进其精神成长。要提供能量供给，充分重视德性的生命精神能量这一维度，通过优化管理与教学的文化交流网络，让德性正能量的输送和反馈形成有效循环，而不是单向孤立传输乃至耗竭，让学校中的人员都能在整个教育人文系统中得到滋养和能量补充。有关文化支持机制和能量供给系统的理论和实践都有深入研究的价值，这会有助于学校组织变革的成功进行。①

在教育治理过程中建构出“守诚信”的导向是基础中的基础。这意味着让“尊师重道”不再是历史传说，而是现今时代的教育写照。这样的政策环境有助于从根本上帮助教师不断深化对教育意义的感悟，树立教育的信仰，以及对教育政策的信任，抵消或减轻激烈的应试竞争排名等教育制度的副效应对于教师坚守和追求教育意义所产生的消极影响。2018年1月，中共中央和国务院发布了《关于全面深化新时代教师队伍建设改革的意见》，其中明确提到了“坚持兴国必先强师”“全面加强师德师风建设”“不断提升教师专业素质能力”“切实理顺体制机制”“不断提高地位待遇，真正让教师成为令人羡慕的职业”等众多鼓舞人心的理念和目标。这些正确和美好的愿景要想实现，也需要教育系统内外整体努力，克服困难。因此，确保好的顶层政策方针充分落地见效，本身也是一种“信”的践行，承担着重树教育信仰和维护政策信用的重大责任。

在教育治理过程中建构出“重民本”的导向，也是对“把全面加

---

① 朱炜．强化校长的文化领导力：学校组织变革的成功之道[J]．教育发展研究，2013（24）：32-35.

强教师队伍建设作为一项重大政治任务和根本性民生工程”的响应。这意味着通过“明智”倾听教师的需要和需求，减轻教师不必要的工作负担[①]，爱惜教师有限的精气神，使其能够聚焦于教学和育人。“修养”，既需要自修与共治，更需要得到有效的“养”，不仅是物质之养，更重要的是精神和文化之“养”。珍惜教师的有限时间，让教师可以得到充分的身体休养和心灵滋养，需要“明智”的政策保障。2019年6月，中共中央和国务院发布的《关于深化教育教学改革 全面提高义务教育质量的意见》中，明确提出了“依法保障教师权益和待遇”，这项政策的落实，会对相关问题产生积极的保障效应。

在教育治理过程中建构出“尚和合”的导向很重要。这意味着通过“识礼”和秉规持范，尊重教师的人格尊严，防止侵占教师教育自主权[②]，实现教育场域内的和谐安泰。只有教师切身体认到规矩的合德性和宝贵性，成为合理规矩的受益人而不是无理规矩的受害人，才能提升自身的认同感和自尊感，并自然自觉地将这种导向和价值观传递给学生。

在教育治理过程中建构出“崇正义”的导向很重要。这意味着构建教育场域内公正、法治的制度环境，支持有责任感的教育行为，保障教师行使合法的教育权力和获取合理公平的绩效反馈。[③]只有教师得到公正的对待，教师在对待学生的时候才更容易一视同仁而无偏私。《关于深化教育教学改革 全面提高义务教育质量的意见》明确提出：“制定实施细则，明确教师教育惩戒权。依法依规妥善处理涉及学校和教师的矛盾纠纷，坚决维护教师合法权益。”这对保障教师的合法教育权，保障教育与社会间的良好关系，将产生重要作用。

在教育治理过程中建构出“讲仁爱”的导向很重要。这意味着要

---

① 王毓珣，王颖．关于中小学教师减负的理性思索[J]．湖南师范大学教育科学学报，2013（4）：56-62.

② 周海玲．论教师专业伦理的服务性[J]．教师教育研究，2015（2）：38-43.

③ 薛海平，王蓉．义务教育教师绩效奖金、教师激励与学生成绩[J]．教育研究，2016（5）：21-33.

建设良好的具有关怀和包容性的文化支持机制和环境[①]，以制度之爱促个体之爱，帮助教师传递绵绵不绝的爱，使之沁人心脾、愈久弥香。

总之，教师行业是一个需要大量身心投入的职业，从教育治理的角度，只有有效构建起对教师的文化支持机制和能量供给系统，才能从根本上促进师德的自觉修养，保证教育的优良品质。无论是教师的自觉修养，还是教育治理的政策保障，都需要探索更为优化的机理和次第。“内修信智礼，外用义与仁”就是来自中国传统文化的一种理论启发，可以被创造性转化和创新性发展。最后，让我们再一次用传统文化中的五行意象来比喻和诠释这种思路的核心思想，那就是只有深厚肥沃的信仰之土，再加上永不枯竭的明智之泉、永不熄灭的礼德之火，才能支撑起永不断裂的公正之金和永不枯萎的关怀之木。在这种状态下，教师的生命才会得到滋养而傲然绽放，价值得以彰显而尽展其才，优秀人才方会争相从教，教育场域内才会生机勃发、成果斐然。中国教师的师德修养，既有可能，也应该走出一条有中国文化特色的道路，书写出中国教育事业的动人故事。

① 陈振华．中小学教师管理制度建设：问题与改进策略[J]．教育研究，2015（9）：99-103.

主要参考文献

中文著作类

[1] 阿雷恩·鲍尔德温,等. 文化研究导论[M]. 陶东风,等,译. 北京:高等教育出版社,2004.

[2] 爱德华·泰勒. 原始文化:神话. 哲学,宗教,语言,艺术和习俗发展之研究[M]. 连树声,译. 桂林:广西师范大学出版社,2005.

[3] 艾略特. 基督教与文化[M]. 杨民生,陈常锦,译. 成都:四川人民出版社,1989.

[4] 杰罗姆·布鲁纳. 布鲁纳教育文化观[M]. 宋文里,黄小鹏,译. 北京:首都师范大学出版社,2011.

[5] 成中英. 本体与诠释[M]. 北京:生活·读书·新知三联书店,2000.

[6] 池田知久. 马王堆汉墓帛书五行研究[M]. 王启发,译. 北京:线装书局,北京:中国社会科学出版社,2005.

[7] 池田知久.《老子》思想的基本构造[C]//陈致. 简帛·经典·古史. 上海:上海古籍出版社,2013.

[8] 蒂摩西·威廉姆森. 知识及其限度[M]. 刘占峰,陈丽,译. 北京:人民出版社,2013.

[9] F. 卡普拉. 物理学之“道”——近代物理学与东方神秘主义[M]. 朱润生,译. 北京:北京出版社,1999.

[10] 弗朗西斯·福山. 信任:社会美德与创造经济繁荣[M]. 彭志华,译. 海口:海南出版社,2001.

[11] 克利福德·格尔茨. 文化的解释[M]. 韩莉,译. 南京:译林出版社,

2014.
[12] 尤尔根·哈贝马斯. 包容他者[M]. 曹卫东,译. 上海:上海人民出版社,2002.
[13] 汉娜·阿伦特. 启迪:本雅明文选[M]. 张旭东,王斑,译. 北京:生活·读书·新知三联书店,2008.
[14] 赫根汉. 人格心理学导论[M]. 何瑾,冯增俊,译. 海口:海南人民出版社,1986.
[15] 齐格蒙特·鲍曼. 后现代伦理学[M]. 张成岗,译. 南京:江苏人民出版社,2003.
[16] 镜味治也. 文化关键词[M]. 张泓明,译. 北京:商务印书馆,2015.
[17] 卡尔·雅斯贝尔斯. 大哲学家[M]. 李雪涛,主译. 北京:社会科学文献出版社,2005.
[18] 科尔伯格. 道德教育的哲学[M]. 魏贤超,译. 杭州:浙江教育出版社,2000.
[19] 雷蒙德·威廉斯. 漫长的革命[M]. 倪伟,译. 上海:上海人民出版社,2013.
[20] 李约瑟. 中国科学技术史(第二卷:科学思想史)[M]. 何兆武,等,译. 北京:科学出版社,上海:上海古籍出版社,1990.
[21] 罗素. 西方哲学史(上卷)[M]. 何兆武,李约瑟,译. 北京:商务印书馆,1996.
[22] 马斯洛. 存在心理学探索[M]. 李文湉,译. 昆明:云南人民出版社,1987.
[23] 麦金太尔. 德性之后[M]. 龚群,等,译. 北京:中国社会科学出版社,1995.
[24] 内尔·诺丁斯. 学会关心——教育的另一种模式(第二版)[M]. 于天龙,译. 北京:教育科学出版社,2011.
[25] 拉里·努奇. "好"远远不够:促进儿童的道德发展[M]. 冯婉祯,等,译. 北京:机械工业出版社,2015.

[26] 托马斯·利科纳. 培养品格——让孩子呈现最好的一面[M]. 施李华,译. 北京:中国社会科学出版社,北京:线装书局,2005.
[27] 卡尔·雅斯贝尔斯. 什么是教育[M]. 邹进,译. 北京:生活·读书·新知三联书店,1991.
[28] 陈超群. 中国教育哲学史(第1卷)[M]. 济南:山东教育出版社,2000.
[29] 陈谷嘉,朱汉民. 中国德育思想研究[M]. 杭州:浙江教育出版社,1998.
[30] 陈鼓应. 老庄新论(修订版)[M]. 北京:商务印书馆,2008.
[31] 陈鼓应. 老子今注今译[M]. 北京:商务印书馆,2006.
[32] 陈来. 竹简《五行》篇讲稿[M]. 北京:生活·读书·新知三联书店,2012.
[33] 陈来. 古代宗教与伦理:儒家思想的根源[M]. 北京:生活·读书·新知三联书店,1996.
[34] 陈立,撰,吴则虞,点校. 白虎通疏证[M]. 北京:中华书局,1994.
[35] 陈丽桂. 近四十年出土简帛文献思想研究[M]. 北京:中华书局,2015.
[36] 陈青之. 中国教育史[M]. 北京:中国社会科学出版社,2009.
[37] 陈少明. 做中国哲学:一些方法论的思考[M]. 北京:生活·读书·新知三联书店,2015.
[38] 张瑞璠. 中国教育史研究(先秦分卷)[M]. 上海:华东师范大学出版社,1991.
[39] 成中英. 从中西互释中挺立:中国哲学与中国文化的新定位[M]. 北京:中国人民大学出版社,2010.
[40] 丁福保. 说文解字诂林[M]. 北京:中华书局,1982.
[41] 丁四新. 郭店楚墓竹简思想研究[M]. 北京:东方出版社,2000.
[42] 董光璧. 当代新道家[M]. 北京:华夏出版社,1991.
[43] 董莲池. 新金文编(中)[M]. 北京:作家出版社,2011.

[44] 范应元. 老子道德经古本集注[M]. 上海:华东师范大学出版社,2010.
[45] 冯建军. 现代教育学基础(第2版)[M]. 南京:南京师范大学出版社,2006.
[46] 高德胜. 道德教育的时代遭遇[M]. 北京:教育科学出版社,2008.
[47] 高明. 帛书老子校注[M]. 北京:中华书局,1996.
[48] 葛荣晋. 先秦两汉哲学论稿[M]. 北京:中国人民大学出版社,2014.
[49] 葛兆光. 中国思想史(第一卷)[M]. 上海:复旦大学出版社,2004.
[50] 顾荩臣. 经史子集概要(子部)[M]. 北京:中国书店,1990.
[51] 郭本禹. 道德认知发展与道德教育——科尔伯格的理论与实践[M]. 福州:福建教育出版社,1999.
[52] 郭沫若. 郭沫若全集·历史编(第一卷)[M]. 北京:人民出版社,1982.
[53] 郭齐家,乔卫平. 中国远古暨三代教育史[M]. 北京:人民出版社,1994.
[54] 郭沂. 郭店竹简与先秦学术思想[M]. 上海:上海教育出版社,2001.
[55] 何光荣. 中国古代教育哲学[M]. 北京:北京师范大学出版社,1997.
[56] 何怀宏. 良心论[M]. 北京:北京大学出版社,2009.
[57] 胡厚福. 德育学原理[M]. 北京:北京师范大学出版社,1997.
[58] 胡晓明. 读经:启蒙还是蒙昧? 来自民间的声音[M]. 上海:华东师范大学出版社,2006.
[59] 黄明理. 社会主义道德信仰研究[M]. 北京:人民出版社,2006.
[60] 赖贤宗. 道家诠释学[M]. 北京:北京大学出版社,2010.
[61] 劳思光. 新编中国哲学史(一)[M]. 北京:生活·读书·新知三联书店,2014.
[62] 俞启定,施克灿. 中国教育制度通史(第一卷)[M]. 济南:山东教育出版社,1999.
[63] 李圃. 古文字诂林(第3册)[M]. 上海:上海教育出版社,2001.
[64] 李维武. 徐复观文集第3卷. 中国人性论史(先秦篇)[M]. 武汉:湖北

人民出版社,2002.
[65] 李向平.信仰但不认同:当代中国信仰的社会学诠释[M].北京:社会科学文献出版社,2010.
[66] 李学勤.走出疑古时代[M].沈阳:辽宁大学出版社,1994.
[67] 李泽厚.人类学历史本体论[M].天津:天津社会科学院出版社,2008.
[68] 李泽厚.哲学纲要[M].北京:北京大学出版社,2011.
[69] 梁涛.郭店竹简与思孟学派[M].北京:中国人民大学出版社,2008.
[70] 刘韶军,点校.太玄集注[M].北京:中华书局,1998.
[71] 刘笑敢.诠释与定向:中国哲学研究方法之探究[M].北京:商务印书馆,2009.
[72] 刘笑敢.老子古今:五种对勘与析评引论(修订版)[M].北京:中国社会科学出版社,2006.
[73] 刘兴隆.新编甲骨文字典[M].北京:国际文化出版公司,1993.
[74] 刘钊.郭店楚简校释[M].福州:福建人民出版社,2005.
[75] 楼宇烈.老子道德经注校释[M].北京:中华书局,2008.
[76] 庞朴,著,刘贻群,编.庞朴文集(第2卷):古墓新知[M].济南:山东大学出版社,2005.
[77] 施克灿.中国教育思想史[M].北京:高等教育出版社,2008.
[78] 石中英.教育学的文化性格[M].太原:山西教育出版社,2001.
[79] 石中英.知识转型与教育改革[M].北京:教育科学出版社,2001.
[80] 孙培青,李国钧.中国教育思想史(第一卷)[M].上海:华东师范大学出版社,1995.
[81] 孙培青.中国教育史(第三版)[M].上海:华东师范大学出版社,2009.
[82] 檀传宝.德育美学观[M].太原市:山西教育出版社,1996.
[83] 檀传宝.信仰教育与道德教育[M].北京:教育科学出版社,1999.
[84] 檀传宝,等.公民教育引论[M].北京:人民出版社,2011.

[85] 唐汉卫,戚万学.现代学校道德教育的问题与思索[M].济南:山东教育出版社,2008.
[86] 万俊人.寻求普世伦理[M].北京:北京大学出版社,2009.
[87] 王炳照,等.简明中国教育史[M].北京:北京师范大学出版社,1994.
[88] 王博.老子思维方式的史官特色[C]//陈鼓应.道家文化研究(第四辑).上海:上海古籍出版社,1994.
[89] 王卡,点校.老子道德经河上公章句[M].北京:中华书局,1993.
[90] 王中江.道家学说的观念史研究[M].北京:中华书局,2015.
[91] 吴澄.道德真经吴澄注[M].上海:华东师范大学出版社,2010.
[92] 熊春锦.道德教育贵修身[M].北京:团结出版社,2008.
[93] 熊春锦.老子·德道经[M].北京:中央编译出版社,2006.
[94] 熊春锦.中华国学道德根[M].北京:中央编译出版社,2006.
[95] 熊春锦.简帛《五行经》释解[M].北京:中央编译出版社,2016.
[96] 熊春锦.龙文化的文明与教育[M].北京:团结出版社,2010.
[97] 熊伟.道家与海德格尔[C]//陈鼓应.道家文化研究(第二辑).上海:上海古籍出版社,1992.
[98] 许建良.先秦道家的道德世界[M].北京市:中国社会科学出版社,2006.
[99] 许慎,撰,段玉裁,注.说文解字注[M].上海:上海古籍出版社,1981.
[100] 许抗生.帛书老子注译与研究[M].杭州:浙江人民出版社,1985.
[101] 扬雄.太玄集注[M].北京:中华书局,1998.
[102] 杨启亮.道家教育的现代诠释[M].武汉:湖北教育出版社,1996.
[103] 于述胜,于建福.中国传统教育哲学[M].南京:江苏教育出版社,1996.
[104] 张岱年.中国古典哲学概念范畴要论[M].北京:中华书局,2017.
[105] 张岱年.中国哲学大纲[M].北京:商务印书馆,2015.
[106] 陈超群,张瑞璠.中国教育哲学史(第1卷)[M].济南:山东教育出版社,2000.

[107] 张祥龙. 孔子的现象学阐释九讲:礼乐人生与哲理[M]. 华东师范大学出版社,2009.
[108] 张祥龙. 从现象学到孔夫子(增订版)[M]. 北京:商务印书馆,2011.
[109] 郑开. 道家形而上学研究(增订本)[M]. 北京:中国人民大学出版社,2018.
[110] 郑开. 德礼之间:前诸子时期的思想史[M]. 北京:生活·读书·新知三联书店,2009.

中文期刊论文

[1] 池田知久,曹峰.《老子》的形而上学与"自然"思想——以北大简为中心[J]. 文史哲,2014(3).
[2] R. 艾尔伯菲特. 德国哲学对老子的接受——通往"重演"的知识[J]. 朱锦良,译. 世界哲学,2010(6).
[3] 班华. 心理—道德教育服务人生幸福[J]. 南京师范大学学报(社会科学版),2014(1).
[4] 班华. 再论"心理—道德教育"[J]. 教育科学研究,2010(6).
[5] 蔡辰梅,刘娜. 论教师公正及其实现[J]. 教师教育研究,2017(4).
[6] 晁福林. 先秦时期"德"观念的起源及其发展[J]. 中国社会科学,2005(4).
[7] 陈鼓应. 先秦道家之礼观[J]. 中国文化研究,2000(2).
[8] 陈鼓应. 论道家在中国哲学史上的主干地位——兼论道、儒、墨、法多元互补[J]. 哲学研究,1990(1).
[9] 陈鼓应. 也谈帛书《系辞》的学派性质[J]. 哲学研究,1993(9).
[10] 陈来. 春秋礼乐文化的解体和转型[J]. 中国文化研究,2002(3).
[11] 陈来. 仁统四德——论仁与现代价值的关系[J]. 江苏社会科学,2016(4).
[12] 陈来. 儒家"礼"的观念与现代世界[J]. 孔子研究,2001(1).

[13] 陈晓平.评汉普希尔的公德私德观[J].南京大学学报(哲学·人文科学·社会科学),2000(4).
[14] 陈泽环.当代道德生活中的底线伦理[J].道德与文明,2010(1).
[15] 程乐松."子不语"与"道可道"——中国古代思想的言说之道与理性的边界[J].哲学动态,2019(9).
[16] 程乐松.古义、真义与大义:以诠释范式为中心看中国古代思想文本的意义生成[J].复旦学报(社会科学版),2020(1).
[17] 迟艳杰,陆有铨.改革开放以来中国教育哲学与时代的互动[J].教育研究,2011(5).
[18] 崔大华.儒学的一种缺弱:私德与公德[J].文史哲,2006(1).
[19] 邓联合.从史官话语到哲学话语——《老子》文本两种常见句法的思想释义[J].江海学刊,2012(6).
[20] 丁钢.叙事范式与历史感知:教育史研究的一种方法维度[J].教育研究,2009(5).
[21] 杜保瑞.实践哲学的检证者理论[J].湖南大学学报(社会科学版),2017(2).
[22] 杜保瑞.中国哲学的基本哲学问题与概念范畴[J].文史哲,2009(4).
[23] 杜成宪.20世纪关于中国教育史分期问题的探索[J].华东师范大学学报(教育科学版),2000(3).
[24] 杜成宪.以"学"为核心的教育话语体系——从语言文字的视角谈中国传统教育思想的重"学"现象[J].华东师范大学学报(教育科学版),2010(3).
[25] 杜时忠.制度德性与制度德育[J].教育研究与实验,2002(1).
[26] 杜霞.国学经典教育的尺度与分寸[J].教育学报,2012(1).
[27] 樊浩."'德'—'道'"理型与形而上学的中国形态[J].北京大学学报(哲学社会科学版),2010(2).
[28] 樊浩.当前中国伦理道德状况及其精神哲学分析[J].中国社会科学,2009(4).

[29] 方明生,李筱雨.百年回望:布鲁纳对皮亚杰与维果茨基的评价——《赞颂分歧:皮亚杰与维果茨基》解读[J].全球教育展望,2014(10).
[30] 冯建军.新时期我国教育哲学发展的三个基本问题[J].教育研究,2015(1).
[31] 冯建军.主体道德教育与生活[J].教育研究,2002(5).
[32] 冯文全,冯碧瑛.论孔子对老子德育思想的借鉴——基于《论语》与《道德经》的解读[J].教育研究,2010(12).
[33] 冯文全.关于"生活德育"的反思与重构[J].教育研究,2009(11).
[34] 冯耀明.分析方法在中国哲学中的应用与限制[J].哲学与文化,2015(3).
[35] 傅维利.真实的道德冲突与学生的道德成长[J].教育研究,2005(3).
[36] 高德胜.生活德育简论[J].教育研究与实验,2002(3).
[37] 高华平.先秦教育思想观念的演变史——论楚简中"教"字的几种写法[J].中国文化研究,2010(3).
[38] 高瑞泉.观念史何为?[J].华东师范大学学报(哲学社会科学版),2011(2).
[39] 高伟.自我的寻求:中国教育哲学的自我认同[J].教育研究,2020(5).
[40] 郭华.如何理解"深度学习"[J].四川师范大学学报(社会科学版),2020(1).
[41] 郭齐勇.再论"五行"与"圣智"[J].中国哲学史,2001(3).
[42] 郭晓明.知识与教化:课程知识观的重建[J].华东师范大学学报(教育科学版),2003(2).
[43] 何怀宏.底线伦理的概念、含义与方法[J].道德与文明,2010(1).
[44] 何启贤.也说"教""育"二字[J].教育研究,1995(12).
[45] 何群群,丁道群.马斯洛人本主义心理学与中国道家思想[J].心理学探新,2007(1).

[46] 洪明.读经论争的百年回眸[J].教育学报,2012(1).
[47] 侯怀银,王喜旺.教育学中国化——一个世纪以来中国学者的探索和梦想[J].教育科学,2008(6).
[48] 侯怀银,张小丽.论"教育学"概念在中国的早期形成[J].教育研究,2013(1).
[49] 侯晶晶,朱小蔓.诺丁斯以关怀为核心的道德教育理论及其启示[J].教育研究,2004(3).
[50] 胡定荣.警惕国学经典教育五种误区[J].中国教育学刊,2011(11).
[51] 胡火金.《管子》中的"德"及其现代价值[J].道德与文明,2007(4).
[52] 胡金木.我国道德教育领域中"比较研究"状况的回顾分析[J].教育科学研究,2009(9).
[53] 黄济.构建中国特色、中国风格、中国气派的教育哲学[J].教育研究,2004(9).
[54] 黄济.在中小学如何开展国学教育[J].课程·教材·教法,2015(2).
[55] 黄建跃."好勇过义"试释——兼论《论语》中的"勇"及其限度[J].孔子研究,2011(5).
[56] 黄开国.论汉代的古文经学[J].社会科学战线,2018(2).
[57] 黄书光.生活世界中的当代德育反思[J].教育科学研究,2005(10).
[58] 黄卓越.定义"文化":前英国文化研究时期的表述[J].文化与诗学,2009(1).
[59] 姜建设.在反欺诈中提升:春秋时代对于诚信的体验、认同与诠释[J].郑州大学学报(哲学社会科学版),2003(6).
[60] 姜宇辉.这个时代何以再度唤醒"灵魂"——重思迷魅、祛魅与再魅的理论谱系[J].哲学动态,2019(12).
[61] 赖贤宗.海德格论道:一个文献学之考察[J].思与言,2004(2).
[62] 劳凯声.人文社会科学研究的问题意识、学理意识和方法意识[J].北京师范大学学报(社会科学版),2009(1).
[63] 雷汉卿."禮"字原始探微[J].西北师范大学学报(社会科学版),

1995(1).
[64] 李弘祺.中国传统教育的特色与反省[J].北京大学教育评论,2012(2).
[65] 李景林,冯前林.中国哲学的研究方式应有所改变[J].人文杂志,2011(4).
[66] 李景林.儒学之"魂"的附"体"与新生[J].天津社会科学,2007(6).
[67] 李敏,檀传宝.师德崇高性与底线师德[J].课程·教材·教法,2008(6).
[68] 李小云.中国社会科学的学术自主与文化自觉[J].文化纵横,2018(5).
[69] 李学勤.帛书《五行》与《尚书·洪范》[J].学术月刊,1986(11).
[70] 李政涛.文化自觉、语言自觉与"中国教育学"的发展[J].华东师范大学学报(教育科学版),2010(2).
[71] 李政涛.走向世界的中国教育学:目标、挑战与展望[J].教育研究,2018(9).
[72] 梁克.社会关系多样化实现的创造性空间——对信任问题的社会学思考[J].社会学研究,2002(3).
[73] 廖申白.论公民伦理——兼谈梁启超的"公德""私德"问题[J].中国人民大学学报,2005(3).
[74] 林光华.《老子》第四十二章之解读及方法论初探[J].中国哲学史,2012(1).
[75] 林光华.道在物中:再论《老子》的道物关系[J].杭州师范大学学报(社会科学版),2015(3).
[76] 林贵长."智者不惑"的道德意涵[J].伦理学研究,2008(3).
[77] 刘惊铎.体验:道德教育的本体[J].教育研究,2003(2).
[78] 刘峻杉,平和光.知识生产视角下我国德育研究的特征与展望[J].全球教育展望,2017(9).
[79] 刘峻杉.知识生产视角下的德育专业化——内涵要素与路径选

择[J]. 教育学术月刊,2017(9).
[80] 刘铁芳,刘向辉. 重启教育研究的古典传统[J]. 国家教育行政学院学报,2016(5).
[81] 刘铁芳. 培育中国人:当代中国的教育自觉[J]. 湖南师范大学教育科学学报,2018(2).
[82] 刘象愚. 文化观念的演化[J]. 学术界,2006(3).
[83] 刘小枫,苏国勋. 中国学术的文化自主性[J]. 开放时代,2006(1).
[84] 刘笑敢. 出土简帛对文献考据方法的启示(之二)——文献析读、证据比较及文本演变[J]. 中国哲学史,2010(2).
[85] 刘笑敢. 简帛本《老子》的思想与学术价值——以北大汉简为契机的新考察[J]. 国学学刊,2014(2).
[86] 刘笑敢. 道家式责任感与人际和谐[J]. 文史哲,2008(6).
[87] 刘笑敢. 反向格义与中国哲学方法论反思[J]. 哲学研究,2006(4).
[88] 刘笑敢. 孔子之仁与老子之自然——关于儒道关系的一个新考察[J]. 中国哲学史,2000(1).
[89] 刘笑敢. 老子哲学的思想体系:一种模拟性重构[J]. 南京大学学报(哲学·人文科学·社会科学),2018(2).
[90] 刘信芳. 简帛《五行》核心内容及思想性质[J]. 学术界,2014(6).
[91] 娄岙菲,包丹丹,于述胜. 近年来中国教育史研究学术进展评述[J]. 教育研究,2015(9).
[92] 鲁洁. 边缘化,外在化,知识化——道德教育的现代综合症[J]. 教育研究,2005(12).
[93] 鲁洁. 道德教育的根本作为:引导生活的建构[J]. 教育研究,2010(6).
[94] 鲁洁. 行走在意义世界中——小学德育课堂巡视[J]. 课程·教材·教法,2006(10).
[95] 鲁洁. 教育的返本归真——德育之根基所在[J]. 华东师范大学学报(教育科学版),2001(4).

[96] 鲁洁. 应对全球化:提升文化自觉[J]. 北京大学教育评论,2003(1).
[97] 鲁洁. 做成一个人——道德教育的根本指向[J]. 教育研究,2007(11).
[98] 吕锡琛,陈明. 老庄是否具有仁道观[J]. 道德与文明,2009(4).
[99] 吕锡琛. 从荣格心理学看老子宽容思想的救世价值[J]. 哲学动态,2010(9).
[100] 吕锡琛. 试论道家哲学对人本心理学的影响——兼论中国哲学的普适价值及东西方文化的融会互补[J]. 哲学研究,2003(4).
[101] 米靖. 经、经学与中国传统教育[J]. 教育研究,2008(8).
[102] 米靖. 新出土简帛佚籍与中国教育史研究[J]. 教育研究,2003(3).
[103] 倪培民,钱爽. 知"道"——中国哲学中的功夫认识论[J]. 文史哲,2019(4).
[104] 倪培民. 将"功夫"引入哲学[J]. 南京大学学报(哲学·人文科学·社会科学版),2011(6).
[105] 倪培民. 从功夫论到功夫哲学[J]. 哲学动态,2018(7).
[106] 戚万学,唐爱民,韩笑. 改革开放40年德育理论研究的主题及进展[J]. 教育研究,2018(10).
[107] 戚万学. 当前中国道德教育的文化困惑与文化选择[J]. 教育研究,2009(10).
[108] 渠敬东. 教育史研究中的总体史观与辩证法—涂尔干《教育思想的演进》的方法论意涵[J]. 北京大学教育评论,2015(4).
[109] 任建东. 道德信仰的两重规定及其限度[J]. 伦理学研究,2004(1).
[110] 沈顺福. 理解即感应——论传统儒家诠释原理[J]. 北京大学学报(哲学社会科学版),2020(4).
[111] 石中英,余清臣. 关怀教育:超越与界限——诺丁斯关怀教育理论述评[J]. 教育研究与实验,2005(4).
[112] 石中英. 20世纪中国教育哲学的回顾与展望[J]. 教育研究与实验,2000(5).

[113] 宋金兰.从“教”字看古代传统教育的源起及其基本特征[J].首都师范大学学报(社会科学版),2003(3).

[114] 孙杰远.知识过密化与基础教育改革:困境与突破[J].当代教育与文化,2020(4).

[115] 谭维智.道德教育的非知识化路径——道家的知识观及其道德教育方法研究[J].教育研究,2011(6).

[116] 谭维智.论庄子对知识在道德教育中的价值的认识[J].教育学报,2010(4).

[117] 谭维智.试论老庄道德教育的“减法”原理[J].教育学报,2008(2).

[118] 檀传宝,陈国清.改革开放40年我国德育学科建设的探索与进步[J].中国教育学刊,2018(10).

[119] 檀传宝.超越论教育哲学及其建构——20世纪90年代鲁洁教授教育思想的特质[J].教育学报,2010(1).

[120] 檀传宝.第三次浪潮:美国品德教育运动述评[J].北京大学教育评论,2003(2).

[121] 汤一介.论中国传统哲学范畴体系的诸问题[J].中国社会科学,1981(5).

[122] 万俊人.道德类型学及其文化比较视境——兼及现代伦理问题与罗尔斯和麦金太尔对话[J].北京大学学报(哲学社会科学版),1995(6).

[123] 万俊人.道德谱系与知识镜像[J].读书,2004(4).

[124] 万俊人.信仰危机的“现代性”根源及其文化解释[J].清华大学学报(哲学社会科学版),2001(1).

[125] 王独慎.试论郭店楚简在中国教育史研究中的价值[J].贵州师范大学学报(社会科学版),2018(6).

[126] 王静.试论《说文解字》中的“教育”二字[J].教育研究,1995(3).

[127] 王凯.近年来我国师德观念发展的三大趋向[J].中国教育学刊,2013(1).

[128] 王立刚. 论传统文化教育的内容体系[J]. 当代教育与文化, 2017(1).
[129] 王啸,鲁洁. 德育理论:走向科学化和人性化的整合[J]. 中国教育学刊,1999(3).
[130] 王中江. 道与事物的自然:老子“道法自然”实义考论[J]. 哲学研究, 2010(8).
[131] 魏长领. 道德信仰的发生机制[J]. 伦理学研究,2004(6).
[132] 吴根友. 传统学问(知识)分类体系的演变与当代“国学”一级学科建设问题初探[J]. 学海,2012(4).
[133] 吴国盛. 科学与人文[J]. 中国社会科学,2001(4).
[134] 吴瑾菁. 朴素人道主义的历史追问——关于老子“慈”范畴的伦理思考[J]. 伦理学研究,2007(3).
[135] 吴康宁. 教会选择:面向21世纪的我国学校道德教育的必由之路—基于社会学的反思[J]. 华东师范大学学报(教育科学版), 1999(3).
[136] 吴康宁. “有意义的”教育思想从何而来——由教育学界“尊奉”西方话语的现象引发的思考[J]. 教育研究,2004(5).
[137] 吴民祥. 教育学术现代性语境中的中国传统文化——基于《人民教育》《教育研究》文本的研究[J]. 教育科学,2010(5).
[138] 夏正江. 平衡取向的传统文化教育论略[J]. 全球教育展望, 2017(5).
[139] 肖群忠. 智德新论[J]. 道德与文明,2005(3).
[140] 许建良. 老子道家“慈”论[J]. 伦理学研究,2011(1).
[141] 薛晓阳. 德育研究:学科的独立和开放[J]. 教育学报,2009(1).
[142] 燕燕,冯建民. 教与学:训诂原意考释[J]. 大学教育科学,2017(2).
[143] 杨启亮. 论先秦道家的自然主义教育观[J]. 南京师范大学学报(社会科学版),2001(6).
[144] 杨启亮. 儒、墨、道教学传统比较及其对现代教学的启示[J]. 南京师

范大学学报:社会科学版,2002(4).
[145] 杨启亮.释放本土教学思想的生命力[J].课程·教材·教法,2011(2).
[146] 杨启亮中国教学论本土化研究的几个问题——先秦道家“益损”说的启示[J].教育研究与实验,2010(3).
[147] 杨韶刚.从道德相对主义到核心价值观——学校道德教育转向的心理学思考[J].教育研究,2004(1).
[148] 杨韶刚.什么是有道德的人——当代心理学向科尔伯格提出的挑战[J].教育理论与实践,2003(4).
[149] 杨泽波.从以天论德看儒家道德的宗教作用[J].中国社会科学,2006(3).
[150] 姚新中,洪波.知识·智慧·超越——早期儒学与犹太教智慧观的伦理比较[J].伦理学研究,2002(1).
[151] 叶飞,檀传宝.改革开放30年德育理论发展脉络探析[J].教育研究,2009(1).
[152] 叶澜.试析中国当代道德教育内容的基础性构成[J].教育研究,2001(9).
[153] 叶澜.中国哲学传统中的教育精神与智慧[J].教育研究,2018(6).
[154] 易连云.传统道德教育研究的范式转换[J].教育研究,2010(4).
[155] 易连云.传统道德中的生命意义解读——论“生命·实践”道德体系的构建[J].教育学报,2005(5).
[156] 尤西林.中国人的公德与私德[J].上海交通大学学报(哲学社会科学版),2003(6).
[157] 于建福.清末中小学堂“读经讲经”课程设置与启示[J].教育学报,2012(6).
[158] 于建福.耕耘在教育哲学的田野上——黄济先生的教育哲学研究足迹[J].教育研究,2010(6).
[159] 于述胜,向辉.“意义—感通”的教化哲学——儒家教育思想要义新

释[J]. 教育学报,2016(6).
[160] 于述胜."学—教"之道以感应(通)为根本机制——儒家教育观的义理阐释[J]. 教育学报,2014(5).
[161] 于述胜. 道家教育智慧的现代启示[J]. 陕西师范大学学报(哲学社会科学版),2004(1).
[162] 于述胜. 近30年中国传统教育哲学研究的不同理路[J]. 北京师范大学学报(社会科学版),2010(6).
[163] 于述胜. 切近中国历史文化语境的教育史研究——以孔子之"学"的阐释为例[J]. 教育学报,2012(5).
[164] 于述胜. 探寻中国教育研究的民族话语[J]. 当代教育科学,2004(23).
[165] 于伟,秦玉友. 本土问题意识与教育理论本土化[J]. 教育研究,2009(6).
[166] 余维武. 论教师公正[J]. 教师教育研究,2013(6).
[167] 张斌贤. 教育史观:批判与重构[J]. 教育学报,2012(6).
[168] 张丰乾. 竹帛《五行》与传世文献新探[J]. 社会科学战线,2008(8).
[169] 张刚. 儒家德智关系论探究[J]. 河北学刊,2007(2).
[170] 张建英,罗承选,胡耀忠. 公德与私德概念的辨析与厘定[J]. 伦理学研究,2010(1).
[171] 张立文. 中国哲学的"自己讲""讲自己"——论走出中国哲学的危机和超越合法性问题[J]. 中国人民大学学报,2003(2).
[172] 张宁,张雨青. 性格优点:创造美好生活的心理资本[J]. 心理科学进展,2010(7).
[173] 张平仁. 正确处理儿童国学教育中记诵与理解的关系[J]. 课程·教材·教法,2017(3).
[174] 张汝伦. 邯郸学步,失其故步——也谈中国哲学研究中的"反向格义"问题[J]. 南京大学学报(哲学·人文科学·社会科学版),2007(4).
[175] 张汝伦. 中国哲学研究中的"范畴错误"[J]. 哲学研究,2010(7).

[176] 张松辉.论老子礼学思想[J].中国哲学史,2005(2).
[177] 张祥龙.概念化思维与象思维[J].杭州师范大学学报(社会科学版),2008(5).
[178] 张祥龙.海德格尔论老子与荷尔德林的思想独特性——对一份新发表文献的分析[J].中国社会科学,2005(2).
[179] 张祥龙.中国研究范式探义[J].北京大学学报(哲学社会科学版),2015(1).
[180] 张应强.中国教育研究的范式和范式转换——兼论教育研究的文化学范式[J].教育研究,2010(10).
[181] 赵敦华.正义:公德与私德的张力[J].社会科学战线,2008(8).
[182] 赵海峰.关于文化保守主义和文化进步主义的思考[J].哲学研究,2010(9).
[183] 赵吉惠.重新确认道家在中国文化中的地位[J].哲学研究,1992(7).
[184] 赵林."国学热"的文化反思[J].中国社会科学,2009(3).
[185] 郑航.美国品格教育发展中的理论分歧及其整合[J].比较教育研究,2005(6).
[186] 郑开.道家著作中的"视觉语词"例释[J].思想与文化,2016(1).
[187] 周玉燕,吴德勤.试论道家思想在中国传统文化中的主干地位[J].哲学研究,1986(9).

外文类著作和期刊论文

[1] Alan L. Lockwood. What is Character Education? [C]. The Construction of Children's Character. ed. Alex Molnar, NSSE, Chicago, 1997.
[2] Alasdair M. After Virtue[M]. The University of Notre Dame Press, 1982.
[3] Arnold M. Culture and Anarchy[M]. New York: Oxford University

Press, 2006.

[4] Dahlsgaard, Peterson, Seligman. Shared Virtue: The Convergence of Valued Human Strengths Across Culture and History[J]. Review of General Psychology, 2005 (3).

[5] Haidt. Morality [J]. Perspectives on Psychological Science, 2008 (1).

[6] Kroeber A L,Kluckhohn C. Culture: A Critical Review of Concepts and Definitions[M]. Cambridge: Harvard University Printing Office,1952.

[7] Marvin W. Berkowitz, Esther F. Schaeffer and Melinda C. Bier. Character Education in the United States[J].Education In The North, New Series,2001(9).

[8] Nel N. Educating Moral People: A Caring Alternative to Character Education[M]. NY: Teachers College Press, 2002.

[9] Peterson, Seligman. Character Strengths and Virtues: A Handbook and Classification [M]. Washington, DC: American Psychological Association. 2004.

[10] Roeser R W, Peck S C. An Education in Awareness: Self, Motivation, and Self-regulated Learning in Contemplative Perspective. Educational Psychologist, 2009(2).

[11] Seligman, Csikszentmihalyi. Positive Psychology: An Introduction [J]. American Psychologist, 2000(1).

[12] Thomas L. Education for Character: How Our School Can Teach Respect and Responsibility [M].New York: Bantam Books,1991.

[13] Valsiner J. Culture in Psychology: A Renewed Encounter of Inquisitive Minds. In The Oxford Handbook of Culture and Psychology.New York:Oxford University Press, 2012.

[14] Waters L, Barsky A, Ridd A, et al. Contemplative Education: A Systematic, Evidence-Based Review of the Effect of Meditation Interventions in Schools[J]. Educational Psychology Review, 2015(1).

后 记

这是我的第一本著作，其中的思考跨度有十年之久。这是一本以中国教育思想史和中国传统教育哲学的视角来研究德育基本问题的书，其中也运用了东西方比较的研究方法。希望这本书能对中国德育的理论与实践接续中国传统文化之根起到一点作用，能激发更多研究者对这种研究路径产生探索的兴趣。

这本书的完稿，我首先要感谢我的博士后合作导师檀传宝教授，是他带我进入了教育研究之门。在我博士后在读的两年期间，檀老师不仅给我提供了与博士生同等待遇的课程和研究指导，而且给予我自由探索的空间。北师大英东楼310曾经是檀老师的办公室，里面有一个折叠藤椅，在2011年至2012年的6月，那个折叠藤椅就是我午休的安乐窝。檀老师办公室里的茶叶被我“偷喝”了不少。有一次檀老师问：“咦，茶叶都快没啦？”师妹坏笑着回答：“都被刘师兄喝了！”我很不好意思地说：“是我喝得最多……”檀老师也乐了，说：“好事，喝得多，进步快！”其实，去檀老师家上课的时候也喝茶，一般都是我和西顺兄、志华师妹坐在三座的长椅上，面前的茶几上一边堆着齐腰高的各种书籍，另一边就是喝茶的那一套设备。檀老师坐在对面的小椅子上，一边指导我们写论文作业，一边操持茶具。我们就在这样的环境下，精神、思想随着茶香不知不觉地吸纳到生命中来。钻研学术的愉悦和回味茶香的满足相得益彰，我猜想，这大概与犹太人给婴儿在书上涂抹蜂蜜具有相似的作用。

我的研究风格也受到了于述胜教授的极大影响。最早接触于老师是在一次他的讲座上，我听得很开心，但也不确定自己听懂了多少。

其实这种感觉贯穿了我听于老师的课和看他的文章的全程。博士后研究开题时，于老师带来了一大摞关于中国古代思想史和《老子》的书，让我回去读一读，我很欣喜地把这些宝贝抱回去了。这些书为我打开了新的视野，让我的思想更快地转变。那两年里，当研究进行不下去的时候，我就去于老师的办公室坐坐，听他“神游”般地讲一会，我也应和不了什么，听完觉得又有灵感和干劲了，就告辞回去，真有点“虚而往，实而归”的感觉。

中国人民大学的曹峰教授，是国内研究黄老道家的代表人物之一，也是我2017年访学的指导老师。曹老师为人谦和幽默，确实有道家之风。在跟随他学习的一年时间里，我对中国哲学的主流人物和思想有了更多的了解，看待中国哲学也有了更多的亲近感。曹老师给我的帮助，对我的中国传统教育哲学的路径转向非常重要。

石中英教授有关教育研究方法论的课程，为我埋下了一颗方法论意识的种子。在近几年的研究过程中，我屡屡喜欢从方法论层面去寻求突破点，想必与当年石教授的课堂上热烈而开放的讨论有很大关系。谭维智教授的博士论文，是我论文写作中的重要范例之一。郑新蓉教授在我开题时的棒喝“警惕‘因信称义’”，至今仍时时回荡在我耳际，成为我检省自己研究的标准之一。陈立思教授、蓝维教授、王啸教授、程方平教授、彭永捷教授、刘玮教授、林光华副教授等，在我的研究历程中都给予了重要的指点和鼓励。我也要感谢刘慧教授，她的信任和鼓励让我能够以自己想要的方式开展工作和研究，从而顺利度过工作阶段前几年的彷徨和积淀期。我还要感谢浙江教育出版社的王凤珠女士和本书的责任编辑杨楠、董莉，她们为本书的出版付出了诸多心血。此外，还有太多的师长和朋友，一路上给我支持和帮助，我无法再一一致谢，在此，我也衷心地表示感恩和祝福。

最后，希望这是一本二三十年之后还有人愿意看的书。

刘峻杉

2022年1月23日于北京房山